萬善同歸集講義 ─ 中

萬善同歸集講義——中

北宋 永明 延壽 著述
臺灣 釋性梵 講義
然觀 譯

추천사

황하의 물도 능히
　　맑혀 세상에
감화를 끼칠 수 있으리

　　　　　　　　　　　진주에서 학교 다니던 때, 다른 학교에 다니던 공부 잘하고 글을 좋아하던 우리 또래의 학생이 학교를 그만 두고 불문에 출가하였다는 소문이 돌았다. 1980년 무렵 보성 대원사에 잠시 살던 연관(然觀) 스님이 본사인 송광사를 찾아왔을 때 그를 만나게 되었는데 그가 바로 그 소문났던 주인공이며 나와는 같은 면(面)의 동향(同鄕) 출신으로 동갑인 줄도 알았다. 만약 교사이신 그의 부친이 전근하지 않으셨다면 초등학교 입학 때에 한 반이 될 뻔 했던 것이다.

　30여년 전 필자가 안내하여 연관스님과 수경스님이랑 몇이서 거제도의 해변길을 따라 섬을 일주하기로 작정하고 여러 날을 함께 걸었다. 일주가 끝날 무렵 하청(河淸)이라는 곳을 지나게 되었는데 그 지명을 보더니 평소 묵묵히 말이 없던 연관스님이 갑자기 희색이 만면이다. 직지사 황악학림에서 관응큰스님이 전강하실 때 법호를 하청(河淸)으로 주시었는데 그의 속성인 황(黃)에다 이으면 바로 황하청(黃河淸)이었다.

천산에서 발원하여 중원의 대륙 만리를 달려 황토 고원을 통과하면서 누런 빛으로 변한 황하(黃河)의 물줄기는 발해만으로 흘러들 때까지 맑을 줄을 모른다. 그래서 예부터 기껏 길어야 백 년을 사는 인생이 황하가 맑아지는 것을 보기 어려우므로 백년하청(百年河淸)이라 하였는 바, 관응큰스님께서는 연관스님의 자질을 알아보시고 황하의 물도 능히 맑히어 세상에 널리 감화를 끼칠 수 있으리라 하여 하청이라는 호를 주신 것이었다.

연관스님은 일정하게 머무는 곳 없이 제방선원에서 정진하며 인연따라 실상사 화엄학림 학장을 역임하기도 하였고 기본선원 교선사를 맡기도 하면서 후학들을 가르치고 주변의 권유로 틈틈이 경전 어록을 번역하여 책을 내기도 하였다. 그 가운데 '죽창수필'과 '선관책진'은 수행자들 걸망 속의 필수품이 되었다.

또 '조계종 표준금강경'의 번역 책임을 맡기도 했던 스님은 '금강경오가해'를 지은 함허득통선사를 흠모하여 근래 함허스님의 부도가 있는 봉암사 동암에 오래 살았으며, 중국의 법안종을 이은 영명연수선사의 저술을 통해서도 많은 감화를 받았다고 한다.

영명선사는 미륵불의 화현이라 추앙받던 분이었는데 고려 광종(光宗)은 제자의 예를 올리며 그 문하에 영재 36인을 보내 그의 법을 이어왔다. 당시 고려 불교는 영명선사의 종풍이 성행하였으며 특히 보조국사의 사상에도 깊은 영향을 끼쳤다. 사명(四溟) 대사와 친하였던 허균은 청허(淸虛)와 사명이 영명선사의 법통을 이었다고 기록하였으며, 허운선사 문집에도 "법안종은 영명선사 때에 성하여 고려에 들어가버리고 홀로 임제종만 아직까지 향화가 있을 뿐이다(法眼盛於永明而入高麗 獨臨濟尙存香火耳)"라고 할 정도였다.

영명선사의 많은 저술 가운데서도 〈만선동귀집(萬善同歸集)〉은 불법을 원수(圓修)하는 귀감이라 고금에 칭송하였다. 연관스님은 영명선사의 저술들을 차근차근 모두 번역하기로 서원하였는데, 마침 부산 관음사 지현스님의 간절한 청으로 근세 대만(臺灣)의 선지식인 석성범(釋性梵: 1920~1997) 스님이 강의한 '만선동귀집강의(萬善同歸集講義)'를 번역하게 되었다. 스님은 "이 강의본을 번역하면서 금덩이인 줄 알았더니 칠보를 얻은 기분이었으며 이를 통해 불법에 새삼스러운 눈을 떴다."고 토로하였다. 1차 번역 이후로도 여러 번의 퇴고를 거듭한 끝에 사유수출판사 이미현 대표에게 원고를 맡기고 출간을 준비하고 있었다.

그런데 지난 봄, 뜻밖에 암이 전이되었다는 진단을 받고는 부산 관음사로 옮기어 항암치료 대신 곡기를 끊고 물과 차만 마시다가 마지막 사흘간은 아예 물마저 끊고 6월 15일 세연을 다하였다. 평소 행동이 굼뜨던 스님이 가실 때 이렇게 날래 떠날 줄 몰랐던 많은 인연들이 애통해 하며 통도사에서 다비하여 그의 유골을 고향인 섬진강에 흘려보냈다.

지현스님은 연관스님의 마지막 유작이 된 〈만선동귀집강의〉 번역본 출간을 홀로 맡아 소중한 불사를 마치기로 하였다. 연관스님이 남긴 사리(舍利)인 이 책은 바로 황하처럼 혼탁한 우리의 업을 맑히는 수청주(水淸珠)가 되리라.

송광사 삼일암에서
조계총림 방장 현봉 합장

간행 연기

萬善同歸集은 보리심을 일으켜
　　온갖 선행으로
반야지혜를 일으키는 가르침

무명의 움직임은 번뇌이고 번뇌의 작용은 악행이며 악행은 고통을 낳습니다. 모두가 행복을 원하지만 무명에 덮여 있으므로 고통을 창조하는 악행을 쉬지 않습니다.

불성의 작용인 행복은 반야지혜에서 나온 자비선행의 결과입니다. 부처님과 모든 선지식들의 가르침은 무명번뇌를 반야지혜로 변환시켜서 악행을 자비선행으로 이끌어 줍니다. 자비선행은 허물을 고쳐 선행으로 나아가게 하고, 우리가 본래 갖추고 있는 불성을 믿고 이해하여 간절한 원력으로 정진함으로써 깨달음의 즐거움을 얻게 합니다.

만선동귀집은 모든 사람들이 보리심을 일으켜서 보살의 자비선행으로 불성의 반야지혜를 열어주게 하는 가장 원만한 가르침입니다. 이 책을 지은 영명연수선사는 중국이 배출한 가장 수승한 선지식 중의 한 분으로 선종, 교종, 율종, 정토, 진언 등 모든 종파에서 당대는 물론 지금까지도 수행자들의 사표(師

表)가 되는 분입니다.

〈만선동귀집〉은 일찍이 성철대종사의 분부로 일장선사께서 1981년 번역하여 미래사 종욱스님 등의 법공양으로 처음 출판되었는데 한평생 저의 수행을 이끌어 주었습니다. 그러다가 대만 성지순례 중 성범(性梵) 스님의 〈만선동귀집강의〉를 공양받고 보배를 얻은 듯하였습니다. 한글 번역을 발원하여 존경하는 선배 연관(然觀) 스님께 부탁드렸는데 흔쾌히 번역을 허락하셨습니다. 스님은 환희심으로 번역하시며 여러 차례 감동을 받아 수행관이 새롭게 정립되었다고 토로하셨습니다.

부처님의 바른 가르침이 영명연수선사의 만선동귀집으로 결집되고, 만선동귀집은 성범선사의 강의로 꽃이 피고, 연관스님의 번역으로 쉽고 분명하게 이해되니 참으로 아름다운 인연입니다.

연관스님은 2021년 가을 사유수출판사와 인연이 되어 2022년 4월 상권의 편집교정을 마칠 즈음 말기암의 진단을 받고 수경스님 등 친지들의 치료 권유를 거부하고 왕생을 발원하며 관음사로 오셔서 절곡으로 세연을 거두고 정토에 왕생하셨습니다. 이런저런 사정으로 늦은 감이 있지만 2023년 음 8월 4일 연관스님의 생신일을 맞아 출판하게 되었습니다.

연관스님의 친한 도반인 조계총림 방장 큰스님께서 인연담과 공덕을 담아 추천서를 주셨고, 토굴정진 중인 연관스님의 후배 육잠스님께서 題字를 써주셔서 이 책이 더욱 빛나게 되었습니다.

어려운 한문과 고어(古語)들을 편집 교정하는 데 연관스님의 애제자 정묵스님과 사유수의 이미현 대표님과 편집진들의 노고가 많았습니다. 감사의 말씀을 드립니다. 또 수승한 선근으로 법공양하신 善謙 진복현거사님의 공덕으로 원만회향 할 수 있음에 축하와 감사를 드립니다.

이러한 승연공덕으로 번역하신 연관스님은 정토에서 승열락(勝悅樂)을 누리시고, 〈만선동귀집강의〉를 보거나 듣는 모든 분들은 보리심을 일으켜서 온갖 선행으로 일심정토에서 환희할 것입니다.

감사합니다.

2023년 8월 좋은 날
늘기쁜마을 관음사 후학 지현 합장

해제

달마대사(?~535)는 "마음을 관하는 하나의 수행법이 모든 수행을 모두 섭수한다(觀心一法 總攝諸行)."하며, 모든 수행법을 '마음을 관하는 한 법'으로 귀납하였으나, 지금 영명연수 선사(904~975)는 "모든 선행이 똑같이 일심실상으로 돌아간다(萬善同歸一心)."고 하며, 구태여 관심일 필요 없이 선행을 행하는 것만으로도 전혀 모자람이 없다고 설파하였다. 굳이 관심일 필요 없이 만선을 행하는 것에 모든 수행법을 갖추었다.

세속적인 것이든 출세속적인 것이든 남을 위한 일이면 똑같이 일심실상으로 돌아간다. 왜 그럴 수 있는가? 놀랄 정도로 광범위한 경론이나 선문을 인용하여 그 이론적인 근거와 실천을 제시한 것이 『만선동귀집』 전 3권이 말하고자 하는 전체 내용이다.

'모든 선행[萬善]'이란 무엇인가?

일체 중생을 위해 하는 모든 선행을 말한다. 망상 속에서 하는 선행일지라도 전혀 문제없다. 언제 흩어질지 모르는, 본래 존재하지 않는 허망한 구름 위에는 늘 찬란한 태양이 빛나고 있기 때문이다. 송나라 文冲이 편집한 『혜일영명지각선사자행록』에 의하면 지은이 영명스님은 108가지 선행을 매일 실천하였다 한다. 법계 중생을 대신하여 법화참을 닦았고, 안양의 정업을 닦아 법계 유정과 함께 극락에 왕생하는 데 회향했으며, 좌선하며 일체중생과 함께 禪智에 들어갈 것을 발원했으며, 상당 설법하여 온 대중이 心宗인 일승묘지를 깨닫게 하였으며, 『법화경』 한 부씩을 염송했으며, 『심경』 8권을 외웠으며, 『화엄경』 「정행품」을 읽으며 140가지 대원을 발원했으며, '대비주(신묘장구대다라니주)'를 외우며 중생을 위해 육근의 죄업장을 참회했으며, '불정존승다라니'를 외웠으며, 중생을 위해 밤낮으로 삼보에 귀명 예경하였으며, 중생을 위해 석가불의 진신사리보탑에 예배했으며, 「대승비지육백원문(大乘悲智六百願文)」을 스스로 지어 중생을 위해 발원하고 예배했으며, 화상본사인 석가불께 예배하고 중생이 삼보를 계승 선양할 것을 발원했으며, 『법화경』에 예배했으며, 문수보살에게 예배했으며, 중생을 위해 아미타불을 머리에 이고 행도했으며, 석가모니불을 돌고 염하며 위없는 寂滅忍 이루기를 발원했으며, 문수보살을 돌고 염하며 미묘한 지혜 이루기를 발원했으며, 아미타불에게 예경했으며, 『화엄경』에 예배했으며, 보현보살에게 예배했으며, 관음보살을 머리에 이고 행도했으며, 보현보살을 돌며 염했으며, 당래하생 미륵존불에게 예배했으며, 『대반야경』에 예배했으며, 시방 법계의 일체 보살에게 예배했으며, 석가모니의 分身佛을 돌며 예배했으며, 관음보살을 돌며 예배했으며, 관음·세지와 청정대해중 보살에게 예배했으며, 지장보살에게 예배했으며, 약사유리광불께 예배했으며, 중생을 위해 시방 삼보에게 분향공양하고 삼보에 귀명하며 삼보를 찬탄했으며, 중생을 위해 보리원을 대신 발하고 先業을 참회했으며, '七佛滅罪眞言'을 염했으며, 중생을 위해 보살계를 주었으며, 중생을 위해 五悔法(죄악을 멸제하기 위해 하는 다섯 가지 참회법. (1) 懺悔; 죄를 참회하고 善果를 닦는 법. (2) 勸請; 시방 제불이 법륜을 굴려 중생을 구원해주시기를 勸請하는 법. (3) 隨喜: 다른 사람의 선행을 기뻐하며 칭찬하는 법. (4) 回向: 선행의 공덕을 보리에 회향하는 법. (5) 發願: 일심성불하기를 발원하는 법.)을 행하고 육근의 죄를 참회했으며, 시방 제불과 이승 범부의 무진한 공덕을 수희찬탄하였으며, 일체 귀신 등에게 밥과 물을 베풀었으며, 중생을 위해 종을 치고 '파지옥진언'을 세 번 외웠으며, 아름다운 꽃으로 시방 존상에게 공양했으며, 모든 사람에게 '아미타불'을 염할 것을 권했으며, 늘 방생을 행했으며, 醫業을 널리 행했으며, 불상과 불경을 인쇄하여 사람들에게 열 가지를 수지할 것을 권했으며, … 하는 것 등이다. (『혜일영명지각선사자행록』에서 밝힌 자세한 스님의 행록은 아래 '부록 제6'에서 보였다).

어떻게 만선을 행하는 것으로 일심실상을 이룰 수 있으며, 그러려면 어떤 실천이 따라야 하는가?

이 책 3권 중 상권에서 처음에는 理·事가 서로 원융하여 무애함과 만행이 마음[心]으로 비롯된다는 뜻을 설하고, 다음에는 서른세 가지 문답으로 그 뜻을 해석하였다. 중권에서는 처음에는 바라밀 등 실천적 행법을 대략 보이고 다시 스물일곱 가지 문답으로 이를 상세히 밝히며, 하권에서는 처음에는 묘행이 원만한 뜻을 들어 보였고 거듭 쉰 네 가지 문답을 들어 그 뜻을 논술하니, 전체에서 비록 선문의 뜻을 선양하는 것으로 큰 뼈대를 삼았으나 화엄·천태·정토 등 제종의 사상적 융합을 도처에서 보였다. 그 가운데 많은 부분을 할애하여 완벽한 실천이란 어떤 것인가를 밝힌 것이 소위 '圓修十義'이다. 첫째는 理·事가 무애하여야 한다. 둘째는 權·實을 쌍행하여야 한다. 셋째는 二諦가 함께하여야 한다. 넷째는 性과 相이 원융하여야 한다. 다섯째는 본체와 작용이 자재하여야 한다. 여섯째는 空과 有가 서로 보충하여 완성하여야 한다. 일곱째는 正

과 助를 겸수하여야 한다. 여덟째는 같고 다름이 차별이 없어야 한다. 아홉째는 修·性이 둘이 없어야 한다. 열 번째는 因·果가 차이가 없어야 한다 한 것인데, 이를 보면 수행의 첫 문턱(因)과 결과(果)는 둘이 아님을 알 수 있다.

저자 영명연수(904~975)는 당말 오대 스님으로 임안부 여항(지금의 강소성 강녕현) 사람이니, 속성은 王, 자는 仲玄, 호는 抱一子라 하였다. 일찍이 불법에 뜻을 두어 오신채를 먹지 않았고 스무 살부터는 하루 한 끼 식을 먹으며 『법화경』을 외웠는데, 일곱 줄을 내리 외워 겨우 두 달 만에 모두 암송하니 양떼가 감동하여 무릎을 꿇고 들었다. 스물여덟 살 때는 華亭鎭將(華亭을 다스리는 장군)이 되었다. 군용으로 사들인 생선을 모두 방생하니, 이 일로 체포되어(군사에 쓰는 비용을 사리사욕으로 챙겼다는 죄목) 죽임에 다다랐으나 안색이나 행동거지가 전혀 변함이 없으니 이로써 사실이 증명되어 풀려났다.

그때 翠巖令參 선사가 龍冊寺에 머물며 크게 교화를 일으키니, 吳越 文穆王이 스님(영명)이 도를 사모하는 줄 알고 그의 뜻을 따라 출가하게 하니 나이 서른 살 때였다. 그리하여 취암에게 예하고 스승을 삼았다. 대중을 위해 어려운 일을 마다 않으며 몸과 마음을 모두 잊었으며, 거친 밥과 베로 만든 짧은 옷으로 아침저녁을 지냈다. 마침내 천태산 천주봉에 가서 90일 동안 定을 익히니 까마귀나 새 떼가 옷의 주름에 새집을 지었다. 천태덕소(890∞972) 국사를 뵈니 한 번 보고 그릇임을 알아보고 비밀리 元旨를 주며 "그대는 원수(吳越 文穆王)와 인연이 있으니 훗날 크게 불사를 일으킬 것이네." 하였다.

처음 설두산에 머물 적에, 법상에 올라 "설두에는 빠른 폭포가 천 길이나 되니 잘디 잔 좁쌀(매우 작은 물건)도 머물지 못하고, 기암은 만 길이나 되니 발 디딜 곳이 없다. 너희들은 어디에서 나아가겠는가?" 하니, 한 스님이 "설두의 한 길을 어떻게 걸을 수 있겠습니까?" 하니, 스님이 "걸음마다 눈꽃이 피었고 말마다 얼음이 꽁꽁 얼었다." 하고, "외로운 원숭이는 바위 사이에 떨어진 달을 보고 울부짖고, 나그네는 한 밤중에 꺼져가는 등불을 보고 노래하네. 이 경계와 이 때를 누가 뜻을 얻을 수 있는가? 흰 구름 깊은 곳에 선승이 앉아있네." 하고 게를 설하였다.

그때 마침 충의왕이 영은사를 새로 짓고 개산하기를 청하였고, 다음 해에는 永明道場으로 옮기니 대중이 2천여나 되었다. 한 스님이 "어떤 것이 영명의 깊은 뜻입니까?" 하고 물으니, 스님이 "향 하나를 더 올려라." 하였다. 이 스님이 "스님께서 지시해 주셔서 감사합니다."하니, 스님이 "그렇더라도 아무 상관없네." 하였다. 이 스님이 예배하니, 스님이 "한 게를 들어보라. 영명의 뜻을 알고자 하면 문 앞에 한 호수를 보라. 해가 비치면 광명이 나고 바람이 불면 파도가 인다." 하였다.

"학인이 오래 영명에 있었는데 어찌하여 영명의 가풍을 알지 못합니까?"

"알지 못하는 것을 알아야 한다."

"알지 못하는 것을 어떻게 압니까?"

"소가 코끼리 새끼를 낳고, 푸른 바다에서 먼지가 일어나는구나."

"부처를 이루고 조사를 이루는 것도 내지 못하고, 육도에 윤회하는 것도 역시 내지 못합니다. 어느 곳에서 내지 못하는지 모르겠습니다."

"그대가 묻는 곳에서 내지 못한다."

"교에서 '일체 제불과 불법이 모두 이 경에서 나왔다' 하니 '이 경'이란 무엇입니까?"

"오랫동안 설하더라도 끝이 없다. 뜻에 부합하지 않고 소리로 얻을 수 없기 때문이다."

"어떻게 수지(잊지 않고 마음에 새김)해야 합니까?"

"수지하고자 하면 응당 눈을 부릅뜨고 들어야 한다."

"크고 둥근 거울[大圓鏡]이란 어떤 것입니까?"

"깨져 아무 쓸모없는 오지그릇이다."

스님은 영명사에 거주한 지 15년 동안 제자 천 7백 명을 제도하고, 송 태조 개보 갑술(개보 7년, 974. 스님 나이 71세)에 천태산에 들어가 약 만여 명에게 계를 주고 항상 7중(출가나 재가의 부처님 승단. (1) 비구 (2) 비구니 (3) 사미 (4) 사미니 (5) 식차마나 (6) 우파새 (7) 우파이)에게 보살계를 주었다. 밤에는 귀신에게 시식하고 아침에는 모든 살아있는 중생을 방생하니 그 수는 이루 헤아릴 수 없었다. 6시(밤낮을 여섯 때로 나눈 것)에 꽃을 흩고 행도하고 남는 힘으로는『법화경』을 염하니 만 삼천 부나 되었다.『종경록』백 권을 지었고, 詩偈와 賦詠이 무릇 천만 글이나 되었다. 해외에도 전파하여 고려국왕이 스님의 言敎를 보고 사신을 보내 서신을 드리고 제자의 예를 올리고는, 금선으로 짠 가사와 자수정 염주와 금으로 만든 세숫대야 등을 바쳤다. 저 나라의 스님 36명이 모두 수기를 받았고 전후로 본국으로 돌아가 각기 어느 한 곳에서 교화하였다.

개보 을해(975, 스님 나이 72) 12월 24일 병을 보이더니 이틀 후 향을 피우고 대중에게 고하고 가부좌하고 적멸에 드시니, 그때 나이는 72요 승납은 42니, 賜號는 '智覺禪師'라 하였다. 대자산에 탑을 세우고, 명나라 만력 경술(1598)에 남병산 종경당 뒤로 옮겼다. 스님은 온 대중이 진심으로 존경하고 따르며 慈氏(미륵)가 하생한 분이라 하였다. 인도와 중국 성현 2백 여 명의 저서를 널리 모아 서로 묻고 답하는 형태로『종경록』100권을 이루어, 당시 각 종파 간에 나뉘어 갈라진 교의에 대해 조화롭게 하였고, 그 외에『萬善同歸集』6권,『神棲安

養賦』1권,『唯心訣』1권,『註心賦』4권 등, 60여 부 197권이 있다.

　강의자 釋性梵 스님은 1920년 복건성 永定縣 峰市鄕의 작은 농촌에서 태어나, 17세에 고향에서 교원이 되었다. 그때 일본 군벌이 전쟁을 일으켜 중국을 침노하자, 붓을 던지고 병역에 종사하였다. 스님은 中央軍校 제16기로 졸업한 후, 1949년 대만으로 이주할 때까지 제20사단 정치부 科員, 운남부대 정치부 專員, 정치부 中校 科長 등 주로 정치부에 근무하였다. 1949년 정부가 대만으로 파천하자 스님도 군장을 챙겨 대만으로 옮겨 기륭 개발자유서국에 근무하였다. 그곳에 왕래하는 자는 모두 품성이 고상한 불교를 공부하는 자들이었으므로, 이들로 인해 나중에 출가할 인연을 심었다. 慈航법사에 의해 삼보에 귀의하고 법호를 慈萬이라 하고, 자항·인순·도안·백성·도원·참운·회성 법사 등 고승대덕을 가까이하였다. 1955년(35세)에 사두산 원광사에서 보살계를 받고, 58년(38세)에 기륭 해회사에서 도원 법사의『지장경』강의를 들었다.

　1962년(42세) 묘율 영봉난야사에서 회성 법사에 의해 출가하니, 법호를 振慈, 자는 性梵이라 하였다. 1963년 임제사에서 구족계를 받으니, 三師和尙은 백성·혜상·도원 법사였다. 수계한 후 기륭 해외사에서 도원 법사의『열반경』강의를 들었고, 신죽 복엄정사에서 인순 법사에게서 수학하였다. 사두산 원광사와 砟北 혜일강당, 신죽 복엄정사, 대북 삼협불교 정업림 등의 주지를 맡은 적이 있고, 무량수 放生會와 무량수 印經會를 만들었고 무량수도서관(지금 불광산 분원 신죽 法寶寺)을 개관하였다. 지보 선천사와 상림정사, 묘음정사 등지에서 폐관정진하고, 정율사에서 주지화상의 청을 받아 21일간 佛七을 거행하였다. 그 후 대중의 청에 응해『반야심경』과『관무량수불경』을 강의하고, 녹곡 정율사 정율불학원에 부원장으로 취임하여『대승묘법연화경』을 강의하고, 묘음정사에서 출관한 후 정율사로 돌아와 『무량수경』, 『왕생론』 및 『왕생정토전 집요』를 강의하였다.

1997년 정율사를 떠나 신죽 복엄정사로 옮겨 주석하고, 그해 3월에 병이 들어 대북 대학병원과 신죽의원 등에서 입원 요양하다가 4월 11일, 대중의 염불 소리 가운데 우협으로 누워 왕생하시니 승랍은 35요, 세속 나이는 77세였다.

『반야심경관행해』와 『불칠개시관중우득게어』를 합간하고, 『무량수경 강의』, 『대승묘법연화경 강의』, 『안락집 강의』, 『왕생론주 강의』, 『왕생정토전 집요』, 『정토생무생론 강의』, 『만선동귀집 강의』, 『인과선집』 등 정토 대승경론 9책을 저술하였고, 과청 법사의 청에 응해 『관경묘종초』를 찬술하였으나 겨우 5분의 2만 완성하고 보신을 버리고 왕생하였다.

이 책은 처음 부산 관음사 지현 스님의 발의에 의해 번역하게 되었다. 신도님들 공부에 교재로 쓰려 했던 것인데, 스님이나 신도님들 공부에 다소의 도움이 될는지는 모르지만, 이 책을 통해 연관은 불법에 새삼스러운 눈을 떴다고 고백하지 않을 수 없다. 금덩이인 줄 알았더니 칠보를 얻었다고 할는지. 천성이 게으른데다 선관 틈틈이 이 일을 하다 보니 부탁 받은 지 어느덧 몇 년이 흘러 드디어 상재하게 되었다.

번역이 매끄럽지 못하고 오역이 더러 있을 것입니다. 눈 밝은 선지식께서 지적해 주시면 추후에 기쁜 마음으로 받들어 고치도록 하겠습니다.

2022년 4월 8일, 봉암사 동암에서 연관 씀

일러두기

1. 중화민국 85년(1996) 초판본 世樺印刷企業有限公司 印行, 釋性梵 著述, 『萬善同歸集 講義』를 저본으로 썼다.
2. 永明延壽 스님의 집문[集]은 번역하고 원문을 붙였고, 釋性梵 스님의 강의문[講]은 번역만 하였다. 강의문 가운데 頌文은 더러 원문을 달기도 하였다.
3. [講]에서 짙게 쓴 글은 지문임을 표시한 것이다. (예 : '어찌 일념에 돈원함을 알랴' 한 것은)
4. 주석은 주로 『불광대사전』에 의지하고, [講]에서 찾아 읽어 볼 것을 권한 책들은 거의 미처 찾아 읽어보지 못하였다. 그것들은 주로 釋性梵 스님 자신의 저술들인데 구할 수가 없었기 때문이다. 다만 『법화경 강의』의 것은 지적한 내용을 발췌하여 주석으로 달기도 하였다. 인용한 『능엄경』은 운허스님의 『능엄경 주해』를 많이 참고하였다.
5. 내용 중에 정확한 경론의 문구나 구절을 알아야 할 때는 씨베타(CBETA)에서 많은 도움을 받았다.
6. 해제에 수록한 영명연수 스님의 행력은 『오등전서』 권 제20 「南嶽下十世 天台韶國師法嗣 杭州慧日永明延壽智覺禪師」를 따랐다. 너무 번다한 듯도 싶지만 쉽게 대할 수 없는 스님의 법어이기에 빠짐없이 수록하였다.

임금이 지은,
묘원정수 지각영명 수 선사
만선동귀집 서

짐이 전에 "불법이 대·소승으로 나뉜 것은 중생을 인도하는 쪽에서 한 일이다." 하고 말한 적이 있으나, 사실은 소승의 걸음걸음이 모두 대승이요 대승의 깊은 내용이 소승을 여의지 않았다. 그러니 대승을 알지 못하면 소승은 원래 완벽한 것이 아니니 저 깨끗한 허공에 구름이 가로질러 낀 것과 같고, 소승을 경험하지 않으면 또한 완벽한 대승이 아니니 밥을 말로만 해서는 결코 배고픔을 면하지 못하는 것과 같다.

대체로 有는 無로 인하여 有이고, 無는 有로 인하여 無이다. 禪宗은 얻을 것이 없음[無所得]을 얻었기 때문에 실제로는 있고, 敎乘은 얻을 것이 있음[有所得]을 얻었기 때문에 실제로는 없다. 차별을 뛰어넘은 평등 세계[實際理地]에는 철저하게 본래 없으나[無], 불가사의한 열반의 마음[涅槃妙心]에는 갠지스강 모래만큼이나 뚜렷이 있다[有]. 그러니 有와 無를 나눌 수가 없고, 선과 교가 본래부터 길이 같다. 어리석은 자는 有를 미혹한데다 또한 無까지 미혹하지만, 깨달은 자는 無를 깨달으면 곧 有를 깨닫는다. 뚜렷이 있는 一心을 증득하지 않으면 무슨 수로 본래 없는 萬善을 실천하며, 본래 없는 萬善을 실천하지 않으면 또한 무슨 수로 뚜렷이 있는 일심을 원만하게 하겠는가?

그래서 옛 고덕은 오직 한 목소리로 종지를 연창하여 진실절대한 깨달음의 세계[向上事]를 바로 가리켰으나, 敎乘에 대해서는 혹시 학자들이 여러 가지 모양에 집착하고 혼합하여 능히 자심을 깨닫지 못할까봐 대부분 내버려 두고 말하지 않았다. 그러나 교승을 전공하는 자는 모양에 집착하여 얽매이고 업을 쫓고 번뇌에 따라 제법을 실유한 것이라 여기니, 거울속 그림자를 오인하여 머리를 보지 못하고(『능엄경』에 나오는 연야달다의 고사) 손가락에 집착하여 달이라 하는 것과 똑같다. 그러므로 똑같이 불교를 배우는 무리지만, 선을 참구하는 이와 교학을 공부하는 이는, 도가 같지 않은 이와 일을 같이 도모하지 못하는 것과 같다. 선종이 비록 하나의 산대만큼 높이 벗어났으나 만약 완벽하지 못하면 도리어 공에 떨어진다. 대체로 相에 집착하고 性을 버리기 때문에 여러 가지 雜染을 쌓아 구박 범부나 진배 없고, 상을 버리고 마음을 구하는 이도 또한 偏空에 빠져 化城 중간에서 그만두는 것을 면치 못한다. 그래서 옛 종사들이 모두 敎乘을 잎을 들고 어린애가 울음을 그치게 한 것에 비유하고, 性宗을 교 밖에 특별한 뜻이라 여겨, 이야기들이 두 토막이 되지만 짐은 그렇게 여기지 않는다.

짐은 비록 이러한 견해를 갖추었으나 역대 종사 중에 이러한 설을 천양한 자가 없었고, 검증되지 않은 일이라 하며 믿지 않는 이도 또한 감히 스스로 옳게 여기지 않았다. 그래서 힘써 古錐(오래되어 닳아 뭉텅한 송곳. 옛 조사)의 연구를 열람하다가 永明智覺 선사에 이르러 그의 『유심결』과 『주심부』와 『종경록』 등 여러 가지 책을 보니, 그의 종지가 마치 해와 달이 하늘을 날줄로 삼고 강과 내가 땅을 씨줄을 삼아 지극히 높고 지극히 밝으며 지극히 넓고 지극히 커서 역대 여러 고덕보다 뛰어남을 알 수 있었다.

그래서 '妙圓正修 智覺禪師'로 封號를 더하고, 그가 앞장서서 인도한 땅이 항주 淨慈寺에 있는지라, 특별히 지방 관리에게 조칙을 내려 그의 있는지 없는지 희미한 후손을 찾아 앞뒤를 이어줄 사람을 고르게 하고, 塔院을 수리하고 法相을 장엄하여 승도로 하여금 조석으로 예배 공양케 하였으니, 참으로 육조 이후에 永明이 고금에 제일가는 대선지식이다.

그리하여 그의 저작을 열람하다 그가 지은 『만선동귀집』에 이르니, 천백 년 전의 부절을 합한 듯이 짐의 생각과 같았다. 다른 선지식도 이런 말을 하였으나 짐은 회의하고 감히 깊이 믿지 않았더니, 지금 영명스님은 지금까지 선지식 중에 더욱 빼어난 자였다. 그의 말이 이미 짐의 마음과 묵묵히 서로 계합했으니, 짐이 본 견해가 틀리지 않았고 선과 교의 과덕이 같은 이치임을 짐은 믿을 수 있었다.

대저 空과 有를 같이 관함에 性과 行이 둘이 아니니, 조그만 선근력도 모두 보리의 資糧(비용과 양식)이요, 대지 산하가 모두 眞空 寶刹을 건설하였다. 이 책이 그 묘용을 얻어서 본래부터 반드시 마음과 법을 둘 다 잊었고, 속국에 미쳐서도 또한 지혜로운 이나 어리석은 자를 똑같이 제도하였다. 마음은 上諦(宗, 禪)에 통하나 敎의 바다에 들어가 모래를 헤아리고, 발이 虛無(敎)를 밟았으나 宗의 깃발에 의지에 걸음을 옮긴다. 이로 인해 들어간 자는 空亡에 떨어지지 않고 저 언덕에 이른 자도 또한 이와 같으니, 참으로 千佛과 諸祖의 마음을 얻었고 참으로 중생을 응화하는 어머니며, 실로 오직 강을 건넌 큰 코끼리요 실로 바로 여래의 적손이시다.

짐이 이미 중요한 법어와 『종경록』 등 책을 기록하여 『선사어록』에 가려 뽑아 넣어 여러 대선지식의 언구와 같이 함께 간행 반포하고, 또 이 책을 거듭 간행하여 천하 총림 고찰에 나누어주며 항상 도량에 머물게 하였고, 출가하여 불교를 배우는 자가 이것에 의해 수행하게 하였다. 그리하여 이 책을 보는 자는 육바라밀의 지혜 돛을 펴 하나의 대승교의 깨달음의 바다를 건너리니, 찰찰진진(끝없는 국토)에 허공 꽃 같은 萬善을 구족하고, 층층급급(겹겹의 수행)에 진여를 수희하여 왕래하리라. 공덕의 물을 마심에 낱낱이 한 맛이요 전단 뿌리를 자름에 마디마디 모두 향기니, 자신에게 풍기고 남에게도 풍기며 남을 이롭게 하고 자신도 이롭게 하여, 허공에 두루하여 다함이 없고 내세에까지 이르러 다함이 없다. 시작도 마침도 없고 그침도 쉼도 없으니, 이것은 짐과 영명이 正道를 널리 전하고 부처님 은혜를 갚는 것이다.

대저 달마의 心傳은 본래 한 글자도 없고 영명의 『心賦』는 수없이 많은 말이 있으니, 이는 한 글자도 세우지 않으며 三藏을 갖추어 유실함이 없고, 천명하고 해설한 것이 수없이 많은 말에 이르나 한 글자도 찾을 수 없다. 그러므로 (註 心賦에) "말이나 글귀를 빌려 眞心을 보조하여 밝히니, 비록 글자나 언어를 사용했으나 깊은 뜻이 여기에 있다." 하였다.

이 수없이 많은 말이 낱낱이 道임을 관찰하면 『만선동귀집』의 모든 법이 근기에 따름을 알 수 있으니, 문채가 어지럽다고 해서 맑고 아름다운 글귀가 끝없이 이어지는 것을 어찌 방애하겠는가? 많이 들음(박학다식함)은 海藏(장경)보다 낫고 말이 오묘한 것은 천상의 꽃에 비교할 수 있으리니, 어찌 법의 깃발을 높이 단 것이 아니겠는가? 곧 寶印을 깊이 든 것이니 어찌 털끝만큼의 장애인 적이 있으랴, 도리어 한없는 광명을 더한 것이다. 언어 문자로 뜻을 표현한 것(敎·理)도 또한 그러하니 어찌 行·果가 그렇지 않겠는가?

그리하여 이 책을 간행한 뒤에 이 글을 부쳐 학자들이 이를 합하여 보아 마치 보주의 그물이 겹겹으로 비추는 것과 같게 하고자 하여 이에 서문을 쓰노라.

옹정 11년(1733) 계축, 하안거 결제 날, 임금이 쓰노라

(원문은 아래 부록 1에 게재하였음)

萬善同歸集 講義 목차

추천사 / 현봉(조계총림 방장) · 4
    황하의 물도 능히 맑혀 세상에 감화를 끼칠 수 있으리
간행 연기 / 지현(늘기쁜마을 관음사 회주) · 7
    萬善同歸集은 보리심을 일으켜 온갖 선행으로 반야지혜를 일으키는 가르침

해제 · 10
일러두기 · 18
임금이 지은, 묘원정수 지각영명 수 선사 「만선동귀집 서」 / 청 옹정황제 · 19

개요를 서술함

갑 1. 서설 —————————————————— 37
갑 2. 다섯 가지 현묘한 뜻[五重玄義] ——————— 41
    을 1. 이름을 해석함 ——————————————— 41
    을 2. 본체를 밝힘 ————————————————— 45
    을 3. 宗要를 밝힘 ————————————————— 48
    을 4. 力用을 논함 ————————————————— 49
    을 5. 敎相을 구별함 ———————————————— 50
갑 3. 저술한 사람 ——————————————— 52

(상권)

바로 해석함

갑 1. 전체 줄거리 ─────────────────────── 66
갑 2. 이 책 내용을 따로 해석함 ──────────────── 70
을 1. 불가사의 경계를 관함 ──────────────── 70
  병 1. 宗을 세우다 · 71
  병 2. 비유를 들다 · 73
  병 3. 囦을 말하다 · 74

을 2. 중도원융 행을 닦음 ─────────────────── 81
  병 1. 一心에 의해 萬行을 닦음 · 81
    정 1. 반드시 닦아야 함을 표하다 · 81
    정 2. 반드시 여의어야 함을 보이다 · 82
  병 2. 만선을 닦음에 똑같이 一心으로 돌아감 · 84
    정 1. 이·사가 무애함 (圓修十義 중 제1) · 84
      무 1. 뛰어난 행과 뛰어난 이익을 대략 보임 · 84
      무 2. 이사무애를 자세히 해석하다 · 91
      무 3. 인용하여 증명함 · 101
        기 1. 사람을 들어 증명하다 · 101
        기 2. 법으로 증명하다 · 107
      무 4. 해석함 · 112
      무 5. 의문에 해답하다 · 114
        기 1. 조사의 가르침을 일부러 어겼다는 의심 · 114
        기 2. 무념인가 유념인가 하는 의심 · 129
        기 3. 무작인가 유작인가 하는 의심 · 132
        기 4. 법체와 어긋난다는 의심 · 138
        기 5. 조작할 필요가 있을까 하는 의심 · 143
    정 2. 권·실을 쌍행함 (圓修十義 중 제2) · 165
      무 1. 세간이나 출세간은 十善이 근본이 됨 · 165

기 1. 질문 · 165
　　　기 2. 정답 · 167
　　　기 3. 인용하여 증명함 · 184
　　무 2. 二因을 완비해야 佛體가 비로소 이루어짐 · 192
　　　기 1. 질문 · 192
　　　기 2. 정답 · 195
　　　기 3. 인용하여 증명함 · 195
　　　기 4. 결론 · 197
　　무 3. 얻음이 없기 때문에 얻고, 하는 것은 함이 없다 · 200
　　　기 1. 질문 · 200
　　　기 2. 정답 · 203
　　　기 3. 인용하여 증명함 · 207
　　무 4. 인연으로 인해 일어날 뿐, 有·無에 떨어지지 않음 · 210
　　　기 1. 질문 · 210
　　　기 2. 정답 · 212
　　　기 3. 인용하여 증명함 · 213
　　　기 4. 결론으로 중도를 말하다 · 214
　　무 5. 일념에 모든 것을 갖추어 만행을 행함 · 215
　　　기 1. 질문 · 215
　　　기 2. 정답 · 216
　정 3. 二諦를 함께 보임 (圓修十義 중 제3) · 220
　　무 1. 속제로부터 진제에 들어감 · 220
　　　기 1. 질문 · 220
　　　기 2. 정답 · 221
　　　기 3. 인용하여 증명함 · 224
　　무 2. 二諦가 융통함 · 241
　　　기 1. 질문 · 241
　　　기 2. 정답 · 242
　　　기 3. 인용하여 증명함 · 244
　　　기 4. 설명함 · 248
　　무 3. 마음이 부처요, 마음이 부처를 지음 · 250
　　　기 1. 질문 · 250
　　　기 2. 정답 · 251
　　　기 3. 인용하여 증명함 · 253
　　　기 4. 설명함 · 257
　　무 4. 부처님을 부르고서 부처가 되다 · 259
　　　기 1. 질문 · 159

기 2. 정답 · 260
　　기 3. 인용하여 증명함 · 265
　　기 4. 설명하다 · 285
정 4. 性과 相이 원융함 (圓修十義 중 제4) · 292
　무 1. 취하지도 않고 버리지도 않음 · 292
　　기 1. 질문 · 292
　　기 2. 정답 · 294
　　기 3. 인용하여 증명함 · 297
　　기 4. 설명함 · 308
　무 2. 行·解를 아울러 중히 여김 · 313
　　기 1. 질문 · 313
　　기 2. 정답 · 314
　　기 3. 인용하여 증명함 · 317
　　기 4. 설명함 · 319
　무 3. 지·관이 쌍으로 흐름 · 321
　　기 1. 질문 · 321
　　기 2. 정답 · 322
　　기 3. 인용하여 증명함 · 331
　　기 4. 설명함 · 340
　무 4. 닦되 닦음이 없음 · 342
　　기 1. 질문 · 342
　　기 2. 정답 · 345
　　기 3. 인용하여 증명함 · 346
　　기 4. 설명함 · 353
　　기 5. 의심을 풀어줌 · 354
　무 5. 正·助가 서로 의지함 · 366
　　기 1. 질문 · 366
　　기 2. 정답 · 367
　무 6. 지키고 범함에 집착이 없음 · 369
　　기 1. 질문 · 369
　　기 2. 정답 · 371
　　기 3. 인용하여 증명하고 설명함 · 372
　무 7. 이·사로 아울러 참회함 · 388
　　기 1. 질문 · 388
　　기 2. 정답 · 389
　　기 3. 인용하여 증명함 · 391
　　기 4. 설명함 · 400

무 8. 버리고 취하는 것이 알맞음 · 402
　　　기 1. 첫 질문 · 402
　　　기 2. 정답 · 402
　　　기 3. 두 번째 질문 · 406
　　　기 4. 두 번째 답 · 407
　　　기 5. 인용하여 증명함 · 411
　　　기 6. 설명함 · 414
　정 5. 體·用이 자재함 (圓修十義 중 제5) · 420
　　무 1. 태어남은 태어남이 없고, 태어남이 없는 것에서 태어남 · 420
　　　기 1. 질문 · 420
　　　기 2. 정답 · 420
　　　기 3. 인용하여 증명하고 설명함 · 421
　　무 2. 자력으로는 이루기 어렵고 타력은 이루기 쉽다 · 430
　　　기 1. 첫 번째 질문과 답 · 430
　　　기 2. 두 번째 질문과 답 · 432
　　무 3. 감·응의 길이 교차하여 부처님 위신력은 부사의하시다 · 434
　　　기 1. 질문 · 434
　　　기 2. 정답 · 435
　　　기 3. 인용하여 증명하고 설명함 · 436
　　무 4. 九品이 왕생하여 위 아래가 모두 도달함 · 472
　　　기 1. 첫 번째 질문 · 472
　　　기 2. 첫 번째 질문에 대한 답 · 473
　　　기 3. 인용하여 증명함 · 475
　　　기 4. 두 번째 질문과 답 · 477
　　　기 5. 세 번째 질문과 답 · 478
　　　기 6. 체와 용이 자재함을 설명함 · 481

(중권)

　정 6. 空·有가 서로 보완하여 완성함 (圓修十義 중 제6) · 35
　　무 1. 진공·묘유인 공과 유가 서로 보충하여 완성함 · 35
　　　기 1. 일심의 공·유가 서로 협력함을 전체적으로 밝힘 · 35
　　　기 2. 일심의 진공묘유를 따로 밝힘 · 38
　　　기 3. 인용하여 증명함 · 48

기 4. 설명함 ·50
　기 5. 첫 질문과 답 ·52
　기 6. 인용하여 증명하고 설명함 ·54
　기 7. 두 번째 질문과 답 ·62
　기 8. 인용하여 증명하고 설명함 ·77

무 2. 空·有 두 문이 서로 같지도 않고 다르지도 않음 ·79
　기 1. 첫 질문과 답 ·79
　기 2. 인용하여 증명하고 설명함 ·80
　기 3. 두 번째 질문과 답 ·91
　기 4. 세 번째 질문과 답 ·95
　기 5. 인용하여 증명하고 설명함 ·98

무 3. 二輪이 막힘이 없어 一道에 모자람이 없음 ·118
　기 1. 첫 질문과 답 ·118
　기 2. 인용하여 증명함 ·124
　기 3. 설명함 ·131
　기 4. 두 번째 질문과 답 ·158
　기 5. 인용하여 증명하고 설명함 ·167
　기 6. 세 번째 질문과 답 ·186

무 4. 空을 세우지 않고 有를 버리지도 않아야 二諦가 융통함 ·188
　기 1. 첫 질문 ·188
　기 2. 첫 대답 ·191
　기 3. 인용하여 증명하고 설명함 ·193

무 5. 有가 아니면서 有요, 有면서 有가 아님 ·215
　기 1. 첫 질문과 답 ·215
　기 2. 인용하여 증명하고 설명함 ·219
　기 3. 두 번째 질문과 답 ·222
　기 4. 인용하여 증명하고 설명함 ·226

무 6. 定·慧가 서로 돕고, 空·有가 모두 운용함 ·232
　기 1. 첫 질문과 답 ·232
　기 2. 인용하여 증명하고 설명함 ·234
　기 3. 두 번째 질문과 답 ·236

무 7. 언어에 인해 도를 깨닫고, 교에 의해 종지를 밝힘 ·238
　기 1. 질문 ·238
　기 2. 정답 ·239
　기 3. 인용하여 증명하고 설명함 ·242
　기 4. 두 번째 질문과 답 ·247
　기 5. 인용하여 증명하고 설명함 ·251

기 6. 세 번째 질문과 답 · 258
　　　기 7. 인용하여 증명하고 설명함 · 260
　무 8. 幻임을 알아 중생을 제도하고, 空으로부터 건립함 · 268
　　　기 1. 질문 · 268
　　　기 2. 정답 · 270
　　　기 3. 인용하여 증명하고 설명함 · 270

정 7. 正·助를 겸수함 (圓修十義 중 제7) · 280
　무 1. 중생이 만선으로 구경에 성불함 · 280
　　　기 1. 뜻을 논함 · 280
　　　기 2. 인용하여 증명함 · 282
　　　기 3. 설명함 · 287
　무 2. 선·악이 근원이 같으나, 性·修에 차이가 있음 · 298
　　　기 1. 첫 질문과 답 · 298
　　　기 2. 인용하여 증명하고 설명함 · 300
　　　기 3. 두 번째 질문과 답 · 301
　　　기 4. 인용하여 증명하고 설명함 · 303
　　　기 5. 세 번째 질문과 답 · 308
　　　기 6. 네 번째 질문과 답 · 311
　무 3. 人·法이 본래 공하나 業果는 없어지지 않음 · 313
　　　기 1. 첫 질문과 답 · 313
　　　기 2. 두 번째 질문과 답 · 315
　　　기 3. 인용하여 증명하고 설명함 · 317
　무 4. 萬善이 항상 일어나나 一眞은 항상 고요하다 · 319
　　　기 1. 첫 질문과 답 · 319
　　　기 2. 두 번째 질문과 답 · 322
　　　기 3. 인용하여 증명하고 설명함 · 323
　무 5. 正·助를 겸수하는 데는 발심이 우선이다 · 326
　　　기 1. 뜻을 논함 · 326
　　　기 2. 인용하여 증명함 · 327
　　　기 3. 첫 질문과 답 · 329
　　　기 4. 인용하여 증명하고 설명함 · 335
　　　기 5. 두 번째 질문과 답 · 339
　　　기 6. 인용하여 증명함 · 343
　　　기 7. 회통하고 설명함 · 348
　　　기 8. 경전을 널리 인용하여 증명함 · 355
　　　기 9. 총 결론짓고 설명함 · 426

(하권)

정 8. 같고 다름이 차별이 없음 (圓修十義 중 제8) · 35
  무 1. 뜻을 논함 · 35
  무 2. 근본과 자취가 다르나, 같고 다름이 차별이 없음 · 37
    기 1. 첫 질문과 답 · 37
    기 2. 인용하고 증명함 · 39
    기 3. 설명함 · 40
    기 4. 두 번째 물음과 답 · 41
    기 5. 인용하여 증명하고 설명함 · 42
  무 3. 性空과 緣起가 서로 손상되지 않음 · 44
    기 1. 질문과 답 · 44
    기 2. 인용하여 증명함 · 45
    기 3. 설명함 · 51
  무 4. 取·捨의 생각이 다하면 眞·俗의 이치가 나타남 · 63
    기 1. 묻고 답함 · 63
    기 2. 인용하여 증명하고 설명함 · 65

정 9. 修·性이 둘이 아님 · 66
  무 1. 性으로 修를 이루고, 修로 인하여 性이 드러남 · 66
    기 1. 첫 질문과 답 · 66
    기 2. 인용하여 증명하고 설명함 · 69
    기 3. 두 번째 질문과 답 · 70
    기 4. 인용하여 증명하고 설명함 · 80
  무 2. 대승을 비방하지 말고, 소승교를 나무라지 말라 · 85
    기 1. 첫 질문과 답 · 85
    기 2. 인용하여 증명하고 설명함 · 87
    기 3. 두 번째 질문과 답 · 93
    기 4. 설명함 · 94
  무 3. 性은 修로 인하여 드러나니 萬善이 돕고 영향을 끼침 · 95
    기 1. 첫 질문과 답 · 95
    기 2. 인용하여 증명하고 설명함 · 97
    기 3. 두 번째 질문과 답 · 98
    기 4. 인용하여 증명하고 설명함 · 100
    기 5. 세 번째 질문과 답 · 101
    기 6. 인용하여 증명하고 설명함 · 103

무 4. 공덕과 만행이 앞뒤에서 함께 일어남 · 111
  기 1. 첫 질문과 답 · 111
  기 2. 인용하여 증명함 · 119
  기 3. 설명함 · 120
  기 4. 두 번째 질문과 답 · 130
  기 5. 인용하여 증명하고 설명함 · 132
무 5. 遍計를 파할 뿐, 依他는 버리지 말라 · 134
  기 1. 묻고 답함 · 134
  기 2. 인용하여 증명하고 설명함 · 139
무 6. 옛 성현들은 理·事를 함께 행함 · 149
  기 1. 첫 질문과 답 · 149
  기 2. 두 번째 물음과 답 · 161
무 7. 불교는 더없이 거룩하고, 儒·道는 세상 풍속을 흠모함 · 169
  기 1. 첫 질문과 답 · 169
  기 2. 두 번째 질문과 답 · 171
  기 3. 세 번째 질문과 답 · 184
무 8. 性·修가 둘이 없어야 一心을 깨닫는다 · 192
  기 1. 첫 질문과 답 · 192
  기 2. 인용하여 증명하고 설명함 · 193
  기 3. 두 번째 묻고 답함 · 195
  기 4. 세 번째 묻고 답함 · 196
무 9. 인연으로 나서 性이 없고, 性이 없으나 인연으로 남 · 197
  기 1. 첫 질문과 답 · 197
  기 2. 인용하여 증명함 · 198
  기 3. 두 번째 물음과 답 · 200
  기 4. 세 번째 물음과 답 · 203
  기 5. 네 번째 물음과 답 · 207
  기 6. 인용하여 증명함 · 209
  기 7. 의심을 널리 풀어줌 · 210
정 10. 인·과가 어긋남이 없음 (圓修十義 중 제10) · 214
 무 1. 感·應의 도가 교차하나, 冥·顯이 차별이 있음 · 214
  기 1. 첫 물음과 답 · 214
  기 2. 두 번째 물음과 답 · 218
 무 2. 업은 삼세에 통하고, 과보는 인연에 따름 · 220
  기 1. 첫 질문과 답 · 220
  기 2. 두 번째 질문과 답 · 224

무 3. 악을 그치고 선을 행하는 것이 나라를 바로잡고 집안을 보전하는 일임 · 234
　　기 1. 첫 질문과 답 · 234
　　기 2. 인용하여 증명함 · 236
　　기 3. 두 번째 질문과 답 · 237
　　기 4. 인용하여 증명하고 설명함 · 246
　　기 5. 세 번째 질문과 답 · 248
　　기 6. 인용하여 증명하고 해설함 · 250
무 4. 萬善을 닦는 것은 마음이 근본이 됨 · 253
　　기 1. 첫 질문과 답 · 253
　　기 2. 인용하여 증명하고 설명함 · 261
　　기 3. 여러 가지 의심을 자세히 풀어줌 · 264
무 5. 마음밖에 법이 없고, 유식이 변현한 것임 · 272
　　기 1. 첫 질문과 답 · 272
　　기 2. 두 번째 질문과 답 · 274
　　기 3. 인용하여 증명하고 설명함 · 275
무 6. 相과 識이 모두 공하고, 識과 性이 여여함 · 280
　　기 1. 첫 질문과 답 · 280
　　기 2. 두 번째 질문과 답 · 282
　　기 3. 인용하여 증명함 · 283

을 3. 圓敎一乘의 과덕을 성취함 ─────── 285

을 4. 이 책의 이름을 묻고 답함 ─────── 292
　병 1. 전체적으로 들다 · 292
　병 2. 따로 해석함 · 293

을 5. 이익을 묻고 답함 ─────── 322

을 6. 요점을 모아 重頌함 ─────── 329

부록
1. 御製妙圓正修智覺永明壽禪師萬善同歸集序 · 372
2. 十善因果綱要表 · 374
3. 十如是 · 375
4. 靜藹法師 捨身頌 · 377
5. 『유마경』「불도품」40게 송문 · 382
6. 『慧日永明智覺禪師自行錄』· 390

〈만선동귀집 강의〉 중권은 상권, '정5. 체·용이 자재함'에 이어 '정6. 空과 有가 서로 보완하여 완성함'부터 시작됩니다.

정 6. 空과 有가 서로 보완하여 완성함 (圓修十義 중 제6)
무 1. 진공·묘유인 공과 유가 서로 보충하여 완성함
기 1. 일심의 공·유가 서로 협력함을 전체적으로 밝힘

集

대저 性起인 보리와 진여 만행은 종일 짓되 지음이 없고, 비록 행함이 없으나 두루 행한다. 만약 지음이 있다고 하면 魔事와 같고, 혹시 행함이 없다는 데 집착하면 도리어 단멸로 돌아간다. 그러므로 자심밖에 건립할 법이 없어서 十身을 구족하고 四土를 원만히 거둠을 알 수 있다. 비록 전체적으로 포함하나 안팎을 파괴하지 않고, 모두 법계에 부합(稱)하니, 어찌 유·무에 막히랴. 공 가운데서 방편의 지혜가 구족하나 유에 집착하지 않고, 유 가운데서 수승한 (空性에) 의(運)해 행하나 무에 떨어지지 않는다. 그러므로 理에 의한 事라 행이 무애함을 이루고, 사에 의한 이라 행이 진여를 수순하니, 相用이 어그러짐이 없고 體性이 여기에 있다.

夫性起菩提, 眞如萬行。終日作而無作, 雖無行而遍行。若云有作, 卽同魔事。或執無行, 還歸斷滅。故知自心之外, 無法建立。十身具足, 四土圓收。雖總包含, 不壞內外。皆稱法界, 豈隔有無。空中具方便之慧, 不着於有。有中運殊勝之行, 不墮於無。是以卽理之事, 行成無閡。卽事之理, 行順眞如。相用無虧, 體性斯在。

講

'圓修十義' 중 제5 '體用自在'의 강의를 마치고, 이어서 제6 '진공 묘유의 공과 유가 서로 보충하여 완성함'에 대해 강설하기로 한다. 먼저 일심의 공·유가 서로 보충하여 완성함을 전체적으로 밝힌다. '성기'와 '진여'는 일심의 본체요 또한 심진여문이니, 空에 속한다. '보리'와 '만행'은 일심의 작용이요 또한 심생멸문이니, 有에 속한다. 일심의 이문은 곧 묘유와 진공이므로 공과 유가 서로 보충하여 완성한다. 緣起이기 때문에 性空이라 비록 종일 지으나 지음이 없고, 성공이기 때문에 연기인지라 비록 행이 없으나 두루 행한다. 공·유가 서로 보충하여 완성하는 것이 중도정견이니, 만약 유에 집착하고 공에 집착하면 모두 한 편에 치우친 사견에 떨어진다. 진공과 묘유가 마음밖에 법이 없어야 비로소 실상에 계합한다.

'十身이 구족하다' 한 것은, 곧 『화엄경』에서 설한, 행을 닦아 과덕을 얻은 십신과, 삼세간에 원융한 십신 등, 두 가지 부처님의 十身[1]이니, 모두 원만구족하다.

'四土[2]를 원만하게 거둔다' 한 것의 '사토'는 凡聖同居土, 方便有餘土, 實報莊

---

1   두 가지 십신은 〈1〉 여래가 얻은 몸이니 곧 華嚴宗에서 말하는 行境十佛이다.(행을 닦아 과득을 얻은 십불) (1) 菩提身 : 八相成道의 정각을 시현한 불신. (2) 願身 : 도솔천에 願生한 불신. (3) 化身 : 왕궁에 난 化身 (4) 住持身 : 돌아가신 후에 자신의 사리를 남겨 불법이 주지케 한 몸. (5) 相好莊嚴身 : 무변 상호로 장엄한 불신. (6) 勢力身 : 자비심으로 일체 중생을 攝伏하는 불신. (7) 如意身 : 地前, 地上 보살에 대하여 現生이 如意한 불신. (8) 福德身 : 三昧에 常住하는 불신. (三昧가 福德 가운데 最極이기 때문에 福德身이라 한다.) (9) 智身 : 대원경지 등 四智. (10) 法身 : 智身을 요달한 本性佛.
〈2〉 三世間에 원융한 十身. 華嚴宗에서 말한 解境十佛. 十地 가운데 第八 不動地菩薩이 일체 중생이 마음에 좋아하는 것을 아는 몸이니, 곧 衆生身, 國土身, 業報身, 聲聞身, 獨覺身, 菩薩身, 如來身, 智身, 法身, 虛空身으로 자신을 삼는다. 此十身 가운데 第二 國土身은 器世間이요, 第一 衆生身, 第三業報身 第六 菩薩은 有情世間이며, 第七 如來身, 第十 虛空身은 正覺世間이다. 이 十身이 三世間의 제법을 融攝하고, 또한 十身과 自身이 서로서로 互作하여 융통무애하기 때문에 融三世間 十身이라 한다.
2   또는 四佛土, 四種淨土라고도 한다. (1) 凡聖同居土 : 染淨同居土라고도 한다. 人·天 兩道의 凡夫와 聲聞, 緣覺의 聖者가 同居하는 國土이다. 그 가운데 사바세계는 同居之穢土요 西方極樂은 同居之淨土이다. (2) 方便有餘土 : 阿羅漢, 辟支佛, 地前菩薩이 거처하는 국토이다. 이 사람들은 방편도를 닦아 見·思惑을 단제하기 때문에 '方便'이라 하고, 다만 中道實相을 障覆하는 무명인 근본혹이 남아있기 때문에 '有餘'라고 한다. (3) 實報無障礙土 : 一分의 무명을 斷除한 菩薩이 나는 곳이다. 과보가 진실도인 무애자재 국토이기 때문에 '實報無障礙土'라 한다. 순수하게 보살만이 거주하고 凡夫二乘은 없으니 別敎의 初地 이상과 圓敎의 初住 이상이 거처하는 과보토. (4) 常寂光土 : 理性土라고도 한다. 根本無明을 완진히 斷除한 부처님이 의지하는 곳. 곧, 妙覺인 究竟果佛이 거처하는 국토. 곧, 常住(法身), 寂滅(解脫), 光明(般若)의 佛土.

嚴土, 常寂光淨土다. 이 네 가지 국토가 모두 일심이 더럽고 깨끗한 인연에 따라 나타난 것이라, 마음을 여의고 결코 국토도 없고 몸도 없다. 그러므로 '열 가지 몸이 구족하고 네 가지 국토를 원만히 거두었다' 하였다.

'비록 전체적으로 포함했으나' 한 것부터, '어찌 유·무에 막히랴' 한 데까지는, 비록 마음이 허공을 포함하고 양이 법계에 두루(稱)하지만, 안으로 육근을 파괴하지 않고 밖으로 육진과 중간의 육식의 각기 다른 相用이 같지 않다. 또한 일심의 본체(空)와 작용(有)을 서로 나누어서는 안 된다. 심성이 본래 청정하고 제법이 오직 일심뿐이라 반드시 법계성을 관할지니, 일체가 오직 마음으로 짓기 때문이다. 그러므로 '모두 법계에 부합한다' 하였으니, 불가사의하다.

'공 가운데 방편의 지혜를 갖추었다' 한 아래 열 구절은, 공·유가 서로 보완하여 이루고, 이·사가 막힘이 없으며, 체·용이 자재함을 전체적으로 밝혔다. 중도 제일의공은 반드시 방편반야를 갖추었으니, 그러므로 능히 유에 속하지만 유에 집착하지 않고, 속제의 有爲事相은 완전히 수승한 공성에 의지하여(運) 일어나니(行), 그러므로 공성을 요달하지만 공을 증득하지는 않는다(墮無). 성이 공하나 연기하니 이것이 '이에 의한 사'요, 공의 뜻에 의지하기 때문에 일체법이 이루어지니 이것은 '행이 무애함을 이룬다' 한 것이다. 연기하지만 성공하니 이것이 '사에 의한 이'요, 세속제에 의지하지 않으면 제일의를 얻지 못하니 이것이 '행이 진여를 수순한다' 한 것이다. 성과 상, 체와 용은 곧 진공과 묘유의 두 얼굴이요, '모자람이 없다'는 것과 '여기에 있다'는 것은, 곧 이것이 있으므로 저것이 있고 이것이 없으면 저것이 없으니, 반드시 서로 의지하고 서로 협력하니, 분리할 수가 없고 전후가 없다.

기 2. 일심의 진공묘유를 따로 밝힘

集

대저 다른 이를 교화하는 묘행은 십바라밀과 사섭법 문에서 벗어나지 않고, 자신을 이익되게 하는 참된 수행은 칠각지와 팔정도보다 앞선 것이 없다. 사념처를 섭수하면 一實(一事實)으로 돌아가고, 사정근을 종합하면 一心에서 벗어나지 않으니, 五根을 嚴淨하고 五力을 성취한다.

만약 보시를 논한다면 안과 밖을 모두 버리고, 계율을 말하면 크고 작은 것을 겸하여 가지며, 수행 정진은 몸과 마음을 아울러 행하고, 인욕을 갖추는 것은 生忍과 法忍[3]을 구비하며, 반야는 경계와 지혜가 둘이 없고, 선정은 동요하는 것과 고요함이 모두 평등하다. 방편은 번뇌를 널리 비추고, 발원은 법계를 두루 함섭하며, 힘을 갖춤은 十力에 정통하고, 了智(지혜바라밀)는 種智를 원만히 성취한다. -십바라밀

愛語는 근기나 형편에 俯順(아래 사람의 의견에 따라 줌)하고, 同事는 능히 행업에 따르며, 자비를 행하는 것은 원수나 친한 이를 널리 구하고, 설법(보시섭)은 날카롭거나 둔한 이를 모두 섭수한다. -사섭법

七覺은 혼침과 도거를 내지 않으며, 八正은 邪(邪命, 邪業)·倒(四倒, 八倒)를 일으키지 않는다. 내지 三堅의 묘행을 모두 닦고, 七聖의 법재를 구족하며, 三聚

---

[3] 보살이 닦는 두 가지 인욕인 生忍과 法忍. (1) 生忍은 衆生忍이라고도 한다. 여기서 '忍'은 인내의 뜻. 보살이 일체 중생에게 마치 자모가 자식을 사랑하듯이 不瞋不惱하는 것. 또한 중생이 비록 갖가지 악해를 가하더라도 보살이 능히 인내하며 진애심을 내지 않으며, 혹은 중생에게 갖가지 공경공양을 받더라도 마음에 공고염착을 내지 않는 것을 말함. (2) 法忍은 또는 無生法忍이라 한다. 여기서 '忍'은 安忍의 뜻. '無生法'은 不生不滅의 법을 말하지만 여기서는 겨우 不生에만 니아가 말하여 無生이라 한 것이다. 보살이 無生의 법에 忍樂하며 不動不退함을 말함.

의 律文을 지키고, 七淨의 眞要를 원만히 한다. 天行을 깨달아 자연의 본리에 계합하고, 梵行을 닦아 塵(현행)·習(종자)의 근원을 끊으며, 病行을 나타내어 성문을 化城에서 쉬게 하고, 兒行을 보여 범부를 천계로 인도한다. 五位의 보리도를 거처 三德의 열반성에 들어간다. 三業을 단련하여 三輪을 이루고, 三受를 여의어 三念(三護念)을 원만히 한다. 因은 삼관을 좇아 훈발하고, 果는 五眼을 갖추어 원명하니, 비로소 능히 신통에 유희하고, 백천 삼매에 출입하며, 불국토를 청정히 하고, 무애 도량을 밟는다. 그런 후에 제방에 널리 응해 十身의 묘상을 나타내고, 법계를 두루 비추어 四智[4]의 밝은 등을 밝힌다. 감·응의 도가 교차하여 저 근기와 기량에 맡기고, 本際를 움직이지 않고 자취가 모나거나 둥근 것에 응한다. 무릇 보고 듣는 이는 모두 응당 이익을 얻나니, 일체중생이 나에게 무슨 일이 있겠는가? 이런 것들이 모두 積善의 향기니, 이것을 이룬 것이 無緣(대자비)의 大化(부처님의 교화)이다.

夫化他妙行, 不出十度四攝之門。利己眞修, 無先七覺八正之道。攝四念歸於一實, 總四勤不出一心, 嚴淨五根, 成就五力。若論施, 則內外咸捨。言戒, 則大小兼持。修進, 則身心竝行。具忍 則生法俱備。般若, 則境智無二。禪定, 則動寂皆平。方便, 則普照塵勞。發願, 則遍含法界。具力, 則精通十力。了智, 則種智圓成。愛語, 則俯順機宜。同事, 則能隨行業。運慈, 則冤親普救。說法, 則利鈍齊收。七覺, 則沉掉靡生。八正, 則邪倒不起。乃至備修三堅之妙行, 具足七聖之法

---

[4] 佛果인 네 가지 지혜. 佛果에 이르러 有漏識蘊을 轉捨하고 얻은 네 가지 無漏智이다. 『成唯識論』 권10, 佛地經論 권3 등에 실린 것에 의해 유식종에서 세운 대보리지이다. (1) 大圓鏡智는 제8 아리야식을 轉하여 얻은 지혜이다. (2) 平等性智는 제7 말나식을 전하여 얻은 지혜이다. (3) 妙觀察智는 제6식을 전사하여 얻은 지혜이다. (4) 成所作智(成本願力所應作事)는 안·이 등 前五識을 전하여 얻은 지혜이다. 자세한 것은 『불광사전』 p1771-上

財, 秉持三聚之律門, 圓滿七淨之眞要. 悟天行, 契自然之本理. 修梵行, 斷塵習之根源. 現病行, 憩聲聞於化城. 示兒行, 引凡夫於天界. 歷五位菩提之道, 入三德涅槃之城. 練三業而成三輪. 離三受而圓三念. 因從三觀薰發, 果具五眼圓明. 方能遊戲神通, 出入百千三昧. 淨佛國土, 履踐無閡道場. 然後普應諸方, 現十身之妙相, 遍照法界, 燃四智之明燈. 感應道交, 任他根量. 不動本際, 跡應方圓. 凡有見聞, 皆能獲益. 云云自彼, 於我何爲. 斯皆積善之所薰, 成此無緣之大化.

> 講

여기서는 일심의 진공묘유를 해석했으니, 보살도의 강요다.

'다른 이를 교화하는 묘행'은 진공이면서 묘유요, '자신을 이롭게 하는 진수'는 묘유이면서 진공이다. 십바라밀과 사섭법, 칠각지와 팔정도, 그밖에 37도품이 자신을 이롭게 하고 다른 이를 교화하는 강목이니, 또한 묘유의 事相이다. '오위 보리도'와 '대열반성'은 일승의 인과요, '無緣 大化'와 '積善과 薰修'는 일승의 묘행이다. 『법화경』「방편품」에 "오직 이 하나의 일만이 진실하고, 나머지 둘은 참이 아니다." 하니, 묘유이면서 진공, 일심이면서 이문, 오직 이것만이 진실이다. 만약 공과 유 두 법이 각기 다르다고 집착한다면 그것은 허망이라, 취해서도 안 되고 설해서도 안 된다. 그러므로 제불이 증득하시고 설한 것이 모두 二諦(공·유)가 서로 의지하고 서로 보충하여 이루어진다는 것이니, 이른바 일심 만행과 만행 일심도 또한 이 책에서 설한 '모든 선행이 똑같이 일심으로 돌아간다' 한 것이다.

십바라밀 등의 명칭이나 내용에 관해서는 『불학사전』을 보기 바란다. '보시바라밀은 내외를 모두 버린다' 한 것은, 『법화경』에서 약왕보살이 몸을 태우고 팔을 태운 경우다. '지계바라밀은 대·소를 아울러 가진다' 한 것의 '대'는 보살계를 말하고 '소'는 성문계를 말한다. '아울러 가진다'는 것은 한쪽을 버리는 일 없이 구족하게 지키는 것이다. '정진바라밀은 몸과 마음을 병행한다' 한 것은, 석가세존이 예전에 보살도를 행할 때 이레 동안 발을 들고 부처님을 찬탄한 경우를 말한다. (그때 한 찬불은 '天上天下無如佛 운운' 한 것이다) '인욕바라밀은 생·법을 구비한다' 한 것은 '生忍'과 '法忍'을 함께 갖춘 것을 말하니, 석존이 과거에 인욕선인이 되었던 것과 같다. '반야바라밀은 경계와 지혜가 둘이 없다' 한 것은, 아공와 법공을 증득한 것을 말한다.

'선정바라밀은 동과 적이 모두 평등하다' 한 것은, 동요한 것과 고요한 것이 한결같아서 고요하되 항상 비추고 비추되 항상 고요하여 지·관을 쌍으로 행한다. '방편바라밀은 진로를 널리 비춘다' 한 것은, 본원을 어기지 않고 교묘하게 번뇌를 가지고 불사를 짓는 것이다. '원바라밀은 법계를 두루 함섭한다'는 것은 『보현행원품』에 설한 것처럼, 십대 행원이 모두 시간과 공간에 다함이 없다. '역바라밀은 십력을 정통한다'는 것은, 보살도 부처님의 십력에 정통하여 비록 원만하지는 못하지만 그것의 인·과, 사·리를 통달하여 능히 수순하여 행할 수 있다. '지혜바라밀은 종지를 원성한다'는 것은, 보살이 항상 三觀으로 三智를 원성하니, 일체지와 도종지와 일체종지이다. 이상 십바라밀은 모두 원교보살의 행상이다.

사섭법 중에 '愛語攝은 機宜(근기나 형편)에 附順(아랫 사람의 의견에 따라줌)한다'는 것은, 법을 설하되 능히 이치에 계합하고 근기에 계합하는 것이다. '동사섭은 능히 행업에 수순한다'는 것은, 선재동자가 참알한 53위 선지식이 모두 이들이다. '運慈(자비를 행함)'는 利行攝이니, '원수진 이나 친한 이를 널리 구한다'는 것은, 관음보살이 소리를 찾아 고통을 구해주는 것과 같다. '설법'은 布施攝이니, '날카로운 이나 둔한 이를 모두 거둔다'는 것은, 정토종의 역대 조사와 여러 선지식이 정토 법문을 천양한 것이다.

'칠각'은 칠각지니, 또한 七菩提分이라 한다. 이것은 정과 혜가 균등한 수행법이니, 그러므로 혼침과 도거의 과실을 면할 수 있다. '팔정'은 팔정도니 또한 八聖道分이라 한다. 이것은 삼업이 청정하고 지견이 中正하여 邪命[5]이나 邪業, 四倒나 八倒 등의 과실이 없다. '내지 三堅을 모두 닦는[備修] 묘행'이란, '삼견'은 계·정·혜 세 가지 무루학이니, 보살의 모든 행문이 모두 삼학에서 벗어나지 않는다. 그러므로 '모두 닦는다'고 하였다.

'일곱 가지 성스러운 法財[6]를 구족한다' 한 것은, 곧 믿음[信], 정진[進], 계율[戒], 들음[聞], 버림[捨], 정혜[定慧], 참괴[慙愧]를 일곱 가지 성스러운 법재라 한다. '삼취의 율문을 지킨다'는 것은, 곧 보살의 삼취정계[7]를 지키는 것을 말한다. '삼취 율문'은 율의를 함섭한 계[攝律儀戒]와, 선법을 함섭한 계[攝善法戒]와, 유정을 요익케 함을 함섭한 계[攝饒益有情戒]다. '七淨을 원만히 하는 참된 요도[眞要]'라는 것은, '칠정'은 구족계에 속한 일곱 부류의 죄를 七聚[8]라 하니, 첫째

---

5   邪命은 팔정도 중 正命의 반대인 삿된 생활을 말하고, 邪業은 탐·진·치로 인하여 일어난 삿된 身業(살생, 주지 않는 것을 취함, 邪婬 등)을 말함. 팔정도 중 正業의 반대. 四倒는 네 가지 전도된 妄見. 범부가 無常을 常이라 알고(常顚倒), 苦를 樂이라 알며(樂顚倒), 無我를 我라 알며(我顚倒), 不淨을 淨이라 아는 것(淨顚倒). 八倒는 二乘行者가 무위열반법을 非常(無常顚倒), 非樂(無樂顚倒), 非我(無我顚倒), 非淨(無淨顚倒)이라고 집착하는 것을 말하는데, 이를 합하여 八顚倒라 함.

6   불도를 성취하는 일곱 가지 성스러운 법. 이 법을 가짐으로 해서 능히 성불을 도울 수 있기 때문에 '財'라고 한다. (1) 信財:정법을 信受함. (2) 戒財:계율을 가짐. (3) 慙財:스스로 부끄러워 하며 여러 가지 악을 짓지 않음. (4) 愧財:不善法에 대해 마음에 부끄러움을 냄. (5) 聞財:올바른 교법을 들음. (6) 施財:모든 것을 버려 집착이 없음. (7) 定慧財:마음을 섭수하여 흩어지지 않으며 제법을 비추어 봄. 지금 주석은 『불광사전』에 의한 것인데 본문과는 명칭이 다소 다르다.

7   대승보살의 계법. 삼취의 '취'는 종류의 뜻. 이 삼취의 계법이 무구청정하여 대승의 여러 가지 계를 함섭하여 원융무애하기 때문에 三聚淨戒, 혹은 三聚圓戒라 함. (1) 攝律儀戒saṁvara-śīla : 또는 自性戒라고도 한다. 모든 악을 捨斷하고 여러 가지 律儀를 함섭한 止惡門. (2) 攝善法戒 kuśala-dharma-saṁgrāhaka-śīla : 모든 보리도를 섭지하는 계니 모든 선법을 수습함을 말함. 修善門. (3) 攝衆生戒sattvārtha-kriyā-śīla : 饒益有情戒라고도 함. 자비스런 마음으로 일체 중생을 섭수이익하게 하는 것이니, 利生門.

8   犯戒한 모습을 일곱 가지로 나눈 것. (1) 波羅夷 : 의역하여 斷頭라 함. 계율 중 가장 중한 죄. 범한 자는

는 바라이죄요, 둘째는 승잔죄요, 셋째는 바일제죄요, 넷째는 바라제제사니죄요, 다섯째는 투란차죄요, 여섯째는 돌길라(惡作)요, 일곱째는 악설죄다. 이것들이 모두 청정하여 범함이 없기 때문에 '일곱 가지 청정을 원만히 하는 참된 요도'라 하였다.

'天行을 깨달아 …' 한 것부터, '兒行을 보인다' 한 데까지는 다섯 가지 행을 말하니, 『대열반경』에서 하신 말씀이다. 곧 天行·梵行·聖行·病行·嬰兒行이다. 천행의 '천'은 대열반의 상·락·아(自在)·정의 네 가지 덕을 비유하였으니, 또한 性德이라고도 한다. 곧 본래부터 갖춘 天眞한 理體는 부처님이 계시든 계시지 않든 본래부터 그러하니, 그러므로 '자연의 근본 이치에 계합한다' 하였다. '범'은 불제자의 청정 범행에 비유하였으니, 곧 세 가지 무루학이다. 일체 번뇌인 현행(塵)과 종자(習)를 능히 끊을 수 있으니, 그러므로 '진·습의 근원을 끊는다' 하였다. '병'은 몸과 마음을 휴식하는 것에 비유하였으니, 곧 부처님이 설하신 소승법은 중간 化城인 휴식소니, 소승 근기로 하여금 잠시 생사고의 근심을 쉬게 한 후에 상구 하화의 불도로 이끌어 들어가게 한다. '嬰兒'는 사람이 처음 태어났을 때니, 범부가 처음 불법을 들으면 먼저 삼귀, 오계, 십선 등을 보여 人天의 몸으로 보살도를 닦게 하니, 그러므로 '범부를 천계에 인도한다' 하였다.

목을 자르는 것 같이 영원히 승단에서 내쫓는다. 비구 4종, 비구니 8종이 있다. (2) 僧殘 : 바라이죄 다음으로 중한 죄. 큰 죄를 지은 자를 다른 사람이 살려주어야 겨우 목숨이 붙어있는 것처럼, 僧衆이 그의 참회법을 받아주어야 그의 죄가 죄외된다. 비구계에 13僧殘, 비구니계에 17僧殘이 있다. (3) 波逸提 : 의역하여 '墮'라 한다. 범한 자는 寒熱地獄에 떨어지기 때문이다. 비구계에는 30捨墮와 90單墮가 있고, 비구니계에는 30捨墮와 178單墮가 있다. (4) 波羅提提舍尼 : 向彼悔라 의역한다. 범한 자는 반드시 다른 비구에게 참회해야 하기 때문이다. 비구계에는 4提舍尼, 비구니계에는 8提舍尼가 있다. (5) 偸蘭遮 : 大障善道라 의역한다. 바라이죄나 승잔죄를 구성했으나 아직 완성하지 않은 여러 가지 죄를 말한다. (6) 突吉羅(악작) : 몸으로 지은 가벼운 죄. (7) 惡說 : 입으로 지은 가벼운 죄.

'오위 보리의 도를 거친다'는 것은, 보살도의 처음과 끝인 다섯 가지 보리도[9]니, 졸저 『心經觀行解』 122~124페이지까지 읽어보시기 바란다. '삼덕인 열반의 성에 들어간다' 한 것은, 불과인 대열반에 法身·般若·解脫 삼덕을 갖추었으니, 졸저 『因果選集』 351~353페이지까지와 「불교성수인과간요표」를 읽어보시기 바란다. '삼업을 연마하여 삼륜을 이룬다'는 것에서, '삼업'은 범부가 몸과 입과 마음으로 짓는 事業이다. '연마'는 더러운 것을 돌려 깨끗한 것으로 만드는 공행이다. 범부의 신업을 돌려 부처님의 神通輪을 이루니, 광명을 놓고 상서를 나타내고 마군을 항복받는 등이다. 범부의 구업을 돌려 부처님 說法輪을 이루니, 세존이 성도한 후 45년 동안 법을 설하시고 그런 후에 입멸한 것과 같다. 범부의 의업을 돌려 부처님 記心輪을 이루니, 곧 부처님이 근기에 맞게 가르침을 시설하시고 병을 알고 약을 베푸시니, 여러 대승경전에서 부처님이 제자를 위해 수기한 것이다. 『법화경』에 "중생의 숙세 선근을 따르고, 또한 성숙한 자인지 성숙하지 않은 자인지를 알고 갖가지로 헤아려 분별하여 다 아신다." 한 것이다. 이것은 기심륜의 묘용이다.

'三受를 여의고 三念을 원만히 한다'는 것의 '삼수'는 苦·樂·不苦不樂의 세 가지 감수니, 범부의 삼수를 돌려 부처님의 大悲의 三護念이 된다. 삼호념은, 첫째는 중생이 부처님을 믿더라도 부처님은 기뻐하고 좋아하는 마음을 내지 않고 항상 바른 생각 바른 지혜에 안주한다. 둘째는 중생이 부처님을 믿지 않

---

9 부처님의 다섯 가지 보리. 보살이 발심한 후에 모름지기 다섯 가지 단계를 거쳐야 무상보리를 얻을 수 있다. 곧, (1) 發心菩提, 무량 생사 가운데서 아뇩보리를 위해 발심하는 것. (2) 伏心菩提, 번뇌를 折伏하고 여러 가지 바라밀을 행하는 것. (3) 明心菩提, 三世 諸法을 관찰하고 반야바라밀을 행하는 것. (4) 出到菩提, 반야바라밀 중에서 방편력을 얻고, 또한 반야바라밀에 집착하지 않고 모든 번뇌를 멸하고 무생법인을 얻어 삼계를 벗어나 일체지에 이르는 것. (5) 無上菩提, 도량에 앉아 여러 가지 번뇌를 단진하고 아뇩다라삼먁삼보리를 얻는 것.

더라도 부처님은 고뇌하는 마음을 내지 않는다. 셋째는 중생이 믿든지 믿지 않든지 간에 부처님은 근심하거나 괴로워하거나 혹은 기뻐하거나 좋아하는 마음을 내지 않고 항상 바른 생각 바른 지혜에 안주한다. '因은 三觀[10]을 좇아 薰發한다' 한 것의 '삼관'은 공·가·중 세 가지 관법이니 體眞止, 隨緣止, 息無邊分別止[11]를 포함한다. 대승의 지관은 性에 부합하여 修를 일으키고 성이 적·조를 갖추니, 그러므로 반드시 지·관을 쌍행하여 정·혜가 원명한 불과를 성취한다. '果는 五眼을 갖추어 圓明하다' 한 것의 '오안'은 육안, 천안, 법안, 혜안, 불안 등 오안이다. '원명'은 원만 구족함을 말한다. 혜안은 진제인 평등 空理를 보고, 법안은 속제인 차별 事相을 보며, 불안은 일심 이문과 이제 원융의 중도 제일의제를 본다.

'바야흐로 능히 신통에 유희할 수 있다' 한 아래는, 두 가지 이익(自利·利他)의 묘행을 바로 보였다. '신통'은 定으로 말미암아 발휘하니, 그러므로 '백천 삼매에 출입한다' 하였다. 보살은 定이 많기 때문에 신통이 넓으니, 소승이 육신통만 있는 것과는 다르다. 제불의 정토는 성현이 한곳에 모이니 그러므로

10 　모든 존재에 대해 세 가지로 관찰하는 방법. (1) 空觀, '空'이란 離性離相의 뜻. 一念의 心이 不在內, 不在外, 不在中間이라고 관찰하는 것을 말함. 간단하게 말하면, 세속의 상식 입장(假)에서 종교 입장인 진리(空)로 들어가는 것. (2) 假觀, '假'란 갖추지 않은 법이 없음을 말한다. 일념의 마음에 일체 제법을 구족한다고 관찰하는 것을 말한다. 간단하게 말하면, 공에 정체 하지 않고 佛智로 두루 비추는 세속 경계에 들어가는 것을 말한다. (3) 中觀, '中'은 中正, 二邊인 상대가 끊겨졌다는 뜻. 일념의 마음은 非空非假, 卽空卽假라고 관찰하는 것을 말함. 간단하게 말하면 공관에도 집착하지 않고 가관에도 집착하지 않으며 空·假에 원융한 대비 보살의 행을 말한다.

11 　공·가·중 삼관에서 세운 세 가지 止行. 즉 (1) 眞을 체달한 止[體眞止], 空觀에 상대하여 세웠으니, 無明顚倒의 妄이 곧 실상의 진임을 體達함을 말한다. (2) 방편으로 인연을 따르는 止[方便隨緣止], 假觀을 상대하여 세웠다. 보살이 인연을 따르고 경계를 거쳤으나 마음이 속제에 편안하고 부동한 것을 말한다. (3) 二邊 분별을 쉬는 止[息二邊分別止], 중관에 대하여 세웠다. 생사와 열반, 유와 무 등 二邊의 모양을 분별하지 않는 것을 말한다.

'무애 도량을 밟는다' 하였다. '무애'는 육도만행과 자리이타가 모두 자재무애한 것을 말한다. 이상은 자리덕에 속한다. '그런 후에 널리 제방에 응한다' 한 아래는 이타덕에 속한다. 마치 천강에 도장을 찍는 것과 같으니, 그러므로 '諸方에 널리 응한다' 하였다. '응'은 보살의 응화신을 가리키니, 관음보살의 보문은 32응화신을 시현하는 것과 같다. '십신의 묘상을 나타낸다' 한 것은 곧 『화엄경』에서 설한 여래의 두 가지 十身相海다.

'법계를 두루 비추어 四智의 밝은 등을 켠다' 한 것의 '법계'는 법성이라고도 한다. 事에서 보면 六凡·四聖의 十法界를 말하고, 理에서 보면 이무애와 사무애와 이사무애와 사사무애 등 四法界다. 등불이 능히 사물을 밝게 비추는 것과 같이, 四智菩提로 능히 사법계를 비추는 것에 비유하였다.

첫째는 成所作智(모든 유정을 利樂하게 하고자 능히 시방에 신·구·의 삼업으로 중생을 위해 善을 행하여 본원력의 응당 해야 할 일을 성취한 지혜[成本願力所應作事]니 중생의 색·심 등 법이 각기 한계가 있으나 모두 성취함을 얻는 지혜니, 이것은 사무애법계를 두루 비춘다.

둘째는 妙觀察智(제법의 自相과 共相을 잘 관찰하여 유정의 각기 다른 근기에 의해 자재하게 설법하여 중생을 교화하는 지혜)니, 제법이 동일 空性이라 다름이 없음을 아는 지혜니, 이것은 이무애법계를 두루 비춘다.

셋째는 平等性智(일체법과 자타의 유정이 모두 다 평등함을 관찰하여 평등하게 널리 일체 중생을 제도하는 지혜)니, 이사가 원융하고 평등 일미임을 아는 지혜니, 이것은 이사무애법계를 두루 비춘다.

넷째는 大圓鏡智(크고 둥근 거울의 광명처럼 모든 분별과 雜染을 버리고 만상 事·理를 두루 비추는 지혜)니, 거울에 형상이 나타나듯이 일체 事相이 융통무애하지 않음이 없는 지혜이다.

그래서 一·多가 서로 용납하고 大·小가 같이 들어가서 중중무진하니, 이것은 사사무애법계를 두루 비춘다. 이 사법계를 통합하면 만유를 모두 거두니 모두 일진법계다. 이것이 곧 一心이니 마음에 만법을 갖추어 곧 네 가지 법계를 이룬다.

'감·응의 도가 서로 통하여 저 根量(根機와 器量)에 맡긴다' 한 것은, 중생은 感이 있고 불보살은 應이 있으니, 물이 불면 배가 높아지듯이 응당 상응하여 차이가 없다. 『화엄경』에서 설하기를 "보살의 청량한 달은 항상 필경의 허공에 노니나니, 중생심이 더럽고 깨끗함에 따라 보살의 그림자가 그 가운데 나타난다." 한 것이니, 이것은 보살이 능히 중생의 根機와 器量의 차이에 따라('任') 갖가지로 이익되게 하고 남을 구제하는 사업을 짓는다. '本際를 움직이지 않고 자취가 方圓에 응한다' 한 것의 '본제'는 제법의 공성이요 공성은 불생불멸이니, 그러므로 '움직이지 않는다' 하였다. '方圓'은 능히 모나거나 둥근 인연에 따라 모나고 둥근 허공을 이룬다. 방안의 허공은 네모난 허공이요, 대롱의 허공은 둥근 모양의 허공인 것과 같다.

'무릇 보고 듣는 이는 모두 이익을 얻는다' 한 것은, 불보살이 모두 네 가지 悉檀(널리 베풂)으로 중생을 이익되게 한다. 첫째, 世間悉檀은 인천승의 법을 설하여 중생으로 하여금 환희하는 이익을 얻게 한다. 둘째, 爲人悉檀은 삼승의 차별법을 설하여 중생의 여러 가지 근기가 수행하고 선심을 내는 이익을 얻게 한다. 셋째, 對治悉檀은 사부대중의 율의를 설하여 중생이 대치하여 악을 멸하는 이익을 얻게 한다. 넷째, 第一義悉檀은 제법실상인 일심 이문과 인·법 이공을 설하여 중생이 미혹을 돌이켜 깨달음으로 돌아가고 범부를 돌려 성인이 되어 진리에 들어가게 하는 이익을 얻게 한다. '云云自彼 於我何爲'라고 한 것은 『肇論』에서 말한 것을 인용하였다. '云云'은 '紜紜衆生'의 뜻이니, 육도사생을 가리킨다. 비록 일체중생을 제도하나 아·인 등 사상이 없고, 무량 중생을 멸도하나 실로 일체중생이 멸도를 얻은 자가 없다. 그러므로 '나에게 무슨 일이 있겠는가' 하였다.

'이런 것들은 모두 적선의 향기니, 이것을 이룬 것이 無緣의 大化이다' 한 것은 보살의 일체 二利의 묘용이니, 모두 마음을 밝혀 성을 본 진공묘유이며, 성에 부합해 일어난 공능이다. 유교에도 "대학의 도는 밝은 덕을 밝히고, 백성을 새롭게 하며, 至善에 이르는 데 있다." 하였으니, 지선에 이르는 것은 곧 空·有 不二의 법이다. 만약 유에 집착하고 공에 집착하면 지선이라고 하지 못한다. '무연'은 진공이요 '대화'는 묘유니, 진공묘유는 성불하는 데 유일한 대도이다. 유가에서 "도는 잠시도 여일 수가 없다." 한 것과 같다. 우리들은 불교를 배우고 보살도를 행하면서 잠시도 공과 유가 서로 보충하여 완성하는 것과 진공묘유를 여의어서는 안 된다.

기 3. 인용하여 증명함

集

『환원관』에 "작용은 파도가 치고 바다가 들끓는 듯하나 眞體를 보전하여(갖추어) 운행하고, 본체는 거울이 깨끗하고 물이 맑은 것 같으나 隨緣을 들어 공적하다." 하고,

還源觀云, 用則波騰海沸, 全眞體以運行。體則鏡淨水澄, 擧隨緣而會寂。

講

『환원관』은 『修華嚴奧旨妄盡還源觀』의 약칭이니, 당 法藏 대사 저술이다. 대정장경 제45권에 있는데, 인용한 글은 그 책 638페이지 하단에 있다. 여기서는 진

공묘유가 隨緣 妙用인 변화무궁한 덕행을 설명하였다. 大悲이기 때문에 진체(眞空)를 보전(갖추다)하여 운행(妙有)하니, 비록 불변하나 능히 인연에 따라 중생을 제도하니 마치 바다의 파도가 한없이 용솟음치는 것과 같고, 大智이기 때문에 마치 거울이 깨끗하고 물이 맑은 것과 같이, 비록 隨緣하나 능히 空寂('會寂')의 성이 불변하다. 또한, 가명을 파괴하지 않고 항상 중생을 제도하니 이를 '수연'이라 하고, 중생의 자성이 공하여 실로 제도할 것이 없으니 이를 '묘용'이라 한다. 진공은 묘유를 어기지 않으니 이것을 '수연'이라 하고, 묘유가 바로 진공이니 이것을 '묘용'이라 한다. 물이 맑아야 달이 나타나고 거울이 깨끗해야 형상이 나타나듯이, 드러나고 숨는 것이 차이가 없고 공과 유가 둘이 없다.

集

승조 스님은 "만행을 통합함에는 權智로 주인을 삼고, 德本을 세움에는 육바라밀로 근본을 삼는다. 어리석은 자를 제도하는 데는 자비로 머리를 삼고, 終極을 말하면 不二로 언어를 삼는다." 하였으니

肇師云, 統萬行, 則以權智爲主。樹德本, 則以六度爲根。濟蒙惑, 則以慈悲爲首。語終極, 則以不二爲言。

講

僧肇(384~414)[12] 대사는 姚秦 시대 구마라집 문하 四哲 가운데 한 분이다. 처음에는 老壯을 배웠는데, "아름답기는 하나 매우 훌륭하지는 못하다." 하고 탄식하였다. 나중에 『유마힐경』을 읽고는 기뻐하며 예를 갖추어 받고는 불교에 귀

---

12 『불광사전』p5748-上

심하고, 이로 인하여 출가하였다. 구마라집 대사가 장안에 이르니, 秦主 姚興이 僧肇·僧叡 등에게 명하여 소요원에 들어가 불교 경전을 번역하는 데 참예하게 하였다. 승조 스님의 저서에 『般若無知論』,『涅槃無名論』,『不眞空論』,『物不遷論』 등이 현재 세상에 유통한다. 東晉 義熙 10년(414) 장안에서 죽었다. 그때 나이는 겨우 31세였다. 그의 행적은 『고승전』 제6권에 있다.

스님은 승조 대사가 설한 여덟 구절 글을 인용하여, 공과 유가 서로 보완하여 이루어진다는 것을 증명하였다. '實智'는 실상반야요 '權智'는 방편반야다. 『대지도론』에 "반야가 필경공에 들어가려 하여 모든 희론을 끊고, 방편이 필경공에서 나오려 하여 국토를 장엄하고 중생을 성숙하게 한다." 한 것이다. 그러므로 '만행을 통합함에는 권지로 주인을 삼는다' 하였다. 세간이나 출세간 선법은 모두 6바라밀('度')로 근본을 삼으니, 6바라밀로 말미암아 만행을 내고 만행으로 모든 선법을 섭수한다. '蒙惑을 제도한다' 한 것의 '몽'은 우매무지함을 말하니 곧 무명이다. '혹'은 견·사의 진사혹을 말한다. 모든 중생에 모두 이 몽혹이 있고, 오직 불보살만이 능히 자비를 베풀어 그들을 구제하여 미혹을 끊고 진리를 깨달아 생사를 벗어나게 한다. '終極'은 지극히 높아 위가 없다는 뜻이니, 空과 有가 서로 보충하여 완성한 진리를 가리키니, 또한 일심 이문의 실상이다. 그러므로 '불이로 언어를 삼는다' 하였다.

기 4. 설명함

集

이것들은 모두 불가사의의 근본이요, 등왕불께 자리를 빌리고, 향적토에 밥을 청하며, 방안에서 천기를 포용하고, 손으로 대천세계를 붙잡은 것[13]을 말하면 모두 불가사의의 자취이다. 그러나 幽關(굳게 닫힌 관문)을 비록 열었더라도 성인의 應跡이 같지 않으니, 근본이 아니면 자취를 드리울 수 없고 자취가 아니면 근본을 밝힐 수가 없다. 근본과 자취가 비록 다르나 불가사의하기는 마찬가지다.
此皆不思議之本也. 至若借座燈王, 請飯香土, 室包乾象, 手接大千, 皆不思議之跡也. 然幽關雖啓, 聖應不同. 非本無以垂跡, 非跡無以顯本. 本跡雖殊, 而不思議一也.

講

스님은 인용하여 증명한 후에, 이어서 공과 유가 서로 보충하여 완성하여 진공(本)과 묘유(跡)가 두 가지이면서 둘이 아니라 모두 불가사의함을 설명하였다.[14]

'등왕불께 자리를 빌렸다' 한 것부터, '손으로 대천세계를 붙잡는다' 한 데까지 네 구절은 『유마힐경』에서 설한 妙有의 佛事를 말한 것이다. 그러므로 '모두 불가사의의 자취이다' 하였다. 진공은 부사의의 근본이요, 묘유는 부사의의 자취다. 그러니 진공이 아니면 능히 묘유를 이루지 못하니 그러므로 '근본이 아니면 자취를 드리울 수 없다' 하고, 묘유가 아니면 능히 진공을 밝히지 못하니 그러므로 '자취가 아니면 근본을 드러내지 못한다' 하였다. 진공은 제법의 實相인즉 언어의 길이 끊어지고 심행의 처소가 멸하여 생각하기 어렵고 의논하기 어려우며, 묘유는 다른 이를 교화하는 事行인즉 유가 아니면서 유요, 유가 곧 유가 아니니 또한 생각하기 어렵고 의론하기도 어렵다. 그러므로 '불

---

13 『유마경』「문질품」과 「향적불품」 내용
14 성범스님의 주석은, 위에 글('肇師云' 아래)은 영명 스님이 승조대사의 『주유마힐경』을 인용하였다 하고, 지금 이 글('此皆不思議之本' 아래)은 위 글에 대한 영명 스님의 설명문이라 하였으나, 위와 아래 글이 모두 『주유마힐경』을 인용한 글이다. 성범스님의 착오인 것 같다.

가사의 이기는 마찬가지다' 하였다.

'幽關을 비록 열더라도 성인의 應跡은 같지 않다' 한 것에서, '유관을 비록 열었으나' 한 것은 부처님이 사바에 성불함을 시현하여 법을 설하여 중생을 제도함을 가리키니, 이런 것들은 근본으로 말미암아 자취를 드리운 일대사인연이다. 중생에게 부처님의 지견을 보이고자 하고 중생이 모두 똑같이 부처님의 지견에 들어가게 하고자 하여 세상에 출현하신 것이니,『법화경』「방편품」에 "무릇 보고 듣는 자는 하나도 성불하지 않는 자가 없다." 한 것이다. '부처님의 지견'은 곧 제법 실상인 일심이문과 공유상성이니, 이것은 매우 심원하여 보기 어려운 것이다.

'성인의 응적은 같지 않다' 한 것은, 제불과 일체 보살이 소유한 자신이 행하고 남을 교화하는 것은 모두 갖가지 방편으로 중생이 부처님 지견에 개·시·오·입케 하시니,『법화경』에서 "삼세제불이 모두 무량무수 방편인 갖가지 인연과 비유와 말로 중생을 위해 제법을 연설하시니, 이 법이 모두 일불승이기 때문에 이 모든 중생이 제불로부터 법을 듣고 구경에 모두 일체종지를 얻는다." 한 것이다. 이른바 '방편에는 여러 가지 문이 있으나 근원으로 돌아가면 두 가지 길이 없다' 한 것에서, 부처님의 지견이 '깊게 닫힌 관문[幽關]'이요 또한 근원으로 돌아간 것이다. 부처님의 教化法과 制定法은 불보살(성인)이 중생을 적합하게 교화하기 위한 방편이니, 그러므로 갖가지로 같지 않다.

기 5. 첫 질문과 답

集

문 : 몸은 도의 근본이요, 묶인 것은 푸는 것의 원인입니다. 어찌 손가락을 태우

고 몸을 사르며 도를 등지고서 도를 닦습니까? 『고승전』이나 소승 율에 분명히 폄하하여 물리쳤습니다. 어찌 聖典이라 하겠습니까?

답 : 몸을 죽이고 목숨을 없애는 것은 법을 위해 은혜를 갚은 것이니, 대승에 깊이 계합하고 正敎를 깊이 이룬 것이다.

問. 身爲道本, 縛是脫因, 何得燃指燒身, 背道修道。高僧傳內, 小乘律中, 貶斥分明, 奚爲聖典。

答. 亡身沒命, 爲法酬恩, 冥契大乘, 深諧正敎。

講

이상으로 이미 공과 유가 서로 보충하여 완성하고, 근본과 자취가 부사의하며, 성인이 교화하는 방편이 같지 않음을 설명하였다. 다만 혹시 이 깊은 뜻에 의혹을 가지는 자가 있을까 봐, 스님이 특별히 문답을 시설하여 이를 해석하였다.

첫 번째 문답은 『법화경』에 약왕보살이 손가락을 태우고 몸을 태운 것을 가리켜, 불교 성전에 위배되는 것이 아닌가 하고 의심한 것이다. 그러므로 '도를 등지고서 도를 닦으니 소승 계율에서는 분명히 폄하하여 물리쳤다. 어찌 성전이라 하겠는가?' 한 것이다.

스님은 답문에서 "소승 制敎(律)에 따른 것이 아니고, 대승 化敎(經)에 의지한 것이다. 약왕보살이 무명을 타파하고 법신을 증득하고는 법을 위해 은혜를 갚았던 것이니, 그러므로 몸을 태우고 팔을 사른 것이다. 이것은 인·법이 모두 공한 실상에 깊이 계합하여 무상정등정각의 대승 정교에 속하니, 일심 이문과 空과 有가 서로 보완하여 이루어진다는 뜻에 합하여 궁극에 능히 일체종지의 불과를 얻었으니, 도를 등지고 도를 닦는다고 봐서는 안 된다."고 하신 것이다.

'몸은 도의 근본이요, 묶인 것은 푸는 것의 원인이다' 하였으나, 망이 곧 진이요 근본으로 말미암아 자취를 드리우고, 묘유가 진공이라 공과 유가 서로 보충하여 완성한 것이다. 그러므로 혹·업·고 삼도가 바로 대열반 삼덕이니, 손을 들거나 머리를 숙이는 것으로 모두 불도를 이룬다. 몸을 태우고 손가락을 사르는 것이 어찌 佛因이 아니며, 어찌 의심할 일이겠는가.

기 6. 인용하여 증명하고 설명함

集

『대승범망경』에 "불자여! 응당 善心으로 먼저 대승의 위의와 경·율을 배워 의미를 널리 이해하고, 신학보살이 백 리 천 리를 좇아 와서 대승 경율을 구하는 것을 본 후에는 응당 여법히 일체 고행을 설하되, '몸이나 팔이나 손가락을 태우라. 만약 몸이나 팔이나 손가락을 태워 제불에게 공양하지 않으면 출가 보살이 아니니라. 심지어 주린 호랑이나 사자나 일체 아귀에게도 모두 응당 몸뚱이 살이나 수족을 버려 공양하라' 하고, 그런 후에 낱낱이 차례대로 정법을 설하여 마음이 열리고 뜻을 이해하게 하라. (보살이 利養(財利)을 위한 까닭으로 응당 대답해야 하는데 대답하지 않거나, 경·율 문자를 앞도 없고 뒤도 없이 거꾸로 설하면 삼보를 비방하여 설하는 자니) 경구죄를 범한 것이니라." 하고,

大乘梵網經云, 若佛子, 應以好心, 先學大乘威儀經律, 廣開解義味. 見後新學菩薩, 有從百里千里, 來求大乘經律. 應如法爲說一切苦行, 若燒身臂指, 若不燒身臂指, 供養諸佛, 非出家菩薩. 乃至餓虎狼獅子, 一切餓鬼, 悉應捨身肉手足而供養之. 然後一一次第爲說正法, 使心開義解. (而菩薩爲利養故, 應答不答, 倒說經律文字, 無前無後, 謗三寶說者.) 犯輕垢罪.

講

스님은 『대승범망경』 보살계 중 제16 '輕戒' 계문을 인용하여 증명하였다. 여기서는 천태종 지자대사와 화엄종 현수 국사가 지은 『보살계소』(대정장경 40권)에 의해 아래와 같이 해석한다.

이 제16 輕戒의 이름은 '利養을 위하여 거꾸로 설하는 죄'라고 하니, 교수하는 도를 어겼기 때문에 제재한 것이다. 7衆(출가 5衆, 재가 2衆)이 똑같이 범하면 대소승이 모두 제재하였다. 보살이 비록 사람들을 위해 법을 설하더라도, 이름이 세상에 알려지고 이익으로 몸을 기르기 위해 대승의 뜻을 숨기는 것은 보살이 응당 해서는 안 되니, 이는 경구죄를 범한 것이다. 보살도를 행하려면 응당 몸을 버려 다른 사람에게 보시하고, 그런 후에 정법을 설해야 한다. 더욱이 지금 명리를 바라고 전도되게 설법하여 불종자를 끊고 대승을 등지게 하니, 그러므로 이 계를 제정한 것이다.

'불자여!' 한 것부터, '의미를 널리 開解(이해함)하고' 한 데까지는, 보살이 응당 자신이 먼저 대승 경율을 배우고, 그런 후에 다른 이를 가르칠 것을 설하였다. '신학보살이 … 본 후에는' 한 데서부터, '마음이 열리고 뜻을 이해하게 하라' 한 데까지는, 보살이 응당 후배를 위해 전도됨이 없이 자세히 설하되, 먼저 고행을 설하여 그 마음을 시험하고, 그런 후에 정법을 설하여 그의 이해를 열어주어야 한다는 것을 말하였다. '보살이 利養을 위하기 때문에' 한 데서부터, '경구죄를 범한 것이다' 한 데까지는, 보살이 응당 이양을 위해 거꾸로 설하여 대승교를 숨기고 소승교를 가르쳐 삼보를 비방하는 설법을 해서는 안 된다는 것을 말하였다. 계문 가운데는 '보살이 이양을 위하기 때문에' 한 다섯 구절이 있는데, 스님이 인용하지 않았다. 이치로 보면 응당 있어야 한다.

'경구죄를 범한 것이다' 한 것은, 『유가사지론』에 "다른 이가 와서 법을 구하는데, 싫어하는 마음과 귀찮은 마음과 질투하는 마음을 품고 그 법을 베풀지 않으면 이를 '범함이 있다'라고 부르고, 이를 위반하면 경구죄를 범한 것이다. 만약 게으르거나 잊어버렸거나 기억하지 못해서 그 법을 베풀지 않으면 경구죄를 범한 것이 아니다. 법을 어기고도 죄를 범하지 않는 경우는, 중병으로 마음이 광란하거나, 방편으로 일부러 조복하고자 하거나, 이 법에 아직 잘 통하지 못하거나, 법을 구하는 사람을 보니 공경심이 없어 위의를 갖추지 않고 왔거나, 저를 보니 근기가 둔하여 도리어 사견을 낼 것 같거나, 혹은 저가 반드시 악인에게 전포하여 법을 베풀지 않을 것 같아 설하지 않으면 모두 범하는 것이 아니다." 하였다.

集

『대승수능엄경』에는 이렇게 말하였다.

"부처님이 아난에게 고하시되, '만약 내가 멸도한 후에 어떤 비구가 발심하여 삼마제 닦기를 결정하고 여래의 형상 앞에서 몸에 하나의 등을 켜거나, 손가락 한 마디를 태우거나, 몸에 향 한 개를 사르면, 나는 이 사람은 무시이래의 오래 묵은 빚을 한꺼번에 모두 갚고, 이 세상을 길이 하직하고 모든 漏(번뇌)에서 영원히 벗어나리라고 말하나니, 비록 아직 위없는 깨달음의 길을 밝히지는 못했더라도 이 사람은 법에 대하여 이미 결정심을 내었기 때문이니라. 만약 이 몸을 버리는 조그만 인행을 짓지 않는다면, 비록 무위를 이루었더라도 반드시 인도에 환생하여 그 묵은 빚을 갚아야 하니, 내가 말먹이 큰 보리[馬麥]를 먹은 일과 꼭 같아 다름이 없느니라' 하였다."

大乘首楞嚴經云, 佛告阿難, 若我滅後, 其有比丘, 發心決定修三摩提。能於如來形像之前, 身燃一燈, 燒一指節, 及於身上蓺一香炷。我說是人, 無始宿債, 一時酬畢。長揖世間, 永脫諸漏。雖未卽明無上覺路, 是人於法, 已決定心。若不爲此捨身微因, 縱成無爲, 必還生人, 酬其宿債。如我馬麥, 正等無異。

> **講**

다시 『능엄경』을 인용하여 증명하였다. 이 경의 완전한 이름은 『大佛頂如來密印修證了義諸菩薩萬行首楞嚴經』이다. 모두 10권이니 밀교부에 속한다. 대정장경 제19권에 있다. 여기서 인용한 경문은 이 경 제6권 말미 제3 '決定淸淨明誨(발심 결정한 데 대한 청정하고 밝은 가르침)' 가운데 있다.

여기서 송나라 長水스님의 疏註에 의해 다음과 같이 대략 해석한다. 먼저 업을 바꾸는 방법을 바로 보였다. 살생과 투도는 삼계의 인연이 되고 보리의 길을 장애한다. 그러므로 몸을 사르고 손가락을 태움으로써 이 인연을 갚고 능히 숙업을 바꿀 수 있으니, 숙업이 제거되면 세간을 영원히 벗어날 수 있다. 다음에는 보상해야 함을 반대로 결론지었으니, 그러므로 '비록 무위를 이루었더라도 반드시 묵은 빚을 갚아야 한다' 하였다. 왜냐하면, 업보가 있으면 무위를 이룬 후라도 有爲身을 나타내 오히려 묵은 빚을 갚아야 하기 때문이다. 더욱이 완전히 무위를 증득하지 못해 아직 유위를 여의지 못하고서 망상으로 업과를 면하고자 하면 이것이 가능하겠는가!

'내가 마맥을 먹은 일과 다름이 없다' 한 것은, 부처님이 특별히 그 자신과 오백 아라한이 석 달 동안 마맥을 먹은 경험을 인용하여 예를 들었다. 『대장엄경』에 의하면, 석가세존이 오백 대비구와 바라문의 청을 받고 毗蘭邑Vairañjā, Verañjā에서 여름 안거할 때, 바라문이 매일 음식물을 보냈으므로 외출하여 탁발 걸식할 필요가 없었다. 그런데 이 바라문이 무슨 일로 당연히 해야 할 일을 잊어버려 결국 90일 동안 전혀 공양을 보내지 않았다. 부처님은 제자들과 매일 말먹이 큰 보리를 삶아 생명을 유지할 수밖에 없었다. 이 일이 있은 후 제자들이 부처님께 '이것은 무슨 인연입니까?' 하고 물으니, "과거 비바시불 때 하루는 국왕의 청을 받고 왕궁의 공양에 참석하였다. 그때 이름을 山王이라고 하는 어떤 범지가 이를 보고 질투하여 '이 머리 깎은 사문은 응당 마맥을 먹어야 하고 국왕의 풍부한 음식을 먹어서는 안 됩니다' 하니, 그 제자 오백 동자들도 똑같이 '이런 스승들은 모두 마맥을 먹는 것이 마땅합니다' 하였다. 이 惡口로 부처님을 비방한 죄보로 다겁에 고통을 받았고, 지금은 성불하였으나 오히려 마맥을 먹는 남아 있는 과보를 반드시 갚아야 했던 것이다. 山王 범지는 지금의 석가여래요, 오백 동자는 지금의 오백 대비구들이다." 하였다.

集

그러므로 소승은 事相에 집착하여 제지하기만 하고 개방(허가)하지 않지만, 대교는 圓通하여 본래 일정한 법이 없었던 것이다.

所以小乘執相, 制而不開。大敎圓通, 本無定法。

講

이 네 구절은, 스님이 『범망경』과 『능엄경』에서 설한 것을 인용하여 증명한 후에, 몸을 태우고 손가락을 살라 공양한 일을 설명하였다. 소승 율에서는 事相에 집착하여 자취만 구하고 마음은 구하지 않으니, 이것이 '제지하기만 하고 허가하지(開) 않은' 것이다. 그러나 대승 경교에서는 이·사가 무애하고 본·적이 부사의하여, 마음을 구하고 자취는 구하지 않아 원통 자재하다. 그럴 뿐만 아니라 또한 묵은 빚을 갚고 네 가지 은혜를 갚으니, 생사를 해탈하여 마침내 불과를 이루는 수승한 방편이다. 법에는 일정한 법이 없어서, 圓人은 법을 받되 원만하지 않은 법이 없으니, 스스로 집착을 내는 것은 옳지 않다. 하나의 물거품을 전체 바다라고 오인한다면 어찌 지혜 있는 사람이겠는가.

集

『보살선계경』에는 "성문계는 급박하고 보살계는 너그러우며, 성문계는 옹색하고 보살계는 열려있다." 하고, 또한 경에 "성문이 계를 지키는 것이 보살은 파계하는 것이다." 한 것이 이를 말한 것이다.

菩薩善戒經云, 聲門戒急, 菩薩戒緩, 聲聞戒塞, 菩薩戒開。又經云, 聲聞持戒, 是菩薩破戒。此之謂也

講

거듭 『보살선계경』을 인용하여 증명하였다. 이 경에는 두 가지 역본이 있는데, 한 가지는 9권이요, 한 가지는 1권이다. 똑같이 구나발마(367~431) Guṇavarman[15]가 번역하였는데, 유가부에 속한다. 대정장경 제30권에 있다. '급박하다[急]', '너그럽다[緩]' 한 것과, '열려 있다[開]', '막혀 있다[塞]' 한 것은 대·소승계의 止持와 作持[16]에 속하는데 각기 같지는 않다. 예를 들면 '비구는 여인의 몸에 접촉해서는 안 되는 계'에서, 여인이 물에 빠져 구해주기를 기다리는 상황을 만나면, 소승계에 집착하는 이는 다만 구해줄 사람을 찾을 뿐이니 이것을 '계가 급박하다[戒急]' 혹은 '계가 막혀 있다[戒塞]'라고 한다. 대승계를 지키는 이는 사람을 구해주는 것을 급히 여기고 계율을 지키는 것은 완만하게 여겨, 안위를 돌아보지 않고 몸을 떨쳐 물에 뛰어들어 손으로 여자의 몸을 잡고 물에서 구출하니, 이것을 '계가 너그럽다[戒緩]', 혹은 '계가 개방적이다[戒開]'라고 말한다. 만약 이와 같이 하지 않으면 이것은 보살이 계를 범하고 계를

---

15 『불광사전』 p2966-上
16 止持門은 받은 戒體를 보지하여 악업을 짓지 않는 것을 말하니 이는 소극적 작법이다. 作持門은 계를 지키며 몸과 입으로 짓는 여러 가지 악업을 막는 것을 우선하면서, 다시 선행을 닦아 三業을 책려하고 善을 옹호하는 것이니 이는 적극적 작법이다. 여기서 止持는 '急', '塞'이요, 作持는 '緩', '開'라 할 것이다.

파한 것이다. 이것을 보면 법에는 일정한 법이 없어서 마음이 일어나면 법이 일어나는 줄 알 수 있으니, '지혜로운 자는 반드시 마음을 구할 것이요, 자취를 구해서는 안 된다' 한 것은 바로 이를 말한 것이다.

集

만약 요의경에 의하면 제불이 기뻐하시지만, 隨宜說(형편에 따라 설한 경)에 집착하면 衆聖(제불)이 슬퍼하시니, 대승을 찬탄하고 원교를 기려 자·타를 겸리할 뿐, 어찌 권교에 집착하고 소승에 막혀 근본과 자취를 둘 다 미혹하겠는가.
若依了義經, 諸佛悅可。執隨宜說, 衆聖悲嗟。祇可歎大褒圓, 自他兼利。豈容執權滯小, 本跡雙迷。

講

여기서는 몸을 잊고 법을 위할 것을 설명하였으니, 이것이 대승의 요의이다. 무릇 보살은 응당 일승원교에서 설한 불법의 究竟義(了義)에 의해 행해야 하니, 『능엄경』에서 아란이 부처님께 "자신이 아직 제도를 얻지 못했으면서도 먼저 다른 이를 제도하는 것이 보살의 발심입니다." 하고, 『화엄경』에 "자신을 위하여 안락을 구하지 않고 중생이 고통 여의기만을 원한다." 하며, 『법화경』「보현권발품」에 "네 가지 법을 성취하면 여래가 돌아가신 후에 반드시 법화경을 얻나니, 첫째는 제불이 호념하심이요, 둘째는 중덕본을 심음이요, 셋째는 정정취에 들어감이요, 넷째는 일체중생을 구원할 마음을 내는 것이다." 한 것이다.

또한「안락행품」에 "다시 상·중·하법이니, 유위법이니 무위법이니, 실법이니 불실법이니를 행하지 말고, 남자니 여자니를 분별하지 말고, 제법을 얻지 말고 알지 말고 보지 마라. 이것을 '보살이 행하는 곳'이라 한다. 일체 제법이 공하여 있는 것이 없고 상주함이 없으며, 또한 일어나고 멸함이 없으니, 이것을 '智者가 가까이 할 곳'이라 한다." 하였다.

또한「방편품」에 "시방세계 중에는 오히려 이승도 없거든 더욱이 삼승이 있으랴. 제불이 방편력으로 일불승에서 분별하여 삼승을 설했으니, 일체 여래가 무량한 방편으로 모든 중생을 제도하여 부처님 무루지에 들어가게 하니, 만약 법을 듣는 자가 있으면 한 사람도 성불하지 않는 자가 없다. 너희들은 隨宜方便事를 이미 알았으니, 마음에 큰 기쁨을 내어 반드시 부처가 되리라고 알지니라." 하였으니, 그러므로 '만약 요의경에 의지하면 제불이 기뻐하신다' 하였다. '수의설에 집착하면 衆聖이 슬퍼하신다' 한 '중성'은 제불을 말한다.

'대승을 찬탄하고 원교를 기린다' 한 아래 네 구절은, 스님이 자비로 일승을 듣지 못하고 소승에 집착한 불자에게 절대『법화경』중에 5천 명이 법석에서 물러나 떠난 증상만인과 같아서는 안 되며, 또한 사리불 등과 같이『법화경』을 듣지 못해 권교에 집착하고 소승에 머물러 本·跡을 모두 미혹해서는 안 된다는 것을 보였다. '본'은 일승 원교요, '적'은 삼승 권교며, '모두 미혹한다'는 것은 근본으로 말미암아 자취를 드리우고, 일승으로 인하여 분별하여 삼승을 설한 것을 알지 못한 것이며, 또한 자취로 인하여 근본을 밝히고 삼승을 모아 일승으로 돌아감을 알지 못한 것이니, 응당 대승을 널리 찬미하고 원교를 포창하고 칭찬하여 나와 남이 모두 성불하게 하여야 한다.

부처님이『법화경』「촉루품」에서 "여래에게는 큰 자비만이 있고, 아끼는 것이 없고 또한 두려운 것이 없어서, 능히 중생에게 부처님의 지혜를 주신다. 여래는 일체중생의 큰 시주자시니 너희들도 응당 여래의 법에 따라 배워 아끼는 마음을 내지 마라. 미래세에 만약 여래의 지혜를 믿는 자가 있으면 반드시 이『법화경』을 연설하여 듣고 알게 할지니, 그들에게 부처님의 지혜를 얻게 하기 위해서다. 만약 믿지 않는 자가 있으면 반드시 여래의 여타 깊은 법(大乘) 가운데서 보이고 가르쳐 이롭고 즐겁게 하라. 너희들이 만약 이와 같이 할 수 있으면 이미 제불의 은혜를 갚은 것이다." 한 것이니, 이것을 보면 부처님이 분명히 우리에게 호소하시기를 '응당 대승을 찬탄하고 원교를 포상하여 자·타를 겸리하게 하라' 하신 것이다.

만약 능히 대승을 찬탄한다면 이는 사람들에게 위없는 보리의 문을 열어준 것이요, 대승을 등지고 소승에 집착한다면 이는 사람들에게 성불도생의 길을 막은 것이다. 공·과와 득·실이 다만 우리들 일념에 있을 뿐이니, 절대 깊이 생각하여 행하고 신중히 말하라. 근래 한국의 소수 출가자나 재가 불자들이 소승『아함경』을 강조하는 경우가 많은데, 이는 불법의 정요인 대승 경론을 경시하여 '부처님의 뜻이 아니요 부처님이 직접 입으로 설한 것이 아니니, 중요하지 않다. 그러니 굳이 닦고 익힐 필요가 없다' 하고 생각한다. 이것은 이 책에서 이미 누누이 당부한 대로, 절대 한 사람의 맹인이 여러 명의 맹인을 인도하여 서로 이끌어 불구덩이에 들어가듯이 해서는 안 되니, 실로 슬픈 일이 아닐 수 없다. 인연이 있어 이 책을 보고 듣는 자는 스님의 이 여덟 구절 가르침을 마음속 깊이 기억하기 바라나니, 그러면 자타가 겸리하고 똑같이 불도를 이룰 것이니, 이것이 내가 향을 피우고 기도하는 바이다.

기 7. 두 번째 질문과 답

集

문 : 五熱로 몸을 태우고 바위에서 몸을 던지며, 불 속에 뛰어드는 (외도의) 아흔여섯 가지는 제불이 똑같이 꾸짖었습니다. 다행히 올바른 과정이 있는데 어찌 삿된 길에 뛰어들겠습니까?

답 : 『대지론』에 "불법에는 두 가지 도가 있다. 첫째는 궁극적으로 공한 도[畢竟空道]요, 둘째는 좋고 나쁜 것을 분별하는 도[分別好惡道]다." 하였다. '궁극적으로 공한 도'란, 범부의 진여가 곧 번뇌가 다한 해탈의 진여요, 여래의 말씀이 곧 제바달다의 말이다. (이렇게 여래와 제바달다가) 둘이 없고 다름도 없어서 하나의 도요 하나의 근원이다. 그러므로 지옥에서 묘각의 마음을 내고, 불과에서 泥犁(지옥)의 세계를 나타낸다. (그러니) 만약 삿된 것을 버리고 바른 것으로 나아가면 삿된 것과 바른 것이 모두 잘못된 것이요, 악을 여의고 선에 집착하면 선과 악을 모두 잃는다.

'좋고 나쁜 것을 분별하는 도'란, 어리석고 지혜로움이 같지 않고 眞과 俗이 분명하니, 옥과 돌을 잘 구분하고 금과 놋쇠를 잘 판단해야 한다. 우선 수행문 내를 가지고 말하면, 오르고 내리는 지위 가운데 자연히 안(불교도)과 밖(일반종교인)의 宗徒와 삿되고 바른 인과가 있으니, 잘 구별하여 주견 없이 남의 의견을 좇아서는 안 된다. 또한, 교에서 헐고 기림을 밝힌 문장에는 분명히 억누르고 찬양하는 뜻이 있으니, 집착하면 막힘을 이루고 요달하면 통하지 않음이 없다. 四悉壇으로 대치하고 놓아주고 뺏음을 잘 분별해야 한다. 만약 모두 옳다고 말하면 尼乾(육사외도 중 하나)도 바르고 참된 도를 이룸이니 제불의 꾸짖음이 잘못이 되고, 만약 모두 잘못되었다고 설하면 약왕보살도 전도의 허물에 떨어지리니 제불의 칭찬이 잘못됨이다. 그러므로 삿된 것을 일으키면 무익한 행을 이루고, 올바른 것을 폐하면 방편의 문이 끊어진다. (그러니) 모름지기 열고 막는 것을 잘 알아야 하니, 어찌 버리고 취함이 없겠는가.

問. 五熱炙身, 投巖赴火, 九十六種, 千聖同訶。幸有正科, 何投邪轍。
答. 智論云, 佛法有二種道。一畢竟空道。二分別好惡道。若畢竟空道者, 凡夫如, 卽漏盡解脫如。如來語, 卽提婆達多語。無二無別, 一道一源。是以地獄起妙覺之心, 佛果現泥犁之界。若捨邪趣正, 邪正俱非。離惡着善, 善惡咸失。若分別好惡道者, 愚智不等, 眞俗條然, 玉石須分, 金鍮可辨。且約修行門內, 昇降位中, 自有內外宗徒, 邪正因果。善須甄別, 不可雷同。且敎申毁讚之文, 的有抑揚之旨。執卽成滯, 了無不通。四悉對治, 縱奪料簡。若云總是, 尼乾成正眞之道, 諸佛錯訶。若說俱非, 藥王墮顚倒之愆, 諸佛錯讚。是以興邪則成無益之行, 廢正則斷方便之門。須曉開遮, 寧無去取。

講

스님은 자비스러워 거듭 문답을 시설하여 의혹을 제거하였다. 질문은, 부처님 당시에는 96종 외도가 있었는데, 대부분 고행을 닦는 것으로 생사를 해탈하는 법문을 삼았다. '五熱로 몸을 태운다'는 것은, 외도가 자신의 다섯 가지 몸[五體]17을 뜨거운 불 속에 던져 태우는 것을 말한다. '바위에 몸을 던지고 불 속에 뛰어든다'는 것은, 바위 위에서 골짜기 아래로 몸을 던지거나, 혹은 장작불 위로 걸어 다니거나, 혹은 맹렬한 불이 타고 있는 곳에 누워있거나 앉아있는 것을 말한다. 어떤 이는 나체로 비바람이나 추위나 더위를 두려워하지 않고, 음식을 끊고 목마르고 배고픔을 참으며, 혹은 나뭇가지에 거꾸로 매달리기도 하고, 혹은 뜨거운 태양 아래 발돋움하고 서 있기도 하며, 혹은 몸을 찌르고 살을 베기도 하며, 혹은 머리카락이나 수염을 기르기도 하는 등, 갖가지 기이한 형상과 괴상한 모양은 모두 수행의 정도가 아니니, 이것은 제불(千聖)이 꾸짖은 바이다. 그러니 불자가 어떻게 외도를 본받아 몸을 사르고 손가락을 태우며 외

---

17 신체의 다섯 부분. 筋·脈·肉·骨·毛皮를 말함. 혹은 오른쪽 무릎·왼쪽 무릎·오른손·왼손·머리를 말하기도 한다. 전신을 말한다. 본문에 '五熱炙身'이라 한 것을 강의에 의하면 '五體를 熱火 가운데 던진다'는 뜻으로 해석하였다.

도의 삿된 길('轍')에 들어가겠는가? 한 것이다.

　대답은, 먼저 『대지도론』의 말씀을 인용하여 불법을 수행하는 데는 두 가지 길이 있으니, 첫째는 畢竟空의 길(般若道)이요, 둘째는 좋고 나쁜 것을 분별하는 길(方便道)이다. 이 두 가지 길은 곧 일심의 이문이니, 심진여문은 필경공이요 심생멸문은 좋고 나쁜 것을 분별하는 것이다.

　'필경공도란 …' 한 것부터, '좋고 나쁜 것을 모두 잊어버린다' 한 데까지 모두 열세 구절은 심진여문인 필경공도를 해석하였다. '범부의 진여가 곧 번뇌가 다한 해탈의 진여요' 한 것은, 『법화경』「약초유품」에서 말한 "여래는 일상일미의 법을 아시나니, 이른바 解脫相과 離相과 滅相과 究竟涅槃인 常寂滅相('漏盡')이 마침내 공으로 돌아간다." 한 것이다. '여'는 인·법 두 가지가 공한 진여니, 제법의 평등공성이다. 그러므로 '범부여가 곧 번뇌가 다한 해탈여다' 하였다. '여래어가 곧 제바달다어다' 한 것은, 『법화경』「제바달다품」에 "그때 어떤 仙人(제바달다의 전신)이 와서 왕에게 아뢰기를 '나에게 대승이 있으니 이름을 『묘법화경』이라 합니다. 만약 나를 어기지 않으면 반드시 설해드리리다. … 그러므로 대국왕(석가불의 전신)께서 부지런히 이 법을 구하여 얻어 마침내 성불에 이르렀으니, 그러므로 지금 그대들을 위해 설하노라." 한 것이다.

　또한 『법화경』「법사공덕품」에 "모든 설법은 그 義趣(뜻, 내용)를 따르나니, 모두 실상과 서로 위배하지 않는다. 설사 세속의 경서나 세상을 다스리는 언어나 사람이 살아가는 생업 등을 설하더라도 모두 정법에 맞다." 하였다. 부처님이 설한 『법화경』(語)과 제바달다가 설한 것(語)이 같지 않음이 없으니, 이른바 '진리는 다만 한 개만이 있어서 모두 실상과 서로 어긋나지 않는다' 한 것이다. 『법화경』에서 설한 "손을 들거나 머리를 숙이는 것이 모두 불도를 이룬다." 한 것은, 일심 이문으로 성불하는 내용이니, 부처가 세상에 나오거나 부처가 세상에 나오시지 않거나 간에 변함이 없고, 선인이나 악인이 설한 것이 모두 정법에 맞아 전혀 차별이 없다. 심성이 본래 청정하여 제법이 오직 일심 뿐이라, 이 마음이 범부를 만들고 이 마음이 보살이나 부처니, 생사도 이 마음이요 열반 또한 이 마음이라, 일심에서 두 가지를 만드나 두 가지 또한 두 가지 모양이 없다. 그러므로 '둘도 없고 차별도 없어 하나의 도이고 하나의 근원이다' 하였다.

'그러므로 지옥에서 묘각의 마음을 내고, 불과에서 泥犁(지옥)의 세계를 나타낸다' 한 것은, 천태종에서 세운 一念의 性에 선악의 도리를 갖춘 것이다. 선악의 성이 본래 공한 것은 심진여문이요, 인연에 따라 선악이 있는 것은 심생멸문이다. 空은 상대가 끊어졌고 有는 상대가 있으니, 상대가 있는 상대가 끊어졌든, 유든 공이든 모두 서로 의지하고 서로 보충하여 완성하니, 이것이 제법 실상이다. 지자대사의 『관음현의』(대정장경 35권, 877~892페이지까지)에 "지옥계에 십여시가 갖추어 있고, 나머지 九法界에도 또한 서로 십여시가 갖추어 十界와 十如가 모두 일념 심체로 인하여 일어난다. 처음에는 마음으로 인하여 선악 등 업인연을 짓고, 나중에는 범·성과 고·락 등 고보를 받으나, 처음과 나중이 마음이라 본래 모두 평등하다." 하니, 그러므로 '본과 말이 구경에 평등하다' 하였다.

예를 들면 지옥계의 '性'은 '변화하지 않는다' 하는 뜻이니, 나무에 불의 성질이 있는 것과 같다. 만약 이것이 없으면 나무를 비벼도 으레 불이 나지 않으니, 마음에 지옥계 성이 있는 것도 마찬가지다. 지옥계의 '相'은 차별이 있어서 여러 가지를 볼 수 있다. 관상쟁이가 상을 점쳐 틀림없듯이, 마음을 잘 보는 자는 지옥의 상을 아는 것도 마찬가지다. '體'는 능히 일체 고락의 마음을 깨닫는 것으로 체를 삼으니, 갖가지 금 그릇이 모두 황금으로 본바탕이 되는 것과 같다. 십법계의 의·정이 비록 다르지만 모두 마음에 의해 있으니, 그러므로 마음이 지옥의 체이다. '力'은 공력이니, 칼산에 기어오르고 불속에 들어가는 것이 모두 마음의 공력이니, 이것을 '지옥의 힘'이라 한다. '作'은 신·구·의를 발동하여 업을 짓는 것이니, 선행을 짓고 악행을 짓는 모든 것이 오직 마음으로 지을 뿐이다. 이것을 '지옥의 지음'이라 한다.

'因'은 선악의 업으로 인을 삼으니 지옥은 악업으로 인을 삼는다. '緣'은 임시로 빌려 도와 이루게 하는 것이다. 예를 들면 탐욕과 애욕을 빌려 생사업을 윤택하게 하는 것과 같으니, 곧 인과 연이 회합한 것이다. '果'는 습기의 결과니, 예를 들면 地獄에 떨어진 사람이 전세에 음욕이 많음으로써 지옥에 태어나는데, 사랑할 만한 경계(미녀)를 보고 가까이 가서 포옹하면 곧 구리로 된 기둥이 나타나는 것과 같으니, 이것을 '습의 결과'라 한다. '報'는 정보의 과보다. 예전에 음욕의 죄를 행한 것을 '애욕의 불'이라 부르는데, 나중에 지옥에 태어나 불수레와 철상의 苦報를 받으니, 앞뒤가 서로 같고 보응이 차이가 없어서 비록 죄가 다하고 내생에 사람 가운데 태어나더라도 음욕 업의 과보가 남아있으니 창기가 된 자다. '본·말'의 '본'은 일심의 성덕이요 '말'은 일심의 수덕이니, 성덕으로 말미암아 수덕을 일으키고 수덕에 의해 성덕을 밝히니, 처음과 마지막이 서로 같다. 그러므로 '구경에 평등하다' 하였다.

'**지옥이 묘각의 마음을 낸다**'는 것은, '성덕으로 말미암아 수덕을 일으킨다'는 말을 설한 것이요, '**불과가 泥犁의 세계를 나타낸다**'는 것은, '수덕에 의해 성덕을 밝힌다'는 말을 설한 것이다. 性과 修가 둘이 아니고 십계가 서로 갖추어 똑같이 자성청정심 가운데 있어서 원만 구족하다. '**만약 邪를 버리고 正에 나아가면**' 한 아래 네 구절은, 實際의 理體(畢竟空道)에는 티끌 하나도 세우지 않는다는 것을 밝혔으니, 그러므로 '사와 정이 모두 잘못된 것이요, 선악을 모두 잃는다' 하였다. 송나라 때 張商英(1043~1121)[18] 거사가 "광명이 고요히 비추어 항하사에 두루하니, 범부나 성인, 일체 함령이 모두 한 집안이네. 일념이 나지 않으면 전체가 나타나고, 육근이 움직이자마자 구름에 덮이네. 망상을 끊어 다하면 거듭 미혹을 더하고, 진여를 취향하는 것 역시 삿되네. 세속 인연에 수순하여 아무 걸림 없으니, 열반 생사, 허공 꽃 같네.[光明寂照遍河沙 凡聖含靈共一家 一念不生全體現 六根纔動被雲遮 斷除妄想重增惑 趣向眞如亦是邪 隨順世緣無罣礙 涅槃生死等空華]" 한 것은 實際 理體를 가장 잘 형용한 시구다.

'좋고 나쁜 것을 분별하는 도'라 한 것부터, '금과 놋쇠를 잘 구분해야 한다' 한 데까지 모두 다섯 구절은, 심생멸문인 '좋아함과 싫어함을 분별하는 도'를 해석한 것이다. '어리석고 지혜로운 것이 같지 않다' 한 것은, 십법계가 비록 똑같이 일심에 갖추어진 것이지만, 마음으로 말미암아 업을 짓는 것은 같지 않다. 그러므로 어리석음과 지혜로움에 각기 다른 십계의 인과가 있다. 六凡은 '어리석음'에 속하고 四聖은 '지혜로움'에 속하니, 그것은 절대 서로 평등하지

---

18 北宋 蜀州(四川崇慶) 新津人. 자는 天覺, 호는 無盡居士. 어려서부터 銳氣가 크고 빼어나 하루에 만언을 외웠다. 처음에 通州 主簿가 되었는데, 하루는 절에 들어가 장경의 권책이 정연한 것을 보고 발끈 화를 내고 "우리 孔聖의 책도 이에 미치지 못하겠구나!"하고, 「無佛論」을 지으려 하였다. 나중에 『유마경』을 읽고 느낀 바가 있어 불법에 귀의하였다. 神宗 때, 王安石의 추거를 받아 入朝하고, 大觀 연간에 尙書右僕射가 되었다. 얼마 후에 귀양을 가 오대산에 이르러 문수상에 기도하고 영험이 있어, 문수상을 조각하여 절에 모시고 발원문을 지었다. 얼마 후에 큰 가뭄이 들어 산에 들어가 비를 비는 기도를 올렸더니, 세 번하여 모두 영험이 있어 마침내 조정에 이름이 들렸다. 또한 절에 논 三百 頃을 시주하고 부처님께 정성을 다하였다. 그리고 江西 運使가 되어 東林寺 常總 禪師를 禮謁하고 그의 인가를 얻었다. 또한 兜率寺 從悅 禪師를 뵙고, '巖頭末後句'를 참구하였다. 紹聖 初年에 左司諫이 되어 글을 올려 司馬光과 呂公著를 논하다 좌천되었다. 또한 당시 재상 蔡京을 항상 비난하다 누차 귀양 갔다. 大觀 4년(1110) 六月, 오래 동안 가물자 임금의 명으로 비를 빌어 갑자기 큰 비가 내리니, 徽宗이 매우 기뻐하며 '商霖'이라는 두 자를 내렸다. 후에 蔡京의 讒言을 입어 河南府 지사로 쫓겨가서 宣和 4년에 죽었다. 세수 79, 시호는 文忠이다. 저서에 「護法論」1권이 있다.

않은 것이다.

'진·속이 분명하다' 한 것은, 智를 잡아 설하면 실지는 眞이요 권지는 俗이며, 理를 잡아 설하면 진제는 眞에 속하고 세제는 俗에 속한다. 人을 잡아 설하면 내·외 범부[19]와 삼현위의 보살을 '아직 세간에 나오지 못한 俗人'이라 하고, 이미 지위에 오르고 성위에 들어간 보살과 이미 아라한과 벽지불을 증득한 이승인은 '이미 세간에서 나온 眞人'이라 한다. 만약 敎를 잡아 설하면 일승을 진이라 하고 삼승을 속이라 하니, 『법화경』에 "오직 이 하나의 일(一事)만이 實이요, 나머지 둘은 眞이 아니다." 한 것이다. '옥·석을 잘 구분하고, 금과 놋쇠를 잘 가릴 수 있어야 한다' 한 두 구절은 제법의 事相 입장에서 설한 것이다. 그 이름과 모양, 본체와 작용에 차별이 있으니 반드시 분명히 분별하여 얼렁뚱땅해서는 안 된다. 『법화경』에 "오직 부처님과 부처님만이 능히 제법 실상을 완전히 알 수 있으니, 이른바 제법의 여시상과 내지 여시본말구경 등이다." 한 것이니, 절대 놋쇠를 금이라 하거나, 사슴을 말이라 하며 이를 원통이라 해서는 안 된다.

'또한 수행문 내를 잡으면' 한 것부터, '어찌 버리고 취하는 것이 없겠는가' 한 데까지 모두 스물네 구절은 '좋고 나쁜 것을 분별하는 도'를 설명하였으니, 이는 보살도를 수행하는 데 반드시 거쳐야 할 과정이며 不二法이며 方便智니, 이것을 알아야만 비로소 눈먼 수행과 소경과 같은 단련[盲修瞎鍊]으로 범부를 성인으로 참람하지 않는다. 그러므로 37도품에서 사념처로 초문을 삼고, 칠보리분법에서 택법(좋고 나쁜 것을 분별함)으로 머리를 삼으며, 팔정도에서 정견

---

19 불도를 수행하여 아직 正理를 證見치 못한 이를 '凡夫'라 하는데, 正理에 대해 相似한 智解를 발한 자를 '內凡'이라 하고, 아직 相似한 智解를 발하지 못한 자를 '外凡'이라 한다. 小乘은 五停心, 別相念處, 總相念處 등 三賢位를 '外凡'이라 하고, 煖, 頂, 忍, 世第一法 등 四善根位를 內凡이라 한다. 大乘은 十信 伏忍位를 '外凡'이라 하고, 十住·十行·十迴向 등 三賢位를 內凡이라 한다.

으로 선두를 삼는다.『법화경』「안락행품」에서 말한 네 가지 유상안락행[20]도 모두 선행을 모으는 것이며, 악행을 여의는 데 좋고 나쁜 것을 분별하는 도이다. 천태종의 십승관법은 두 번째 '발보리심'부터 아홉 번째 '능인행'까지 모두 '좋고 나쁜 것을 분별하는 도'에 속한다. 이것은 수행문 내의 오르고 내리는 지위 가운데 邪와 正의 인과를 잘 분별하는 것에 속한다. '분별'은 자세히 살펴 구별한다는 뜻이다. 부디 돌을 옥으로 간주한다든지 물고기 눈으로 구슬로 간주해서는 안 된다.

'자연히 내·외의 종도가 있다' 한 것은 일체 수도인을 말하니, 불교도(內)가 있고 그밖에 종교인(外)이 있다. '邪正因果'에서 '邪因'은 다소의 종교(경에서는 '외도'라 하였다)를 말하니, 원인이 아닌 것을 원인이라 생각하는 것이다. 예를 들면 고행에 집착하여 이를 생사에서 해탈하는 원인이라 하는 것과 같다. 원인은 하나인데 결과는 많으니, 예를 들면 하느님이 만물을 창조하였다든지 대범천이 일체중생을 출생하였다는 등과 같다. '邪果'는 천국이나 범천이나 무상천에서 태어난다는 등과, 심지어 一神이나 多神이 중생의 고락이나 빈부와 귀천의 과보를 주재하여 사람을 천당에 올라가고 지옥에 떨어지는 과보를 주재한다고 여기는 것과 같다. '正因'은 삼세가 상속한다는 인과론과, 고·집·멸·도의 해탈론과, 모든 것이 마음으로 돌아가고 만법이 나로 말미암는다는 불성론과, 五乘(人乘, 天乘, 聲聞乘, 緣覺乘, 菩薩乘) 불법의 수도론을 말한다. '正果'는 오승

---

20 천태종에서『普賢觀經』의 설과 남악혜사의 四安樂行 게문에 근거하여 세운 것이다. 곧 理觀에 의하는 것을 '무상안락행'이라 하고, 事誦에 의하는 것은 '유상안락행'이라 한다. 또한 산란한 마음으로 법화경을 송념하여 선정삼매에 들어가지 못하지만, 앉아있거나 서있거나 걸어가면서 일심으로 법화경의 문자를 송념하는 것을 유상안락행이라 한다. 이 행을 성취한 자는 보현보살의 上妙한 몸을 본다.『법화경』권4「안락행품」에 의하면 身安樂行·口安樂行·意安樂行·誓願安樂行 등 네 가지가 있다.

의 과보와 일체중생이 모두 성불하는 것이다.

'교에는 헐고 찬탄하는 문자가 있고 확실히 억누르고 찬양하는 뜻이 있다' 한 것은 위에서 말한 '사정인과'를 말하니, 불교의 경·율·론에는 확실하게 삿된 것을 훼손하고 억누르며, 바른 것을 찬탄하고 기리는 것이 있어, 중생이 삿된 것을 버리고 바른 것으로 돌아가고, 미혹을 돌려 깨달음을 얻어 범부로 인하여 성인에 들어가게 하였으니, 이것은 제불보살이 세상에 나와 중생을 제도하는 일대사 인연이다. 불자가 법을 듣고 수행할 적에, 반드시 뜻에 의지하고 말에 의지하지 말며, 법에 의지하고 사람에 의지하지 말며, 지혜에 의지하고 식에 의지하지 말며, 요의에 의지하고 불요의에 의지하지 말아야 하니, 하나에만 치우쳐 집착하여 스스로 막힘을 이루어서는 안 된다. 그러므로 '집착하면 막힘을 이루고 요달하면 통하지 않음이 없다' 하였다.

'四悉로 대치하고, 주고 뺏는 것을 잘 구분한다' 한 것에서, '사실'은 四悉檀을 말한다. 悉檀은 범어와 우리말을 합한 단어니 '두루[悉siddhānta] 보시한다[檀]'라는 뜻이다. 불법은 모든 중생에게 네 가지 이익을 두루 보시하니, 그러므로 '사실단'이라 한다.

첫째는 世間悉檀이니, 불법 가운데는 세속에서 설하는 것을 따르기도 하니, 이것은 다른 것을 수순하는 말(隨他語)이다. 예를 들면 수미산이나 사대주나 삼계 이십팔천이나 선악보응 등과 같은 것이니, 이것은 인도에서 일반적으로 설한 것인데 불교에서도 이를 빌려 설하였다. 이것은 중생에게 기뻐하며 믿는 이익을 얻게 한다.

둘째는 對治悉檀이니, 불법 가운데 여러 가지 가르침이다. 예를 들면 대소승의 율이니, 이것은 중생에게 능히 죄악을 대치하는 이익을 얻게 한다.

셋째는 爲人悉檀이니, 곧 오승의 불법이다. 이것은 중생에게 근기에 따라 각기 세·출세간의 선법 이익을 얻게 한다.『법화경』「약초유품」에 "여래가 중생의 날카롭거나 둔한 여러 가지 근기와, 정진하거나 게으른 것을 보고, 이들이 감당하는 데 따라 갖가지 한량없는 법을 설하여 모두 환희하여 빨리 좋은 이익을 얻게 한다." 한 것이다.

넷째는 第一義悉檀이니, 곧 부처님이 설한 일심 이문과 공유상성의 중도제일의제다. 이것은 부처님이 자신이 증득하신 것에 따라 설한 것이니, 중생이 법을 듣고 진리에 증입함을 얻어 똑같이 불도의 이익을 이루게 한 것이다. 「약초유품」에 "나는 세존이 되어 중생을 편안하게 하기 위한 까닭에 세상에 나와 대중을 위해 감로 같은 청정법을 설하나니, 그 법이 한 맛이요 해탈과 열반이네. 부처가 설한 법은 비유하면 큰 구름과 같이 한 맛의 비로 사람이나 꽃을 윤택하게 하여 각기 열매를 맺게 하네." 한 것이다.

이 네 가지 중에서 世間悉檀에서는 옳은 것(縱)을 설하고, 第一義悉檀에서는 그른 것(奪)를 설하였는데, 어떤 것은 소승에 속하고 어떤 것은 대승에 속하며, 어떤 것은 오승의 차별법에 속하고 어떤 것은 일승의 무차별법에 속하여, 각기 다른 것이 있음을 잘 분별하여 정법을 가려야 하니[料簡], 불법을 수학하여 모두 알지 않으면 안 된다.

'만약 모든 것이 옳다고 한다면 尼乾이 바르고 진실한 도를 이루었다' 한 것의 '모든 것이 옳다'는 것은 邪와 正을 나누지 않는 것이다. '니건'은 부처님 당시 육사외도 가운데 한 사람이다. 니건Nirgrantha-putra은 범어인데 離繫(번뇌의 결박과 삼계의 묶임을 멀리 여윔)라고 번역하니, 모든 출가 외도의 총명이다. 다만 어떤 외도는 머리카락을 뽑거나 나체로 생활하며, 재를 바르고 걸식하는 등 고행만을 닦으니, 그러므로 '니건'이라고 따로 이름하였다. 승조 대사가

『유마경 주』에서 "그 사람(니건외도)들은 '죄와 복, 고와 낙이 본래 일정한 원인이 있으니 반드시 받을 수밖에 없다. 그러니 도를 닦아 능히 끊을 수 있는 것이 아니다' 하고 말한다." 한 것이다. 이것은 인이 아닌 것을 인이라고 생각하는 사견이니, 부처님이 꾸짖으셨다. 만약 사견을 정견이라 간주한다면 어찌 제불이 잘못 꾸짖은 것이 아니겠는가!

'만약 모두 잘못된 것[俱非] 이라면 약왕보살이 전도의 허물에 떨어진다' 한 것에서 '약왕보살'은 과거 일월정명덕불 당시에 일체중생희견보살이 되어 수행하여 일체 색신을 나타내는 삼매를 얻고, 부처님 은혜와 법의 은혜를 갚기 위해 몸을 태우고 팔을 태워 부처님께 공양하니, 당시에 "선재라 선남자여! 이것이 참다운 정진이니, 이를 '진정한 여래에게 올리는 법공양'이라 하며, 이를 '제일 보시'라 하나니, 여러 보시 중에 가장 존귀하고 가장 높으니라." 하는 팔십억 항하사 세계에 이르는 제불의 찬탄을 얻었다. 그대들이 저것을 일반적인 자살로 간주하거나 혹은 외도의 고행과 똑같이 여겨 모두 다 잘못된 것으로 생각해서는 안 된다. 그렇다면 제불의 찬탄이 잘못된 것 아닌가!

'그러므로 邪를 일으키면' 한 아래 네 구절은, 사와 정은 유·무와 인·법 두 가지가 공한 정견에 있음을 결론지었으니, 有는 '正'이라 하고, 無는 '邪'가 된다. 사는 무익한 행이요 정은 방편의 문이니, 정은 반드시 취해야 하고 사는 반드시 버려야(斷) 한다. 유는 觀空의 지혜로 허락할 수 있고, 무는 반드시 차단하고 금하여 허락하지 않아야 한다. 이것은 모두 매우 명백하고 분명한 사실이니, 응당 버려야 할 것은 버리고 취해야 할 것은 취하여 주견 없이 남의 의견을 좇아서는 안 된다. 그러므로 일체 보살도의 대승 지관을 총체적으로 가져야 하니, 곧 '필경공도'에 의해 止를 닦고, '분별호오도'에 의해 觀을 닦아 지와 관을 쌍행하여 두 도를 아울러 닦고 한쪽으로 치우쳐서는 안 된다.

集

또한, 불교와 외도가 몸을 버리는 데는 각기 두 가지 뜻이 있다. 불교의 두 가지 뜻은, 첫째는 자신이나 타인의 자성이 空함을 밝게 알고 아·법 두 가지에 집착이 없어, 공양하는 경계[所供]를 보지 않고 또한 태운다는 마음[能燒]도 없다. 둘째는 오직 삼보에만 공양하여 네 가지 은혜를 깊이 갚고, 위없는 보리를 돕고 인천의 과보를 바라지 않는다. 외도의 두 가지는, 첫째는 身見이 없지 않아 더욱 아만을 더하고, 조작이 없는 지혜의 눈을 미혹하여 얻은 것이 있다는 能心을 일으킨다. 둘째는 오직 현재의 명성만을 탐하고 후세의 복리만을 꾀하여, 혹은 찰제리의 주인이 되기를 원하거나 혹은 광과천에 태어나기를 구한다.

且內敎外人遺身, 各有二意。內敎二者, 一明自他性空, 無我法二執, 不見所供之境, 亦無能燒之心。二惟供三寶, 深報四恩, 以助無上菩提, 不希人天果報。外道二者, 一身見不亡, 轉增我慢, 迷無作之智眼, 起有得之能心。二惟貪現在名聞, 祇規後世福利。或願作刹利之主, 或求生廣果之天。

講

여기서는 몸을 불사르고 손가락을 태우는 것('遺身')에 불교와 그밖에 종교에 각기 두 가지 다른 뜻이 있음을 밝혔다. 불교('內敎')의 두 가지 뜻은, 첫째는 삼륜의 본체가 공적하니 아·법에 집착이 없어, 깨달음으로부터 깨달음에 들어간다. 둘째는 은혜를 갚고 도를 돕기만을 위하고, 자신의 복락과 과보를 구하지 않는다. 외도의 두 가지 뜻은, 첫째는 몸에 집착해 아만이 있고 空임을 관하는 지혜가 없어, 미혹으로부터 미혹에 들어간다. 둘째는 지금의 명문이양만을 도모하고 나중의 인천 복보만을 구한다. 무릇 불자는 응당 잘 구별하여야 한다. '찰리kṣatriya'는 범어인데 王種이라 번역한다. '찰리의 주인'은 곧 국왕이다. '광과천'은 색계 제4선천 가운데 범부가 태어나는 곳이니, 무상천과 같다.

> 集

그러므로 천태교에서「약왕분신품」을 해석하기를 "경계(불태울 몸)와 지혜(불태우는 마음)가 둘이 아니어서 能(지혜)과 所(경계)가 없으니, 不二觀으로 不二境을 관하여 不二行을 성취하여 不二空을 안다. 이러한 관을 지을 때는 고통이 법계가 되어 보고 듣는 자는 이익을 얻나니, 그러므로 '乘·乘(一乘의 因, 一乘의 果)'이라 한다. (만약 그렇지 않으면 무익한 고행을 이루어 부처님의 진실한 훈계가 있으니, 실로 깊이 생각하여야 한다.) 그러므로 바위에서 몸을 던진다고 해서 외도의 수행이라는 논의를 초래하지 않고, 불 속에 뛰어든다고 해서 불자들의 나무람이 되지 않나니, 참으로 안으로 理觀이 있고 밖으로 期心(편벽된 집착)을 알기 때문이다. 그러므로 승열바라문은 선재동자의 의구심을 불식하였고, 니건은 엄혹[嚴熾]한 (고행이 해탈이 된다는) 오해를 불러일으켰다. 그 도를 확실하고 정확하게 논한다면 행이 方正해야 剋證함이 있으니, 마음이 바르면 행이 바르고 지혜가 삿되면 事가 삿되나니, 행을 폐해서도 안 되고 지혜가 없어서도 안 된다. 후학의 무리는 法利를 잃지 마라." 하였다.

所以台教釋藥王焚身品云, 智境不二, 能所斯亡。以不二觀, 觀不二境, 成不二行, 會不二空。作是觀時, 苦爲法界, 見聞者益。故曰乘乘。(若不爾者, 成無益苦行, 佛有誡誡, 實可先思。) 所以投巖無招外行之論, 赴火不爲內衆之譏。良由內有理觀, 外曉期心。故勝熱息善財之疑, 尼乾生嚴熾之解。篤論其道, 行方有剋, 心正行正, 智邪事邪。行不可廢, 智不可亡, 後學之徒, 無失法利。

> 講

스님은 천태종 湛然 대사가 지은 『法華文句記』제10권 하(대정장경 34권 354페이지 하)를 인용해 「약왕품」문장을 해석하여, 약왕보살이 몸을 태워 부처님께 공양한 것이 무익한 고행이 아니며, 부처님이 금계한 것이 아님을 증명하였다.

'경계와 지혜가 둘이 아니어서 능·소가 없다' 한 것의 '경계'는 불태울 몸(所燒)이요, '지혜'는 불태우는 마음(能燒)이다. '둘이 아니다' 한 것은 자·타의 몸과 마음이 모두 공한 것이요, '없다(亡)'는 것은 삼륜의 체성이 공적한 것이다. '不二觀으로 不二境을 관한다' 한 것은, 원돈의 일심삼관을 닦아 제법의 一境三諦를 관하는 것이다. 공과 가가 하나가 아니요 다르지도 않은 것을 '중'이라 하는데, 이것을 '不二觀', '不二境'이라 한다. '不二行을 성취하여 不二空을 안다'는 것의 '성취한다'는 것과 '안다'는 것은 곧 修와 證이요, '행'과 '공'은 因과 果이다. '不二'라는 것은 일승의 인과이다. 이와 같은 수·증과 인·과가 모두 공과 유가 서로 보충하여 완성하는 불이중도이다. 이 관을 지을 때는 몸을 태우고 팔을 태우는 것이 비록 고행에 속하지만, '고통이 법계가 된다'. 여기서 '법계'는 법성이니, 제법 실상이며 필경공성이다. 고제가 緣起性空임을 알면 집·멸·도제도 이와 마찬가지니, 그러므로 능히 보고 듣는 자로 삼승 성과의 이익을 얻게 한다. '乘乘'은 一乘의 因, 一乘의 果의 뜻이다. 『법화경』이 삼승을 모아 모두 일승이 되니, 손을 들거나 머리를 숙이는 것이 모두 일승 성불의 인이요, 몸을 태우거나 팔을 태우는 것도 역시 똑같이 성불의 과를 얻는다.

'그러므로 바위에서 몸을 던지고' 한 아래는 불교가 외도의 수행과 같지 않다는 것을 바로 밝혔으니, 곧 내심에는 理와 같이 행하는 삼관이 있고, 외경에 대해서는 제법에 모두 삼제를 갖추었음을 알아 편벽된 집착('期心')이 없다. 그러므로 『화엄경』「입법계품」에 승열바라문이 맹렬한 불로 몸을 태운 것이 보살의 불가사의 해탈경계라, 선재동자가 이것에 의해 수행하여 등각에 증입하게 하여, 최초로 이것이 외도일 것이라는 의혹심을 없앴건만, 일반적으로 아직 일승 불법을 듣지 못한 세간인이나 그밖에 종교, 예를 들면 니건자 같은 이는 고행('嚴熾')이 해탈의 원인이 된다는 오해를 낸다. '篤論'은 확실히 논한다는 뜻이다.

　무릇 수행하여 도에 힘쓰는 이는 반드시 법은 법행을 따라야 비로소 능히 극증할 수 있다. 만약 정법에 의해 닦으면 마음이 바르고 행이 바르며 원인이 바르고 결과가 바르거니와, 사도에 잡착하여 행하면 智가 삿되고 事가 삿되며 원인이 삿되고 결과가 삿되다. 그러므로 불법을 배우는 이는 문·사·수혜가 전혀 없거나, 한갓 듣기만 하고 행하지 않거나, 행하되 바르지 않아서는 안 된다. 수행에는 반드시 三觀을 닦아야 하니, 三智는 삼관으로 인하여 일어나고, 三惑(見思·塵沙·無明)은 삼지로 인하여 끊어져, 그런 후에 三德의 불과를 이룬다. 그러므로 '행을 폐해서는 안 되고, 지혜는 없어서는 안 된다' 하였다. 마지막 두 구절은 결론지어 권했으니, '너희들 후학은 반드시 이것에 의해 수행하여 일승 불법의 수승한 이익을 잃지 마라' 한 것이다.

기 8. 인용하여 증명하고 설명함

集

　『문수문경』에 "보살이 몸을 버리는 것은 無記가 아니라 오직 복덕을 얻을 뿐이니, 이는 번뇌의 몸이 없어졌기 때문에 청정한 몸을 얻는 것이다. 비유하면 때묻은 옷을 잿물로 빨면 때는 없어지고 옷은 남아있는 것과 같다." 하였으니, 만약 원교의 종지를 얻으면 (몸을 태우고 팔을 태우는 일이) 영명한 결단이며 뚜렷하고 분명하거니와, (그렇지 않으면) 청컨대 이 글을 읽고 귀감을 삼을진저!

　文殊問經云, 菩薩捨身, 非是無記, 惟得福德。是煩惱身滅, 故得淸淨身。譬如垢衣, 以灰汁浣濯, 垢滅衣在。若得圓旨, 明斷皎然。請鑒斯文 以爲龜鏡。

講

『문수사리문경』은 승가바라Saṃghavarman, Saṅghapāla(460~524)[21]가 번역하였는데, 대정장경 제14권에 있다. 여기서 인용한 '오직 복덕을 얻을 뿐이다' 한 경문(503페이지 상) 뒤에, "그러므로 번뇌가 멸하기 때문에 마음이 멸하고, 마음이 멸하기 때문에 意가 멸하며, 의가 멸하기 때문에 식이 멸하며, 식이 멸하기 때문에 몸이 멸하며, … 심·의·식이 처소가 없기 때문에 청정을 얻는다.[是故煩惱滅故心則滅 心滅故意滅 意滅故識滅 識滅故身滅 … 心意識無處故得淸淨]" 한 것이 있고, '때는 없어지고 옷은 남아 있다' 한 아래에, "왜냐하면 때가 이미 제거되었기 때문이며, 때가 제거되었기 때문에 옷이 청정함을 얻는다.[何以故 垢已去故 以垢去故 衣得淸淨]" 하는 세 구절이 있다.

　'만약 圓旨를 얻으면' 한 아래 네 구절은, 인용하여 증명하고 설명한 결론이다. 만약 능히 일승원교('圓')의 종지('旨')를 얻으면 모르지만, 몸을 태우고 팔을 태우는 고행은 부처님이 소승 경·율에서는 제재하고 허락하지 않았고, 대승 경·율에서는 허락하였고 제재하지 않았으니, 이것은 매우 분명('皎然')한 일이다. 이에 대해 의문이 있는 자는 삼가 위에서 말한 대승 경·율을 읽고 자기 수행의 거울로 삼기 바란다. 만약 이미 무명을 타파하고 법신을 증득했으면 삼보의 은혜를 보답하기 원하고, 명리와 복락을 바라지 마라. 그러면 약왕보살과 승열바라문을 본받을 수 있다. 만약 그렇지 않으면 부디 아무 이익 없이 몸을 버리는 짓을 하지 마라. 그 허물이 한량없으니, 신중히 하고 신중히 하라!

21　南齊의 譯經僧이니, 본래 扶南國(Funan. 지금의 캄보디아 옛 이름).『불광사전』p5722-中

무 2. 空·有 두 문이 서로 같지도 않고 다르지도 않음
기 1. 첫 질문과 답

集

문 : 住相 보시는 결과가 무상하여 有爲心만 더하고 無爲道와는 등집니다. 차라리 복이 허공과 같은 理觀만 하겠습니까? 그러므로 경에 "부처님은 '非我여야 능히 理에 수순할 수 있다' 하였다." 하였습니다. 어찌 굳이 事에 집착하고 塵(육진경계)에 의지합니까? 이는 마음을 관하고 도를 통달하는 것이 아닙니다.

답 : 만약 마음 관하는 것을 가지고 말한다면 눈에 보이는 것이 모두 옳거니와, 이미 도를 통달했다고 하니 발을 드는 것이 어찌 잘못되었겠는가? 보살은 만행을 모두 일으켜 사섭법으로 중생을 널리 유익하게 해야 하니, 공에 잡착하여 유를 폐하고 하나를 지켜 여러 가지를 의심해서는 안 된다.

問. 住相布施, 果結無常。增有爲之心, 背無爲之道。爭如理觀, 福等虛空。故經云佛言非我, 而能順理。何堅執事緣塵, 而不觀心達道乎。

答. 若約觀心, 寓目皆是。旣云達道, 擧足寧非。菩薩萬行齊興, 四攝廣被。不可執空害有, 守一疑諸。

講

질문한 내용은 『금강경』에서 설한 "相을 여의고 하는 보시는 주함이 없이 마음을 내는 것이다." 한 뜻에 의한 것이다. '복이 허공과 같다'는 것은 『금강경』에서 설한 '相에 주하지 않고 보시하는 복'이다. 보살이 만약 공을 관하는 데 집착하여 만행을 폐기하고 "보살도를 행하는 데는 응당 事에 집착하고 塵에 의지해서는 안 된다. 이것은 방광도인이다." 하고 생각한다면, 이는 공견외도 무리다.

스님의 대답은, 그가 '마음을 관하고 도를 통달한다' 한 말에 따라, 공·유 두 문이 서로 존재하면 보리의 올바른 도를 따르는 것이요, 서로 버리면 마군이나 외도의 사견을 이룬다는 것을 설명하였다. 대승의 지관 법문은 모두 마음을 관하는 空寂만을 든 것이 아니고, 일심이 만행이요 만행이 일심인 이제가 원융하여 세간이나 출세간의 일체법이 마음의 경계 아님이 없음을 관하니, 그러므로 '눈에 보이는 것이 모두 옳다' 하였다. 소승법 중에 나아가고 또한 우리의 오온 신심에 나아가서 고·공·무상·무아를 직관하면, 오온을 부연하여 확대함으로 말미암아 육입과 십이처와 십팔계의 우주만유가 있고, 만유제법의 연기성공을 관함으로 말미암아 人空의 중도를 얻는다. 그러니 어찌 반드시 유를 폐해야 비로소 능히 공을 관할 수 있고 비로소 보살도일 수 있겠는가!

　　다시 말하면, 이미 마음을 밝혀 성을 보았으며('達道') 옷 입고 밥 먹는 것이 도 아닌 것이 없고, 손을 들고 머리 숙이는 것이 모두 佛因인데, 어찌 하나의 무위(空)만을 지키고 일체 유위를 버리겠는가! 그러므로 '발을 드는 것이 어찌 잘못된 것이며, 하나를 지켜 여러 가지를 의심하겠는가?' 하였다. 그러므로 보살이라면 반드시 육도만행을 닦아야 하고('齊興'), 사섭법으로 널리 일체중생을 건져야 한다. 그러니 절대 空理에 집착하여 유위의 事行을 폐('害')해서는 안 되고, 또한 하나의 관심법문에 집착('守')하여 그밖에 행법을 비방하고 버려서는 안 된다. 이는 법을 비방하는 죄인이요 마왕의 권속이다.

기 2. 인용하여 증명하고 설명함

集

『화엄경』(「이세간품」)에 "한 가지만을 수용하고 그밖의 것을 부정하는 것은 마

군에게 섭지 당하는 것이다." 하니,

華嚴經云 受一非餘 魔所攝持

> **講**

'受'는 신수봉행의 뜻이니 하나의 모양을 지키는 것이다. '한 가지만을 수용하고 다른 것은 부정한다'는 것은, 자신만이 옳고 다른 것은 비난하는 아집과 아만이다. 이것들은 모두 보살도의 걸림돌이니 반드시 버려야 한다.

'魔'는 범어로 마라māra니, 악자, 장애, 파괴 등으로 번역한다. 늘 악의를 품고 악법을 행하기 때문에 '악자'라 하고, 사람의 좋은 일을 장애하고 바른 도를 가로막고 덮기 때문에 '장애'라 하며, 사람의 혜명을 뺏고 도법의 공덕을 파괴하기 때문에 '파괴'라 한다. 『법화경』에는 네 가지 마를 설하니, 번뇌마, 오음마, 사마, 자재천마[22]이다. 『열반경』에는 여덟 가지 마를 설했으니, 앞의 네 가지와 이승인이 집착하는 無常, 無樂, 無我, 無淨 등을 더하여 여덟 가지 마가 된다. 『화엄경 소초』 제29권에는 열 가지 마를 설했으니, 곧 오온, 번뇌, 업, 게으른 마음, 죽음, 하늘, 선근, 삼매, 선지식, 菩提法智 등 열 가지다. '하나만을 수용하고 나머지는 부정한다'는 것은, 자재천마와 이승마와 보리법지마 등에게 섭지 당하는 것이다. 천마는 사람이 삼계를 벗어나 생사를 알게 하지 못하게 하고, 이승마는 사람들이 편공의 이치를 증득하여 성불을 얻지 못하게 하며, 보리법지마는 보리법에 집착을 일으키니, 그러므로 '마에게 섭지 당한다' 하였다.

---

22 四魔 : 사람의 身命과 慧命을 奪取하는 네 가지 魔. (1) 五蘊魔:色·受·想·行·識 등 오온이 쌓여서 생사 苦果를 이루니, 이 生死法이 능히 慧命을 뺏다. (2) 煩惱魔:몸 안의 108 등 번뇌가 능히 중생의 정신을 惱亂하여 慧命을 탈취하여 보리를 성취하지 못하게 한다. (3) 死魔:이 죽음이 중생의 四大가 分散케 하여 修行人으로 하여금 慧命이 연속하는 법이 없게 한다. (4)天子魔:욕계 제6천 魔王이 사람의 善事를 장애하여 賢聖法을 憎嫉하여 갖가지 擾亂事를 일으켜 수행인으로 하여금 出世善根을 성취하지 못하게 한다. 위의 세 가지를 內魔, 마지막 것을 外魔라 한다.

集

그러므로 邊見을 버리고서 中見에 나아가는 것은 도리어 邪見을 이루니, 宗에 의거하고 슈에 의거하며 妙라고 알고 玄이라 알아서는 안 된다. (그것은) 識想의 소행이요 陰界의 조작이니, 응당 근기에 따라 막거나 비추고 지혜에 맡겨 나아 가거나 물러가야 한다. 공·유 두 문에서 벗어나지 않고[不出] 있지도 않으며[不 在], 진·속 이제에 의지하지도 않고[非卽] 여의지도 않으니[非離], 움직임과 멈 춤이 어찌 어긋나리오. 원융무애하다.

대체로 제불 보살의 수행문에는 正이 있고 助가 있으며, 實이 있고 權이 있 어서 理와 事를 가지런히 닦고, 교승과 계율을 다 같이 중요시하며, 자비와 지 혜를 둘 다 운행하며, 안과 밖으로 서로 도우니, 만약 하나의 宗만을 정하여 세 우면 이는 마왕의 종족이요, 혹은 모든 것을 죽이면 자기 견해가 어리석음을 이룬다.

是以捨邊趣中, 還成邪見。不可據宗據令, 認妙認玄。識想施爲, 陰界造作。應須 隨機遮照, 任智卷舒。於空有二門, 不出不在。眞俗二諦, 非卽非離。動止何乖, 圓 融無閡。大凡諸佛菩薩, 修進之門, 有正有助, 有實有權。理事齊修, 乘戒俱急 悲 智雙運 內外相資 若定立一宗 是魔王之種 或亡泯一切 成己見之愚

講

스님은 『화엄경』을 인용하여 증명한 후에, '수도인은 집착('據)이 있어도 안 되고 '玄妙'를 구해서도 안 된다. 그것은 식심으로 분별하거나 ('識想施爲') 인· 아, 시·비에 떨어진 것이다 ('陰界造作')' 하고 설명하였다. 응당 事에서는 인연 에 수순하여 걸림이 없어서 ('隨機遮照') 응당 해야 할 것은 하고 (照) 응당 그쳐야 할 것은 그쳐야 (遮) 한다. 理에서는 열반과 생사를 허공 꽃과 같이 보아야 하니 ('任智卷舒'), 열반은 둘둘 말아 합한 것 같이 보고 (卷), 생사는 싹이 터서 뻗어 나가는 것 같이 관해야 한다(舒). 만약 집착이 있으면 비록 공·유와 능·소의 변견에 집착하지 않더라도, 또한 非有, 非空, 無能, 無所의 중견에 집착한 것이니, 이런 것은 여전히 일심 이문이 하나도 아니고 다르지도 않은 원융무애한 正見에 계합하지 못한 것이다. 그러므로 '변견을 버리고 중견에 나아가면 도리어 사견을 이룬다' 하였다.

'宗에 의거하고 수에 의거하며 妙라고 알고 玄이라고 알면 …' 한 것의 '宗'과 '수'은 法相을 잡아 설한 것이요 '玄'과 '妙'는 法性을 잡아 설했으니, 八宗이 모두 자기는 가장 부사의한 요의교이고 타종은 요의가 아니라고 여기는 것이다.[23] 대승 보살은 아직 성불하기 이전이라, 제법의 性·相마다 偏執(據와 認)이 있으니, 이것은 옳지 않다. 왜냐하면, 아직 공·유 두 문에서 벗어나지도 못했고[不出] 있지도 않아서[不在] 원융무애하지 않기 때문이다. '벗어나지 않는다' 한 '不出'은 곧 不異의 뜻이니, 진여가 생멸에서 벗어나지 않고 생멸이 진여에서 벗어나지 않으며, 성공이 연기에서 벗어나지 않고 연기가 성공에서 벗어나지 않아서, 하나가 아니지만[不一] 다르지도 않다[不異].『반야심경』에서 "색이 공과 다르지 않고 공이 색과 다르지 않으니, 수·상·행·식도 마찬가지다." 한 것이다.

'있지 않다' 한 '不在'는 곧 不一이니,『화엄경』에 覺林 보살이 설한 게에 "마음(空)은 몸(有)에 주하지 않고 몸도 마음에 주하지 않네. 자재하여 있은 적이 없으나 능히 불사를 짓네.[心不住於身 身亦不住心 自在未曾有 而能作佛事]" 한 것이다. 또한, 천태종 性具思想은 비록 일념의 마음에 불일의 선악 제법을 갖추었으

---

23 八宗은 율종·삼론종·정토종·선종·천태종·화엄종·법상종(유식종)·밀종을 말하는데, 그 가운데 法相宗은 율·삼론·정토·법상이요, 法性宗은 선·천태·화엄·밀이다.

나, 심성 중에서 제법의 실체를 찾으면 결국 얻을 수가 없는 것과 같다. 이 '불출·부재'를 거울의 형상으로 비유하면, 거울 가운데 나타난 여러 가지 형상은 '불출'이라 하고, 거울 본체에 형상이 없는 것은 '부재'라 한다. 제법의 성공과 연기는 공과 유가 서로 도와 완성하는 것과 마찬가지다. 그러므로 '공·유 두 문에 벗어나지 않고[不出] 있지도 않는다[不在]' 하였다.

'진·속 이제가 의지하지도 않고[非卽] 여의지도 않는다[非離]' 한 것의 '진제'는 공에 속하니 이것은 심진여문이요, 속제는 유에 속하니 심생멸문이다. 일심 이문이 바로 의지하지도 않고 여의지도 않으며, 공과 유 두 문과, 진과 속 이제도 반드시 의지하지도 않고 여의지도 않는다.

'움직임[動]과 그침[止]이 어긋남이 없어서 원융무애하다' 한 것의 '동'은 유에 속하고, '지'는 공에 속하니, '동과 지가 어긋남이 없다' 한 것은 또한 공과 유가 무애한 것이다. 또한 '동'은 有念이요 '지'는 無念이니, 유념은 마음의 작용이요 무념은 마음의 본체이다. 본체로 인하여 작용을 일으키고 작용은 반드시 본체로 돌아가니, 본체와 작용이 결코 어그러지고 어김이 없다. 그러므로 '움직임과 그침이 어김이 없어서 원융무애하다' 하였다.『기신론』에서 "이 심진여상이 곧 마하연 체를 보이기 때문이며, 이 심생멸인연상이 능히 마하연자체상용을 보이기 때문이다." 한 것이다.

중생은 마음이 없는 이가 없으니, 마음이 있으면 반드시 체·상·용이 있다. 체는 비록 불변하지만 능히 수연하니, 더럽고 깨끗한 인연을 따라 더럽고 깨끗한 모양[相]과 작용[用]이 있다. 모양과 작용으로 비록 인연을 따르나 도리어 여여부동한 심체는 변하지 않는다. 그러므로『기신론』에 "보살의 지위가 다하면 방편이 만족하고 일념이 상응하여, 마음이 처음 일어남에 (用과 有와 動의) 마음엔 최초로 일어난 모습 (體와 空과 止)이 없음을 깨닫나니, 왜냐하면 (심체가) 미세한 생각(무명망념)을 멀리 여의었기 때문이다(念하나 念이 없음). 심성을 보아 심이 상주하면 이것을 구경각(佛)이라 한다. … 만약 능히 무념을 관할 수 있는 중생이 있다면 (動에 의해 止하여 원융무애하면) 즉시 부처님 지혜로 향하기 때문이다." 하고, 또한 "일체 경계가 唯心으로 망령되게 동(用)하니, 마음이 만약 일어나지 않으면 일체 경계상도 멸하나니, 오직 하나의 진심만이 일체 처에 두루 한다(體). 그러므로 삼계가 거짓이라 유심으로 지은 것이니, 마음을 여의면 육진 경계가 없다." 하였다. 이로 인하여 알 수 있는 것은, 만약 일심 이문과 공과 유가 서로 보충하여 완성한다는 것과, 본체와 작용이 자재무애함을 안다면 그 자리에서 해탈한다는 점이다. 이것은 보살이 수행하여 성불하는 데 가장 좋은 가르침이며 귀감으로 삼을 일이다.

'대체로 제불 보살이 수행하고 정진하는 문은 …' 한 아래 열한 구절은 원융무애함을 설명했으니, 이것이 수행하여 佛果에 진입하는 큰 문이며, 또한 대승 불법의 극진한 말씀이다. 이른바 원융하다는 것은 正·助와, 權·實과, 理·事와, 乘·戒와, 悲·智와, 內·外와, 더 나아가서 육도만행 등을 가리키니, 모두 융통 화합하여 걸림이 없다. 스님의 저술인 『종경록』 제99권에 "이사원융이란 갖가지 事가 理에 부합하여 두루한 것을 말하니, 眞如 理는 용광로요 만사를 융회하는 것은 대장장이여서 쇳물이 흘러넘치지만 다른 모양이 없다." 한 것이다. 파도와 물로 비유하면 사는 파도와 같고 이는 물과 같으니, 물과 파도가 서로 의지하고[相卽]하고 파도와 파도가 相卽하여 물과 물이 하나의 맛으로 융합한다. 이·사와 정·조와 내지 내·외도 이와 마찬가지로 모두 서로 의지하고 서로 보충하여 완성하여 피차 걸림이 없다.

'정이 있고 조가 있다'는 것은, 예를 들면 지명염불이나 관상염불은 正行이요, 세 가지 복업은 助行이다. 정·조 두 행은 모두 淨業의 올바른 원인이라 걸림이 없을 뿐만 아니라, 또한 반드시 쌍으로 소유해야 비로소 정업을 성취하여 정토에 왕생할 수 있다. '실이 있고 권이 있다'는 것의 '실'은 實際理地에 하나의 먼지도 세우지 않는 것(空)이요, '권'은 방편문을 가리키니 한 법도 버리지 않는 것(有)이니, 이것은 공과 유가 무애한 것이다. '이·사를 가지런히 닦는다'는 것은, 안으로는 이로써 관찰하고 밖으로는 사로 참회하는 것이다. '가지런히 닦는다'는 것은 한 쪽으로 치우쳐 버림이 없는 것이다. '승·계를 모두 중요시한다'는 것의 '승'은 마음을 밝히고 성을 보아 깨달음을 얻는 것이요, '계'는 三聚律儀를 받아 지키는 것이다. '모두 중요시한다'는 것은 서로 행하는 것이다. 『능엄경』에 부처님이 어떻게 마음을 깨달을 것인가를 가르치신 후에, 네 가지 청정하고 분명한 가르침(四種淸淨明誨)[24]인 계행을 설한 것이다.

'자비와 지혜를 쌍으로 운행한다'는 것은, '자비'는 다른 사람을 교화하는 묘행이니 복에 속하고, '지혜'는 자신을 이롭게 하는 진정한 수행이니 지혜에 속한다. '쌍으로 운행한다'는 것은, 복과 지혜를 쌍으로 닦는 것이니 자·타 두 가지 이익이다. '안팎으로 서로 돕는다'는 것은, '안'는 內明을 가리키니 불교학이요, '밖'은 聲明, 工巧明, 醫方明, 因明 등을 가리키니 곧 세상의 일체 학술이다. '서로 돕는다'는 것은, 보살이 반드시 五明[25]을 널리 배워야 비로소 능히 불법으로 세상을 섭화할 수 있음을 말하니, 세간법으로 불법을 도와 교화하면 자리이타를 얻어 불과를 원만히 이룬다. '만약 하나의 宗만을 정립하면 이는 마왕의 종족이다' 한 것은, 하나를 지키고 그밖의 것은 부정하여 능히 원융무애를 이루지 못하면 곧 불도를 성취하지 못하니, 이는 마왕이 담당하는 것에 속

---

24 斷婬, 斷殺生, 斷偸盜, 斷除大妄語를 말함. 『능엄경』제6권
25 다섯 가지 학예. 고대 인도의 학술 분류법. (1) 聲明, 언어나 문전학. (2) 工巧明, 공예나 기술, 算歷學. (3)

하여 마의 아들이나 마의 손자가 된다. 그러므로 '마왕의 종족'이라 하였다. '혹은 모든 것을 죽이면 자신의 견해가 어리석음을 이룬다' 한 것은 豁達空과 斷滅見을 가리킨다. 혹은 진여를 분명히 알지 못하고 불성에 우매하여 이것이 제불 법성이며 제법 실상이라 한다면, 이것은 또한 자신의 편견과 우치를 이룬다. 이것이 보살도의 암초니 이를 잘 알아 피해야 한다.

集

그러므로 『대집경』에 "두 가지 行이 있으니, 空에 의해 바로 들어가는 것을 '慧行(지혜의 행)'이라 하고, 事를 가지고 겸하여 닦는 것은 '行行(육도만행을 행함)'이라 한다." 하고,

故大集經云, 有二行, 緣空直入, 名爲慧行。帶事兼修, 是行行。

講

거듭 『대집경』의 말씀을 인용하였다. 보살도가 비록 많으나 대체로 두 가지로 나눌 수 있다. 하나는 慧行이니 제법 연기가 자성이 없음을 직관하여 심진여문에 증입하는 것이요, 둘째는 行行이니 모든 事相에서 性에 부합하여 육도만행(行)을 닦아 심생멸(行)문에 계합하는 것이다. 일심 이문에 의해 공·유 무애의 행을 닦으면, 이것이 性 전체가 修를 일으키고 修 전체가 性에 있는 것이다.

集

『보리론』에는 두 가지 도가 있으니, 하나는 方便道니 여러 가지 선법을 아는 것

醫方明, 의학, 약학, 咒法學. (4)因明, 논리학. (5) 內明, 전심으로 오승의 인과 묘리를 사색하는 학문. 혹은 자가의 종지를 표명하는 학문.

이요, 둘은 智慧道니 제법을 얻지 않는 것이다.

菩提論有二道, 一方便道, 知諸善法。二智慧道, 不得諸法。

講

다시 『보리론』을 인용하였다. 정확한 이름은 『廣釋菩提心論』이라 하는데, 蓮華戒[26] 보살이 짓고, 송나라 施護[27]가 번역하였다. 모두 4권이다. 대정장경 제32권에 있다. 여기서 인용한 문장은 564페이지 하단에 있다. 원문은 "모든 보살을 종합적으로 요약하면 두 가지 도가 있으니, 만약 이 두 가지 도를 구족하면 빨리 위없는 도를 증득한다. 두 가지란 어떤 것인가? 이른바 지혜와 방편이다. … 선교방편이란 무엇인가? 모든 법을 섭수하는 것이요, 지혜란 무엇인가? 모든 법에 파괴 당함이 없는 것이다." 하였다. '파괴 당함이 없다'는 것은 곧 空性이니, 허공을 파괴할 수 없는 것과 같다. 이것은 『지도론』에서 말한 "반야(지혜)가 畢竟空에 들어가려면 모든 희론을 끊고, 방편이 畢竟空에서 나오면 국토를 장엄하고 중생을 성숙케 한다." 한 것이니, 동일한 뜻이다.

集

또한 경에 "두 가지 여래장이 있으니, (첫째) 因 가운데 여래장은 여여하여 물듦이 없고, (둘째) 果 가운데 여래장은 여여하여 더러움이 없는 것이다." 하였다. 또한, 두 가지 마음이니, (첫째) 자심이 청정한 마음[自心淸淨心]은 本有(본래부터

---

26 梵名은 Kamalaśīla. 8세기 경, 인도 중관파 학승. 생졸년 미상. 나란타사 교수인 달특나(Tantra)의 후계자인 寂護(Śānta-rakṣita)의 제자이다. 『불광사전』 p6150-下

27 梵名 Dānapāla. 송대 역경승. 북인도 烏塡曩國(Udyāna) 사람이다. 생졸년 미상. 북송 태종 태평흥국 5년 (980), 북인도 가습미라국의 天息災 삼장(?~1000)과 함께 汴京(開封)에 와서, 태평흥국사 역경원에 주석하며 힘써 경전을 번역하니, 모두 115부 255권이었다. 『불광사전』 p3832-中

가지고 있음)의 뜻이요, (둘째) 때를 여의고 청정한 마음[離垢淸淨心]은 究竟(궁극) 의 뜻이다.

又經云, 二如, 因中如, 如而無染。果中如, 如而無垢。又二心, 自心淸淨心, 本有之 義。離垢淸淨心, 究竟之義。

[講]

여기서는 『勝鬘獅子吼一乘大方便方廣經』에서 설한 것을 인용하였다. "두 가지 여래장이 있으니, 하나는 한없는 번뇌장에 묶여있는 여래장이요, 둘째는 한없 는 번뇌장에서 나온 것이니 '법신'이라 한다." 하였다. 이것은 번뇌 가운데 있 는 진여[在纏眞如]를 '여래장'이라 하니, 因 가운데 여래장이 여여하여 번뇌에 물든 바가 없는 것이다. 번뇌에서 벗어난 진여[出纏眞如]를 '법신'이라 하니, 果 가운데 진여가 여여하여 더러움이 없는 것이니, 곧 불보살의 진여 법성이 나타 난 것이다. 인 가운데 진여는 '때가 있는 진여[有垢眞如]'라 하니, 비유하면 진흙 속의 연꽃과 같이 더러운 진흙에 물들지 않는다. 과 가운데 진여는 '더러움이 없는 진여[無垢眞如]'라 하니, 보름날 밤 밝은 달과 같이 청정하고 원만하다.

'또한, 두 가지 마음이 있으니…' 한 것은 『능엄경』에서 말씀한 두 가지 근본 을 인용했으니, 하나는 진심이요 하나는 망심이다. 경에 "예로부터 생사가 상 속하는 것은 모두 상주 진심인 性淨明體를 알지 못하고 망상심을 쓰기 때문이 니, 이 망상이 진실하지 않기 때문에 윤회함이 있다." 하였다. 이 상주 진심이 중생에게 있는 것을 '자성청정심'이라 하니, 본래부터 있다는 뜻이요, 부처에 게 있는 것을 '이구청정심'이라 하니, 구경의 뜻이다. 또한, 당나라 청량국사가 지은 『화엄소초』 제6권에 두 가지 청정을 설했으니, "하나는 '자성청정'이니, 중생의 진여심체는 성이 본래 청정하여 물들고 장애 되는 바가 없기 때문에 '자성청정'이라 한다. 둘째는 '이구청정'이니 중생의 자성청정심체가 일체 번뇌의 더러움을 멀리 여의었기 때문에 '이구청정'이라 한다." 하였다. 두 가지 청정은 모두 청정심을 말했으니, 본체를 가지고 말하면 '자성청정심'이라 부르니 본래부터 있다는 뜻이요, 작용을 잡아 말하면 '이구청정심'이라 하니 구경의 뜻이다.

集

『기신론』에는 두 가지 相을 세웠으니, 하나는 同相이니 平等性의 뜻이요, 둘째는 異相이니 幻差別의 뜻이다. 천태교에는 두 가지 善이 있으니 能·所가 空함을 통달한 것을 '止善'이라 하고, 방편으로 수행하기를 권하는 것을 '行善'이라 한다.
起信論立二相, 一同相, 平等性義。二異相, 幻差別義。台敎有二善, 達能所空, 名止善。方便勸修, 名行善。

講

또 거듭 『기신론』과 『천태지관』에서 설한 것을 인용하여 증명하였다. '평등성의 뜻'이란 제법의 平等空性이다. 이것은 다른 것이 없는 것이니, 그러므로 '同相'이라 한다. '환차별의 뜻'은 제법의 緣起幻相이니 이것은 차별이 있는 것이다. 그러므로 '異相'이라 한다. 이 두 가지 相은 곧 성공과 연기요, 또한 실상이 相이 없기도 하고 相 아님이 없는 것이다. 천태교에서 설한 두 가지 善도 또한 성공과 연기를 설했으니, 일심의 이문이다. '止善'은 성공인 진여문에 속하고, '行善'은 연기인 심생멸문에 속한다. '止'와 '行' 두 가지 善은 空과 有가 서로 보충하여 이루어진 중도 선법이다.

 이상으로 스님이 경론을 인용하여 증명한, 두 가지 행(慧行과 行行)과, 두 가지 도(方便道와 智慧道)와, 두 가지 진여(因中如와 果中如)와, 두 가지 마음(自性淸淨

心과 離垢淸淨心)과, 두 가지 상(同相과 異相)과, 두 가지 선(行善과 止善) 등은 모두 空과 有 두 가지 문이 서로 벗어나지도 않고 있지도 않은 원융무애한 보살행을 설명한 것이다.

기 3. 두 번째 질문과 답

集

문: 조사와 부처님의 법요는 오직 일승을 세웠을 뿐이니, 어떤 곳에는 "시방의 바가범이 한 길 열반문이다." 하고, 혹은 "일체 무애인이 한 가지 길로 생사에서 벗어났다." 하였습니다. (그런데) 어떻게 차별을 넓게 펼쳐 두 가지 법문을 세워 正宗을 혹란하고 여러 가지 사견을 일으킵니까?

問. 祖佛法要, 唯立一乘。或云, 十方薄伽梵, 一路涅槃門。或云, 一切無閡人, 一道出生死。如何廣陳差別, 立二法門, 惑亂正宗, 起諸邪見。

講

질문의 '조불 법요'에서 조사의 법요는 선종 조사의 법어를 말하고, 부처님 법요는 『능엄경』과 『법화경』 경문을 가리킨다. '오직 일승을 세웠을 뿐이다' 한 것은 『법화경』에서 "여래는 일불승만으로 중생을 위해 법을 설하시고, 여타의 교승인 두 가지나 세 가지가 없다." 한 것이다. 『능엄경』에는 "시방 바가범이 한 길 열반문이요, 시방 무애인이 한 길로 생사를 벗어났다." 했는데, 어떻게 이 책에서는 '공과 유 두 법이 서로 의지하고, 서로 도와 이룬다'고 널리 펼쳤는가? 이것은 어찌 선종의 正訣에 부합하지 않으며('惑亂正見'), 대승의 正見에 부합하지 않는 것('起諸邪見')이 아니겠는가? 한 것이다.

集

답 : 제불 법문은 비록 한 가지지만 작용을 가지고 말하면 두 가지로 나누나 그 본체는 항상 같다. 일심법에 진여 생멸 두 문을 세우니 이 二諦가 일승의 도니, 고금에 항상 그러하여 증감이 없다. 그러므로 總과 別로 서로 드러나고, 본과 말이 서로 도우니, 총이 아니면 별이 나오지 못하고 별이 아니면 총이 이루어지지 않으며, 본이 아니면 말을 드리울 수 없고, 말이 아니면 본을 밝힐 수가 없다. 그러므로 한쪽 날개로는 용솟음쳐 높이 오르기 어렵고, 한쪽 바퀴만으로는 운행하지 못하는 줄 알 수 있으니, 오직 眞만으로는 서지 못하고 妄만으로는 이루어지지 않는다. 본체를 잡으면 차별이 있으나 차별이 없고, 작용을 잡으면 차별하지 않으나 차별이 있다. (그리하여) 하나나 두 가지가 걸림 없어야 비로소 不二門에 들어가고, 공과 유가 어기지 않아야 비로소 진공의 경계를 밟을 수 있다.

答. 諸佛法門, 雖成一種, 約用分二, 其體常同。如一心法, 立眞如生滅二門, 則是二諦一乘之道。今古恒然, 無有增減。是以總別互顯, 本末相資。非總無以出別, 非別無以成總。非本無以垂末, 非末無以顯本。故知隻翼難沖, 孤輪匪運。惟眞不立, 單妄不成。約體, 則差而無差, 就用, 則不別而別。一二無閡, 方入不二之門。空有不乖, 始蹈眞空之境。

講

'제불 법문은 비록 한 가지지만' 한 것은, 제불이 설한 불법은 비록 갖가지 방편이 있어서 적응하는 것이 같지 않으나, 필경 一乘으로 돌아간다. 일승이란 무엇인가? '작용을 잡으면 두 가지로 나누나, 그 본체는 항상 같다'는 것은, 세상 제법은 모두 연기의 이분법인 상대적인 법 아닌 것이 없다. 예컨대 남·녀, 선·악, 인·아, 진·망, 생·멸, 고·락, 공·유 등과 같다. 이것들은 모두 연기의 상·용을 잡아 나눈 것이니, 그 본체는 이름이 없고 모양이 없어서 분별할 수 없는 청정심이다. 모든 것이 유심이 나타난 것이니, 그러므로 제법의 본체가 항상 같아서 오직 자성청정심 뿐이어서 차별이 없다. '일심법에 진여·생멸 두 문을 세운 이 이제가 일승의 도다' 한 것은, 『대승기신론』에서 세운 일심 이문을 들어 예한 것이다. '이제'의 진여문은 진제에 속하고 생멸문은 속제에 속한다. '일승'은 곧 일심이니 두 문은 다만 일심의 체·용일 뿐이다. 성불하려면 반드시 일심 이문에 의해 수행해야 하니, 그러므로 '이제가 일승의 도다' 하였다. 이를테면 일심 이문이 성불하는 데 유일한 길인 것이다.

'고금에 항상 그러하여 증감이 없다' 한 것은, 청정한 마음으로 본체를 삼고 제법으로 작용을 삼아, 일심 이문에 본체가 있고 작용이 있으니, 이것이 우주의 진리요 제법의 실상임을 설하였다. 이것은 부처님이 세상에 나오셨다 하여 더하지 않고 부처님이 세상에 나오시지 않더라도 감하지 않아서, 고금에 모두 이와 같고 시방이 같지 않음이 없으며, 사람마다 분수가 있고 낱낱이 없는 자가 없다.

'그러므로 총과 별로 서로 드러나고' 한 것부터, '말이 아니면 본을 밝히지 못한다' 한 여섯 구절은, 제법에 총이 있고 별이 있으며 본이 있고 말이 있는 필연성을 설명하였다. '총'과 '본'은 일심의 진여문을 가리키니 空에 속하고, '별'과 '말'은 일심의 생멸문을 가리키니 有에 속한다. '서로 드러난다(互顯)' 하고 '서로 돕는다(相資)' 한 것은, 하나가 아니요 다르지도 않다[不一不異]는 것이며, 벗어나지도 않고 있지도 않다[不出不在]는 것이다. '총이 아니면 별을 내지 못한다' 한 것은, 본체가 없으면 능히 작용을 내지 못한다는 것을 말하였니, 이것은 벗어나지 않는 것[不出]이다. '별이 아니면 총을 이루지 못한다' 한 것은, 만약 작용이 없으면 어찌 본체가 있겠는가? 한 것을 말하니, 이것은 있지 않은 것[不在]이다.

'본이 아니면 말을 드리울 수 없다' 한 것은, 진여문이 없으면 생멸문이 없다는 것을 말하니, 이른바 '性空하기 때문에 緣起한다' 한 것이니, 空의 뜻에 의해 일체법이 이루어질 수 있으니, 이것은 不一이다. '말이 아니면 본을 밝힐 수가 없다' 한 것은, 만약 생멸문이 없으면 진여문도 얻을 수 없음을 말했으니, 이른바 '緣起하기 때문에 性空이다' 한 것이니, '인연으로 난 법을 나는 곧 空이라 설하나니…' 한 것이니, 이것은 不異이다.

'그러므로 한쪽 날개만으로는 용솟음쳐 높이 날기 어렵다' 한 아래 모두 열 두 구절은, 이 책에서 설한 공·유 두 문이 벗어나지도 않고 있지도 않아서 원융무애함을 설명했으니, 이는 명심견성의 정종이며 대승불법의 정견이다. '한쪽 날개만으로는 높이 날지 못한다' 한 것은 새가 한쪽 날개만으로는 능히 높은 공중으로 비행하지 못하는 것과 같으니, 그러므로 '높이 날기 어렵다' 하였다. '바퀴 하나만으로는 운행하지 못한다' 한 것은 마치 자동차가 하나의 바퀴만으로는 결코 운행하지 못하니, 그러므로 '운행하지 못한다' 하였다. 불법에서 설한 일심 이문도 이와 마찬가지다.

진여문만 있으면 본체만 있고 작용이 없으니 마음이라 하지 못하고(不立), 생멸문만으로는 작용만 있고 본체가 없으니 또한 능히 마음을 이루지 못한다(不成). 그러므로 일심의 공과 유 두 문은 반드시 서로 의지하고 서로 보충하여 완성해야 하니, 空 방면에서 보면 모든 것이 심진여인 본체로 돌아가 차별이 없으니 마치 붉은 꽃 푸른 꽃이 모두 봄인 것과 같고, 작용에서 보면 만법이 완전히 생멸심에 의해 일어나니, 그렇다면 차별이 없으나 차별이 있다. 경에 "마음이 나면 갖가지 법이 난다." 한 것처럼, 이로 인하여 일승을 설하고 삼승을 설하며 일심을 설하고 이문을 설한 것이 모두 본체를 설하고 작용을 설하여 서로 방애되지 않는다. 본체와 작용을 나누나 다만 일심뿐이니, 그러므로 不二

法이라 한다. 공을 설하고 유를 설하며 진을 설하고 속을 설하는 것도 마찬가지여서 서로 어긋나지('乖') 않는다. 이래야 비로소 진공묘유의 부사의경계에 진입('蹈')할 수 있으니, 화엄, 법화, 정명, 원각, 기신, 중론 등 여러 가지 대승 경론이 이 불이법문을 설하지 않은 것이 없다.

4. 세 번째 질문과 답

집

문: 事로는 지위를 나누어 차별하지만, 理로는 오직 한 맛으로 맑고 깨끗할 뿐입니다. 性과 相이 같지 않은데 어떻게 무애할 수 있습니까?

답: 能依의 事는 理로 인하여 이루어지고, 所依의 理는 事에 따라 나타난다. 마치 천 개의 파도가 하나의 습기에 장애되지 않고, 여러 가지 그릇이 하나의 금과 동떨어지지 않는 것과 같이, 체와 용이 서로 거두고, 말고 펴는 것이 서로 차별이 없다. 만약 圓旨를 잡아 말하면, 理와 事가 相卽(밀접한 관계)할 뿐만 아니라, 반드시 理와 理가 상즉할 수도 있고, 事와 事가 상즉할 수도 있으며, 理와 事가 상즉하지 않을 수도 있다. 그러므로 '인연에 따라 자재무애한 법문'이라 하는 것이다.

問. 事則分位差別, 理惟一味湛然, 性相不同, 云何無閡。

答. 能依之事, 從理而成。所依之理, 隨事而現。如千波不閡一濕, 猶衆器匪隔一金。體用相收, 卷舒一際。若約圓旨, 不惟理事相卽, 要理理相卽亦得, 事事相卽亦得, 理事不卽亦得, 故稱隨緣自在無閡法門。

강

세 번째 문답은, 보살은 事에 의해 理를 보고 有를 만나 空을 아니, 공과 유 두 문이 서로 벗어나지도 않고 있지도 않음을 천명하였다. 그러므로 인연에 따라 자재무애할 수 있는 것이다.

질문은, "事는 相에 속하니 지위를 나누어 차별이 있지만, 理는 性에 속하니 오직 空性이 한 가지 맛일 뿐이라 맑고 깨끗하여 불생불멸하니, 性과 相이 확연히 다른데 어떻게 능히 원융무애할 수 있는가?" 한 것이다.

대답은, 먼저 性과 相, 理와 事가 相依相成(서로 의지하고 서로 보완하여 이룸)하기 때문에 본래부터 무애하다는 것을 들었고, 다음에는 물과 파도, 금과 그릇을 비유하여 理와 事가 장애가 없음을 밝혔다. 나중에는 圓敎는 性에 부합하여 일어난 네 가지 무애법문임을 결론지었다.

'능의의 事가 理로 인해 이루어진다'는 것은, 사는 所緣起인 十如是의 法相이요, 이는 能緣起인 十如是의 空性이니, 공성에 의지하기 때문에 비로소 능히 연기할 수 있다. 그러므로 '사는 이에 의해 이루어진다' 하였다. '소의의 理는 事에 따라 나타난다' 한 것은, 반대로 제법 공성은 연기의 事相에 따라 나타나니, 연생의 제법을 여의면 공성이 없다. 그러므로 '사에 따라 나타난다' 하였다. '천 개의 파도, 만 개의 물결'은 事相이요, '동일하게 젖는 성질'은 理性이다. '수많은 금 그릇'은 황금으로 만들어진 작용이요, '동일한 황금'은 여러 가지 그릇이 모두 똑같은 본체다. 이와 같은 성과 상, 본체와 작용이 본래 막힘이 없어서 결정코 서로 의지하고 서로 보완하여 완성한다. 그러므로 '본체와 작용이 서로 거두고, 말고(體) 펴는(用) 것이 차별이 없다' 하였다.

'만약 圓旨를 잡아 말하면' 한 아래는, 천태와 화엄의 원교 종지로서 무애법문을 결론지었다. 천태종에서는 지자대사가 『마하지관』 6권에서 四敎와 四門을 자세히 말하였고, 또한 『四敎儀』 제4권에서는 "藏敎의 네 문은 비록 모두 入道할 수 있으나 대체로 有門을 사용하였고, 通敎의 네 문의 입도는 대체로 空門

을 사용하였다. 別敎의 네 문의 입도는 대체로 亦有亦空門을 사용하였고, 圓敎의 네 문은 비록 모두 입도할 수 있으나 여러 가지 경론에서 다분히 非有非空門을 사용하였다." 하였다. 여기서 표를 나열하여 말하면 간단히 아래와 같다.

四門	有門	空門	亦有亦空門	非有非空門
藏敎	三世가 실제로 있고, 法體가 항상 있음	三假를 세우고, 我法이 공함	實有와 空理를 雙照함	人과 我, 有와 空이 모두 雙非함
通敎	實門이니 空에 의해 有를 밝힘	不實門이니 有에 의해 空을 밝힘	實이기도 하고 不實이기도 한 문이니, 공과 유를 雙照함	實이 아니고 不實이 아닌 門이니, 空과 有를 雙遮함
別敎	妄色을 다하고 妙色을 드러냄	生死가 공하고, 大涅槃마저 공함	眞空妙有를 雙觀함	但中의 법성과 언어의 도가 끊어짐을 관함
圓敎	三諦가 상즉한 假가 곧 法界의 假임을 관함	三諦가 상즉한 空이 또한 法界의 空임을 관함	空과 假가 상즉한 것이 雙存의 中임을 관함	空과 假가 雙非한 것이 雙泯의 中임을 관함

화엄종에서는 네 가지 무애법계를 세웠는데. 청량국사가 지은 『화엄소초』에 "사법계를 통합하면 오직 일진법계일 뿐이니, 곧 一心이다. 이 일심이 만유를 모두 거둔다. 그러나 마음이 만유를 융합하면 곧 네 가지 법계를 이룬다. 첫째는 事法界다. 여기서 '界'는 分의 뜻이니, 낱낱 차별에 각기 分齊(한계)가 있기 때문이다. 둘째는 理法界다. 여기서 '界'는 性의 뜻으로 한없는 事法이 동일한 性이기 때문이다. 셋째는 理事無礙法界다. 理는 事로 인해 드러나고, 事는 理를

잡아 이루어져 이와 사가 서로 융통하기 때문이다. 넷째는 事事無礙法界다. 일체 事法이 性에 부합해 융통하여 일·다가 相入하고 대·소가 互融하여 거듭거듭 다함이 없기 때문이다." 하였다.

또한 화엄가에서는 앞의 사법계를 가지고 다섯 가지 문을 세웠다. 첫째는 有爲法界門이니 곧 사법계다. 둘째는 無爲法界門이니 곧 이법계다. 셋째는 亦有爲亦無爲法界門이며, 넷째는 非有爲非無爲法界門이니 이 두 문은 곧 이사무애법계다. 事가 理에 부합하니 곧 非有爲요, 理가 事에 부합하니 곧 非無爲이기 때문이다. 다섯 번째는 無障碍法界門이니 곧 사사무애법계이다.

위에서 말한 四門과 四法界와 五門을 영명 스님은 네 구절로 말하였다.

첫째는 '理와 事가 상즉할 뿐만 아니다' 한 것은 이사무애법계를 말하니 有門에 속한다. 둘째 '반드시 理와 理가 상즉할 수도 있다' 한 것은 이무애법계를 말하니 空門에 속한다. 셋째 '事와 事가 상즉할 수도 있다' 한 것은 사사무애법계와 무장애법계를 말하니 亦有亦空門에 속한다. 넷째 '理와 事가 상즉하지 않을 수도 있다' 한 것은 사무애법계를 말하니 非空非有門에 속한다. '事'는 非空이요 '無礙'는 非有이기 때문이다. '인연에 따라 자재무애법계라 부른다' 한 이 구절은 원교라 부르는 까닭을 결론지었으니, 隨緣을 갖추어 (四門과 四法界) 자재무애한 법문이기 때문이다.

기 5. 인용하여 증명하고 설명함

集

또한 제불의 교화문에서 檀施(보시) 한 법은 십바라밀의 시작이니 만행의 선두요, 도에 들어가는 기본 요인이며, 중생을 접수하는 중요한 법칙이다.

又且諸佛化門, 檀施一法, 爲十度之首, 乃萬行之先, 入道之初因, 攝生之要軌。

講

스님은 제불이 중생을 교화하고 제도하는 법문 가운데 단나바라밀(보시바라밀이라고 번역한다)을 인용했으니, 곧 열 가지 바라밀 중에 제일이다. 경에서는 '제일바라밀'이라 하였다. 이것은 모든 보살행('萬行')의 시작('先')이며 보살도를 성취('入')하는 기본 요인('初因')이며, 중생을 섭수하는 중요한 법칙('軌')이기 때문이다. 보살은 반드시 자비로 제도하되 財施와 法施로 두루 베풀어야 한다. 『법화경』에서 설한 관음과 묘음보살 같은 분이다.

集

『대론』에 "단바라밀은 보물 창고니 항상 사람들이 뒤따라간다. 단바라밀은 고통을 파괴하니 능히 사람에게 즐거움을 준다. 단바라밀은 수레를 잘 모는 사람이니 天道를 보여준다. 단바라밀은 좋은 저택[府]이니 여러 선인을 섭수한다. 단바라밀은 평온함이니 목숨이 다할 때 마음이 두렵지 않다. 단바라밀은 자비한 얼굴이니 능히 일체중생을 건질 수 있다. 단바라밀은 즐거움을 모은 곳이니 능히 고통의 도적을 타파할 수 있다. 단바라밀은 대장군이니 능히 간탐의 적을 항복시킨다. 단바라밀은 청정한 길이니 현성이 이곳을 통해 지나간다. 단바라밀은 적선과 복덕의 문이니 단바라밀로 능히 복락의 과보를 완전히 획득할 수 있고, 단바라밀은 열반의 첫 인연이어서 善人 대중 가운데 들어가는 요법이다. 칭찬하고 찬탄하는 淵府며, 대중에 처하되 어려움이 없는 공덕이며, 마음에 뉘우치고 한탄이 없는 굴택이며, 선법과 도행의 근본이며, 갖가지 즐거움의 수풀이며, 부귀하고 편안한 복전이며, 열반의 도를 얻는 나루터다." 하고

大論云, 檀爲寶藏, 常隨逐人。檀爲破苦, 能與人樂。檀爲善御, 開示天道。檀爲善府, 攝諸善人。檀爲安隱, 臨命終時, 心不怖畏。檀爲慈相, 能濟一切。檀爲集樂, 能破苦賊。檀爲大將, 能伏慳敵。檀爲淨道, 賢聖所由。檀爲積善福德之門, 檀能全獲福樂之果, 檀爲涅槃之初緣, 入善人衆之要法, 稱譽讚歎之淵府, 處衆無難之功德, 心不悔恨之窟宅, 善法道行之根本, 種種歡樂之林藪, 富貴安隱之福田, 得道涅槃之津濟。

講

처음에는 『지도론』에서 찬탄한 단시(보시) 공덕을 인용하였다. 이것은 모두 有爲의 일에 속하나 보살도를 행하는데 폐할 수 없는 일이다.

'단바라밀은 보배 창고니 항상 사람이 뒤따라간다' 한 것은, 부처님은 열 가지에서 온다는 게송[28]에서 '부귀는 보시에서 온다' 한 것과 같다. 그러므로 능히 재·법 두 가지로 보시하면 재·법 두 가지 창고를 갖추어 불도를 이룰 수가 있으니, 재물 창고는 福足이요 법 창고는 慧足이다. 이것을 '두 가지가 만족한 훌륭한 분[二足尊]'이라 한다. '단바라밀은 고통을 파괴하니 능히 사람에게 즐거움을 준다'는 것은, 보시는 능히 간탐의 고통을 파하니 『아함경』의 盧至 장자[29] 경우다.

'단바라밀은 수레를 잘 모는 자와 같아서 천도를 열어 보인다' 한 것은, 중생이 비록 보시를 행하더라도 출세하기를 바라지 않아야 하고 천상에 태어나

---

28 열 가지 인과 법칙. 단정한 자는 인욕에서 온다. 빈궁한 자는 간탐에서 온다. 지위가 높은 자는 예배에서 온다. 하천한 자는 교만에서 온다. 벙어리는 비방에서 온다. 귀머거리는 불신에서 온다. 장수하는 자는 자비에서 온다. 단명하는 자는 살생에서 온다. 불구자는 파계에서 온다. 육근이 구족한 자는 지계에서 온다. 『[反故集]』에서 한 말이다. 十來偈라 한다.
29 盧至 장자는 부처님 당시 사위성의 장자이다. 원래 간탐한 자였으나 부처님 설법을 듣고 마침내 득도하였다.

기를 바라지 않아야 하니, 이것은 세상의 여타 종교도 마찬가지다. 불보살이 법시할 때는 삼귀 오계와 열 가지 선업도를 보여, 먼저 이 사람이 금생에 天善을 닦아 후세에 天道에 태어나게 하였으며, 그런 후에 불과를 이루게 하였다. 이것은 불교의 방편교('善御')니 없어서는 안 된다. '**단바라밀은 좋은 저택[府]이어서 모든 선인을 섭수한다**' 한 것은, 백관이 모인 곳이요 문서와 재물을 수장한 곳을 '府'라고 하고, 선행을 즐거워하고 보시하기를 좋아하는 것을 '善人'이라 한다. 선인이 한 곳에 모인 것을 '좋은 저택'이라 하니, 능히 선인을 섭수하여 모을 수 있기 때문이다.

'**단바라밀은 안온하니 목숨이 다할 때 마음이 두렵지 않다**' 한 것은, 보현보살의 십대행원은 재시와 법시와 무외시를 포함하였으니, 만약 이것에 의해 수행하여 목숨이 다할 때에 다다르면, 육근이 흩어지고 재물과 세력과 권속이 다시 따르지 않지만, 오직 이 願王만이 서로 여의지 않고 어느 때나 그의 앞을 인도하여 1찰라 간에 바로 극락에 왕생하여 여러 가지 고통이 없고, 여러 가지 즐거움만을 누린다. 그러므로 '단바라밀은 편안함이다' 하였다. 또한 '檀'을 버림[捨](집착이 없어 마음이 편안함)이라고도 하니, 만약 어떤 사람이 역경계나 순경계를 막론하고 언제나 버림을 행하여 安忍하면 더할 나위 없이 편안하다. 『사십이장경』에 "지금 그대가 나를 매도하나 나는 지금 가지지 않나니(捨), 그대가 스스로 화를 가지고 자신의 몸으로 돌아간다!" 하고, 또 당나라 습득보살 게에 "어떤 사람이 와서 나를 때리면 나는 쓰러져 잠드나니, 다른 사람이 이미 화를 내지 않았으면 나도 번뇌가 없네. …" 한 것과 같으니, 이런 것들은 모두 버림을 행하여 잘 참으니 이것은 세상에서 가장 평화로운 모습이다.

'**단바라밀은 자비한 얼굴이니 능히 모든 이를 구제한다**' 한 것은, 무릇 재·법을 보시할 줄 아는 사람은 반드시 한 쌍의 자비한 얼굴이니, 묘음과 관음보살이 어떤 몸으로 제도할지에 따라 몸을 나타내어 법을 설하여 일체중생을 구제하는 것과 같다. 그러므로 '능히 일체중생을 구제한다' 하였다. '단바라밀은 즐거움을 모아 능히 고통의 도적을 타파한다' 한 것은, 보시는 모든 즐거움을 모으는 근본이라, 항상 보시를 행하면 즐거움이 있고 고통은 없으니, 그러므로 '능히 고통의 적을 타파한다' 하였다. '단바라밀은 큰 장수라 능히 간탐의 적을 항복받는다' 한 것은, 재·법 두 가지 보시는 모두 후회하는 마음이 없고 또한 분별하는 마음이 없으니, 이런 모습이라야 비로소 가장 훌륭하고 평등한 보시다. 일체중생에게 마음이 평등하기 때문에 능히 매우 자비하고 원만할 수 있어서 대비심으로 분별없는 보시를 행한다. 그러므로 '큰 장수'라 하였으니, 그래서 능히 중생에게 가장 큰 간탐의 번뇌적을 항복시킬 수 있는 것이다. '단바라밀은 청정한 길이라서 현성이 이곳을 통해 지나간다' 한 것은, 보시는 청정한 보살도니 일체 불보살('賢聖')이 모두 이 길을 거쳐 나온다.

'단바라밀은 적선과 복덕의 문이다' 한 데서부터, '열반도를 얻는 나루터다' 한 데까지 모두 열한 구절에서, '복덕과 복락'은 보시바라밀이 가지고 있는 因·果 一對다. 인은 선을 쌓고 보시하기를 좋아함으로써 복덕을 성취하고, 과는 복과 녹과 수명과 건강과 즐거움 등 다섯 가지 복락이 원만함을 얻는다. '善人과 涅槃'은 보시바라밀로 얻는 人·法 一對니, 능히 보시하여 버릴 줄 아는 사람을 세간의 善人이라 하고, 단바라밀은 만행의 시작이요 열반은 만행의 마지막이니 이것은 출세간의 善法이니, 능히 세간이나 출세간의 선인과 선법을 성취한다.

'칭찬[稱譽]과 어려움이 없는 것[無難]'은 단바라밀로 능히 선을 모으고, 악을 여의는 一對이다. '淵府'는 물이 깊은 곳을 '淵'이라 하고, 물건을 감추어두는 곳을 '府'라 한다. 보시는 선을 모으는 행이라 가장 깊고 가장 많은 칭찬과 찬탄을 얻는다. 그러므로 '연부'라 하였다. 보시는 또한 악을 여의는 행이니 그러므로 능히 대중에 처하되 두려움('難') 없는 공덕을 얻을 수 있다.

'회한과 도행'은, 단바라밀로 얻는 게으름이 없고, 정진이 있는 一對이다. 항상 보시를 행하기 때문에 마음에 회한이 없고, 부지런히 선행을 닦기 때문에 마음에 入道를 얻는다. 이것은 게으름을 여의고 정진을 구족하는 굴택이요 근본이다. '환희와 부귀'는 단바라밀로 얻는 現報와 生報의 一對다. 보시로 능히 현생에 갖가지 즐거움과 내생에 큰 부귀를 얻을 수 있으니, 이것은 가장 편안하여 의지할 만한 숲이요 복전이다. 초목이 빽빽이 나는 곳을 '藪'라 하는데 복락이 매우 많기 때문에 '숲'이라 하고, 밭이 능히 만물의 과실을 낼 수 있는 것과 같이 보시도 능히 모든 복락의 과실을 내니, 그러므로 '복밭'이라 한다. '열반도를 얻는 나루다' 한 것은, 이 구절은 앞에서 말한 갖가지 보시 공덕을 총결하였으니, 이것은 불과인 대열반을 증득하는 데는 반드시 거쳐야 하는 길이다. 보시는 능히 생사의 차안으로부터 고·집의 큰 강을 건너 열반의 피안에 도달하게 하니, 그러므로 '열반도를 얻는 나루터다' 하였다.

集

『六行集』에 "범부가 보시할 때 교만한 마음을 내면 罪行을 이루고, 공경심을 내면 福行을 이룬다. 이승이 보시할 때는 오직 六塵이 생멸[動轉]하는 것만을 관찰하고, 소보살이 보시할 때는 색의 본체가 공함을 생각하며, 대보살이 보시할 때는 마음이 妄見임을 안다. 만약 부처님이면 '唯心임을 증득하고 망념을 여의어 항상 청정하다' 하리라." 하였다. 이로써 알 수 있는 것은, 하나의 보시문에 여섯 가지 행이 차별을 이루니 어찌 주견 없이 남의 의견을 좇겠는가? (이 六行이) 언제나 內施와 外施, 理보시와 事보시 등 (차별을) 포괄하여, 본체와 작용이 서로 돕고 근본과 지말이 서로 드러나니, 理에 의거하면 단견에 빠지고 事에 집착하면 상견에 떨어지니, 理와 事가 융통해야 비로소 두 가지 근심에서 초월한다. 또한 제불의 가르침[聖旨]에 보시를 (보시 공덕을) 비교하여 "理보시가 선두가 되고, 內보시를 특별히 소중히 여겼다." 하였다.

六行集云, 若凡夫施時, 起慢心, 成罪行。起敬心, 成福行。若二乘施時, 惟觀塵動轉。小菩薩施時, 念色體空。大菩薩施時, 知心妄見。若佛, 謂證唯心, 離念常淨。是知一布施門, 六行成別, 豈可雷同。一時該下, 亦有內施外施, 理檀事檀。體用更資, 本末互顯。據理沈斷, 執事墮常。理事融通, 方超二患。且諸佛聖旨, 較量施中, 理檀爲先, 內檀偏重。

講

다음은 『육행집』을 인용하여 증명하였다. 이 책은 대정장경이나 卍자장경에도 편입되지 않아 고찰할 길이 없다. 여기서 '범부가 보시를 행할 때' 한 것은, 마음에 교만과 공경이 같지 않기 때문에 죄와 복이 같지 않음을 말하였다. '오직 六塵이 動轉하는 것만을 관한다' 한 것은, 재·법 두 가지 보시는 육진에 속하니 '動轉'은 생멸이다. 이승인은 오직 生滅四諦만을 관하므로 보시에서도 또한 겨우 생멸 육진만을 관한다. '소보살'은 三賢位의 권교보살을 가리키고, '대보살'은 地上의 聖位 보살이다. '색의 본체가 공함을 생각한다'는 것의 '생각한다'는 것이 곧 觀이니, 보시할 적에 재·법의 당체가 공한 것임을 관할 뿐이니, 이른바 삼륜의 당체가 공적한 것이다.

'마음이 망견임을 안다'는 것은, 보시의 법문과 경계가 오직 일심이 妄動('妄見')한 것임을 아니, 마음이 만약 동하지 않으면(無念) 모든 보시의 경계상이 없어진다. 예를 들면 금강경에 "모든 중생 무리가 … 내가 모두 무여열반에 들어 멸도하게 하나, 이와 같이 한없는 중생을 멸도하나 실로 한 중생도 멸도를 얻은 자가 없다." 한 것이다. '유심임을 증득하고 망념을 여의어 항상 청정하다' 한 것은, 제불이 이미 일심의 이문을 증득하여 심성이 청정하고(진여문) 제법이 오직 일심이 나타난 것(생멸문) 임을 증득하였으니, 그러므로 능히 분별심을 일으키지 않아('離念') 외진상이 없어서('常淨') 생각하지 않아도 알아 感에 따라 곧 應하여 시간과 공간이 다함없이 유정을 유익하게 한다.

'이로써 알 수 있는 것은, 하나의 보시문에서' 한 것부터, '본과 말이 서로 드러난다' 한 데까지는, 스님이 인용하여 증명한 후에 육도만행이 모두 이와 사가 융통하고 공과 유가 무애함을 설명하였다. '하나의 보시문에 六行이 차별을 이룬다' 한 것의 '六行'은 범부, 성문, 연각, 소보살, 대보살, 불 등 여섯 사람이 닦는 보시행이니, 각기 같지 않기 때문에 '뇌동하여서는 안 된다' 하였다. '一時該下'라는 것은, 이 여섯 사람이 보시를 행하는 것은 '언제나(一時) 이·사, 내·외 등의 차별을 포괄(該下)' 하였으니, 한 가지에만 집착해서는 안 된다.

보시바라밀이 곧 만행일 뿐만 아니라, 반드시 체와 용이 서로 돕고, 본과 말이 서로 드러난다. 內材보시는 體에 속하니 이를 '제일시'라 하니, 약왕보살이 팔을 태워 부처님께 보시한 것이다. 外材보시는 用에 속하니 이것을 '재시', '법시', '무외시' 등이라 하니, 관세음보살이나 묘음보살과 같다. 육진이 생멸하는 것을 관하고, 색·체가 공함을 생각하며, 마음이 망견임을 알고, 망념을 여의고 항상 청정한 등은 理에 속하고, 재물과 불법과 무외를 보시하는 것은 事에 속한다. 또한, 법시와 무외시는 理보시요, 재시는 事보시이기도 하다. 이보시는 근본이니 본체요, 사보시는 지말이니 작용이다. 결론적으로 말하면 근본과 지말, 체와 용이 서로 의지하고('相資') 서로 보충하여 완성하여('互顯') 반드시 원융무애하니, 한 가지에만 치우쳐 버려서는 안 된다.

'理에 의거하면 단견에 빠진다' 한 것은, 만약 理보시에만 치우쳐 고집하여 옳게 여기고 事보시는 그릇된다고 하며, 법시를 행하고 재물보시를 행하지 않으면 단멸견에 침몰하여 단견외도가 된다. '事에 집착하면 상견에 떨어진다' 한 것은, 만약 재시와 법시의 事相에만 집착하는 것은 삼륜의 본체가 공적함을 알지 못하는 것이니, 이것 또한 常見이나 實見 중에 떨어진 것이니 이것은 범부다. 그러므로 보살은 理에 집착하여 事를 폐해서는 안 될 뿐더러, 또한 事에 집착하여 理를 매하지도 않아야 비로소 단견에 떨어지거나 상견에 떨어지는 두 가지 과실이 없다. 그러므로 '비로소 두 가지 근심을 초월한다' 하였다.

　'또한 제불의 聖旨는' 한 아래 네 구절은 보살의 수행을 바로 보였으니, 반드시 제불의 聖言量('聖旨')에 의지해야 한다. 부처님은 대승경전에서 보시 공덕을 비교하여 '理보시가 선두가 되고, 內施를 특별히 소중하게 여겼다' 하셨으니, 이것은 모든 보살의 보시에 대한 기준이다. 『법화경』에 약왕보살이 몸을 태워 부처님께 공양할 때, 팔십억 항하사 제불이 동시에 찬탄하기를 "훌륭하고 훌륭하구나! 이것이 진정한 정진이니, 이것을 '여래께 올리는 진정한 법공양'이라 하느니라." 하였으니, 이것이 理보시(법공양)가 선두가 되고 內施를 특별히 중요하게 여긴 가장 좋은 예증이다. 경의 偈에 "경계가 唯心임을 알지 못하면 갖가지 분별을 내고, 경계가 유심임을 알고 나면 분별이 나지 않네. 이미 경계가 유심임을 알았으면 곧 外塵相을 버리고, 이로부터 분별을 쉬고 평등진여를 깨닫네." 한 것이다. 그러므로 理에 의해 제법이 나는 것이며 유심으로 나타나는 것이라 망념을 여의고 청정함을 깨달으니, 이와 같이 보시를 행해야 비로소 보시바라밀이며 비로소 '만행의 선두'라 할 수 있다.

集

그러므로 『법화경』에 "부처님이 말씀하셨다. '만약 어떤 이가 발심하여 아눗다라삼먁삼보리를 얻고자 능히 손가락이나 발가락 하나를 태워 불탑에 공양하면, 국성이나 처자나 삼천대천의 국토나 산림이나 강이나 못 등, 여러 가지 진기한 보물로 공양하는 것보다 나으니라" 하고,

故法華經云, 佛言, 若有發心欲得阿耨多羅三藐三菩提, 能燃手指, 乃至足一指, 供養佛塔, 勝以國城妻子, 及三千大千國土, 山林河池, 諸珍寶物, 而供養者。

講

위에서 이미 보시 공덕은 理보시가 선두가 되고 內施가 특별히 소중하다는 것을 설명하였으므로, 거듭 『법화경』「약왕보살품」을 인용하여 증명하였다. 또한 「보현행원품」에 "여러 가지 공양 가운데 법공양이 최고니, 이른바 설한 바와 같이 수행하는 공양과, 중생을 이익되게 하는 공양과 … 앞의(재물) 공양과 같은 한없는 공양을 법공양의 일념 공덕에 비하면 … 백천만억 분에 하나에도 미치지 못하나니, 만약 보살이 법공양을 행하면 여래에게 공양함을 성취하느니라." 하였으니, 이것이 理보시(법공양)가 선두가 되는 증거이다.

集

『지도론』에 "만약 어떤 사람이 몸을 버리면 염부제에 가득한 진기한 보물을 공양하는 것보다 나으니라." 하였으니,

智論云, 若人捨身, 勝過閻浮提滿中珍寶。

講

다시 『대지도론』의 말씀을 인용하여 증명하였다. '염부제[30]'는 범어인데, '금

---

30 閻浮는 범어 jambu니 나무 이름이고, 提는 범어 dvīpa니 洲의 뜻이다.

보다 낫다[勝金]'라고 번역하며 나무 이름이다. 인도 사람 말에 의하면, 수미산 남쪽 바다에 한 섬이 있는데 이 나무가 자란다. 그러므로 이 섬을 '閻浮提洲'라 한다. 곧 우리들이 사는 지구다. 정말로 몸을 태우고 손가락을 태우며 목숨을 버려 삼보에 공양할 수 있으면, 지구에 가득 채운 보물을 위로 삼보에게 공양하고 아래로 중생에 보시하는 공양보다 낫다. 왜냐하면, 몸을 버리는 것은 我見과 身見을 파괴하는 날카로운 도끼라, 곧 설한 바와 같이 수행하는 공양을 이루니, 이것을 '법공양'이라 한다. 그러므로 한없이 진기한 보물을 보시하는 재물 공양보다 낫다.

集

그렇다면 입담 있게 말을 잘하고 조금도 막힘없이 설명하기는 쉽지만, 온몸이란 귀중한 보배로 보시하기는 어렵다는 것을 알 수 있다. 목숨을 보전하려는 마음은 깊고 살기를 좋아하는 뜻은 간절하기 때문이다. 삼륜의 본체가 공적함을 바로 얻더라도 오히려 통교에 속하거든, 하물며 취하고 버리는 생각을 내고서 어찌 청정한 보시를 이룰 수 있겠는가.

또한 원교의 보시문은 법계를 두루 함유하니, 어떤 事인들 갖추지 않으며 어떤 理인들 원만하지 않겠는가. 보살은 理를 비추되 事를 물리치지 않고, 事를 살피되 理를 버리지 않는다. 이것을 넓히는 것은 사람에 있으니 어찌 법에 막히겠는가. 만약 理를 여의고 事가 있으면 事는 定性의 어리석음을 이루고, 만약 事를 여의고 理가 있으면 理는 단멸의 집착을 이룬다. 만약 事에 집착하여 理를 미혹하면 과보가 윤회에 있고, 만약 理를 체달하고 事를 얻으면 결과로 구경을 이룬다. 그러므로 『법화경』에 "또한 보살을 보니, 머리와 눈과 몸뚱이를 기쁘게 보시하고서 부처님 지혜를 구하였다." 하니, 만약 몸을 버리는 것이 삿된 것이라면 어찌 부처님 지혜를 이루겠는가. 그러므로 조그만 선행으로도 넓고 깊은 과보를 얻을 수 있음을 알 수 있다. (부처님이) 이 바라밀문을 (성불의 제일) 원인이라 표명하였으니, (우리는) 버려서는 안 된다.

 석가불이 몸과 목숨을 버릴 때 여러 차례 (財·法을 보시할 때마다) 모두 법문을 증득하였으니, 어떤 때는 柔順心을 얻고 혹은 無生法忍 등에 들어간 것과 같다. 대체로 보살이 짓는 것은 모두 나[我]가 없고 자성이 없음을 알아 事에 이르러 理를 보고 경계를 만나 空한 것임을 알거니와, 범부는 죄와 복을 짓되 인과와 선악이 자성이 없음을 알지 못하니, 이로 인하여 事를 미혹하여 性을 취하여 항상 三有에 얽매이는 것과는 같지 않다.

則知利口輕言易述, 全身重寶難傾。保命情深, 好生意切。直得三輪體寂, 猶爲通敎所收。況乃取捨情生, 豈得成其淨施。且圓敎施門, 遍含法界, 乃何事而不備, 何理而不圓。菩薩照理而不卻事, 鑒事而不捐理。弘之在人, 曷滯於法。若離理有事, 事成定性之愚。若離事有理, 理成斷滅之執。若着事而迷理, 則報在輪廻。若體理而得事, 則果成究竟。故法華經云, 又見菩薩, 頭目身體, 欣樂施與, 求佛智慧。若捨身是邪, 何成佛慧。故知毫善, 趣果弘深。以此度門, 標因匪棄。如釋迦佛捨身命時, 度度皆證法門, 或得柔順忍, 或入無生法忍等。大凡菩薩造作, 皆了無我無性, 涉事見理, 遇境知空。不同凡夫, 造其罪福, 不解因果善惡無性, 是爲迷事取性, 常繫三有。

講

스님은 여기서 空과 有가 둘이 아님과, 理와 事가 무애한 문장을 해석하면서, 두 단락으로 나누어 설명하였다.

 첫 번째 단락은 '입담 있게 말을 잘하고 조금도 막힘없이 설명하기는 쉽지만' 한 데서부터, '어찌 부처님 지혜를 이루겠는가' 한 데까지니, 여기서는 보살도를 행하는 데는 응당 理와 事가 무애하여 理를 비추되 事를 폐하지('卻') 말 것을 밝혔다.

'입담 있게 말을 잘하고 조금도 막힘없이 설명하기는 쉽지만' 한 것부터, '살기를 좋아하는 뜻이 간절하다' 한 데까지 네 구절은, 보살이 머리와 눈과 몸을 보시하는 것을 입으로 말하기는 쉽지만, 실제로 그렇게 하기는 실로 어렵다는 것을 말하였다. 고덕의 시에, "천고에 어렵고 어려운 것은 오직 한 가지 죽음! 누가 능히 목숨을 가볍게 버릴 자 있는가?" 한 것이 있다. 그러므로 유교에서는 몸을 죽여 仁을 이루고, 생을 버려 義를 취하는 것을 민족의 영웅이라 찬탄한다. 송나라 때 文天祥[31]이나 岳飛[32], 명나라의 史可法[33] 같은 자들이 이런 분이다. '利口'란 말솜씨가 있어 말을 잘하는 것이요, '輕言'은 말은 있지만 행은 없고 행은 있으나 부합하지 않는 것을 말한다.

'온몸이라는 귀중한 보배는 버리기 어렵다'는 것은, 중생이 자신의 색신에 대해서 매우 애중하고 보전하는 것을 말하니, 몸과 목숨은 중생에게 가장 귀중한 진보여서 보시하여 버리기는('傾') 매우 어렵다. '목숨을 보전하는 정은 깊고 살기를 좋아하는 뜻은 간절하다' 한 것은, 중생이 몸과 목숨을 보전하고 사

31　문천상(文天祥:1236~1282) : 자는 宋瑞, 호는 文山, 남송 말기의 충신이다. 元兵이 쳐들어 왔을 때 포로가 되었으나 굴하지 않고 正氣 어린 노래를 지어 그의 충절을 보이고 죽었다. 백 세 후에 그 노래를 듣는 자는 감동하여 공경심을 내지 않는 자가 없었고, 그 당시에 원 세조는 '진정한 남자'라고 칭송하였다.

32　악비(岳飛) : 탕음 사람. 효자이자 명장. 자는 붕거(鵬擧), 시호는 무목(武穆). 이성(李成)·강회(江淮)에 대한 토평과, 금군을 격파하는 데 큰 공을 세웠다. 금과의 화의를 주장하던 진회(秦檜)와 만사설(萬俟卨)·장준(張俊) 등에 의해 옥에서 살해 되었다. 벼슬은 무안군 승선사(武安軍承宣使)·태위(太尉)·소보(少保)에 이르고, 죽은 후에 악왕(鄂王)으로 추봉되었다.

33　사가법(史可法) : 상부(祥符)사람. 자는 헌지(憲之)·도린(道隣). 시호는 충정(忠正). 벼슬은 남경병부상서(南京兵部尙書)·무영전태학사(武英殿太學士). 청병에게 붙잡혔으나 굴하지 않고 죽었다. 후인이 사각부(史閣部)라 불렀다.

랑하는 이상, 반드시 생을 탐하고 죽음을 두려워하기 마련이니, 다른 사람에게 外材를 보시하기는 어렵지 않으나 內材인 신체를 보시하는 것은 오랫동안 보살행을 행하지 않았으면 불가능한 일이다. 예를 들면 석가세존이 『六度集經』에서 "예전에 갖가지 몸과 목숨을 보시한 사실을 너희들에게 말할 수 있나니, 제불이 무량겁을 지나도록 행하기 어려운 일을 능히 행한 후에 부처가 되었던 것이다.(대정장경 제3권)" 한 것과 같다.

『법화경』「제바달다품」에 "지적보살이 말하기를 '내가 석가여래를 보건대, 무량겁에 난행을 고행하여 공덕을 쌓아 보리도를 구하시되 일찍이 쉰 적이 없었나이다. 삼천대천세계를 관하건대, 심지어 겨자씨만큼이라도 보살이 중생을 위해 목숨을 버리지 않은 곳이 없었나니, 중생을 위하기 때문입니다. 그런 후에 보리도를 이루었나이다." 하였다. 이로써 알 수 있는 것은, 비록 불교를 배워 보살을 이루었으나 목숨을 보존하려는 마음이 깊고 생을 좋아하는 뜻이 간절하여 언제나 입만 대승이었을 뿐 행위는 모두 소승이었던 것이니, 이것은 일반 불교도들이 범하기 쉬운 병통이다. 『법화경』「권지품」에 "팔십만 억 여러 보살이 함께 부처님 앞에서 서원을 세우되 '여러 무지한 사람들이 거친 입으로 욕하고 칼이나 몽둥이로 때리더라도 저희는 그럴 때마다 반드시 참으며, 저희는 부처님을 공경하고 믿으며, 반드시 인욕의 갑옷을 입고 저희는 신명을 아끼지 않고 무상도만을 아끼리다." 한 것과 같으니, 이것은 우리들이 참으로 본받아야 할 모범이다.

'삼륜의 체가 공적함을 바로 얻더라도 오히려 통교에 속한다' 한 것은, '삼륜'은 보시하는 나와, 보시를 받는 남과, 보시하는 재물과 법이니, 이 세 가지를 '삼륜'이라 한다. '체가 고요'한 것은 본체가 공한 것이니, 인연이 화합하여 보시가 있고, 이미 인연으로 난 것이라면 자성이 없으며, 자성이 없기 때문에 공이요, 공이 곧 무생이다. 無生四諦는 통교 보살이 닦을 법문이니, 그러므로 '오히려 통교에 속한다' 하였다.

'하물며 취사의 생각을 내고서 어찌 청정한 보시를 이루겠는가' 한 것은, 통교 보살로써 장교 보살과 내외 범부와 비교하였다. 비록 수행이 있더라도 모두 生滅四諦에 의하니, 날마다 쓰는 삼업이 경계를 대할 때 마음에 맞으면 취하고 뜻에 거슬리면 버려, 나와 남, 옳은 것과 그른 것, 얻은 것과 잃은 것이라는 틀을 벗어나지 못한다. 비록 자비스러운 마음으로 보시하는 일을 하더라도 오히려 청정 보시의 보살이 되지 못하고, 세상의 착한 선비라 할 뿐이다.

'또한 원교의 보시문은' 한 아래 네 구절은, 생멸사제와 무생사제를 예하여 원교의 無作四諦[34]여야만 비로소 청정한 보시임을 밝혔으니, 그러므로 '원교의 보시문은 두루 법계를 포함한다' 하였다. '법계'는 自性, 法性, 心性이라고도 한다. '무작'은 『육조단경』에 "心地가 그릇됨이 없는 것이 자성계요, 심지가 혼란하지 않는 것이 자성정이며, 심지가 어리석지 않은 것이 자성혜다." 한 것처럼, 『단경』에서 말한 '심지'가 바로 법계며 자성이요, '그릇됨이 없다' 한 등이 곧 무작이다. 이를 예증하여 유추해보면, 심지가 간탐이 없는 것을 自性施라 하고, 자성에 수순하여 보시를 행하면 보시가 곧 법계다. 법계는 시간이나 공간에 두루하니, 그러므로 '어떤 事인들 갖추어지지 않으며, 어떤 理인들 원만하지 않

---

34 천태종 智顗 대사가 『勝鬘經』과 『涅槃經』의 설에 의해, 얕고 깊은 4종 四諦를 따로 세웠으니 藏·通·別·圓 四敎에 배대된다. (1) 生滅四諦 : 藏敎에서 설한 것이니, 有爲生滅의 事에 나아가 四諦의 인과에 실제로 생멸이 있다고 觀하는 것이다. (2) 無生四諦 : 無生滅四諦라고도 한다. 通敎에서 설한 것이다. 인연 제법이 卽空無生임에 나아가, 四諦迷悟의 인과가 모두 空無하여 생멸이 없다고 관하는 것. (3) 無量四諦 : 別敎에서 설한 것이다. 界內 界外의 恆沙無量한 差別에 나아가 일체 현상이 모두 인연에 의해 나니, 無量한 差別을 갖추어 그로 인하여 사제도 또한 무량한 상이 있다고 관하는 것. (4) 無作四諦 : 圓敎에서 설한 것이다. 迷悟의 당체가 곧 실상이라는 것에 나아가 미와 오의 대립적 모순이 곧 모순이 아니라 모두다 실상이라고 관하는 것이다.

겠는가' 하였으니, 남음도 없고 모자람도 없이 청정무구하다 할 만하다!

'보살은 理를 비추되 事를 물리치지(廢) 않는다' 한 아래 열두 구절은, 보살도를 행하려면 응당 원교의 교지에 의해 닦아, 반드시 공과 유가 서로 보완하여 이루고 이와 사가 무애해야 함을 설하였다. 理는 본체요 事는 작용이니, 理를 비추되 事를 물리치지 않는 것은 본체가 있고 작용이 있으니, 事는 有요 理는 空이니, '事를 비추어 理를 버리지 않는다'는 것은 곧 공과 유가 서로 보충하여 완성하는 것이니, 비록 有이지만 空을 버리지 않는다. 『반야심경』에 "색(有)이 곧 공이요, 공이 곧 색이며, 수·상·행·식도 마찬가지다." 한 것이다.

'이를 넓히는 것은 사람에 있으니 어찌 法에 막히겠는가' 한 두 구절은, 사람이 능히 도를 넓히는 것이지 도가 사람을 넓히는 것이 아님을 설하였다. '滯'는 집착의 뜻이니, '曷滯'는 집착하지 말아야 한다는 것을 말하였다. 만약 원융하여 집착이 없다면 어떤 법인들 원교가 아니겠는가? 하나의 色이나 하나의 香이 모두 법계며, 손을 들거나 머리를 숙이는 것으로 모두 반드시 성불한다는 것을 말하였다.

'만약 理를 여의고 事가 있다면' 한 아래는, 이나 사에 치우쳐 폐해서는 안 되는 도리를 설명하였다. '이를 여의고 사가 있다'는 것은, 법에 어리석은 정성 성문이 닦아 증득하는 것이니, 비록 人空을 얻으나 아직 法空을 얻지 못하고, 비록 열반을 증득하였으나 偏空에 떨어져 空으로부터 假를 내어 국토를 장엄하고 중생을 제도하지 못하여, 겨우 灰斷의 과득을 이루었을 뿐이다. 그러므로 '事가 定性의 어리석음을 이룬다' 하였다.

이 어리석음은 일반적인 우치가 아니라, 『법화경』「신해품」에 가섭이 말한 "저희들은 內滅(無爲 正位에 들어감)로 스스로 만족하여, 오직 이 일만을 알고 다시 다른 일은 없었나이다. 저희들이 청정한 불국토에서 중생을 교화한다는 말을 들었으나 전혀 기뻐하지 않았나이다. 왜냐하면, 모든 법이 모두 생·멸이 없고 대·소가 없으며 무루무위하다 생각하여 즐거워하지 않았나이다. 저희들이 긴긴 밤에 부처님 지혜를 탐하거나 집착이 없었고 또한 포부나 바람이 없이, 자신의 법을 구경이라 여겼나이다." 하고, 또한 「비유품」에 사리불이 "저는 본래 사견에 집착하여 여러 범지 스승을 섬겼더니, 세존이 저의 마음을 아시고 사견을 빼내고 열반을 설하셨나이다. 저는 사견을 모두 제거하고 空法을 증득했나이다. 그때 마음속으로 '멸도(열반)에 이르러 지금 스스로 깨달았다' 하고 생각하였으나, 진실한 멸도가 아니었나이다." 한 것이다.

'만약 事를 여의고 理가 있다면' 한 것은, 불교 가운데 방광도인이나 공견외도를 가리킨다. 이미 속제인 事를 잃어버렸으니 어찌 진제인 理가 있겠는가. 이제를 모두 잃었으니 이것이 惡取空[35]이요 단멸공이다. 그러므로 '理가 단멸의 집착을 이룬다' 하였다.

'만약 事에 집착하여 理를 미혹하면' 한 것은 일반 범부와 고행외도를 가리킨다. 事法이 실제로 있다고 집착하여, "인연으로 난 법을 나는 곧 空(理)이라 설하노라." 한 것을 알지 못하고(迷), 종일 나니 남이니, 옳으니 그르니에 맴돌며 마음에 맞으면 탐하고 마음에 어긋나면 화를 내니, 세 가지 근본번뇌(탐·진·치)로 말미암아 모든 혹·업·고를 끌어내어 생사에 유전하여 끝날 기약이 없다. 그러므로 '과보가 윤회에 있다' 하였다.

'만약 理를 체달하고 事를 얻으면' 한 것은 원교보살을 가리키니, 일심 이문과 空(理)과 有(事)가 둘이 아니어서 원융무애한 理에 의지하니, 그러므로 性修

---

35 인과 도리를 부정하고 緣生無性의 이치를 알지 못하여, 空을 뜻을 잘못 이해하여 斷空의 견해에 집착하는 것.

가 둘이 아니고 因果가 차이가 없는 사가 있다. 그러므로 '과득은 구경을 이룬다' 하였으니, 곧 구경성불이다.

'그러므로 『법화경』에' 한 아래 네 구절은, 미륵보살이 『법화경』 서품에서 부처님이 백호광을 놓아 동방 일만팔천 불토를 비추시자, 그 가운데서 事相을 보고 문수보살에게 질문한 말이다. 여기서 본 것은 중생이 육취에 유전하는 것과, 삼보가 일어나서 세상을 교화하는 것과, 보살의 육도만행을 포함하였다. 이것은 事로 말미암아 理를 드러내었으니, 곧 원교에서 밝힌 일심이 만행인 것과 만행이 일심인 것이다. 백호광은 일심을 표현하고, 여기서 본 갖가지는 만행을 표현하였다.

'만약 몸을 버리는 것(보시하는 것)이 삿된 것이라면 어찌 부처님 지혜를 이루겠는가' 한 두 구절은, 만약 아공과 법공으로 부처님 지혜를 구해 몸을 버려 부처님께 공양한다면, 이것은 보살의 정견이요 정행이지, 사마외도의 사견이나 사행이 아님을 결론지었다.

두 번째 단락은 '그러므로 조그만 선행으로도 넓고 깊은 과득을 이룰 수 있음을 알 수 있다' 한 데서부터다. 『법화경』 「방편품」에 "동자가 장난으로 모래를 쌓아 불탑을 만들거나, 혹은 손톱으로 불상을 그리거나, 혹은 합장만 하거나, 혹은 잠깐 머리를 숙이거나, 혹은 산란한 마음으로 탑묘 가운데 들어가 한 번 '나무불' 하고 부르면, 모두 이미 불도를 이루었다." 한 것이니, 불과를 이루는 것이 가장 크고(弘) 가장 완벽한(深) 과보이다.

'이 바라밀문을 因이라 표현하였으니 버리지 마라' 한 것을 보면, 제불이 이미 보시바라밀을 성불의 제일 원인이라 표명하였으니, 우리는 불교를 배우고 수행하면서 절대 이를 폐기해서는 안 된다. 『화엄경』에 "(부처님을) 머리에 이고 塵劫

을 지나고 몸이 평상이 되어 대천세계에 두루하더라도, 만약 법을 설하여 중생을 제도하지 않으면(法布施) 필경 부처님 은혜를 갚지 못한 것이네." 한 것이다.

'예컨대 석가불이 (예전에) 몸과 목숨을 버릴 때' 한 아래 네 구절은, 부처님이 과거에 보시행을 한 일을 들어 예증하였다. '度度'는 여러 차례 재물과 법을 보시할 때마다 언제나 공과 유가 둘이 아닌 유순심과 무생법인 등을 증득하였다는 것을 말하였다.

'대체로 보살이 짓는 것은' 한 아래 네 구절은, 보살이 짓는 것은 모두 먼저 내가 없음[無我]과 자성이 없음[無性]을 요달했음을 밝혔으니, '무아'는 아공이요 '무성'은 법공이다. 두 가지가 공한 진여[二空眞如]가 바로 실상반야니, 『중론』에 "공의 뜻에 의해 모든 법이 이루어진다." 한 것이다. 그러므로 천태종 十乘觀法에 제일 먼저 '識(觀)不思議境(부사의 경계를 앎)'을 밝혔으니, 곧 공과 유 두 가지가 아닌 일심 이문을 아는 것이며, 또한 연기의 성이 공함을 아는 것이니, 만행을 행하는 근본이다.

'事에 의해 理를 본다'는 것은, 연기에 의해 공성을 보는 것이니, 부처님께서 보시를 행함으로써 무생법인을 증득한 것과 같다. '경계를 만나 공임을 안다'는 것은, 승조 대사가 秦王의 난을 만났을 때, 죽임에 다다라 게송을 설하기를 "사대는 원래 주인이 없고 오음은 본래 공하네. 장차 머리에 칼날이 떨어지려 하니 마치 봄바람을 베는 것 같네.[四大元無主 五陰本來空 將頭臨白刃 猶如斬春風]" 한 것이다.(『선종 전등록』 27권)

'범부가 … 한 것과는 같지 않다' 한 이래 다섯 구절은, 보살의 행은 범부의 행과는 다르다는 것을 구별했으니, 범부는 항상 삼유(삼계)에 얽매이지만 보살은 삼계를 초월하여 벗어난다. 범부와 중생은 불법을 듣기 전에는 惑을 일으켜 業을 지어 三性(선·악·무기)에서 벗어나지 못하고, 업이 과보를 감응함으로 말미암아 삼계를 벗어나지 못한다. 또한, 三世因果를 이해하지 못함으로 인하여 능히 安心立命에 이르지 못한다. 현재의 유물론은 죽으면 그만이라는 一世因果에 속하고, 세상의 다신교와 일신교는 현재부터 미래에 이르는 인과관만을 세웠으니 二世因果論에 속한다. 이런 것들은 모두 인류의 고난을 구원하지 못한다. 오직 불교에서 말한 三世因果論[36]만이 비로소 神權의 상벌에서 벗어나 자작자수의 인생 가치를 긍정하니, 그러므로 하늘을 원망하거나 사람을 원망하지 않고 더 나은 인생을 분발할 수 있다. 스스로 짓고 스스로 받으며, 공동으로 짓고 공동으로 받는다고 봄으로써, 자신을 제도하고 다른 이를 제도하여 똑같이 불도를 이루는 보리심을 내어, 행하기 어려운 것을 능히 행하고 참기 어려운 것을 능히 참는 보살행을 닦을 수 있는 것이다.

'선악이 자성이 없음을 알지 못한다' 한 것은, 중생이 선악의 제법이나 제행이 모두 인연으로 난 것이라 자성이 없음을 알지 못하니, 이로 인하여 실제로 있는 것이라고 집착하여 미혹을 일으키고 업을 지어 생사윤회의 고통을 받는다. '이것이 事를 미혹해 자성을 취한 것이다' 한 것은, 범부는 연기의 事相을 미혹하여 인·법의 불변성과 독립성이 실유하다고 집착하는 것을 설명하였다. 『법화경』「방편품」에 "중생이 처처에 집착하니, 이들을 인도하여 벗어나게 하였다." 한 것이니, 불법이 세상을 교화하는 작용은 범부와 중생이 여러 가지 집착을 멀리 여의고 해탈을 얻게 한 것에 있다. '항상 삼유에 얽매인다' 한 것은,

---

36 過去·現在·未來 三世에 걸쳐 因果와 業感의 이치를 세운 것. 대개 過去의 업이 因이 되어 現在의 과를 초감하고, 또한 현재의 업이 인이 되어 미래의 과를 초감하는 것이다. 이와 같이 인과가 상속하여 생사가 무궁하니, 이것은 迷界가 유전하는 모습이다. 설일체유부에서는 다시 三世 兩重因果를 설하여 십이인연을 해석하니, 곧 無明·行이 과거 因이 되어 識·名色·六處·觸·受 등 현재의 5果를 초감하며, 다시 愛·取·有 현재 3因으로 生·老死 등 미래의 兩果를 초감한다. 그에 비해 다른 종교에서는 현재 1世만을 논하거나, 혹은 현재 미래 2世만을 논한다. 삼세인과는 실로 불교교리의 하나의 큰 특색이라 할 것이다.

중생은 이미 집착이 없을 수가 없고, 또한 고·집·멸·도의 이중 삼세인과에 분명하지 못하여, 각자 지은 죄나 복의 업에 따라 항상 삼계(有) 육도 가운데 있어 윤회하여 쉬지 않아 해탈을 얻지 못한다는 것을 설명하였다.

무 3. 二輪이 막힘이 없어 一道에 모자람이 없음
기 1. 첫 질문과 답

集

문 : 경에 "3항하사의 몸과 목숨으로 보시하더라도 사구게를 수지하는 것만 못하다." 하였습니다. 그러므로 반야의 공덕이 깊고 보시문의 힘이 얕은 줄 알 수 있습니다. 어찌 宗을 어기고 理를 위배하면서 힘을 허비하고 정신을 피곤하게 하겠습니까? 깨닫기를 기대하다 미혹을 만나고, 올라가기를 구하다 도리어 떨어지는 것이라 할 것입니다.

답 : 理를 얻으면 만행이 비로소 이루어지고, 宗을 알면 팔만사천 법문에 막히지 않으니, 저것을 버리고 이것을 취한다든지, 옳은 것이라고 집착하고 그르다고 배척해서는 안 된다. 모름지기 무애의 문을 밟고 두루 행하는 도에 잘 들어가야 한다. 그러므로 과거 제불과 본사인 석가모니 부처님께서 무량겁을 지나도록 무수한 신명을 버려, 어떤 때는 법을 구하기 위해 골수를 끄집어내고 살을 도려내기도 하고, 혹은 자비를 행하기 위해 매에게 보시하고 범을 기르기도 하였다.

問. 經云, 以三恒河沙身命布施, 不如受持四句偈。故知般若功深, 施門力劣。何得違宗越理, 枉力勞身。可謂期悟遭迷, 求昇反墜矣。

答. 得理則萬行方成, 知宗乃千途不滯。不可去彼取此, 執是排非。須履無閡之門,

善入遍行之道。是以過去諸佛, 本師釋迦, 從無量劫來, 捨無數身命。或爲求法, 則
出髓而剜身。或爲行慈, 則施鷹而飼虎。

講

여기서는 空과 有 二輪에 서로 막혀 집착심을 내지 말고, 空有不二의 제법실상에 돌아갈 것을 천명했으니, 그러므로 '하나의 도[一道]에 모자람이 없어야 한다' 하였다. 제일 먼저 질문한 내용은 『금강경』인 '相을 파하고 性을 드러낸 교'의 경문으로, 보시 등이 힘만 허비하고 정신을 피로하게 할 뿐이라고 질책하고, 스님은 보살도를 행하는 데는 반드시 마음이 평등하여 원융무애해야 한다고 답하였다.

'경에 말하기를' 한 '경'은 『금강경』을 말한다. '3항하사 신명으로 보시하는 것이' 한 것에서 '그러므로 반야의 공이 깊고 보시문의 힘은 얕은 줄 알 수 있다' 한 두 구절은, 반야 空慧가 공덕이 깊고 힘이 수승하다고 집착하여, 보시 등 모든 불사가 보잘것없는 것이라고 경시하였다. 반드시 알아야 할 것은, 부처님의 설법은 근기에 응해 교를 시설한 것이라, 길은 다르나 똑같은 곳으로 돌아가니 모두 성불의 요인이 된다는 점이다. 『법화경』 「방편품」에 "무릇 법을 듣는 자는 한 사람도 성불하지 않는 자가 없다." 한 것이니, 어찌 반야만을 소중히 여기고 그밖의 수행법은 경시하겠는가. 이는 마치 끝없는 바다에서 물방울 하나를 취하고 전체 바다를 잃는 것과 같으니, 지혜로운 자가 아니다.

'어찌 宗을 어기고 理를 위배하면서 정신을 피곤하게 하는가?' 한 두 구절은 치우쳐 집착하는 말이다. '종을 어긴다'고 한 '종'은 禪宗을 가리키니, 몸과 목숨을 보시하는 것은 선종의 觀心向道의 종지를 위배한다는 것이다. '理에 합하지 않는다' 한 '理'는 空의 이치를 말한다. 삼륜을 얻을 수 없기 때문에 보시는 다만 신력을 허비하고 한갓 정신만 피로하게 할 뿐이라는 것이다.

'깨닫기를 기대하다 미혹을 만나고, 오르기를 구하다 도리어 추락한다'고 한 두 구절은, 집착으로 인하여 비방을 이루니, '보살이 불교를 배우는 것은 다만 견성오도하기를 바랄 뿐인데, 어찌 굳이 보시라는 事行을 닦을 필요가 있는가? 이것은 相에 집착하는 어리석고 미혹한 사람이다' 한 것이다. 또한, '마음으로 觀心向道 하기만 하고 그밖에 다른 일을 하지 않아야 곧 무위 열반에 오른다'고 하며, 보시바라밀은 有爲 事相에 공과 힘을 들이는 것이라 도와 서로 어긋난다고 책망하며, '수행하는 목적은 삼계를 벗어나는 데 있으니, 보시를 행하는 것은 도리어 유위공덕에 얽매여 여전히 추락하여 육도윤회에 있으니, 이것은 원통하고 왜곡된 일이 아니고 무엇인가?' 한 것이다.

스님의 답문에 '理를 얻으면 만행이 비로소 이루어진다' 한 데서부터, '두루 행하는 도에 잘 들어간다' 한 데까지 여섯 구절은 理로써 바로 대답하였다. '理'는 空의 이치를 지적한 것이 아니라 원융무애한 理性이니, 『화엄경』에서 세운 사무애법계와 같다. 법계는 곧 법성이니 제법 이성은 본래 원융무애한 것이다. 理는 事에 장애되지 않고 사는 이에 장애되지 않아서, 이와 이가 장애되지 않고 사와 사도 장애되지 않는다. 이 무애의 理性을 깨달아 육도만행을 닦으면 모든 것이 원만성취함을 얻을 수 있다. 그러므로 '理를 얻으면 만행이 비로소 이루어진다' 하였다.

'宗'은 공과 유가 서로 보충하여 완성한 종지다. 천태종에서 세운 一心三觀이니, '삼관'은 공과 유가 서로 보충하여 완성한 것이다. 이 三觀으로 三惑을 끊고 三智를 발휘하여 三德을 증득하니, 팔만사천법문('千途')이 구족하지 않음이 없다('不滯'). 그러므로 '종을 알면 팔만사천법문에 얽매이지 않는다' 하였다. 그러므로 불교를 배우는 데는 반드시 원교 법문을 닦아 원융무애해야 하니,

'저것을 버리고 이것은 취하거나 옳은 것이라고 집착하고 그른 것이라고 배척해서는 안 되니', 그래서는 법을 비방하는 죄인을 면치 못한다.

'모름지기 무애의 문을 밟아 두루 행하는 도에 잘 들어가야 한다' 한 것은, 『법화경』「안락행품」에서 말한, 네 가지 安樂行과 無相·有相 안락행[37]이 무애한 것과 같으니, 이것이 무애의 문을 밟는 것이다. 『화엄경』「입품계품」에 53위 선지식이 갖가지로 자신이 행하고 다른 이를 교화한 것이 모두 보살행과 보살도에 속하니, 이것이 '두루 행하는 도[遍行道]'에 들어가는 것이다. 이것들은 모두 원교보살이 보살도를 행하는 모범이다.

'그러므로 과거 제불이' 한 데서부터, '매에게 보시하고 호랑이를 길렀다' 한 데까지 여덟 구절은 비유를 들어 증명하였다. 여기서 든 비유는 석존의 본생 고사를 예한 것이니, 무량겁이 지나도록 무수한 몸과 목숨을 버린 것은 과거 모든 부처님이 똑같이 이렇게 하신 것을 말한다. 『법화경』「제바달다품」에 "지적보살이 문수보살에게 '제가 석가여래를 보건대 무량겁에 난행을 고행하여 공덕을 쌓아 보살도를 구해 일찍이 그만둔 적이 없었나이다. 삼천대천세계를 관하건대 하다못해 개자씨 만한 곳에도 보살(석가불의 전신)이 몸과 목숨을

---

37 보살이 악세 말법에 『법화경』을 널리 펼 때 몸과 마음에 안주하는 법을 '안락행'이라 한다. 안락행에는 모두 네 가지가 있으니, 곧 身安樂行, 口安樂行, 意安樂行, 誓願安樂行이다. 보살이 身·口·意 삼업의 과실을 멀리 여의고, 아울러 중생을 제도하리라는 서원을 발하여 自利(앞의 세 안락행) 利他(뒤의 안락행)의 안락행을 행하는 것이다. 慧思 대사의 『法華經 安樂行義』에 의하면, 일체법 중에서 마음이 안주부동하는 것을 '安'이라 하고, 오음번뇌의 속박을 받지 않는 것을 '樂'이라 하며, 몸과 마음이 안락하여 자신이 행하고 다른 이를 교화하는 것을 '行'이라 한다. 같은 책에는 아울러 안락행을 有相과 無相 두 가지로 나누었다. (1) 有相行은 밖에서 수행하는 법이니, 일심으로 법화경의 문자 등을 독송하는 것을 '文字有相行'이라 한다. (2) 無相行은 안에서 수행하는 법이니, 止觀 등을 닦아 일체 제법 중에서 心相이 적멸하여 畢竟 不生의 삼매를 체달하는 것이다. 이 두 가지를 행법은 길은 다르나 똑같은 곳으로 돌아가는 수행법이니, 만약 부지런히 정진하여 게으르지 않으면 유상·무상을 막론하고 모두 보현보살의 上妙한 身法을 얻는다.

버리지 않은 곳이 없나이다. 중생을 위하기 때문이니 그런 후에 보리도를 이루었나이다.(대정장경 9권 35페이지 중)" 한 것이다.

'혹은 법을 구하기 위해 골수를 끄집어내고 살을 저몄으며 … 혹은 자비를 행하여 매에게 보시하고 호랑이를 먹여 길렀다' 한 것은, 세존이 과거에 한 본생 고사다. '골수를 끄집어내고 살을 저몄다' 한 것은, 스님이『주심부』제4권에서 상세히 설명하였다. 석가여래가 인행시에 부처님이 안 계신 세상을 만나 經法을 구하고자 하니, 제석천이 나찰로 변화하여 말하기를 "그대가 가죽을 벗겨 종이를 만들고 뼈를 쪼개 붓을 만들며 골수를 내어 먹을 만든다면 내가 그대에게 불경을 보여줄 수 있노라." 하니, 보살이 이 말을 듣고 기뻐하며 마침내 가죽을 벗기고 뼈를 쪼개며 골수를 내었다. 나찰이 놀라 마침내 몸을 숨기고 나타나지 않으니, 그때 시방에 계신 부처님이 몸을 나타내어 법요를 설하였다.

또『대방편불보은경』에 "부처님이 예전에 전륜성왕이 되어 바라문에게 가서 법을 구할 때, 살을 저미며 상처를 내어 등불에 쓸 기름을 만들고, 가장 좋고 부드러운 자기의 털을 뽑아 꼬아 심지를 만들어 천 개의 등불을 켜 저 스승에게 공양하고 偈 반 절을 구하였다. 그러자 법사가 왕을 위해 게를 설하기를 '태어난 것은 반드시 죽나니, 이 滅이 즐거움이네' 하였다. 이 즐거움이란 법락이며, 대적멸락이다.(卍속장경 3책 70페이지 하)" 하였다.

또한『육도집경』제6권에 "부처님이 말씀하였다. 내가 예전에 범인이었을 때, 부처님의 상호와 명호와 공덕이 한없이 높다는 말을 듣고 눈물을 흘리며 뵙기를 생각하였다. 그때는 부처님이 세상에 계시지 않고 또한 부처님 제자도 없었다. 그때 한 범부가 있었는데, 그는 성격이 탐욕하고 잔인한 자였다. 그가 말하기를 '나는 부처님의 三戒(出家戒·在家戒·道俗共守戒) 한 편을 아는데, 그대가 받고 싶은가? 그대가 만약 지극한 정성으로 온몸의 모공을 한 구멍에 하나의 바늘로 찌르면 내가 그대를 위해 설해주리라' 하였다. 내가 '부처님이 돌아가셨다는 말을 들었으니, 나는 기꺼이 듣고자 하노라. 어찌 몸을 찌르다 뿐이랴' 하고는, 곧 바늘로 몸을 찌르니 피가 흘러 땅에 가득하였다. 이 탐욕하고 잔인한 자가 곧 게송을 일러주기를 '입을 지키고 뜻을 섭수하고 몸으로 악행을 저지르지 않으면, 이 같은 세 가지 행으로 인하여 세상을 건널 수 있네' 하였다. 보살(凡人)이 게를 듣고 기뻐하며 머리를 조아리고 온몸의 바늘 자국을 돌아보니 금방 없어졌다. 부처님이 여러 비구에게 말씀하였다. '게를 일러 준 이는 지금의 제바달다. 그가 비록 먼저 부처님 게송을 알았으나, 눈먼 이가 촛불을 들고 다른 사람을 비추고 자신은 밝히지 않는 것과 같으니, 자신에게는 아무 이익도 없었다'(대정장경 3권 32페이지 상중)" 하였다.

 '매에게 보시하고 호랑이를 먹여 길렀다'는 것은, 『육도집경』 제1권에 "부처님이 설하였다. '내가 예전에 보살이었을 때 큰 나라 왕이었으니 이름을 살바달이라 하였다. 중생이 원하는 대로 보시하며 그들의 액난을 구제하여 항상 자비를 베풀었다. 제석이 이를 시험하여 제자는 비둘기로 변화하고 자신은 매로 변화하여, 비둘기가 국왕의 다리 밑에 날아 들어오고 매도 날아 임금 앞에 이르렀다. 그리고는 왕에게 '비둘기는 나의 음식입니다. 왕께서 나에게 돌려주십시오' 하니, 왕이 허락하지 않았다. 매가 '왕이 慈惠 하시다면 반드시 중생을 구제하실 것이니, 비둘기 무게와 똑같이 왕의 살을 베어 나에게 주어 먹게 하십시오' 하고 말하였다. 왕이 매우 기뻐하며 스스로 살을 베어 저울에 달아 보고 비둘기 무게와 같게 하니, 살은 다했으나 비둘기와 같아지지 않았다. 그리하여 근신에게 명하여 '네가 나를 죽여 비둘기 무게와 같게 하라' 하였다. 제석이 왕이 도를 지키는 마음이 변함없음을 알고, 본래 몸으로 회복하여 天醫를 보내 좋은 약으로 왕의 상처를 모두 낫게 하니, 본래대로 회복하였다.(대정장경

3권 1페이지 하)" 하였다.

또한 "예전에 부처님이 보살과 비구를 위해 과실을 먹고 물을 마시며 자비로 중생을 제도하였다. 길에서 젖을 먹이는 호랑이를 만났는데 피곤하고 먹이가 떨어져 새끼를 잡아먹으려 하였다. 보살이 이를 보니 마음이 아프고 슬펐다. 모자가 서로 잡아먹으면 그 고통은 말할 수가 없을 것 같았다. 그래서 스스로 생각하기를 '내가 나중에 늙고 병들면 몸을 반드시 버릴 것인데, 차라리 자비로 중생을 제도하고 공덕을 성취하는 것이 더 낫겠다' 하고는, 머리를 호랑이 입안에 던졌다. 머리를 준 것은 빨리 죽어 그 고통을 느끼지 않으려 한 것이다. 호랑이 모자가 모두 안전하니 제불이 그 공덕을 찬탄하였다.(동상 2페이지 중)" 하였다.

기 2. 인용하여 증명함

集

『반야론』에 "여래가 무량 겁에 몸과 목숨과 재물을 버린 것은 정법을 오랫동안 유지하기 위해서였다. 정법은 끝이 없으니, 무궁한 원인에 의해 무궁한 결과를 얻는다. 결과는 바로 三身이다." 하였으니, 서천(인도)이나 이 국토의 보살과 고승들이 예로부터 지금까지 몸을 버린 사례는 적지 않다. 모두 석가의 바른 가르침을 따르고 약왕보살의 유풍을 본받은 것이다.

般若論云, 如來無量劫來, 捨身命財, 爲攝持正法。正法無有邊際, 卽無窮之因, 得無窮之果, 果卽三身也。乃至西天此土, 菩薩高僧, 自古及今, 遺身不少。皆遵釋迦之正典, 盡效藥王之遺風。

講

여래가 인지에 여러 겁에 걸쳐 몸을 버려 정법을 유지하여 성불하였으므로 불과인 三身이 있었다. '정법'은 일반적으로 말하면 모든 불법을 모두 정법이라 하고, 깊게 말하면 일승원교를 말하니, 일심 이문으로 성불한 인과이다. 인은 三因佛性이요 과는 三身如來니, 모두 시간적으로나 공간적으로 끝이 없다. 이 같은 인과는 사람마다 모두 있건만 중생은 미혹하여 알지 못한다. 그러므로 불보살이 자비로 인간에 시현하여 법을 설하여 교화했던 것이다. 중생을 교화하기 위해서 아끼지 않고 몸이나 목숨이나 재물을 버려 중생이 미혹을 돌려 깨달음으로 돌아가고, 범부를 돌려 성인이 되어 똑같이 일심 이문을 증득하여 성불하게 하였다.

『법화경』「오백제자수기품」에 "비유하면 어떤 사람이 친구의 집에 가서 술에 취해 누웠노라니, 친구가 무가보주를 그의 옷 안에 매달아두었으나 그 사람은 술에 취해 아무것도 알지 못하였다. 그 후에 친구가 그를 만나 '아무 년 아무 달 아무 시에 무가보주를 그대 옷 안에 매달아두었네. 그대는 알지 못하지만 지금도 여전히 그대 옷 속에 있네. 그대가 지금 이 보물로 필요한 것과 바꾸면 항상 마음먹은 대로 되어 조금도 모자람이 없을 것이네' 하였다." 한 것과 같다.

제불은 몸과 목숨과 재물을 버려 성불할 수 있었으니,「보현행품」에 "이 사바세계의 비로자나여래가 처음 발심할 때부터 정진 불퇴하여 불가설불가설의 몸과 목숨으로 보시하되, 가죽을 벗겨 종이를 만들고 뼈를 부수어 붓을 만들며 피를 뽑아 먹을 삼아 경전을 서사한 것이 수미산과 같이 쌓였다. 법을 중히 여기기 때문에 신명을 아끼지 않았고 … 지금의 세존 비로자나가 … 시방삼세 일체 불찰에 있는 수많은 일체 여래도 모두 이와 같았다." 하고, 또한 "시방삼세 일체 불찰극미진수 제불여래가 처음 발심할 때부터 일체지를 위하여 부지런히 福聚를 닦느라 몸과 목숨을 아끼지 않고 불가설불찰극미진수 겁을 지나도록 낱낱 겁 중에서 불가설불가설 불찰극미진수의 머리와 눈과 손과 발을 버리시고, 이와 같이 일체 행하기 어려운 고행으로 갖가지 바라밀문을 원만히 하여 보살의 갖가지 智地에 증입하여 제불의 무상보리를 성취한 모든 선근을 내가 모두 환희하였노라." 하니, 그러므로 스님이 '인도나 우리나라에 보살과 고승이 예로부터 지금까지 몸을 버린 것이 적지 않았으니, 모두 석가의 올바른 가르침을 좇았다' 하였다. '올바른 가르침'이란, 몸과 목숨과 재물을 버린 것이 제불의 정법이며, 또한 모든 보살의 본보기가 될 만한 모범이다.

'약왕보살의 유풍'이란, 약왕보살이 법을 위해 팔을 태워 삼보에 공양한 것은 중생에게 시범을 보인 도풍이니, 무릇 불제자는 모두 응당 공경하고 우러러보고 찬탄해야 하고, 만약 이미 아공과 법공을 얻었으면 다시 반드시 법을 본받아야 하는 것이다.

集

『고승전』에, 靜藹(정애) 법사[38]가 남산에 들어가 스스로 살을 베어 돌에 펴고, 창자를 끄집어내어 나무에 걸어놓았으며, 가슴을 감싸고 죽으며 돌에 이렇게 게를 썼다.

---

38   靜藹 법사(534~578)는 北周 스님으로 滎陽 사람이다. 속성은 鄭이니 열일곱에 친구와 절에 놀러 갔다가 지옥 변상도를 보고 뜻을 내어 출가하였다. 그리하여 瓦官寺 和禪師에게 머리를 깎았다. 구족계를 받은 후 景 法師에게 『대지도론』를 들었고, 다시 천축 범승에게 직접 10년 동안 배워, 『대지도론』 외 『中論』・『百論』・『十二門論』에 통달하였다. 종남산에 숨어지내니 학인들이 그를 의지하여 무성하게 학림이 이루어졌다. 그때 武帝가 도사 張賓의 말을 믿고 불법을 폐하려 하니, 스님이 표를 올려 하소연하였으나 임금이 받아들이지 않자, 스님이 제자들을 데리고 종남산 깊은 곳에 들어가 험한 바위에 의지하여 27개소의 절을 지었다. 宣政 원년, 바위 위에 가부좌하고 앉아 스스로 살을 베고 죽으니 세수는 45세였다. 저술에 『三寶集』이 있다.

"원컨대 이 몸을 버린 후에는 빨리 몸이 자재하게 되고, 법신이 자재한 후에는 어느 곳에서나 이익 있는 곳에 따라 법을 수호하고 중생을 구원하며, 또한 업이 반드시 다하여 유위법도 모두 그렇게 해 지이다. 삼계가 모두 무상하여 때가 되면 자재하지 못하나니, 다른 사람이 죽이거나 스스로 죽더라도 마침내 이 같은 곳으로 돌아가네. 지혜로운 자는 좋아하지 않을 것이니, … 오늘에야 업이 다해 지이다." 하였다.

高僧傳, 靄法師入南山, 自剜身肉, 布於石上, 引腸掛樹, 捧心而卒。書偈於石(上)云, 願捨此身已, 早令身自在。法身自在已, 在在諸趣中, 隨有利益處, 護法救衆生, 又復業應盡, 有爲法皆然, 三界皆無常, 時來不自在。他殺及自死, 終歸如是處。智者所不樂, 業盡於今日。

講

또한 北周 때 靜靄 법사의 捨身 공안을 인용하여 증명하였다. 자세한 것은 『속고승전』 제23권에 실려 있다. 여기서 전체 게송을 다음과 같이 적는다. (번역하여 책 뒤에 붙였으니 읽어보시기 바랍니다.)

集

또한 僧涯보살이 몸을 태우고는 "일체중생의 고통을 대신하여 먼저 손을 태우노라." 하였다. 사람들이 "보살은 스스로 태우지만 중생은 죄가 깊어 각자 고통을 받는데, 무슨 수로 대신할 수 있습니까?" 하고 물으니, "손을 태우는 것과 같은 조그만 선근으로도 능히 악을 소멸할 수 있으니, 어찌 대신하는 것이 아니겠는가." 하고 대답하였다. 또한, 대중을 깨우치기를 "내가 죽은 후 병든 사람을 잘 공양하라. 이분들의 근본은 헤아리기 어렵나니, 대부분 제불 성인이 방편을 이용해 응화하신 것이다." 하였으니, 스스로 大心이 평등한 이가 아니면 어찌 중생을 공경할 수 있겠는가? 이것이 진실한 수행이다.

又僧崖菩薩燒身, 云代一切衆生苦, 先燒其手。衆人問曰, 菩薩自燒, 衆生罪熟, 各自受苦, 何由可代。答曰 猶如燒手, 一念善根, 卽能滅惡, 豈非代耶。又告衆曰, 我滅度後, 好供養病人。竝難可測其本, 多是諸佛聖人, 乘權應化。自非大心平等, 何能恭敬(衆生), 此是實行也。

講

北周 때 僧崖 법사의 소신 공안을 거듭 인용하여 증명하였다. 『속고승전』 제27권 (대정장경 50권 678~680)을 읽어보시기 바란다. 그 가운데 그의 출가인연을 말한 것이 있는데, 다음과 같다. 스님이 장성한 후에는 悉 선사를 가까이 모셨다. 겨울에 선사가 불을 피워 발을 따뜻하게 하라 하니, 스님이 화로에 숯불을 피웠다. 선사가 "어리석은 자야! 어찌 번거롭게 이렇게 많은 불을 지피느냐?" 하고 꾸짖으니, 스님이 "불을 빌려 추위를 물리치면서, 불을 쬐며 뜨거운 것을 꺼리니, 누가 어리석은 자란 말입니까? 마음이 이래서야 언제 도를 얻겠습니까?" 하였다. 선사가 "너는 뜨거운 것을 두려워하지 않는구나! 그럼 손을 불 속에 집어넣어 보아라." 하니, 스님이 손을 불에 넣으니 푸른 연기가 솟아올랐으나 전혀 얼굴빛이 변하지 않았다. 그리고는 선사에게 "만약 몸을 고통스럽게 하지 않으면 어떻게 도를 얻겠습니까? 만약 출가한다면 하루면 충분합니다." 하였다. 선사가 마침내 출가 득도하게 하고 머리를 깎으니, 수염과 머리카락이 저절로 떨어졌다. 선사가 칼을 땅에 던지고 옷을 걷고 예배하기를 "애 법사가 와서 나를 위해 스승이 되니, 나는 제자가 되노라." 하였으나, 법사는 겸손하게 사양할 뿐이었다. 출가한 후에는 신령하고 기이한 일이 매우 많아, 온 대중이 존중하였다.

> 集

천태종 滿 선사는 일생 『연화경』을 강송하여 神人이 몸을 나타내는 것을 감득하였으며, 경전의 呪文字를 검토하여 바로잡았다. 나중에 몸을 태워 『법화경』에 공양하였다.

天台宗滿禪師, 一生講誦蓮經, 感神人現身, 正定經呪文字, 後焚身供養法華經。

> 講

여기서 인용한 천태종 滿 선사는 당나라 때 智滿[39]선사다. 천태산 佛隴寺(불농사)에 살았으니 荊溪尊者의 고제다. 『송고승전』에는 釋行滿이라 하였는데, 천태산 화정봉 아래 智者禪院에 살았다. 송 開寶(송 태조 연호[968~976]) 중에 미리 사람들에게 "나는 가야겠다." 하고는, 앉아서 죽었다.

> 集

또 지자대사 제자 淨辯 선사는 懺堂 앞에서 분신하여 보현보살에게 공양하였고, 쌍림부대사는 분신하여 중생의 고통을 구하고자 하니, 문인 등 앞뒤 마흔여덟 명이 스승을 대신하여 분신하며 스승께서 세상에 계시면서 중생을 교화해 주시기를 간청하였다. 전기에서 널리 밝혔으니 자세히 인용하지 않는다.

又智者門人, 淨辯禪師, 於懺堂前焚身, 供養普賢菩薩。 雙林傳大士, 欲焚身救衆生苦, 門人等前後四十八人, 代師焚身, 請師住世, 教化有情。 傳記廣明, 不能備引。

> 講

'淨辯 선사'는 『속고승전』 제26권 「感通篇」에 있는데, '수나라 京師 淨影寺 沙門

---

39 생졸연대는 알 수 없다. 『불광사전』 p2565-下

釋淨辯傳'에 실려 있다 (대정장경 50권 677페이지 상). 다만 懺堂 앞에서 분신한 사실은 없다. 역사적으로 그런 분이 있긴 하겠지만 『고승전』에 기술되어 있지는 않다.

'부대사(497~569)'는 南朝 때 양무제와 동시대 사람이다. 성은 傅, 이름은 翕, 자는 玄風이다. 東陽에서 출생하였으니 곧 지금의 절강성 金華縣이다. 나이 스물넷에 梵僧 嵩頭陀(달마대사)를 만나 과거의 인연을 알고 松山의 두 그루 송백 사이에 모암을 지었으므로 '雙林大士'라 한다. 고행한 지 7년 만에 자못 신이함이 있었다. 양무제가 매우 공경하여, 하루는 부대사를 청하여 경전을 강의하게 했더니, 대사가 자리에 오르자마자 자로 책상을 한 번 내리치고는 곧 자리에서 내려오니, 임금이 깜짝 놀랐다. 그때 誌公(418~514)[40]도 그 자리에 있었는데, 임금에게 "아시겠습니까?" 하고 물으니, 임금이 "모르겠습니다." 하였다. 지공이 "대사가 이미 경전을 다 설했습니다." 하였다. 그로 인해 자칭 '當來解脫善慧大士'라 하고, 세상에서는 그를 '부대사'라 하거나, 혹은 '東陽大士'라 하였다. 陳나라 大建 元年(569)에 죽었다. 일찍이 시를 지어 그의 마음을 밝힌 적이 있는데, 일심삼관을 벗어나지 않았다. 慧文·慧思·智者 세 분 대사가 앞뒤로 견지가 자못 서로 같았다. 비록 선종 조사의 풍모가 있으나 선종의 정통에 속하지는 않는다.

40　寶誌스님을 말한다. 南朝 때 스님. 『불광사전』 p6759-上

기 3. 설명함

集

만약 (이 책에서 인용한 여러 가지 몸을 버린 고사를 보고) "성인의 경계는 중생을 제도하기 위해 나타내 보여주기 위한 행동이다." 하고 말한다면, 성인에게는 범부를 속인 허물이 있고, 범부는 성인에 나아갈 수 있는 분수가 없으며, 敎網은 허투루 지어낸 것이요, 方便은 공허한 것이다. 본래 뒷사람을 맞이하고 앞 사람에 맞게 하여 범부로 하여금 실증케 하기 위한 것이니, 설사 시현으로 방편을 시설한 것일지라도 또한 후인에게 본받게 한 것이니, 삿되고 전도된 법으로 사람을 속여 시행했다고 하는 것은 옳지 않다. 큰 성인은 진실로 자비하시어 결코 속이지 않는다.

그러므로 팔만법문이 해탈 아닌 것이 없으니, 일념의 조그만 선행이라도 모두 진여에 나아가 저절로 初心과 後心, 生忍과 法忍이 있으니, 굳이 높은 것으로 아래 것을 배척하고 낮은 것으로 높은 것을 업신여길 것은 아니다. 때를 잘 알고 자신의 근기와 능력을 헤아려야 하고, 남의 좋고 나쁜 점을 평가하여 억지로 옳고 그른 것을 세우지 마라. 말은 불행을 낳는 모태니 저절로 미래의 업을 초래한다.

若云諸聖境界, 示現施爲, 則聖有誑凡之愆, 凡無卽聖之分. 敎網虛設, 方便則空. 本爲接後逗前, 令凡實證. 設是示現權施, 亦令後人倣效. 不可將邪倒之法, 賺人施行. 大聖眞慈, 終不虛誑. 是以八萬法門, 無非解脫. 一念微善, 皆趣眞如, 自有初心後心, 生忍法忍, 未必將高斥下, 以下陵高, 善須知時, 自量根力. 不可評他美惡, 强立是非, 言是禍胎, 自招來業.

> 講

스님은 空과 有 二輪에 집착해서는 안 된다고 대답한 후에, 다시 부처님과 고덕이 몸을 버린 고사를 인용해 증명하여, 무릇 이 本集을 보고 듣는 자는 모두 공과 유에 치우치지 말고 중도를 행하게 하였다. 지금 이 아래는 다시 이치에 의해 설명하면서 여섯 단락으로 나누었다.

첫 번째 단락은, 반드시 자신의 근기와 능력을 헤아려야 하고 다른 사람의 미혹과 깨달음을 평가해서는 안 된다는 것을 말하였다. '만약 本集에서 인용하여 증명한 捨身 공안은 대보살(聖人)의 경계라 나타내 보여주기 위한 행동이고 실제 일이 아니다' 하고 말한다면('若云'), 너의 이런 말을 살펴보면 보살은 범부중생을 속이는 허물이 있고 범부는 범부를 바꾸어 성인을 이룰 희망이 없다. 또한, 보살의 言敎(말로 가르치신 교법)와 身敎(행동으로 가르치신 교법)는 허투루 지어낸 것이어서 중생에게는 아무 이익이 없고, 불법에서 설한 방편문도 또한 실제와 거리가 먼 공허한 이야기라, 아무 쓸모없는 것이 되고 만다. 이런 생각이야말로 큰 사견을 일으켜 성인을 비방하며, 자신을 그르치고 다른 사람을 그르치는 극악한 죄가 아니고 무엇인가!

반드시 알 것은, 여러 보살이 몸과 목숨을 보시하여 버리는 것은 모두 앞선 성인과 앞선 현인을 우러러 사모한 것이니('逗前'), 성교가 쇠퇴하는 것을 차마 보지 못하고 중생의 고통을 차마 보지 못하여 대비심을 내어 몸을 버리는 행동을 한 것이다. 이렇게 자신을 버려 다른 사람을 위하는 정신은 참으로 찬탄할 만한 가치가 있다. 또한, 후학을 접인하기 위한 것이니('接後'), 그들이 나를 잊고 정진하고 법을 위하여 몸을 버리고 진실하게 수행하여 아공과 법공을 실증하여 능히 불법의 진실한 이익을 얻게 한 것이다. 이렇게 몸으로 시범을 보인 도행은 참으로 본받을 만한 가치가 있는 것이다. 그러므로 이어서 '설사 나타내 보여주는 방편으로 시설한 것일지라도 또한 후인에게 본받게 한 것이다' 하였으니,『대지도론』에 "팔십 늙은이가 춤을 추는 것은 자손을 가르치기 위한 것이다." 한 것이다. 이것은 중생을 교화하는 데 버릴 수 없는 방편이니, 결코 사마외도의 어리석고 전도된 수행법이라 사람들을 속이고 기만하는('賺人') 것이라 폄하하며, 중생에게 몸을 버리는 수행을 버리게 해서는 안 된다. 불보살('大聖')은 모두 진실한 동체 대비심과 무연 대자가 있어서, 하나의 말씀이나 하나의 행동이 지혜에 의해 행하여 실상에 부합하지 않음이 없으니, 절대 거짓으로 속이는 망어와 망행이 없으시다.

'그러므로 팔만 법문이' 한 데서부터, '스스로 내생의 업을 초래한다' 한 데까지 모두 열네 구절은, 절대 다른 사람의 허물을 말하여 악보를 초래하지 말 것을 가르친 것이다. '팔만 법문이 해탈 아닌 것이 없다' 한 것은, 일반적으로 중생에게 팔만사천 번뇌가 있기 때문에 부처님이 팔만사천 법문을 설했으니, 모두 병에 맞게 약을 주는 방편이다. 중생은 자신의 무거운 업습에 따라 법에 의해 수행하고 대치하여 모두 해탈의 이익을 얻나니, 그러므로 '해탈 아닌 것이 없다' 하였다.

'일념의 조그만 선행으로 모두 진여에 나아간다' 한 것은,『무량수경』하권에 "무량수불의 위신력과 공덕이 불가사의하여 일체중생이 그의 이름을 듣고 믿고 기뻐하며, 일념의 지극한 마음으로 회향하여 저 나라에 왕생하기를 원하면 곧 왕생을 얻어 불퇴전에 머무는데, 오직 오역죄를 저지른 이와 정법을 비방한 이는 제외하느니라." 한 것이다. 또한『관무량수불경』에 "부처님 명호를 부름으로써 팔만억 겁의 생사 중죄를 제거한다." 하고, 또 "염불하는 자는 반드시 알지니, 이 사람은 곧 사람 가운데 분다리화(흰 연꽃)라, 관음·세지가 그의 좋은 벗이 되어 반드시 도량에 앉아 제불의 집에 태어나리라는 것을!" 하였다. 그러므로 '일념의 조그만 선행으로 모두 진여에 나아간다' 하였으니, 이는 곧 성불이다.

'저절로 初心과 後心, 生忍과 法忍이 있다' 한 것은, 수도하는 사람 가운데 초심 보살은 곧 별교의 十信位요, 후심 보살은 곧 等覺 보살이다. 生忍을 증득한 자가 있고 法忍을 증득한 자가 있으니, '忍'이란 지혜로 진리에 인가하는 것이다. 아공을 얻는 것을 '生忍'이라 하는데, 이승인과 별교 二住부터 七住보살까지다. 법공을 얻은 것을 '法忍'이라 한다. 이는 또한 '무생법인'이라 고도 하니, 별교의 初地와, 원교의 初住 이상이 모두 일부분을 얻고, 별교 八地에 이르러서야 비로소 바로 얻는다.

'꼭 높은 것을 가지고 낮은 것을 배척하거나, 낮은 것으로 높은 것을 업신여길 것은 아니다' 한 것은, 비록 수도의 계위와 깨달은 것에 각기 얕고 깊은 것과 높고 낮은 차이가 있지만 성불의 과정은 똑같으니, 굳이 누가 옳고 누가 그르다 할 것은 아니요, 또한 교만하여 다른 사람의 마음을 업신여겨서는 안 된다.

'반드시 때를 잘 알고 스스로 근기와 능력을 헤아려야 한다'는 것은, 『법화경』 「방편품」에 "둔근은 작은 법을 좋아하므로 이런 이들을 위해 열반을 설하였다. 나는 이 방편을 시설하여 부처님 지혜에 들어가게 하였으니, 일찍이 '너희는 반드시 불도를 이루리라' 하고 설하지 않았다. 설하지 않은 까닭은 설할 때가 이르지 않았기 때문이다. 지금이 바로 그때니 반드시 대승을 설하노라. … 만약 불승만을 찬탄하면 중생이 고통에 빠져 능히 이 법을 믿지 못하고, 법을 파하고 믿지 않기 때문에 삼악도에 떨어진다. … 지금 내가 無畏施를 좋아하여 여러 보살 가운데서 정직하게 방편을 버리고 무상도만을 설하노라." 한 것이다.

천태종에 의하면, 부처님의 일대 설법은 五時·八教로 나눌 수 있다. 또한 『대집월장경』에 "제불이 세상에 나오셔서 네 가지 방법으로 중생을 제도하시니, 첫째는 법을 설하시고, 둘째는 광명과 상호요, 셋째는 신통력이요, 넷째는 명호이다." 하였다. 우리는 지금 부처님이 멸도하신 후 다섯 번째 오백 년에 해당하니, 보는 것은 부처님의 상호와 신통에 이르지 못하고, 듣는 것은 부처님 설법에 이르지 못하니, 참회하고 복을 닦으며 응당 부처님의 명호를 부를 때다. 만약 지극한 마음으로 잠시 '아미타불' 명호를 부르더라도 능히 팔십억 겁의 생사 중죄를 멸할 수 있는데, 더욱이 항상 생각함이랴. 능히 자신의 힘과 부처님의 힘을 얻어 부처님과 나의 감·응의 길이 소통하여 극락에 왕생하여 생사에서 벗어나며, 더 나아가 성불에 이르는 것이다. 이렇게 해야 비로소 시기와 가르침이 서로 합하여 쉽게 닦고 쉽게 들어가 도업을 성취할 수 있다. 이것이 지금 이 시대 불교를 배울 수 있는 유일한 보살도니, 그러므로 '때를 잘 알아 스스로 근기와 능력을 헤아려 보라' 한 것이다.

'다른 사람의 잘 잘못을 평가해서는 안 된다' 한 아래 네 구절은, 자모가 자녀를 사랑하고 보호하듯이 모든 불자들에게 정녕히 이르노니, 제발 나니 남이니 옳으니 그르니 하며 다른 사람의 좋고 나쁜 점을 평가해서는 안 된다. 속담에 "시비는 입을 여는 데서부터 비롯하고, 번뇌는 억지로 나서는 것 때문에 일어난다." 한 것과 같으니, 그러므로 '업을 자초한다' 하였다. 고인이 또한 "병은 입으로부터 들어오고, 화는 입으로부터 나간다." 하였으니, 그러므로 '말은 불행의 모태다' 하였다.

우리는 인광대사의 가르침에 "모든 사람을 보니 모두 보살인데, 오직 나 혼자만이 정말 범부다. 자신만을 살필 일이지 다른 사람은 관계하지 말고, 좋은 본보기만 볼 일이지 나쁜 모습은 보지 마라. 아침부터 저녁까지 오직 부처님만을 생각하라." 한 것을 따라야 한다. 설령 총명하지 못하더라도 한 사람의 재계하는 남자나 재계하는 여자가 되기를 바라면 반드시 불행을 면할 수 있다.

集

만약 무생법인을 얻은 보살이라면, 비록 生·法 二空을 증득했으나 다른 사람을 이롭게 하기 위해 간탐의 때를 벗었으면서도 오히려 팔을 태우고 몸을 태우니, 약왕보살이나 승애스님 같은 무리이다. 만약 무생법인을 갖추지 못한 사람이라면, 비록 지혜의 불로 번뇌의 섶을 태워 二空을 요달하여 身見을 내지 않을 줄은 알지만, 간혹 현행의 업장이 무겁고 아직 상응함을 얻지 못하여, 용맹심을 내고 진실행을 행하여 은혜를 갚아 부처님께 공양하고, 고행을 대신하여 자비를 행하여 助道의 문을 이루려 하고, (명리를) 희구하는 생각을 내지는 않는다. 만약 (정성이 간절하고) 속이지 않는다면 일을 공연히 허비하지 않는다. 가령 지혜의 눈이 밝지 못한 사람이 아직도 아집을 내어 인과(공덕)만을 구하고, 뜻이 견고하지 않으면서 선인의 자취를 본받으려 하는 자는 이 경계에 있지 않다.

且如得忍菩薩, 雖證生法二空, 爲利他故, 破慳貪垢, 尙乃燒臂焚身, 如藥王菩薩, 僧崖之類。若未具忍者, 雖知以智慧火, 焚煩惱薪, 了達二空, 不生身見。其或現行障重, 未得相應, 起勇猛心, 運眞實行, 酬恩供佛, 代苦行慈, 欲成助道之門, 不起希求之想。若不欺誑, 事不唐捐。脫或智眼未明, 猶生我執, 但求因果, 志不堅牢, 擬傚先蹤, 不在此限。

講

두 번째로 설명한 단락이다. 여기서는 불교에서 몸과 목숨을 보시하여 버리는 이롭고 해로움과, 얻음과 잃음을 헤아려 세 가지로 나누었다.

첫째는 무생법인을 얻은 보살이니, 곧 八地 이상 보살이다. 이미 무생법인인 人(生)·法 二空을 원만히 증득했지만, 중생을 이롭게 하여 그들이 보시를 닦아 간탐의 업습(垢)을 파하게 하기 위해 몸으로 시범을 보여 팔을 태우고 몸을 태운 것이니, 『법화경』의 약왕보살과, 승애 법사 같은 분이다. 이것은 자신을 버리고 다른 사람을 이롭게 하여 이로움은 있고 해로움은 없는 보살행이니, 그 값으로 찬탄수희함을 얻는다.

둘째는 무생법인을 얻지('具') 못한 地前보살이니, 비록 일심 이문과 공유무애를 분명히 알아 인·법 二空을 요달했으나, 아직 완전히 증득하지는 못하였다. 일심삼관을 닦음으로 말미암아 身見을 내지 않고 空觀의 지혜 불로 假觀의 번뇌 섶을 태웠지만 (이 몸이 번뇌의 숲이다), 현전의 혹·업·보 三障이 깊고 무거워 한꺼번에 능히 惑을 끊고 眞을 증득('相應') 하지는 못하였다. 그러나 그 마음은 용맹스럽게 정진하고 그 행은 진실하여 거짓이 없어서 삼보의 은혜를 갚기 위해 팔이나 몸이나 머리에 향을 태워 부처님께 공양하거나, 어떤 때는 손가락 하나나 두 개를 태워 죄를 참회하고 복을 닦아 중생의 고통을 대신할 것을 발원하고, 무연자비를 행하여 이 고행으로 보살의 助道를 성취하기 바라고, 조금도 명리를 탐하고 구하는 생각('想')이 없다. 그러나 정성이 간절하고 속임이 없으면 쓸데없이 공력을 허비하지('唐捐') 않고 도에 나아가 복을 낸다.『고승전』에 실린, 몸을 버리거나 복을 기원하는 고덕이 모두 이런 분들이다. 청나라 말 민국 초의 八指頭陀(1851~1912)[41]나 戒壇에서 향을 사르는 수계자들이 모두 이런 무리니, 수희찬탄할 만한 가치가 있지 않은가?

세 번째는, 가령('脫或') 지혜의 눈이 밝지 못하면 일승 원교에 들어가지 못하고 장교보살에 속할 뿐이다. 이들이 닦는 것은 생멸사제에서 벗어나지 못하여

---

41 스님은 호남 湘潭 사람이니, 속성은 黃, 이름은 敬安, 자는 寄禪이니 太虛 대사의 스승이다. 일곱 살에 어머니를, 열한 살에 아버지를 여의고, 同治 7년(1868) 湘陰 법화사 東林和尙에게 출가하고, 남악 祝聖寺 賢楷 율사로부터 구족계를 받았다. 후에 岐山에 가서 恆志 선사에게 5년 동안 參學하고, 岐山 아래 아육왕사에 가서 부처님 사리에 예배하고 스스로 팔을 베고 다시 오른손 손가락 두 개를 태우고는 자칭 八指頭陀라 하였다. 나중에 岳麓山 笠雲의 법을 잇고 10년 동안 행각하며 두루 각 절을 참배하였다. 남악 上封寺, 장사 上林寺, 영파 천동사 등의 주지를 역임하였다. 이하 생략.

아직 도를 보지 못하고 아집이 남이 있어 색신이 실유하다고 생각한다. 명리를 탐구하거나 혹은 공덕('因果')만을 구하여 옛 성인과 선현이 몸을 태우고 팔을 태우는 사적을 본받으려 생각(擬)하지만, 뜻이 견고하지 못하고 마음속에 탐·진·치가 있어서 일시적이고 맹목적 충동으로 몸을 태우거나 팔을 태운다. 이런 것은 절대 자신이나 다른 이에게 아무 이익이 없고 손해만 있어서 완전히 우치하고 전도된 것이니, 꾸짖고 나무라며 못하게 막지 않으면 안 된다. 그러므로 '이 경계에 있지 않다' 하였다.

集

대저 중생의 근기가 같지 않아 숭상하는 것도 각기 다르다. 그러므로 경에 "부처님이 말씀하시기를 '만약 중생이 허망한 것으로 득도할 자이면 나도 또한 망어를 한다'" 하였으니, 이로써 事로는 여러 가지 기교를 내었으나 理는 하나의 근원으로 돌아가니, 모두 큰 자비의 선권 방편임을 알 수 있다.

어떤 때는 몸과 목숨을 버림으로 인하여 단박 무생법인에 들어가고, 혹은 일심의 선정으로 무생을 활짝 깨달으며, 혹은 본래 청정함을 요달하여 실상문을 증득하며, 혹은 부정관을 지어 (탐애를) 멀리 여읜 도에 오르며, 혹은 칠보로 된 방사에 머물렀으나 성과에 오르며, 혹은 무덤 사이나 나무 아래에 거처하여 열반을 얻기도 하였다. 그러므로 먼지나 모래 수만한 바라밀문이 모든 해탈에 들어가고, 한없는 教網도 깨달으면 진리로 돌아가니, 대성인의 말씀은 결코 부질없이 시설한 것이 아니다. 비유하면 먼 길을 가려면 도착하는 것으로 목적을 삼을 일이지, 도중에 굳이 어렵고 쉬움을 논한 것을 취할 것은 아닌 것과 같다.

夫衆生根機不同, 所尙各異。故經云 佛言, 若衆生以虛妄而得度者, 我亦妄語。是知事出千巧, 理歸一源, 皆是大慈, 善權方便。或因捨身命而頓入法忍, 或一心禪定而豁悟無生。或了本淸淨而證實相門, 或作不淨觀而登遠離道。或住七寶房舍而階聖果, 或處塚間樹下而趣涅槃。是以塵沙度門, 入皆解脫。無邊敎網, 了卽歸眞。大聖垂言, 終不虛設。譬如涉遠, 以到爲期, 不取途中, 强論難易。

講

세 번째로 설명한 단락이다. 여기서는 도를 닦는 도중에 억지로 어렵고 쉬움을 논하지 말 것을 밝혔다. 결론적으로 말하면, 진실하고 정성스러우며 거짓 없는 마음이 위없는 보리도를 얻는 데 첫째가는 길인 것이다. 『유교경』에 "사특하고 바르지 않은 마음은 도와 어긋난다." 하고, 또한 경에 "곧은 마음[直心]이 바로 도량이다." 한 것처럼, 만약 진실한 정성으로 도를 이루지 않으면 자신을 이롭게 하고 남을 이롭게 하는 마음은 다만 허황한 명리를 탐할 뿐이니, 비록 몸을 태우고 팔을 태우더라도 모두 마구니의 업이라 도를 얻고 부처를 이룰 분수가 없다. 그래서 부처님 말씀을 인용하여 "만약 중생이 허망으로 득도할 자이면 부처님도 또한 허망으로 한다." 하였으나, 이는 정녕 허망으로 이룰 수 없다는 것을 우회적으로 말한 것이다. 그러므로 후학을 가르칠 적에 반드시 진실한 수행과 진실한 깨달음으로 해야 하고, 자신을 속이거나 남을 속여서는 안 된다.

'이로써 事로는 여러 가지 기교를 내었으나 理는 하나의 근원으로 돌아가니, 모두 대자의 선권방편인 줄 알 수 있다' 한 것은, 『화엄경』 「입법계품」에 설한 '갖가지 선교방편으로 중생을 제도하는 일이 보살행 아닌 것이 없고 보살도 아닌 것이 없다' 한 것이다. 또한 「보현행원품」에 "중생에게 마음이 평등하기 때문에 능히 원만한 대비를 성취할 수 있고, 대비심으로 중생을 수순하기 때문에 능히 여래에게 공양함을 성취한다. 만약 중생이 없으면 모든 보살이 결코 무상보리를 이루지 못한다." 한 것이니, 이로써 알 수 있는 것은, 팔만사천 법문이 똑같이 대비 보리심에서 발원하며, 또한 똑같이 여래의 무상정각으로 돌아간다는 사실이다. 몸과 목숨을 보시하여 버리는 것은 올바른 것이기도 하고 삿된 것이기도 하니, 반드시 위로 보리도를 구하고 아래로 중생을 구제하는 것으로 기준을 삼아야 한다.

'혹은 몸과 목숨을 버림으로 인하여 단박에 무생법인에 들어간다' 한 아래 여섯 구절은 예를 들어 증명하였다. 여기서 든 예증은 다음과 같다.

1. '身命을 버림으로 인하여 단박 무생법인에 들어간다' 한 것은, 『법화경』에 "약왕의 전신은 喜見보살인데, 몸을 태워 부처님께 공양한 후에 일체중생의 語言을 아는 다라니를 얻고 단박에 일체 語言의 근본 空性에 들어갔으니, 이 제법 공성은 또한 무생법인이라고도 한다." 한 것이다. 梵文으로는 '阿' 자가 대표니, 阿는 無生의 뜻이고 空의 뜻이다.

2. '일심의 선정으로 무생을 활짝 깨달았다' 한 것은, 『능엄경』에 대세지 법왕자가 설하기를 "제불이 나를 가르쳐 염불삼매(一心禪定)를 닦게 하였다. 부처님을 기억하고 부처님을 생각하면 현전이나 미래에 반드시 부처님을 뵈리니, 방편을 빌리지 않고 저절로 마음이 열림을 얻는다. 나는 본래 因地에서 염불하는 마음으로 무생법인에 들어갔노라. 부처님이 원통을 물으시니 나는 선택 없이 '육근을 모두 섭수하여 청정한 생각이 서로 연이어 삼마지에 들어갔으므로, 이것이 제일이니다' 하고 말하였노라." 한 것이다.

3. '본래 청정함을 알아 실상문을 증득한다' 한 것은, 육조대사가 5조 회상에서 지은 게에 "보리는 본래 나무가 없고, 밝은 거울은 또한 臺가 아니니, 본래 한 물건도 없는데 어디에서 먼지가 일어나랴." 한 것과 같으니, 이것으로 제법실상을 증득하여 조사의 지위를 이었다. 그러므로 『육조단경』에 "어찌 자성이 본래 청정한 줄 기대했겠으며, 어찌 자성에 본래 구족한 줄 기대했으랴." 하였다.

4. '부정관을 닦아 탐애를 멀리 여의는 도에 올랐다' 한 것은, 『능엄경』에 부

처님이 마등가녀에게 "너는 아난의 어디를 좋아하느냐?" 하고 물으니, "저는 아난의 눈과 코와 입과 귀와 소리와 걸음걸이 등, 한 곳도 좋아하지 않는 것이 없나이다." 하고 대답하였다. 그러자 부처님이 그녀에게 응당 부정관을 지어, 안에는 오직 눈물뿐이고, 내지 몸 안에는 냄새나는 똥과 오줌만 있어 깨끗하지 않음을 관하게 하였다. 마등가가 이 가르침을 받들어 행하여, 몸속의 분비물이 부정함을 생각하고서 곧 탐애 등 번뇌를 끊고 아라한과를 증득하였다. 자세한 것은 『불설마등가녀경』에 설한 것과 같다.(대정장경 14권 895페이지)

5. '칠보의 방사에 머물렀으나 성과에 올랐다' 한 것은, 부처님 재세시에 나타화라라는 대부장자가 있었는데, 집에 칠보가 가득하였다. 하루는 부처님을 뵙고 부처님 설법을 듣고는 곧 부모에게 아뢰고 출가할 것을 청했더니, 부모가 허락하지 않자 닷새 동안 절식하였다. 나중에 부모의 허락을 얻어 출가하여 여법하게 수행하여 곧 아라한과를 증득하여 육신통을 갖추었다. 자세한 것은 『나타화라경』에서 설한 대로다.(대정장경 제1권 869~872)

6. '무덤 가운데나 나무 아래 거처하여 열반에 이르렀다' 한 것의 '무덤 가운데'는 요즘의 공원묘지 같은 것이다. 무덤 사이나 나무 아래 주하는 것은 열두 가지 두타 고행[42] 가운데 하나니, 대가섭 같은 이다. '열반에 이르렀다'는 것은, 아라한과를 증득하여 유여나 혹은 무여열반에 들어간 것이다.

'그러므로 먼지나 모래 수만한 바라밀문이' 한 아래 여섯 구절은, 법문이 비

---

42 12두타행을 말함. (1)阿蘭若에 거처함. (2)항상 乞食을 행함. (3)차례로 걸식함. (4)하루 한 끼 밥만을 받음. (5) 한 끼만을 먹되 양식을 절약함. (6)中食 후에는 먹지 않음 (7)떨어진 납의를 입음. (8)오직 三衣만을 가짐. (9)무덤 가운데서 주함. (10)나무 아래 머묾. (11)露地에서 주함. (12)앉아 있기만 하고 눕지 않음.

록 한없이 많으나 결국 일불승으로 돌아간다는 것을 설명하였다. 제불이 중생을 제도하는 법문은 병에 따라 약을 주는 것이니, 중생의 근기만큼이나 부처님의 법문도 한량없다. 그러므로 '먼지나 모래 수만한 바라밀문'이라 하였다. 법에 의해 수행하여 깨달으면 궁극에는 일승의 불과를 얻지 않음이 없으니, 그러므로 '모든 해탈에 들어간다' 하였다.

'教網이 무변하다' 한 것은, 『법화경』「방편품」과 「관음보살보문품」과 같이, 어떤 몸으로 제도할 것인가에 따라 모종의 교법을 설하고 한계가 정해진 것이 없다. 근기와 가르침이 서로 합하고 믿음과 이해로 깨달으면 마침내 제법실상인 일심 이문의 일승 진리로 돌아가니, 그러므로 '마침내 진리로 돌아간다' 하였다.

'대성인께서 하신 말씀은 결코 헛되이 시설한 것이 아니다' 한 것은, 제불의 설법은 반드시 四悉壇의 이익이 있어, 진실하지 않거나 아무 공덕이 없이 절대 허황하지 않다. 『법화경』「방편품」에 "또한 大聖主께서 일체 천상이나 인간들의 마음속에 원하는 것을 아시고, 또한 여러 가지 방편으로 제일의를 밝히시고 … 모든 여래가 무량 방편으로 모든 중생을 제도하여 부처님 무루지에 들어가게 하시니, 법을 듣는 자는 한 사람도 성불하지 않는 자가 없다." 한 것이다.

'비유하면 먼 길을 갈 적에 도착하는 것으로 목적을 삼을 일이지, 도중에 굳이 어렵고 쉽고를 논할 것은 아니다' 한 네 구절은, 먼저 비유를 들었고 나중에는 법에 합하였다. 보살도를 닦는 데는 반드시 성불하는 것으로 목적(期)을 삼을 일이지, 어떤 법문으로 속히 불퇴전지에 이르러 부처님 수기를 얻을 것인지는 논할 것이 아니다. 그러나 성불이 보장되어 있으면 이는 이행도에 속하고 그렇지 않으면 난행도에 속하니, 수행 도중에 어떤 것이 어렵고 어떤 것이 쉬운지를 분별할 것은 아니다. 이를 보면, 정토법문을 '행하기 쉬운 도[易行

道'라 하는 것은 일생에 정토에 왕생하여 불퇴전을 얻어 수기를 받고 부처를 이룬다는 데 있으니, 이것은 도착하는 것으로 기약한 것이지 도중에 굳이 어렵고 쉬움을 논한 것이 아니다.

集

그러므로 약은 가루만 있는 것이 아니요, 하늘은 늘 맑기만 한 것이 아니다. 반드시 환약과 가루약이 조화를 이루고 음과 양으로 겸하여 구제해야 마침내 여러 가지 병이 모두 낫고 만물이 똑같이 무성할 수 있음을 알 수 있다. 모두 다 방편으로 시설한 것이라 실로 정해진 법이 없으니, 좋아하는 것에 따르고 편리하고 유익한 것에 맞추어 오직 도를 증득하는 것만을 취하여 마음(목적)을 삼고, 입문의 거칠고 세밀한 것을 분간하지 마라. 만약 원교의 네 문에 집착을 낸다면 오히려 장교의 처음 문(有門)으로 다스리는 것이 된다. 그러므로 보살이 행하는 단바라밀문은 죄수가 변소 구멍을 통해 감옥을 탈출하는 것과 같고, 병든 자가 더러운 것을 먹고 병이 낫는 것과 같으니, 觀이 아니면 삼독의 병근을 뽑지 못하고, 行이 아니면 삼계의 감옥을 탈출하지 못한다.

『서경』에 "까마귀를 잡는 것은 그물의 한 눈이지만 하나의 눈으로 그물이 되지 못하고, 나라를 다스리는 것은 공이 한 사람에 있으나 한 사람으로 나라를 다스리지 못한다." 하였으니, 그러므로 여러 가지 행이 모두 갖추어지고 만선을 가지런히 닦아야 하나의 행이 근원으로 돌아가고 여러 가지 문이 저절로 바르다. 경에서 십이인연을 밝힌 것이 한 가지 법이니, 네 가지를 평등하게 관하는 자는 네 가지 보리를 얻는다. 만약 오직 상상근인만을 취하면 중·하는 분이 끊어지니, 그러므로 半字敎를 넓혀야 滿字敎를 이루는 공이 있고, 보배가 있는 장소에 이르는 것은 化城의 힘으로 인하니, 어찌 이것을 버리고 저것을 취하여 실교에 집착하여 권교를 비방하며, 기연을 몰록 버리고서 부처님 방편을 멸하 겠는가? 그러므로 "실교로부터 권교를 나누어 시설하니 권은 실의 권이요, 권을 열고 실을 드러내니 실은 권의 실이다. (그러므로) 권과 실 두 문을 미혹하면 지혜가 자재하지 못하다." 하였다.

『대론』에 "중생이 갖가지 인연으로 得度하는 것이 같지 않다. 어떤 이는 선정으로 득도하는 자가 있고, 지계와 설법으로 득도하는 자가 있으며, 광명이 몸에 비춤으로써 득도하는 자가 있으니, 비유하면 성에는 많은 문이 있어서 들어가는 곳이 각기 다르지만, 도착하는 곳은 다르지 않은 것과 같다." 하였다.

故知醫不專散, 天不長晴. 應須丸散調停, 陰陽兼濟. 遂得衆疾同瘳, 萬物齊榮. 皆是權施, 實無定法, 隨其樂欲. 逗其便宜, 唯取證道爲心, 不揀入門麤細. 若於圓敎四門生着, 猶爲藏敎初門所治. 故菩薩所行檀度之門, 如囚, 因厠孔而得出. 似病, 服不淨而獲痊. 非觀, 無以拔三毒之病根. 非行, 無以超三界之有獄. 書云 獲鳥者, 羅之一目, 不可以一目爲羅. 治國者, 功在一人, 不可以一人爲國. 是以衆行俱備, 萬善齊修, 一行歸源, 千門自正. 經明十二因緣是一法, 以四等觀者, 得四種菩提. 若惟取上上根人, 則中下絕分. 故弘半敎, 有成滿之功. 至寶所, 因化城之力. 豈可捨此取彼, 執實謗權. 頓棄機緣, 滅佛方便. 故云從實分(施)權, 權是實權. 開權顯實, 實是權實. 如迷權實二門, 則智不自在. 大論云, 衆生種種因緣, 得度不同, 有禪定得度者, 有持戒說法得度者, 有光明觸身得度者. 譬如城有多門, 入處各別, 至處不異.

講

네 번째로 설명한 단락은, 방편에는 여러 가지 문이 있으나 근원에 돌아가면 두 가지가 없다는 것을 밝혔다. '약은 가루만 있는 것이 아니요, 하늘은 늘 맑기만 한 것이 아니다' 한 것은, 세상 사람들이 알기 쉬운 일을 들어 비유하였다. 무릇 의사가 처방하여 약을 쓰는 데는 환약이나 가루약, 고약이나 탕약 네 가지가 있다. 환약은 여러 가지 약재료를 화합하여 환약을 지으니 '육미지황환', '보제환' 등이다. 가루약은 한 가지나 혹은 여러 가지 약재료를 분말로 갈아 복용하니 '소요산'이나 '감로산' 같은 것이다. 고약에는 두 가지가 있다. 하나는 약을 끓여 탕을 만든 후에 찌꺼기를 버리고 꿀이나 쌀가루를 섞어 고약을 만드니 '비파고' 같은 것이다. 이것은 내복약이다. 또 한 가지는 밖에 바르는 것이니 '풍습지통고'나 '활락고' 같은 것이다. 탕약은 일반적으로 물로 끓여 복용하는 것이다. 무릇 의사는 절대 가루약 한 가지만을 전문적으로 사용하지 않고, 반드시 병의 정황을 살피고 나서 '환·산을 조정하니', 환약을 쓸지 고약을 쓸지 탕약을 쓸지를 적당히 결정한다.

또한, 하늘로 비유하면, 절대 비가 오지 않고 늘 맑기만 하거나, 낮만 있고 밤이 없을 수는 없이, 반드시 밤낮이 서로 이어지고 맑고 비 오는 것이 때에 맞아야 한다. 맑은 것은 양에 속하고 비가 오는 것은 음에 속하니, 그러므로 '음양으로 겸하여 구제한다' 하였다. 이래야만 비로소 여러 가지 병을 모두 치료할 수 있고 만물이 모두 생장하고 무성할 수 있다. 팔만사천 법문으로 중생을 이롭게 하고 제도하는 하는 것도 마찬가지다. 모두 방편('權施')이니 실로 정해진 법이 없다. 의사가 오로지 한 가지 방문만으로 여러 가지 병증을 치료하지 못하고, 하늘은 양만 있고 음은 없을 수 없어서 음양이 조화해야 비로소 만물이 자라는 것과 같으니, 그 이치는 서로 같다.

'오직 도를 증득하는 것만을 취하여 마음을 삼고, 입문의 거칠고 미세한 것을 가리지 마라' 한 것은, 불법의 방편이 비록 많으나 오직 무상보리('道')를 증득하는 것으로 목적('心')을 삼아야 한다. 『법화경』「방편품」에 "삼세 제불이 무수한 방편인 갖가지 인연과 비유로 중생을 위해 제법을 연설하셨으나, 이 법은 모두 일불승을 위하였기 때문이다. 이 중생들이 부처님으로부터 법을 듣고 구경에 모두 일체종지를 얻고, 제불은 다만 보살을 교화하여 부처님 지견을 중생에게 보이고[示] 깨닫게[悟] 하였기 때문이며, 중생이 부처님 지견에 들어가게 [入] 하려 하였기 때문이다." 한 것이다.

또한 지자대사가 『오방편염불문』[43]에서 "불법에 들어가려면 방편이 참으로 많은데, 만약 한 가지 행으로 여러 가지 문이 갖춘 것으로는 염불만한 것이 없다. 일체 현성이 모두 염불로 나시고, 모든 지혜가 모두 염불로 말미암아 있으니, 손쉽게 들어가서 깊은 것을 증득할 수 있는 것은 염불만한 것이 없다. 위대하시다, 세존이시여! 우리들을 위해 하나의 길을 열어 보여 바로 무상보리인 깊고 깊은 법문에 이르게 하시니, 이는 바로 염불이다." 하였다. 이를 보면 수행인의 근기가 같지 않고 동시에 방편도 여러 가지지만 성불은 두 가지가 없고, 여러 가지 방편 중에서 오직 염불 한 문만이 세 가지 근기를 널리 이롭게 하고 예리하거나 둔한 이를 모두 거두어 상·중·하배를 가리지 않고 구경에는 반드시 일생보처(佛)에 들어갈 수 있음을 알 수 있으니, 누가 염불법문을 시골 노파들이나 할 일이라 경시하겠는가!

'만약 원교의 네 가지 문에 집착을 내면 오히려 장교의 초문으로 다스리는 것이 된다' 한 것의 '네 가지 문'은 有·空·亦有亦空·非有非空 네 구절이다. 앞에서 말한 「四敎·四門 간요표」에서 밝힌 대로, 원교는 대체로 非有非空門을 쓴

---

43 五方便念佛門. 1권. 수나라 智顗 지음.『五方便門』, 혹은 『五方便念佛觀門』이라고도 한다. 내용은 염불 五門과 방편에 들어가는 차제 등에 대해 설하엿다. 처음에는 행자가 염불할 때 얕은 것에서 깊은 곳으로 들어가는 차제에 대해 설했으니, 곧 凝心禪, 制心禪, 體眞禪, 方便隨緣禪, 息二邊分別禪이다. 다음에는 圓觀인 얕고 깊은 것이 없는 얕고 깊은 염불 오문이 있게 된 의도와, 방편에 들어가는 차제를 설하고, 다시 대보적경 116권의 一行三昧와 89권의 畫像觀禮文(불상을 그려 붙여놓고 觀하고 예배하는 글)을 들고, 마지막에는 化法四敎에 의해 행자의 염불에 대해 설하였다.

다. 만약 원교 사문에 법집을 내어 법체가 항상 있다고 여긴다면, 이는 장교의 有門('初門')에서 닦는('治') 행법에 속하니, 그러므로 '오히려 장교의 초문에서 다스리는 것이 된다' 하였다. 그러므로 천태종의 원교 십승관법은 최후에 '반드시 법집(法執)을 제거해야 한다' 하였다.

'죄수가 변소 구멍을 통해 감옥을 벗어나는 것과 같다' 한 아래 여덟 구절은, 먼저 비유를 들고 나중에는 법에 합하였다. 비유하면 죄인이 체포되었다가 변소 구멍을 통해 탈출하기 위해, 똥이 묻어 있는 줄 알지만 더러운 것을 마다하지 않고, 또한 병든 사람이 오래 자리에 누워 기존의 여러 가지 약으로는 병이 낫지 않자, 의사가 "자네가 더러운 똥이나 오줌을 먹으면 금방 나을 것이네." 했다면, 환자는 병을 낫기 위해 기꺼이 더러운 것을 먹는 것과 같다. 그러므로 '병든 이가 더러운 것을 먹고 병이 낫는 것과 같다' 하였다. 보살의 수행도 이와 마찬가지로, 아직 二空 眞如에 들어가기 전에는 탐·진·치 등 삼독의 병이 있으니, 삼독을 제거하지 않으면 항상 삼계에 매여 해탈하지 못한다. 옥중 죄인도 병상의 환자와 마찬가지로, 삼독의 병을 끊어 제거하려면 정상적으로는 般若正觀으로 一心三觀이나 五重 唯識觀이나 一眞 法界觀이나 혹은 淨土觀을 써서, 觀으로 말미암아 지혜를 내고, 지혜로 말미암아 미혹을 끊어야 비로소 身見과 我見을 파하고 聖果를 성취할 수 있다. 지금 평등하고 대비한 무아의 마음으로 몸과 목숨을 보시하여 버리는 행을 닦으면, 능히 아집과 법집을 파하고 탐·진·치 삼독을 뽑을 수 있다. 아·법이 공하고 나면 삼독이 제거되어 곧 삼계를 벗어나 생사를 해탈한다. 마치 죄수가 출옥하고 병든 자가 병이 나은 것과 같으니, 어찌 몸을 버리는 것을 싫어하여 깨끗하지 않다거나 좋지 않다고 하면서 꺼려하겠는가! 그러므로 '觀이 아니면 삼독의 병근을 뽑지 못하고, 행이 아니면 삼계의 감옥을 벗어나지 못한다' 하였다.

'『서경』에 …' 한 아래 여덟 구절은 『서경』의 말을 인용하여 증명하였다. '까마귀를 얻는 것과 같다'는 것은 새를 포획하는 것이다. '그물'은 새를 잡기 위해 펴놓은 것인데, 거기에 많은 그물 구멍이 있지만, 새가 날아와 부딪치는 것은 그물의 한 개 구멍이지 전체 그물이 필요치 않다. 또한, 과거 전제군주 시대에는 국왕 한 사람이 나라를 다스리니 국왕 한 사람만이 필요하지만, 그렇다고 나라의 전체 국민이 필요 없는 것은 아니다. 스님은 이것을 빌려 불교를 배우고 수행하는 데는 반드시 여러 가지 보살행과 보살도로부터 해야 하고, 한 가지에 집착하여 다른 것은 버리면 불법이 세상을 교화하고 중생을 교화하는 전체 대용을 잃게 된다는 것을 가르쳤다. 그러므로 이어서 '여러 가지 행을 구비하고 만선을 가지런히 닦아야 한다. 한 가지 행이 근원으로 돌아가면 천 가지 문이 저절로 발라진다' 하였으니, '여러 가지 행'과 '만선'은 보살의 자리이타를 말한 것이다. 크거나 작거나 많거나 작은 것을 막론하고 모두 성불의 因이니, 마치 여러 사람이 있어야 비로소 나라가 되는 것과 같다. 그러므로 반드시 여러 가지를 갖추고('俱備') 가지런히 닦아야('齊修') 하는 것이다. '근원으로 돌아간다'는 것과 '저절로 발라진다'는 것은, 제불의 보리열반을 가리킨 것이다. 하나의 법이나 여러 가지 문을 막론하고 증득하기만 하면 똑같이 불과로 돌아가니, 마치 바다가 여러 가지 물을 거부하지 않는 것과 같다.

'경에서 십이인연을 밝힌 것은 한 가지 법이다' 한 것부터, '중·하는 분이 끊어진다' 한 데까지 모두 다섯 구절은, 十二因緣智를 관하는 한 가지 법을 예하여 보살도 닦음을 설명했으니, 단지 상상근의 지혜만을 취하면 중·하의 근기는 분이 끊어지니 이것은 옳지 않다. 『법화경』「약초유품」에 "성문 대중은 모두 멸도(열반)가 아니거니와 너희들이 행하는 것은 보살도니, 점차 수학하면 모두 반드시 성불하니라." 한 것과 같다. '경'은 『대열반경』「사자후보살품」을 가리키니, 거기서 "십이인연지를 관하는 데는 무릇 네 가지가 있으니, 하나는 下요, 둘은 中이요, 셋은 上이요, 넷은 上上이다. 下智가 관하는 것은 불성을 보지 못하니, 보지 못하기 때문에 성문도를 얻는다. 中智가 관하는 것은 불성을 보지 못하니 보지 못하기 때문에 연각도를 얻는다. 上智가 관하는 것은 보는 것이 분명하지[了] 못하니, 분명하지 못하기 때문에 十住地에 주한다. 上上智가 관하는 것은 보는 것이 분명하니, 그러므로 아눗다라삼먁삼보리도를 얻는다. 이런 뜻으로 십이인연을 '불성'이라 부른다. 불성이란 곧 제일의공이요, 제일의공은 '중도'라 하고, 중도는 곧 '佛'이라 한다." 하였다.

'그러므로 반교를 넓히는 것은' 한 데서부터, '부처님 방편을 멸한다' 한 데까지 모두 여덟 구절은, 권실쌍행의 필요성을 들었다. '반교'는 半字敎니, 예를 들면 '好' 자를 쓰면서 '女' 한 자만을 적는 것과 같다. '成滿'의 '滿'은 滿字敎를 가리키니, '好' 자를 원만하게 써서 모자람이 없는 것과 같다. 부처님이 五陰, 六入, 十八界 등의 차별을 설한 것을 '반자교'라 하고, 중생이 모두 불성이 있어 차별이 없다고 설한 것을 '만자교'라 한다. 삼승법은 성불의 전방편이니, 『법화경』「비유품」에서 오백 유순 앞에 삼백 유순을 시설한 것이 化城이다. 삼승의 방편을 닦음으로 인하여 구경의 불과를 얻으니, 그러므로 '반자교를 넓힘으로 해서 만자교를 이루는 공이 있고, 보배가 있는 장소에 이르는 것은 化城의 힘에 인한 것이다' 한 것이다.

우리는 불교를 배우면서 중생의 오음, 육입, 십팔계를 버리고 다른 곳에서 불성을 찾아서는 안 되며, 또한 보배가 있는 장소에 집착하여 화성을 비방해서도 안 된다. 가령 반자나 만자, 화성이나 보소가 하나도 아니고 다르지도 않다는 것을 모르면, 반드시 권실을 쌍행하지 않고 중생을 제도하는 기연을 버리고 불법의 방편을 훼멸하니, 이것은 보살도를 수행하는 자가 반드시 해서는 안 되는 일이다.

'그러므로 실에서 권을 나누고' 한 것부터, '지혜가 자재하지 않다' 한 데까지 모두 여섯 구절은, 권과 실이 둘이 아닌 까닭을 설명하였다. '실'은 理實, 敎實, 人實, 行實을 가리킨다. '이실'은 '일체 중생이 모두 불성이 있어서 반드시 성불하리라' 한 것이다. '교실'은 '오직 일불승만 있고 둘도 없고 또한 세 가지도 없다' 한 것이다. '인실'은 '제불여래는 오직 보살을 교화할 뿐, 성문 제자가 없다' 한 것이다. '행실'은 '너희들이 행하는 것은 보살도니 점점 수학하면 모두 반드시 성불하리라' 한 것이다.

'권'은 방편을 가리킨다. 선, 악, 무기 삼성의 차별을 설한 것은 理權이요, 삼승이 다른 교법을 설한 것은 敎權이며, 오승의 불제자가 있음을 설한 것은 人權이요, 오승의 수증 방법을 설한 것은 行權이다. '실로부터 권을 나눈다' 한 것은, 중생의 삼성이 곧 불성의 삼성임을 말했으니, 교, 인, 행도 마찬가지다. '권을 열어 실을 드러낸다' 한 것은, 깨달음을 열어 증득을 밝힌[開悟顯證] 중생의 삼성은 당체가 곧 불성이니, 교, 인, 행도 마찬가지다. '실은 권의 실이다' 한 것은, 불성이 곧 중생의 삼성인 본래부터 청정한 자성임을 말했으니, 교, 인, 행도 마찬가지다. '만약 권·실 두 문을 미혹하면 지혜가 자재하지 않다' 한 것은, 권과 실이 비록 하나도 아니고 또한 다르지도 않지만, 만약 미혹하여 알지 못하면 중도의 지혜가 없어, 그렇게 되면 무릇 수행하는 것이 능히 자재하여 원만 무애하지 않다.

'대론에 …' 한 아래는 『대지도론』을 인용하여 증명하였다.

集

일반적으로 '반야의 공이 깊다'고 말한 건, 그러나 반야는 성인을 잉태하고 현인을 키워 신령함을 품고 미묘함을 간직하니, 이것(반야심, 자성청정심)을 표명하면 宗이 되고 우두머리가 되고 안내자가 되고 의지처가 되지만, 이를 융합하면 눈앞의 경계가 모두 空이어서 반야 아닌 것이 없다. 그러므로 경에 "색이 무변하기 때문에 반야가 무변하다." 하고, 『조론』에는 "三毒과 四倒[44]가 모두 청정한데 어찌 유독 반야만을 우러러보고 청정하게 여기겠는가?" 하였으니, 지금 어찌 취하고 버려 허공을 숨기고 그림자를 피하려 하겠는가!

所言般若功深者, 然般若孕聖弘賢, 含靈蘊妙。 標之則爲宗爲首, 爲導爲依。 融之則觸境皆空, 無非般若。 故經云, 色無邊故, 般若無邊。 肇論云, 三毒四倒, 皆悉清淨, 何獨尊淨於般若。 今何取捨而欲逃空避影乎。

講

다섯 번째로 설명한 단락이다. 여기서는 불도를 이루고자 하면 반야만을 유독 존귀하게 여겨 취하거나 버리는 마음이 있어서는 안 된다는 것을 설하였다. '반야의 공이 깊다'는 것은, 일반적으로 반야만을 중히 여기는 불자들이 말한 것을 가리킨다. '성인을 잉태하고 현인을 키운다'는 것은, 般若 觀智로 말미암아 삼승의 성현을 출생한다는 것을 말하였다. 경에서 "삼승이 모두 空을 관함으로 말미암아 득도하였다." 한 것이다. 空을 관하는 것은 곧 반야지의 공용이니, 그러므로 '반야의 공이 깊다' 하였다. '신령함을 품고 미묘함을 간직하였다' 한 것은, 반야가 靈妙(신령하고 미묘함)하고 불가사의함을 말하였다. 왜냐하

---

44 중권, 주 5) 참조.

면, 般若心은 본래 靈靈覺覺하고 心般若는 법계의 묘상을 구족하기 때문이다. 여기서는 경 제목[반야심경]을 종합적으로 해석하였으니, 모든 대승경에서 반야심(自性淸淨心)을 표하여 만법의 宗을 삼고 만행의 우두머리를 삼으며, 모든 보살이 성불하는 행이 모두 반야심으로 의지처를 삼고 인도자로 삼았다.

『대지도론』에 "다섯 바라밀은 눈먼 자와 같고, 반야는 인도자와 같다." 하고, 『반야심경』에 "보리살타(보살)가 반야바라밀다에 의거하기 때문에 마음에 걸림이 없고 … 삼세 제불도 반야에 의거하기 때문에 위없는 보리를 얻었느니라." 한 것이다. 왜냐하면, 반야는 청정한 마음으로 본체를 삼고, 경계를 비추는 것으로 작용을 삼기 때문이다. 반야는 맑고 깨끗한 거울 빛에 비유할 수 있으니, 맑은 거울에 의거하는 것이 본체이고, 만상을 비추는 것이 작용이다. 이와 같은 본체와 작용이 하나도 아니고 다르지도 않아서 부합하지도 않고 여의지도 않는다. 청정한 마음의 본체를 '반야심'이라 부르니 곧 시간적으로 다함이 없고 공간적으로 두루하며, 청정한 마음의 작용을 '심반야'라 부르니 곧 원융하고 두루하여 어떤 한 법도 반야 아닌 것이 없다. 『중론』에 "인연으로 난 법을 나는 '空'이라 하느니라." 한 것과 같으니, 그러므로 '**이를 종합하면 눈앞의 경계가 모두 공이라, 반야 아닌 것이 없다**' 하였다. 그러므로 스님이 지은 『종경록』에서는 일심을 세워 宗(體)를 삼고 만법을 비추는 것으로 작용을 삼았다.

스님은 경론에서 설한 것을 인용하여, 제법은 무변하고 반야도 역시 무변하며, 법성이 본래 청정하니 반야만이 유독 청정한 것이 아니다. 그러니 반야만을 홀로 높여 취하거나 버리는 마음을 가져서는 안 된다고 우리를 가르쳤다. 당나라 혜충 국사가 지은 『心經序說』에 "법성이 무변하거늘 어찌 마음으로 제도함을 빌리며, 진여는 相이 아니거늘 누가 언어로 설명함을 빌리랴. 그러므로 중생은 광대하여 다함이 없고 법의 바다는 아득하니 어디가 끝이랴. 만약 널리 문자와 뜻을 찾는다면(取) 마치 거울 속에서 모양을 구하는 것과 같고, 다시 생각을 쉬고 공을 관하면(捨) 태양 아래서 그림자를 도망하는 것과 같다." 하였다. 그러므로 '지금 어찌 취하고 버려 허공을 도망하고 그림자를 피하려 하겠는가?' 하였다.

集

또한 제불의 비밀스런 뜻은 요지를 분명히 밝히기 어렵다. "빈주먹으로 어린 아이를 속이듯이 모든 이를 꾀어 인도하였네. 결정된 법이 없으니 그러므로 '대보리'라고 부르네." 하니, 반야에는 집착을 타파하는 공덕이 있기 때문에 교에서 유독 이를 찬탄한 줄을 알지 못하고, 도리어 말에 따라 견해를 내니, 그러므로 약방문에 의해 미혹한 것이다. 그러므로 반야는 능히 만행을 인도하는 줄 알 수 있으니, 만약 만행이 없으면 반야가 어떻게 행하겠는가? 간장이나 소금만을 먹으면 맛을 잃고 병이 나듯이, 오로지 쏟만 안고 단견에 집착하면 지혜를 상실하고 허물을 이룬다.

『대지도론』에 "제석이 생각하기를 '만약 반야가 구경법이라면 수행하는 사람이 반야만을 행할 것인데, 어찌 여타의 법이 필요하겠는가?' 하니, 부처님이 '보살의 육바라밀에서 반야바라밀로 무소득법을 써서 화합하니, 그러므로 이것이(육바라밀) 곧 반야바라밀이다. 만약 반야만을 행하고 다른 법은 행하지 않으면 공덕이 구족하지 않아 아름답지 않고 미묘하지 않다. 비유하면 어리석은 사람이 (여러 가지) 밥과 반찬 종류가 갖추어져야 함을 알지 못하고, 간장이 여러 맛의 주인이라는 말을 듣고는 순전히 간장만을 마셔 맛을 잃고 병이 들고 마는 것과 같다. 수행하는 자도 마찬가지다.

집착하는 마음을 제거하고자 단지 반야만을 행하면 도리어 사견에 떨어져 능히 善法을 증진하지 못하거니와, 만약 다섯 바라밀과 화합하면 공덕이 구족하여 뜻의 맛이 고르고 적당하다." 하고 대답하였다. 『楞伽山頂經』에 "보살의 빠른 도에 두 가지가 있으니, 첫째 방편도는 능히 인연이 되고, 둘째 반야도는 능히 적멸에 이를 수 있다." 하였다.

그러므로 반야에 방편이 없으면 무위의 구덩이에 빠지고, 방편에 반야가 없으면 환화의 그물에 떨어진다. 二輪(반야와 방편)이 막히지 않아야 하나의 도가 부족하지 않고, 권과 실을 쌍으로 행해야 正宗이 비로소 드러난다. 주하되 주하는 바가 없어야 佛事를 겸수할 수 있고, 얻어도 얻은 바가 없어야 지혜의 마음이 항상 고요할 수 있다.

且諸佛密意, 詮旨難裁。空拳誑小兒, 誘度於一切, 無有決定法, 故號大菩提。不知般若有破着之功, 敎中偏讚。卻乃隨語生見, 是以依方故迷。故(知)般若能導萬行, 若無萬行, 般若何施。偏噉醬而飮鹹, 失味致患。專抱空而執斷, 喪智成愆。智論云, 帝釋意念, 若般若是究竟法者, 行人但行般若, 何用餘法。佛答, 菩薩六波羅蜜, 以般若波羅蜜, 用無所得法和合故, 此(六度)卽是般若波羅蜜。若但行般若, 不行餘法, 則功德不具足, 不美不妙。譬如愚人, 不識飯食量具(諸味具足), 聞醬是衆味主, 便純飮醬, 失味致患。行者亦如是, 欲除着心故, 但行般若, 反墜邪見, 不能增進善法, 若與五波羅蜜和合, 則功德具足, 義味調適。楞伽山頂經云, 菩薩速疾道有二, 一方便道者, 能爲因緣。二般若道者, 能至寂滅。是以般若無方便, 溺無爲之坑。方便無般若, 陷幻化之網。二輪不滯, 一道無虧。權實雙行, 正宗方顯。住無所住, 佛事所以兼修。得無所得, 智心所以恒寂。

講

여섯 번째로 설명한 단락이니, 二輪(반야와 방편)에 막히지 않아야 하나의 도가 모자람이 없고, 권과 실을 쌍으로 행해야 正宗이 비로소 드러난다는 것을 전체적으로 밝혔다.

'제불의 비밀스런 뜻은 요지를 헤아리기 어렵다'는 것은, 제불의 言敎와 身敎는 모두 비밀스럽고 불가사의하여 事理('詮旨')를 구체적으로 설한다면 중생은 실로 식별('裁')하기 어렵다는 것을 말하였다. 『법화경』「방편품」에 "제불의 지혜는 깊고 깊어 한정이 없고, 그 지혜의 문은 이해하기 어렵고 들어가기도 어려워, 모든 성문 벽지불은 능히 알지 못한다. 왜냐하면, 부처님이 일찍이 무수한 제불을 가까이 하여 제불의 무량한 도법을 행하여 용맹정진하여 깊고 깊은 미증유법을 성취하여 근기에 따라 설한 것이기 때문에 뜻을 알기 어려운 것이다." 한 것이다.

'빈주먹으로 어린애를 속인다' 한 아래 네 구절 게송은, 법은 일정한 법이 없어서 모두 병에 응해 약을 준 것이니, 반드시 집착을 내서는 안 된다는 것을 밝혔다. 『중론』에 "제불이 空法을 설한 것은 有見을 치료하기 위함이니, 만약 공에 집착한다면 제불이 교화하지 못한다." 하고, 『법화경』「방편품」에 "부처님이 사리불에게 '나는 성불한 이후로 갖가지 인연과 비유로 널리 言敎를 연설하여 무수한 방편으로 중생을 인도하여 여러 가지 집착을 여의게 하였다'" 한 것이다.

'반야는 집착을 타파하는 공이 있다' 한 것부터, '반야가 어찌 행하겠는가' 한 데까지 모두 일곱 구절은, 반야의 공용은 중생의 갖가지 집착을 타파하는 데 있으니, 그러므로 모든 경교에서 반야만을 중히 여겨 곳곳에서 반야를 찬탄하였던 것이다. 경에서 "반야가 나면 제법이 나지 않으니, 이것이 바로 무생이다." 하고, 또한 "반야는 큰 불덩이와 같아서 사방으로 능히 접촉할 수 없으니, 접촉하면 불타고 만다." 한 것이다.

불교를 배우는 보살이 이를 알지 못하고 도리어 경문('語')에 따라 법집 견해를 낸다면 이는 약에 집착하여 병이 되고 만 것이라, 말에 의지하고 뜻에 의거하지 않았으니 四依法[45]의 법칙을 위배한 것이니, 반드시 정도를 미혹하고 잃어버린다. 그러므로 '약방문에 의지하기 때문에 미혹한다' 하였다. 그러므로 반드시 알아야 할 것은, 반야는 비록 만행을 인도하여 불과에 나아가게 하지만, 만약 만행이 없으면 반야는 또한 무슨 필요가 있겠는가 하는 점이다.

'간장이나 소금만을 먹는 것과 같다' 한 아래 네 구절은, 먼저 비유를 들고 나중에는 법에 합하여 반야만을 독존하는 것은 지혜가 없는 어리석은 사람이라('喪智'), 반드시 큰 과실이 있다('成愆')는 것을 밝혔다.

'智論에 …' 한 것부터, '뜻의 맛이 고르고 적당하다' 한 데까지는『대지도론』에서 설한, 오로지 간장만을 마시는 고사를 인용하여, 반야만을 독존('但行')하면 도리어 사견을 이루어('墜') 능히 선법에 증진하지 못하니 이는 옳지 않다는 것을 밝혔다. 반드시 空과 有에 무애하여, 반야를 행할 뿐만 아니라 반야와 그 외에 다섯 가지 바라밀과 화합하여 닦으면, 복덕과 지혜 공덕이 모두 원만함을 얻는다. 예를 들면 풍미한 음식은 三德六味[46]가 구족하니, 모두 배합이 적당해야 위로 시방불께 공양하고 가운데 모든 성현을 받들며(上求佛道), 아래로 육도 중생들에게 미칠 수 있는 것이다(下化衆生).

'『능가산정경』에 말씀하기를' 한 데서부터, '능히 적멸에 이를 수 있다' 한 데까지는,『능가경』에서 설한 것을 인용하여 방편과 반야는 보살이 빨리 성불

---

45 수도자가 의지해야 할 네 가지 정법. 네 가지 의지해야 할 것과 네 가지 의지하지 않아야 할 것을 포함하였다. (1) 법에 의지하고 사람에 의지하지 않음. (2) 了義經에 의지하고 不了義經에 의지하지 않음. (3) 뜻에 의지하고 말에 의지하지 않음. (4) 智에 의지하고 識에 의지하지 않음.
46 三德은 첫째는 輕軟, 둘째는 淨潔, 셋째는 如法. 六味는 苦(쓰다)·醋(시다)·甘(달다)·辛(맵다)·鹹(짜다)·淡(싱거움) –『대반열반경』1. 法義를 밝힘

할 수 있는 二輪의 수레('二道')니, 한 가지도 모자라서는 안 된다는 것을 증명하였다. 『대지도론』에도 "반야가 장차 필경공에 들어가려면 모든 희론이 끊어지고, 방편이 장차 필경공에서 나오면 국토를 장엄하고 중생을 성숙하게 한다." 하니, 국토를 장엄하고 중생을 성숙하게 하는 것은 능히 인연이 되니 곧 심생멸문이요, 모든 희론을 끊고 능히 적멸에 이르는 것은 곧 심진여문이다. 일심 이문은 본래 이것이 있으므로 저것이 있어서, 절대 이것은 있고 저것은 없을 수가 없다.

'그러므로 반야에 방편이 없으면' 한 아래 열두 구절은, 스님이 하신 여러 가지 설명 후의 결론이니, '보살은 반드시 공과 유에 집착하지 않아야 한다('不滯'). 공에 잡착하거나 유에 집착하면 모두 보살행이 아니요 보살도가 아니다. 반드시 중도를 행해야 하니, 그러면 만행이 모자람이 없다' 하는 것을 보였다. 그러므로 '하나의 도가 모자람이 없다' 하였다. '쌍행'은 치우치지도 잃지도 않는 것이요, '정종'은 무상정등정각의 종지다. '비로소 드러난다'는 것은, 곧 무상보리는 반드시 二輪이 막히지 않는 가운데서 비로소 드러나 증득하는 것이다. '무위의 구덩이에 빠진다'는 것은 방광도인과 공견외도니, 선종에서는 이를 '썩은 물, 캄캄한 동굴'이라 표현하였다.

'환화의 그물에 걸린다'는 것은 가짜를 진짜로 여기는 일반 범부니, 불법은 이를 '꿈속의 사람'이라 부른다. '주하되 주하는 바가 없다'는 것은, 『금강경』에서 말한 "응당 주한 바 없이 그 마음을 내어야 한다." 한 것이니, 주함 없이 마음을 내어 육도만행을 닦기 때문에 '불사를 겸수할 수 있다' 하였다. '얻되 얻은 바가 없다'는 것은 『심경』에서 설한 "智도 없고 또한 얻음도 없어서, 얻은 바가 없기 때문에 보살이 반야에 의거하고, 그 때문에 마음에 걸림이 없고 걸림이 없기 때문에 공포가 없어 멀리 전도몽상을 여의고 열반을 통달한다(구경).”한 것이다. 또한『대열반경』「범행품」에 "보살은 실로 얻은 바가 없으니, 얻은 바가 없는 것은 '지혜'라 하고 '대열반'이라 한다. 보살이 대열반에 안주하면 일체 제법의 性相을 보지 않으니, 그러므로 '얻은 바가 없다'고 한다."한 것이니, 그러므로 '지혜의 마음은 항상 고요하다' 하였다.

기 4. 두 번째 질문과 답

集

문 : 교에서는 몸이 無我임을 관하게 하고 본래 無生임을 알게 하였습니다. 이미 자성이 공함을 알았다면 어찌 身見이 존재하건대 망상으로 버리려(보시하려) 하겠습니까?

問. 敎祇令觀身無我, 了本無生, 旣達性空, 何存身見, 而欲妄想, 仍須捨乎。

講

여기서 질문은 장교와 통교의 설에 의해, "사대 오온의 몸을 관하건대, 거짓으로 화합하여 본래 내가 없고[無我], 인연이 화합하여 태어나되 본래 남이 없으니[無生], 이미 태어남이 없고 내가 없음을 알았다면 어찌 '내 몸'이라는 소견이 존재하건대, 이러한 망상으로 몸과 목숨을 보시하여 버리는 행위를 하겠습니까?"한 것이다. 이는 眞空만을 알고 妙有는 알지 못해 반야만을 독존하고 나머지 행은 폐기하는 집착의 소견이다. 스님의 뒤 문장에 "저 보리를 장애하고 자신의 善本을 멸해서는 안 된다."했듯이 우리들은 스님의 答釋을 보고 갈림길에 잘못 들어가 법을 비방하는 죄인이 되지 말아야 한다.

> 集

답 : 理는 有가 아니요 事는 無가 아니니, 인연으로 인하여 幻生하여 비록 짓는 자가 없어서 선과 악이 자성이 없으나 業果가 분명하다.

　무시이래로 무수한 몸을 상실했으나 다만 상속하여 生을 함께할 뿐 아무 이익 없이 죽었고, 지금 부모의 유체를 버리니 어찌 자기 몸이겠는가. 만약 잠시라도 계·정·혜 등과 미묘한 善心을 원만히 닦는다면 비로소 진실한 자기 몸이다. 지금 버리는 것은 바로 인연으로 난 것이지만 事 중에서 또한 이익을 위해 죽는다.

　더욱이 바로 무명번뇌에 처하여 三障과 二死에 얽매이니, 어찌 空을 설하며 누가 반드시 믿겠는가? 그러므로 불법의 중요한 것은 행하고 지키는 데 있으니, 한때 말재주를 취하지 말라. 마치 벌레가 나무를 갉아 먹고 우연히 글자를 만든 것과 같고, 새가 허공을 말하나 전혀 그 뜻이 없는 것과 같다. 번뇌가 줄지 않으면 아만이 도리어 증식하니, 이는 惡取의 삿된 공이지 정법을 잘 통달한 것이 아니다. 반드시 진제를 직접보고 말과 행동이 상응해야 한다. 거짓말이나 거친 마음만을 쫓는다면 어찌 (제불보살의) 보이지 않는 행동이나 미묘한 작용을 살필 수 있겠는가.

答. 理中非有, 事上非無。從緣幻生, 雖無作者, 善惡無性, 業果宛然。從無始際, 喪無數身, 但續俱生, 無利而死。今捨父母遺體, 豈是己身。若一念圓修戒定慧等, 微妙善心, 方眞己體。今所捨者, 乃是緣生, 然於事中, 且爲利益而死。況正當無明煩惱, 三障二死所纏, 何乃說空, 誰當信受。是以佛法貴在行持, 不取一期口辯。如蟲食木, 遇得成文。似鳥言空, 全無其旨。煩惱不減, 我慢翻增。是惡取邪空, 非善達正法。須親見諦, 言行相應。但縱妄語麤心, 豈察潛行密用。

> 講

여기 답은, 중생의 몸은 理에서 보면 자성이 空하지만(非有), 事에서는 여전히

緣生인 體相이 있다(非無). 理는 심진여문이요 事는 심생멸문이다. 일심 이문은 有가 아니고 無도 아니니[非有非無], 이것이 바로 중도실상이다. 그대 말대로, 敎에서는 몸이 무아임을 관하게 하였지만, 이는 장교나 통교에 의한 것이다. 지금 이 책에서 논한 것은 空과 有가 둘이 아닌 원교의 중도 법문인데, 그대는 어찌 무아에 집착하여 구경요의라 하는가? 반드시 알 것은, 부처님 일대시교에서 설한 것은, 인연으로 난 제법은 환과 같아서 실체가 없지만, 十如是를 잃지 않아서 여시 선·악·무기 三性과, 내지 여시 力·作·因·緣·果·報·本末究竟이 있다는 점이다('業果宛然'). 그대는 어찌 그중 하나만 알고 둘은 모르고서 함부로 사견을 내어 정법을 비방하는가! 한 것이다.

'무시이래로' 한 것부터, '또한 이익을 위하여 죽는다' 한 모두 열세 구절은, 중생이 몸을 버리는 것은 기러기 털과 같이 가벼운 것도 있고 태산보다 무거운 것도 있으니, 응당 버리고 취할 것을 잘 알아야 한다는 것을 말하였다. 우리가 눈을 들어 눈앞의 중생을 보면, 누가 예로부터 생사에 윤회하여 지금에 이르지 않은 이가 있는가? 수많은 생사 가운데서 무수한 몸과 목숨을 상실하여 죽고 죽고 태어나고 태어나서 상속하여 멈추지 않지만('但續俱生'), 자타가 모두 아무 이득이나 보람이 없다('無利而死'). 심지어 악업을 지어 남을 해치고 자신을 해쳐서 삼도의 악보를 초래하여 고통에서 다시 고통에 들어가고 어둠에서 다시 어둠으로 들어가니, 언제나 몸이 공하여 급제할 수 있겠는가!

이와 같이 육도에 윤회하여 몸을 버리는 것은 가볍기가 기러기 털과 같으니, 추호도 가치가 없다. 지금은 다행히 사람 몸을 얻었고 다행히 원교 법문을 듣고 일념으로 三學을 원만히 닦는다. 어떤 때는 부처님 은혜와 법의 은혜를 갚기 위해, 혹은 중생을 제도하기 위해, 아름다운 善心을 내어 인연으로 난 환과 같은 부모가 남겨준 몸을 버려 만고에 변함없는 청정 법신을 증득하니, 이것은 有爲의 事相과 일심의 생멸문 가운데서 똑같이 몸을 버리는 것이기는 하지만, 자신을 이롭게 하고 남을 이롭게 하는 것이다. 이와 같이 몸을 버리는 것은 무겁기가 태산보다 더하여 찬탄을 받을 만한 충분한 가치가 있다.

'더욱이 바로 무명번뇌에 처하여' 한 것부터, '어찌 잠행과 밀행을 살피겠는가' 한 모두 열여덟 구절은, 모든 불제자에게 입으로는 공을 설하면서도 행동은 유 가운데 있어서는 안 되고, 반드시 진실하게 수행하고 진실하게 증득하여 말과 행동이 서로 부합해야 한다는 것을 가르쳤다. 중생이 비록 위없는 보리심을 발할 수는 있으나, 아직 무명을 타파하지 못하고 법신을 증득하지 못했다면, 모두 무명번뇌의 그물 속에 있고('當') 혹·업·보 삼장과, 분단·변역 두 가지 생사에 얽매인다. 비유하면 술주정뱅이가 '나는 술 취하지 않았다' 하고 다시 술을 마시면서, 반드시 죽은 사람과 같은 지경이 돼야 비로소 그만두는 것과 같이, 중생이 도를 닦는 것도 마찬가지로 온몸이 청정하지 않으면서 이를 청정이라 하고, 아직 증득하지 않았으면서 증득했다 하며, 얻지 못했으면서 얻었다고 말하면서, '모양이 없다[無相]'거나, '태어남이 없다[無生]'거나, '내가 없다[無我]'거나, '몸이 없다[無身]'고 큰 소리로 말하지만, 이는 남을 위해 남의 보배를 세는 것이라 자신에게는 반 푼어치의 돈도 없으니, 그 누가 귀기울여 그들이 말하는 것을 믿겠는가!

『능엄경』에서 부처님이 아난에게 "모든 비구들이 의발 외에는 分寸만한 것도 남겨두지 않고, 걸식한 것을 남겨 주린 중생에게 주며, 대중이 모인 곳에 합장하고 예배하며, 다른 이가 때리고 꾸짖는 것을 칭찬하는 것 같이 하며, 반드시 몸과 마음을 모두 버려 몸과 살과 뼈와 피를 중생들과 함께 하며, 여래의 불요의설을 제 뜻대로 해석하여 초학을 그르치지 않으면, 이 사람은 眞三昧를 얻으리라고 부처님이 인가하느니라. 지금 내가 한 말과 같으면 부처님 말이라 하고, 이런 말과 같지 않으면 파순의 말이라 하느니라." 하고, 또한 "만일 大妄語를 하면 삼마지가 청정치 못하고 愛見의 魔를 이루어 여래의 종자를 잃어버리나니, … 내가 비구들을 가르치되 直心이 도량이라 하며 四威儀의 모든 행동 가운데서 조금도 虛假함이 없게 하였는데, 어떻게 上人法을 얻었노라 자칭하겠느냐. 마치 가난한 사람이 제왕이라 망칭하여도 죽임을 당하거든 하물며 어떻게 법왕이라 망칭하겠느냐. 因地가 참되지 못하면 과보가 거짓 되리니 부처님의 보리를 구하려 하면서 어떻게 성취할 수 있겠느냐?(대정장경 19권 132페이지 중하)" 한 것과 같다.

'그러므로 불법의 소중한 것은 행하고 지키는 데 있으니, 한때의 말재주를 **취하지 마라**' 한 두 구절은 불교를 배우는 요결이며, 또한 수행하여 깨달음을 얻은 자가 경험한 말씀이다. 요즘은 일부 지식인이 불법을 일반 학문으로 연구하고, 심지어 아무 근거 없는 조그만 고증으로 어떤 경전은 佛說이 아니니, 이것은 후인이 지은 것이니 하고 말한다. 자신에게 일점의 수행이나 깨달음, 조그만 공덕이나 선행이 없이, 도리어 옛 성인이나 선현, 그리고 삼장 교법을 평론하니, 이것은 진정 있을 수 없는 일이다. 반드시 알 것은, 불법은 우주 만유를 포용하는 한편, 또한 의식 분별을 끊는 것임을 알아야 한다!

한 글자 한 구절도 제불 보살이 실행하고 지켜 법성을 깨달음으로써 교법을 시설하였으니, 일반적인 과학이나 철학이나 문학이 다만 부분적으로 참된 의미가 있는 것과는 다르니, 이것들은 제법의 실상이 아니다. 그러므로 응당 한때의 말재주를 취해서는 안 되고, 응당 뜻에 의지하고 말에 의지하지 말며, 요의에 의지하고 불요의에 의지해서는 안 된다. 그러므로 『열반경』 「四依品」에 "응당 어떤 말들을 의지해서는 안 되는가? 이른바 논리가 화려한 문장이나, 탐내어 만족이 없는 말이나, 간사하고 아첨하는 말이나, 거짓으로 꾸미고 친근하게 아부하는 말이나, 번지러하게 이익을 구하는 말이나, 속인을 꼬여 부역하게 하는 따위의 말은 응당 의지해서는 안 된다.(대정장경 12권 642페이지 중)" 하였다.

우리는 반드시 스님의 언행으로 구감을 삼아야 한다. 그는 매일 염불 십만 번을 부르고 아울러 백여덟 가지 불사를 행했으니, 行願을 가지고 자신이나 다른 사람을 모두 유익하게 하여 잠깐도 시간을 허비하지 않았다. 참으로 상정진보살이라 할 만하다.

이것은 송나라 文冲(永平 道者山 大雲峯禪寺 嗣祖居幻 沙門 釋文冲) 스님이 편집한 『慧日永明寺智覺禪師自行錄』에 근거하여, 일반 불자들이 행하고 지닐 만한 마흔아홉 가지를 뽑아 아래와 같이 적었으니, 불자들은 깊이 눈여겨보고 따라 행하기 바란다. 자세한 세목을 보고자 하는 분은 卍字속장경 3책 153~165페이지까지 읽어보시기 바란다. (부록 6에 전문을 수록하였으니 읽어보시기 바랍니다)

1, 법화당을 세워 정토를 장엄하였다. 2, 밤낮으로 널리 법계 중생을 대신해 법화참을 닦았다. 3, 항상 안양의 정업을 닦아 널리 법계 유정과 함께 극락에 왕생하는 데 회향하였다. 4, 어떤 때는 좌선하며 일체중생과 함께 禪智에 들어갈 것을 널리 발원하였다. 5, 밤마다 상당 설법하여 널리 시방 禪衆과 법계 유정을 위해 함께 心宗인 일승묘지를 깨닫게 하였다. 6, 매일 『법화경』 한 부씩을 염송하며 위로는 네 가지 큰 은혜를 갚고 아래로는 삼도의 고통 받는 중생을 제도하였다. 7, 매일 『심경』 8권을 외웠다. 8, 매일 『화엄경』 「정행품」을 읽으며 이 문장에 의해 140가지 대원을 발하였다. 9, 대비주를 항상 외우며 널리 중생을 위해 육근의 죄업장을 참회하였다. 10, 글귀가 첨가된 『불정존승다라니』를 항상 외웠다. 11, 널리 중생

을 위해 밤낮으로 삼보에 귀명경례하였다. (불보에 예배하는 게 : 稽首圓滿遍知覺 寂靜平等本眞源 相好嚴特非有無 慧光普照微塵刹. 법보에 예배하는 게 : 稽首湛然眞妙法 甚深十二修多羅 非文非字非言宣 一音隨類皆明了. 승보에 예배하는 게 : 稽首淸淨諸賢聖 十方和合應眞僧 執持禁戒無有違 振錫攜瓶利含識.) 12, 매일 널리 중생을 위해 석가불의 진신사리보탑에 예배하였다. 13,「大乘悲智六百願文」을 스스로 지어 매일 널리 중생을 위해 발원하고 예배하였다. 14, 새벽에 화상 본사인 석가불께 예배하고, 널리 중생이 삼보를 계승 선양할 것을 발원하였다. 15, 새벽에『법화경』에 예배하며 중생이 똑같이 법화삼매를 증득해 모두 미륵정토에 왕생하기를 널리 발원하였다. 16, 새벽에 문수보살에 예배하고 중생이 근본지를 얻기를 널리 발원하였다. 17, 새벽에 널리 중생을 위해 아미타불을 머리에 이고 행도하였다. 18, 새벽에 석가모니불을 돌고 염하며 부처님을 이어 寂滅忍 이루기를 발원하였다. 19, 새벽에 문수보살을 돌고 염하며 無性 妙慧를 이루어 법왕자가 되기를 발원하였다. 20, 午時(오전 11시부터 오후 1시까지)에 아미타불께 예경하였다. 21, 오시에『화엄경』에 예배하였다. 22, 오시에 보현보살께 예배하였다. 23, 오시에 관음보살을 머리에 이고 행도하였다. 24, 오시에 보현보살을 돌며 염하였다. 25, 황혼 때는 당래하생 미륵존불께 예배하였다. 26, 황혼에는『대반야경』에 예배하였다. 27, 황혼에는 시방 법계의 일체 보살께 예배하였다. 28, 황혼에 석가모니의 分身佛을 돌며 예배하였다. 29, 황혼에 관음보살을 돌며 예배하였다. 30, 初夜(밤 8시부터 10시까지)에 관음·세지와 청정대해중 보살께 예배하였다. 31, 中夜(한 밤중)에는 지장보살께 예배하였다. 32, 後夜(밤 12시 이후의 밤)에는 약사유리광불께 예배하였다. 33, 새벽에 널리 중생을 위해 大乘六念을 수지하였다. (六念은, 佛을 염하며 불신 이루기를 발원하고, 法을 염하며 법륜 굴리기 발원하며, 僧을 염하며 대중을 보호하고자 하며, 戒를 염하며 여러 가지 원을 원만히 하고자 하며, 보시를 염하며 모든 번뇌를 버리며, 天을 염하며 天中天인 일체종지를 원만히 하고자 하였다.) 34, 밤낮으로 널리 중생을 위해 시방 삼보님께 분향공양하고 삼보에 귀명하며 삼보를 찬탄하였다. 35, 새벽에 널리 중생을 위해 보리원을 대신 발하고 先業을 참회하며 '七佛滅罪眞言'을 염하였다. 36, 새벽에 널리 중생을 위해 보살계를 주었다. 37, 밤낮으로 널리 중생을 위해 五悔法[47]을 수행하고 육근의 죄를 제거할 것을 참회하였다. 38, 밤낮으로 법계 중생과 시방 제불이 항상 법륜을 굴러줄 것을 권청하였다. 39, 밤낮으로 법계 중생과 시방 제불과 모든 대보살과 이승과 범부의 무진 공덕을 기뻐하였다. 40, 밤낮으로 법계 중생에게 장차 닦을 일체 선근을 중생에게 널리 보시하고, 무상보리를 회향하여 똑같이 서방정토에 왕생하는 데 회향하였다. 41, 매일 밤, 널리 중생을 위하여 항상 일체 귀신 등에게 음식과 물을 보시하고, 아울러 삼귀의법을 주고 삼승법을 설하였다. 42, 밤낮으로 널리 중생을 위해 종을 치고 입으로 「파지옥진언」을 세 번 외웠다. 43, 항상 고운 꽃을 따서 일체 尊像에 공양하였다. 44, 모든 사람이 아미타불을 염할 것을 권하였다. 45, 항상 불상과 불경을 인쇄하여 보시하고 사람들이 열 가지를 수지하고 삼업으로 공양할 것을 권하였다. 46, 항상 방생을 행하였다. 47, 널리 의약을 보시하였다. 48, 매일 죽반을 먹을 때, 먼저 위로 삼보에 공양하고 하

---

47 죄악을 멸제하기 위한 참회법. (1)懺悔, 죄를 참회하고 善果를 닦는다. (2)勸請, 시방 제불께서 法輪을 굴러 중생을 구원해 줄 것을 권청한다. (3)隨喜, 다른 사람의 선행을 기뻐하며 칭찬한다. (4)回向, 선행 공덕을 보리에 회향한다. (5)發願, 일심성불을 발원한다. 이상은 천태종의 참회법임.

래로 중생에 보시하며, "배고픔을 면하고 서방 정업을 닦아 무상보리를 이루기 위해 이 음식을 받노라." 하였다. 49, 항상 『종경록』 등을 찬집하여 중생에게 법시하니, 평생 저술이 모두 197권이었다.

'마치 벌레가 나무를 갉아 먹는 것과 같다' 한 아래 네 구절은 비유로 설하였다. 벌레가 나무껍질을 갉아 먹어 어떤 글자가 되었다면 벌레는 본래 글자를 만들 생각이 없었던 것에 비유하였다. 또한, 새가 공중을 날아가지만 새는 본래 허공은 어떤 것('旨')이라고 알지 못하는 것과 같다. 이것은 빈말로 無我·無身을 말하는 사람은, 벌레가 나무를 갉아 먹고 새가 허공을 말하는 것과 같이 전혀 뜻이 없음을 비유한 것이다.

'번뇌가 줄지 않는다' 한 아래 네 구절은, 空에 잡착하여 有를 폐하는 잘못을 들었다. 첫째는 한갓 無行만을 설하기 때문에 번뇌가 줄지 않고, 둘째는 有我를 無我라고 설하는 것은 慢過慢(자기보다 나은 사람에 대해 상반된 생각을 내어 자기가 상대방보다 낫다고 생각하는 것)을 이루기 때문에 아만이 도리어 증장한다. 셋째는 惡取空(인과 도리를 부정하고, 緣生無性의 이치를 알지 못하고 空의 뜻을 잘못 이해하여 斷空의 견에 집착하는 것)과 豁達空(텅비어 공하다 하며 인과를 부정하는 것)에 떨어져 아득하게 재앙을 초래하니, 선법을 잘 깨달은 불제자가 아니다. 이와 같은 세 가지 과실이 있으면 스스로 대승이라 하지만 입으로는 空을 설하며 행은 有 가운데 있는 망가진 보살이니, 여러분은 응당 이것을 경계해야 한다.

'모름지기 직접 진제를 보아야 한다' 한 아래 네 구절은, 止持와 作持의 필요성을 밝혔다. 作持는 진실하게 수행하여 진실하게 증득하는 것이니, 반드시 법신을 직접 증득하여 무생법인을 얻는 것이다. 이것은 대승의 깨달음이라, 말과 실천이 상응하여 말한 것은 곧 행하여 거짓으로 중생을 속임이 없다. 止持는 자신이 삼업에 방종하여 증득하지 못했으면서 증득했다 말하고(妄語) 얻지 못했으면서 얻었다 말해서는('誑心') 안 된다. 사람을 대할 때도 소나 양의 눈으로 선현을 보듯이 해서는 안 된다. 제불 보살이 중생을 구하기 위해 응현하시는 일은 모두 潛行(보이지 않는 행)이요 密用(미묘한 작용)이니, 이른바 初禪에서는 二禪을 알지 못하고 初地에서는 二地를 알지 못하는 것과 같다. 그러니 절대 방자하게 제멋대로 평론하여 스스로 허물을 취해서는 안 된다.

기 5. 인용하여 증명하고 설명함

集

고덕이 "행은 천 자나 만 자만큼 취하고, 말은 한 치나 반 치 만큼만 취하라." 하고,

古德云, 行取千尺萬尺, 說取一寸半寸。

講

이 두 구절은 고덕의 말씀을 인용하여 경계하였다. 불법에서 소중한 것은 행하고 지키는 데 있으니, 입으로 설하는 것을 취해서 안 된다. '**천 자나 만 자**'는 행과 원을 가질 것을 비유했으니, 행이 깊고 광대한 것은 『보현행원품』에서 설한 것과 같이 행하는 것이다. '**한 치나 반 치**'는 불법의 일언 반게나 일자 일구를 비유하였으니, 자신이 행하는 것은 반드시 자심에 회귀하여 뜻에 의거하고 말에 의거하지 말 것이요, 남을 교화하는 것은 반드시 말과 행동이 서로 부합하여 사람들이 사실단의 이익을 얻게 해야 한다.

집

또한 경에 "말로는 비록 空을 설하면서도 행은 有 중에 있다면 (경구죄를 범한 것이니라.)" 하며,

又經云, 言雖說空, 行在有中。

강

이 두 구절은 『범망경』 보살계를 인용했으니, 48경계 중 제30계의 계문이다. 이미 부처님이 금한 계라면 무릇 보살은 반드시 순종하고 행하여 입으로만 空(無我·無身)을 말하면서 행이 有 가운데(명리를 탐구함) 있어서는 안 된다.

집

『보적경』에는 "부처님이 말씀하시기를 '만약 수행하지 않고도 보리를 얻는다면, 음성이나 언설로도 응당 무상보리를 증득하고, 이런 말을 할 것이다. '나는 (말로 인하여) 반드시 부처가 되었으니, 이 말로 인하여 한없는 중생이 응당 정각을 이룰 것이다'라고" 하였으니, 그러므로 행은 말 전에 있고, 도는 마음 밖에 것이 아님을 알 수 있다.

寶積經云, 佛言, 若不修行得菩提者, 音聲言說, 亦應證得無上菩提。作如是言, 我當作佛。以此語故, 無邊衆生, 應成正覺。故知行在言前, 道非心外。

강

거듭『보적경』경문을 인용하여 증명하였다. 이 경은 모두 49회 120권인데, 대정장경 제11권에 있다. 문장은 쉽게 이해할 수 있다. 스님은 이에 의해 '행은 말 전에 있다'고 설명하였다. 불교를 배우는 데는 반드시 먼저 한 번 행하고 지키는 공부를 하고, 그런 후에 언설에 붙여야 한다. 이것은 불법은 법을 깨달음으로써 교법이 있다는 올바른 뜻이다. '도는 마음 밖에 것이 아니다' 한 것은,

심성은 본래 청정하여 제법은 오직 일심뿐이니, 마음을 여의고는 모든 불법이 없고 또한 십법계의 의·정, 인·과가 없다. 그러므로 어리석은 사람은 한갓 설하기만 하고 마음을 구하지 않고, 지혜로운 자는 마음을 구하고 말을 찾지 않는다.

集

또한 경에 부처님이 "나의 법을 배우는 자는 오직 증득한 자만이 안다." 하였다. 그러므로 극악은 조그만 선행의 힘만 못하고, 거짓이 많은 사람은 진실이 적은 사람만 못하다. 잘 수행하는 자는 작은 마음도 헛되지 않고, 제멋대로 공허한 말을 하는 자는 한갓 대체적인 뜻을 표할 뿐이다. 만약 진여의 작용에 계합하고 법성에 수순하여 행하지 않으면, 오직 上慢(윗사람이라고 으스대며 교만함)의 마음을 얻어 기만하는 허물을 자초한다. 그러므로 『인왕경』에는 五忍의 지위를 나열하고, 지자대사는 六卽의 문장을 구비하였다. (이렇게) 수행의 지위가 분명하거늘 어찌 외람되게 성인에 비교하겠는가? (그러니) 어찌 평등관에 들어가 수희심을 내어 衆善의 뿌리를 쌓고 大慈의 종자를 이루지 않겠는가?

又經云, 佛言, 學我法者, 惟證乃知. 是以劇惡不如微善, 多虛不如少實. 但能行者, 不棄於小心. 縱空說者, 徒標於大意. 若未契眞如之用, 順法性而行, 惟得上慢之心, 自招誣罔之咎. 是以仁王列五忍之位, 智者備六卽之文. 行位分明, 豈可叨濫. 何不入平等觀, 起隨喜心, 積衆善之根, 成大慈之種.

講

다시 『대보적경』 경문을 인용하여 증명하였으므로 '또한 경에 …' 하였다. 부처님이 '불법은 오직 증득해야만 비로소 안다' 한 것은 천고에 변함없는 사실이니, 마치 물을 마신 사람만이 찬지 따뜻한지 스스로 알고, 손가락으로 달을 가리키나 달은 손가락에 있지 않은 것과 같다. 그러므로 스님이 '극악이 조그만 선행의 힘만 못하다'고 하니, 마치 천년 암실('劇惡')도 하나의 등불('微善')로 능히 파할 수 있는 것과 같다. '허위가 많은 사람은 진실이 적은 사람만 못하다' 한 것은, 천 길만큼 설하더라도('多虛') 한 치만큼 행하는 것보다('少實') 못하다. '잘 수행하는 자는 조그마한 마음도 버리지 않는다' 한 것은, 『법화경』「방편품」에 "동자가 장난으로('小心') 모래를 모아 불탑을 쌓더라도 모두 이미 불도를 이루었다('不棄')." 한 것이다. '제멋대로 공허한 말을 하는 자는 한갓 대의를 표할 뿐이다' 한 것은, 앞의 『보적경』에서 부처님이 "만약 수행하지 않고 보리를 얻는다면('縱空說者') … 이 같은 말을 할 것이다. '나는 반드시 부처가 되리라('徒標於大意')'라고." 한 것이다.

'만약 진여의 작용에 계합하지 못하면' 한 아래 네 구절은 큰소리치는 허물을 들었다. 보살이 인·법 이공진여의 이치를 증득하기 전에는 비록 수행이 있더라도 伏心菩提에 속하여 다만 허망분별의 망심을 항복할 뿐이니, 性에 부합해 修를 일으킨 것이 아니면 비록 얻은 바가 있더라도 아집을 타파하고 인공을 얻었을 뿐 중도 법성에 수순하여 행하지는 못한다. 만약 이것으로 궁극을 삼는다면 오직 上慢心만 얻을 뿐이니 법화 회상의 자리에서 물러간 5천 명의 성문이 이들이다. '기만하는 허물을 자초한다'는 것은, 증상만인이 아직 해탈을 얻지 못하고서 자신이 이미 해탈을 얻었다고 생각하고, 불과를 증득하지 못하고서 자신이 부처님과 동등하다고 여기니, 『법화경』에서 말한 궁자의 비유가 이것이다.

'그러므로 『인왕경』에 五忍의 지위를 나열하고' 한 아래 네 구절은, 보살의 止持를 밝혔다. '인왕경'은 『불설인왕반야바라밀경』의 약칭이다. 이 경은 구마라집이 번역하였는데 대정장경 제8권에 있다. 경에 보살이 忍을 얻는 순서에 다섯 가지가 있다. 1 伏忍; 三賢位에서 얻으니, 번뇌 종자를 항복하여 일어나지 않는다. 2 信忍; 초지부터 3지에서 얻으니, 이미 법성을 보고 능히 법성을 信順한다. 3 順忍; 4지부터 6지에서 얻으니, 닦는 것이 법성과 진·속 이제에 수순하여 어김이 없다. 4 無生忍; 7지부터 9지에서 얻으니, 제법이 필경 태어남이 없는 진리를 깨닫는다. 5 寂滅忍; 제10지와 묘각(佛)에서 여러 가지 번뇌를 모두 끊고 대열반에 안주한다.

'지자대사는 六卽의 문장을 구비하였다' 한 것의 '육즉'은, 『관경소』에서 六卽佛의 차례를 명시하였다. '六'은 마음의 작용이 한 가지가 아닌 生滅門을 가리키니, 차례가 앞뒤로 얕고 깊은 것이 같지 않으니 이것을 '是心作佛'이라 한다. '卽'은 마음의 본체가 둘이 아닌 眞如門을 가리키니, 앞뒤가 서로 부합하고 그 본체가 다름이 없으니 이를 '是心是佛'이라 한다. 미·오가 비록 다름이 있으나 체성은 둘이 아니다. '六'이기 때문에 능히 증상만을 대치할 수 있고, '卽'이기 때문에 능히 자신을 비하하는 허물을 면할 수 있다. 이 '六卽佛'은 원교보살의 수행 지위니, 본체와 작용이 서로 여의지 않아 인으로부터 과에 이른다.

1 理卽佛; 일체 중생이 모두 불성이 있는 것이다. 2 名字卽佛; 중생이 불성이 있어서 모두 반드시 성불할 것을 아는 것이다. 1과 2 두 가지는 外凡菩薩位라 한다. 3 觀行卽佛; 『법화경』에서 설한 隨喜 등 오품관행을 수행하는 것이니, 五品弟子位라 한다. 4 相似卽佛; 관행을 닦아 육근이 청정한 공덕을 얻으니, 진짜 무루와 유사한 공용을 발한다. 3과 4 두 가지는 內凡菩薩位라 한다. 5 分眞卽佛; 일부분의 무명을 타파하고 일부분의 법신을 증득하니, 원교의 초주에서 시작하여 십주, 십행, 십향, 십지, 등각까지 41위가 모두 여기에 속한다. 6 究竟卽佛; 묘각인 성불위다.

'수행의 지위가 분명하거늘 어찌 외람되게 성인에 비교하겠는가?' 한 것은, 보살이 수행하여 성불하는 과정에 五忍과 六卽의 계위가 시종 환하게 드러나 매우 분명하다는 것을 말하였다. '叨濫'은 범부가 성인에게 외람된 것이다. 또한 '濫'은 도적질하는 것을 말하니, 마치 가난한 사람이 제왕의 칭호를 도적질하여 죽임을 당하는 것이다.

'어찌 평등관에 들어가지 않겠는가?' 한 아래 네 구절은 보살의 作持를 밝혔다. '평등관'이란 『법화경』의 상불경보살과 같은 이다. 사중 제자들을 보고 예배 찬탄하며 "나는 감히 그대들을 경만하지 않노니, 그대들은 반드시 부처가 될 것이기 때문이다." 하며, 비록 때림을 당하더라도 또한 마찬가지였다. 이것은 안으로 平等觀을 가지며 밖으로 平等禮를 닦는 것이다. '수희심'이란, 『법화경』「수희공덕품」에서 설한 것과 같으니, 보살이 만약 평등관과 수희심이 있으면 모든 선근공덕을 쌓아 대자대비 종자를 성취할 수 있으니, 이것은 성불의 근본이다. 그러므로 응당 법을 본받아 수희하는 마음을 내어야 하고, '無我'라거나, '無生'이라고 큰소리쳐서는 안 된다. 그러면 법을 위해 몸을 버리는 보리행을 장애하고 성불의 선근을 끊으니, 이것은 지혜 있는 자로서 응당 행할 바가 아니다.

集

경에 "한 마디 손가락을 태우거나 한 오리 향을 사루어도 오히려 積劫의 허물을 멸하고, 꽃 한 송이를 흩거나 잠시 한 부처님 명호를 부르면 마침내 구경과(佛)에 이른다." 하고,

經云, 燃一指節, 爇一炷香, 尙滅積劫之愆瑕。或散一華, 暫稱一佛, 畢至究竟之果。

講

앞의 세 구절은 『능엄경』에서 설한 것을 가리키고, 뒤에 세 구절('꽃 한 송이를

흩거나' 한 아래)은 『법화경』에서 설한 것이다.

集

『수능엄경』에 "보살이 (중생과) 일을 함께 하느라, 간음하거나 도적질하거나 살생하거나 고기를 팔거나 음녀나 과부가 되어 하지 않는 일이 없으나 … (이를 경계하노라.)" 하고, (대정장경 19권 132페이지 하)

首楞嚴經云, 菩薩同事, 尙作奸偸屠販, 淫婦寡婦, 靡所不爲。

講

여기서는 『능엄경』의 '네 가지 청정하고 밝은 가르침[四種淸淨明誨]' 가운데 네 번째 大妄語戒이다. 부처님이 "내가 멸도한 후에 보살이나 아라한을 시켜 응화신으로 말법 중에 태어나서 가지가지 형상으로 윤회하는 이를 제도하게 할 적에, 혹 사문이나 백의거사나 인왕이나 재관이나 동남·동녀나, 내지 음녀, 과부, 간사한 도적, 도살자, 육류 판매자가 되어 그들과 일을 같이 하면서, 불승을 칭찬하여 그들의 몸과 마음이 삼마지에 들어가게 하되, 끝끝내 '내가 진정한 보살이며 참 아라한이로다' 하고 말하여 부처님의 密印을 누설하여 末學에게 경솔하게 말하지 말게 하거니와, 다만 죽을 적에 가만히 유언할 수는 있다 하였거늘, 이 사람이 어찌 중생을 혹란하여 대망어를 할까보냐." 하였으니, 부처님이 이미 이와 같이 금지하고 경계하였으니, 무릇 보살은 응당 준수하고 행해야 한다.

集

『無生義』에는 "상을 여의고 無住를 행하는 사람은 열반에 주하지 않고 색신을 널리 나툴 수 있다." 하였으니, 有爲 가운데서 귀인이 될 수도 있고 천인이 될 수도 있으며, 범부가 되고 성인이 되어 仁義의 道를 행하여 자비로 시방을 제도한다. 또한 "凡地에서 성인의 행을 닦고 果地에서 범부의 인행을 닦으며, 불법을 갖추지 않았으나 또한 受를 멸하고(五陰의 몸을 버리고) 證(열반)을 취하지도 않는다." 하였다.

無生義云, 離相無住行人, 不住涅槃, 能普現色身。在有爲中, 能貴能賤, 能凡能聖。行仁義之道, 悲濟十方, 盡未來際。又云, 凡地修聖行, 果地習凡因。未具佛法, 亦不滅受而取證也。

講

『무생의』는 고덕의 저술인데, 대정장경에는 편집되지 않아서 고증할 길이 없다. 이른바 '상을 여의고 무주를 행하는 사람'은 『금강경』에 의해 수행하는 보살이니, 『금강경』에서 설한, 상을 여의고 보시[離相布施]하는 것과, 주함이 없이 마음을 내는[無住生心] 것이다. 다만 단멸공은 아니고 제일의공이니, 그러므로 열반(空)에 주하지 않고 널리 색신을 나툴 수 있다(有). '유위 중에서' 한 아래 여섯 구절은, 空으로 말미암아 假를 내어 시간과 공간이 무진하고 자신이 행하고 남을 교화하여 보현행을 닦음을 말하였다. '貴'는 국왕이나 대신이 되는 것이요, '賤'은 간음하거나 훔치며[偸](작은 것은 '偸'라 하고, 큰 것은 '盜'라 한다) 살생하거나 고기를 팔거나, 음녀 등을 말한다. '凡'은 육도 범부중생을 말하고, '聖'은 삼현 성현과 혹은 세상 성인인 공자나 맹자, 노자나 장자, 예수 등을 말한다. '인의의 도'는 세상의 선법을 말하고, '자비로 시방을 제도한다' 한 것은 출세간의 선법을 말한다. 이것은 공간이 다함없음을 말하고, '미래제가 다하도록 …' 한 것은 시간이 다함없음을 말한 것이다.

'또한 …' 아래 네 구절은 거듭 『무생의』에서 설한 것을 인용했으니, 범부지에서도 능히 불사를 지을 수 있고, 비록 성인('果地')이라도 범부와 같은 행('凡

凶')을 보일 수 있다. 그래서 밖에서 보면 불법의 신묘함을 갖추지 않은 것 같으나 사실은 모두 제불과 제대보살이라, 오음의 몸을 버리고('滅受') 열반 取證하기를 원하지 않으니, 본원을 어기지 않고 범부와 같음을 보여 중생을 제도하기 때문이다. 이른바 '無爲의 理體에 주하여 有爲의 佛事를 짓는다' 한 것이니, 관음보살이나 지장보살의 靈感이나, 사적에 실려 있는 것이 모두 이런 종류다.

集

분명히 알지니, 眞은 俗의 眞이요 俗은 眞의 俗이니, 집착하면 번뇌요 통하면 佛事임을! 법성 삼매에 들어가면 한 법도 싫어할 것이 없고, 무변 定門을 증득하면 한 법도 버릴 것이 없으니, 뛰어나다거나 열등하다는 것을 이미 잃었으니 취하고 버리는 것이 완전히 어긋난다. (그러니) 다른 사람의 보리를 장애하거나 자신의 선본을 없애서는 안 된다. 또한, 비록 몸이 아님을 알아 실상을 깊이 깨달았더라도, 마음과 경계에 막히지 않아야 반드시 의심이 없다. 비록 모든 것이 유위여서 마치 공중의 새 발자국과 같음을 알았더라도, 모름지기 한 걸음 한 걸음 관찰하고 연마하여 습기를 대치해야 한다. 더욱이 四倒의 어리석음에 굳게 집착하고 八邪의 그물에 깊이 빠져 이 더러운 몸을 믿고 탐심과 음욕을 널리 지어 幻網에 덮이고 情色에 취해 생사에 골몰하고 고륜에 빠진 자랴! 그러므로 대각께서 깊이 탄식하시고 널리 헐뜯고 배척하신 것이다. 여러 성인께서 몸을 버리실 때 (더러운 몸을) 먼저 꾸짖지 않음이 없었으니, 독약을 제호와 바꾸는 것과 같고 질그릇을 진보와 바꾸는 것과 같다.

明知, 眞是俗眞, 俗是眞俗, 執卽塵勞, 通爲佛事. 入法性三昧, 無一法可嫌. 證無邊定門, 無一法可棄. 勝負旣失, 取捨全乖. 不可障他菩提, 滅自善本. 又縱了非身, 深窮實相, 不滯心境, 決定無疑. 雖知一切有爲, 猶如空中鳥跡. 尙須地地觀鍊, 對治習氣非無。況堅執四倒之愚, 深陷八邪之網, 恃此穢質, 廣作貪淫, 被幻網所籠, 爲情色所醉, 汩沒生死, 沉淪苦輪者歟。所以大覺深嗟, 廣垂毁擯。諸聖捨身之際, 無不先訶(穢身)。如以毒藥而換醍醐, 似將瓦器而易珍寶。

講

스님은 앞에서 여러 가지 결론을 인용해 증명한 후에, 이어서 설명하기를 "제법실상인 일심 이문은 고요하되 항상 비추니 그러므로 '진은 속의 진이다' 하고, 비추되 항상 고요하니 그러므로 '속은 진의 속이다' 하였다. 진제(空)는 속제의 진이니 이른바 연기하되 자성이 공하니, 제법 연기(俗諦)를 여의고는 공한 자성(眞諦)이 없다. 반대로 말하면 속제(諸法)는 진제(空性)의 속이니, 이른바 자성이 공하되 연기하니 공의 뜻에 의지하기 때문에 비로소 제법을 연기하니, 일심 이문이 서로 의지하고 서로 도와 이루어짐을 알지 못하여 집착이 있다. 空에 집착하고 有에 집착하는 것은 물론이요, 모든 중생의 허망분별이 집착하는 견해에 속하니, 반드시 번뇌를 이끌어 업을 짓고 고통을 받는다. 그러므로 '집착하면 진로다' 하였다. 만약 공과 유가 원통하여 매임이 없으면 무릇 하는 일이 불사 아닌 것이 없어서 모두 성불의 근본이 된다. 그러므로 '통하면 불사가 된다'. 이런 점을 보살은 분명히 알아야 한다." 하였다.

'법성 삼매에 들어가면' 한 것부터, '한 법도 버릴 것이 없다' 한 데까지 네 구절은 본체와 작용이 원통한 모양을 밝혔다. '三昧'와 '定門'은 법의 체성을 지적한 것이요, '싫어할 것이 없다'는 것과, '버릴 것이 없다'는 것은 법의 작용을 말한 것이다. 체성과 작용이 서로 여의지 않았음을 이미 알았다면, 어찌 싫어하고 버릴 것이 있겠는가?

'勝·負를 이미 잃었으면 取·捨가 전부 어긋난다' 한 것은, 만약 보살이 능히 平等觀門에 들어가지 못하면 마음속에 어떤 법이 뛰어나다거나('勝') 어떤 법이 열등하다('貧')고 여기는 마음이 있다. 예를 들면 방광도인과 같이, 모든 법이 필경 공적한 것에 집착하여 진제를 뛰어나다고 여기고 속제를 열등하다고 여기는 것과 같다. 그렇게 되면 이미 속제를 잃었으면서 또한 진제도 잃어 이제를 모두 파괴하여 공견외도가 된다! 결론적으로 말하면 보살은 법에 취하고 버리는 마음을 내지 말아야 한다. 『금강경』에 "부처님이 설하시기를 '나의 설법을 뗏목 비유와 같이 알지니, 法(有)도 오히려 응당 버려야 하거든 더욱이 非法(空)이랴' 하셨다." 하고, 『법화경』「안락행품」에 "제법이 있느니 없느니 實이니 非實이니 生이니 非生이니 하며 그릇되게 분별하니, 고요한 곳에서 그 마음을 섭수하여 수미산과 같이 안주 부동하라." 한 것이다.

영가대사 『선종집』에는 "만약 유에 잡착하거나 무에 막히면 마침내 邊見으로 돌아가나니, 有는 非有의 모양이 있고 無는 非無의 사실이 있음을 알지 못하였다." 하니, '非有'나 '非無'는 곧 중도요, 有에 집착하거나 無에 집착하는 것이 곧 邊見에 떨어진 것이다. 왜냐하면, 세상 만법의 有를 범부는 實有라 보지만 이 有는 다만 非有의 假相이 있을 뿐이다. 『심경』에는 "제법의 空한 모양은 나지도 않고 죽지도 않으며, 더럽지도 않고 깨끗하지도 않으며, 더하지도 않고 감하지도 않는다." 하였다. 세상 만법의 無(空)를 이승인은 無라고 보지만 이 無는 본래 非無의 實相이 있을 뿐이다. 『법화경』에는 "제법실상은 이른바 十如是다." 하였다. 그러므로 實有나 實無를 모두 취할 수가 없고 또한 버릴 수도 없다. 만약 취하거나 버림이 있다면 법성과 실상이 완전히 위배('乖')된다.

「증도가」에 "眞을 세우지 않고 妄도 본래 공하니 有와 無를 모두 버리면 空하지 않은 空이네. 스무 가지 空門에 처음부터 집착하지 않으면 일성의 여래 본체와 저절로 같네." 한 것처럼, 진·망, 공·유가 모두 상대적 거짓으로 세운 이름이니, 그러므로 응당 집착하지 말아야 한다. 부처님이 『대열반경』에서 설한 스무 가지 空門⁴⁸은 중생의 스무 가지 有에 집착한 견해를 타파하기 위함이니, 이 스무 가지 공의 이름과 모양은 그 본체가 곧 청정한 마음이고 법성이라, 스무 가지 空과 같지 않으니 이것을 空이라고 봐서는 안 된다. 그러므로 '**처음부터 집착하지 않으면 一性 여래의 본체와 저절로 같다**' 하였다. '같다'는 것은 곧 非空 非有의 동일 법체라는 뜻이니, 분별하지 말아야 능히 취하고 버리지 않을 수 있다.

'**다른 사람의 보리를 장애하고 자신의 선본을 멸해서는 안 된다**' 한 것은, 다른 사람의 보살도 행하는 것을 장애하는 것은 남을 해치는 것이요, 자기의 보리 선근('本')을 단멸하는 것은 자신을 해치는 것이니, 보살이 만약 다른 사람이 법을 위해 몸을 버리는 것을 장애하면 반드시 자신이나 타인을 모두 해치는 인과가 있으니, 응당 해서는 안 된다.

'**또한, 비록 몸이 아님을 알았더라도 …**' 한 아래 여덟 구절은, 보살이 이미

---

48 諸法 皆空의 이치를 표현한 스무 가지 空. (1)內空: 內法인 안·이·비·설·신·의 육근이 무상·무아여서 空임. (2)外空: 外法인 색·성·향·미·촉·법 육경이 무상·무아여서 空임. (3)內外空: 六根과 六境이 모두 空임. (4)空空: 空도 또한 空임. (5)大空: 동·서·남·북·사유·상·하 등 시방이 모두 空임. (6)勝義空: 勝義인 열반도 또한 空임. (7) 有爲空: 有爲인 욕계·색계·무색계가 모두 空임. (8)無爲空: 생·주·이·멸이 없는 無爲도 또한 공이니 집착하지 않아야 함. (9)畢竟空: 제법에 집착해서는 안 되니, 필경 얻을 수가 없음. (10)無際空: 初·中·後際를 얻을 수 없고, 또한 과거와 미래제를 얻을 수 없으니 이것을 집착해서는 안 됨. (11)散空: 제법은 놓고 버릴 것도 또한 空함. (12)無變異空: 제법은 놓고 버릴 것도 없고 變異함도 없으나 이 無變異도 또한 공하여 얻을 것이 없음. (13) 本性空: 일체법의 본성인 有爲法이나 無爲法이 모두 聲聞이나 獨覺 등이 지은 것이 아니라 본성이 본래부터 공함. (14)自相空: 일체법의 自相인 色(變礙)·受(領納)·想·行·識 등의 自性이 모두 空함. (15)共相空: 共相이 모두 얻을 수 없어 공함. 苦는 有漏法의 共相이고, 無常은 有爲法의 共相이며, 空·無我는 일체법의 共相인 것과 같다. (16)一切法空: 五蘊·十二處·十八界·有色無色·有見無見·有對無對·有漏無漏·有爲無爲 등 일체 제법이 모두 공하나 공하다는 데 집착해서도 안 됨. (17)不可得空: 삼세 일체법을 얻을 수가 없으나 집착해서는 안 됨. (18)無性空: 少性도 없을 것이 없으니 이것이 無性이다. 그러나 無性도 또한 얻을 수가 없으니 그러므로 공임. (19)自性空: 제법의 화합인 자성이 實體가 없으니 그러므로 空임. (20無性自性空: 無性과 自性이 모두 공임.

무명을 타파하고 非身·無我라 일체 유위법이 공중의 새 자취와 같음을 요달하여 일심 이문의 실상을 철저하게 깨달았다면('深窮'), 그는 절대 空에 집착하여 有를 버릴 리가 없고, 또한 마음과 경계의 상대적인 것과 집착이 있을 리가 없다. 반드시 공과 유, 마음과 경계에 무애하여 비록 국토와 중생이 공한 줄 알지만, 항상 몸을 버리는 행을 닦아 위로 보리를 구하고 아래로 중생을 제도하여 털끝만큼도 의혹이 없으니, 약왕보살과 같은 이다. 또한, 화엄 회상의 모든 법신보살들도 매 지위마다 圓頓三觀을 닦았으니, 마치 금모래를 재련해 완전무결한 황금덩이를 이루어 털끝만큼의 광물질도 없게 하는 것과 같으니, 이것이 조금도 모자라서는 안 되는 功行이다. 그러므로 '습기를 대치하는 것이 없지 않다' 했으니, '습기'는 광물질과 같으니 모름지기 한번 훈련('對治')을 더해야 비로소 모두 다 제거할 수 있다.

'공중의 새 발자국'은 연기와 성공, 성공과 연기가 있는 것도 아니고[非有] 없는 것도 아닌[非無] 중도임을 비유하였으니, 모든 유위법이 모두 이 중도 법성을 여의지 않았으니 이것이 우주와 인생의 진리이다. 다만 理로는 돈오할 수 있으나 事로는 모름지기 점차 제거하여 차례에 응해 다해야 한다. 그러므로 모름지기 多劫에 多行하여 한 걸음 한 걸음('地地') 닦고 관하고 연마해야 비로소 혹업이 모두 다하고 복혜가 원만하여 성불하니, 시방 삼세불이 모두 이렇게 하여 예외가 없었다.

'더욱이 四倒의 어리석음에 굳게 집착하고' 한 아래 여덟 구절은, 위로 성인으로 아래로 범부에 견주어 비유했으니, 만약 집착이 있으면 그 과실은 매우 크다. 地上 보살도 오히려 공을 알고 도에 나아가 다스리고 고행하기를 버리지 않는데, 더욱이 범부나 어리석은 자랴. 더 나아가서 처음 발심한 보살과 十地의 八·九가 모두 근·신·기계와 상·락·아·정의 네 가지 전도된 지견에 굳게 집착하며, 또한 팔정도와 상반되는 邪見과 邪定 등에 빠짐을 면치 못해 여덟 가지 삿된 그물 속에서 스스로 뛰쳐나오지 못한다. 만약 입으로만 공을 설하면서 행은 유 가운데 있으면, 일체가 모두 공한 것인 줄 알았을 뿐 몸과 마음이 더러운 번뇌와 습기에 의하여('恃') 원래 제거하지 못하였다. 그래서 하는 짓이나 하는 일이 삼독과 십악에 부린 바 되고, 五情과 六欲[49]의 환의 그물에 갇혀 주색이나 재운에 미혹하여 취한다. 이미 생사업을 널리 지었으면 반드시 생사고해 중에 침몰('汨沒')하여 벗어날 기약이 없으니, 이는 참으로 연민스러운 일이다!

'그러므로 대각께서 깊이 탄식하시고' 한 아래 여섯 구절은 제불 보살의 身教와 言教를 들었으니, 위와 같이 집착하는 사람을 불쌍히 여기지 않을 수 없어서 갖가지 방편으로 가르쳐 타이르고 인도하여 여러 가지 집착을 버리게 하였다. 더욱이 몸과 목숨을 보중하고 아끼는 것에 대해서는 매우 많은 毁棄(버리고 돌보지 않음)와 擯除(배척하여 버림)를 더하고, 또한 몸으로 모범을 보여 항상 몸을 버리는 행을 하였다. 몸을 버릴 때는 먼저 눈앞의 더러운 몸은 어떻게 해서 깨끗하지 않은지와 싫어해야 하는지를 꾸짖지 않음이 없었다. 몸을 버리는 묘행을 표현하면 마치 독약을 제호로 바꾸는 것과 같고, 또한 질그릇을 진기한 보물로 바꾸는 것과 같다. 北周 때 周武帝가 불법을 파멸하자 정애법사가 몸을 버리면서 몸을 버리는 게를 썼는데[50], 얼마나 사람들을 감동하게 하던지! 이같은 捨身은 큰 이익이 있어 수희찬탄할 값어치가 있으니 어찌 비방하겠는가.

---

49 五情은 눈·귀·코·혀·몸, 五根의 욕정. 六欲은 범부가 이성이 가지고 있는 데 대한 여섯 가지 욕망. 곧, 色欲, 形貌欲, 威儀姿態欲, 言語音聲欲, 細滑欲, 人相欲.
50 주) 30과, 부록에 실려 있는 『속고승전』 제23권의 전체 게송 참조.

> 集

그러므로 『보적경』에 "몸에 마흔 가지 과실과 우환이 있음을 관할지라. 탐욕의 감옥에서 항상 번뇌에 얽매이고, 냄새나는 구덩이에서 항상 여러 가지 벌레에 먹히며, 걸어 다니는 변소와 같아 다섯 가지가 더러우며, 떨어진 주머니와 같아 아홉 가지 구멍이 항상 터져있다. 분노의 독사가 해치려는 마음을 내어 혜명을 손상하고, 우치의 나찰이 아견에 집착하여 지혜의 몸을 삼킨다. 나쁜 도둑과 같아 온 세상이 모두 싫어하고, 죽은 개와 같아 여러 어진 이가 아울러 버린다. 견고하지 않기는 파초와 물거품과 같고, 무상하기는 아지랑이와 그림자와 번갯불과 같으니, 비록 씻기고 먹이더라도 도리어 원수가 되고, 매양 부양하였으나 은혜 갚을 줄도 모른다. …"[51] 하였으니, 널리 꾸짖으려 해도 한 가지가 아니라서 참으로 자세히 말하기 어렵다. 만약 이 깊은 허물을 살피지 않으면 결국 널리 악업을 일으키니, 이것을 미혹하여 옳게 여기고 정진하고 수행하지 않으면, 지혜와 행이 둘 다 모자라고 理와 事를 모두 잃는다. 모름지기 먼저 싫어하고 멀리하여 간절히 대치하라. 그러면 잘못인 줄 알아 애욕의 불이 잠깐 만에 꺼지고 근본을 알아 진리의 근원이 저절로 나타난다. 그러므로 『법화경』에 "마치 삼계화택에서 불태워진 것 같으니, 무슨 수로 능히 부처님 지혜를 알랴." 하였다.

故寶積經云, 觀身有四十種過患。或云貪欲之獄, 恒爲煩惱之所繫纏。臭穢之坑, 常被諸蟲之所唼食。似行厠而五種不淨, 若漏囊而九孔常穿。瞋恚毒蛇, 起害心而傷殘慧命。愚癡羅刹, 執我見而吞噉智身。猶惡賊而擧世皆嫌, 類死狗而諸賢幷

---

51 '40종 과환'이라 했으나, 여기서는 8종만 열거하였다.

棄。不堅如芭蕉水沫, 無常似欻影電光。雖灌啖而反作寃仇, 每將養而罔知恩報。廣誚非一, 難可具言。若不審此深愆, 遂乃廣興惡業。迷斯爲是, 而不進修, 則智行兩虧, 理事俱失。須先厭患, 故切對治, 知非而欲火潛消, 了本而眞源自現。故法華經云, 有爲三界火宅所燒, 何由能解佛之智慧。

講

『보적경』에 '몸에 마흔 가지 과실과 우환이 있음을 관하라' 한 말씀을 인용하여, 보살은 응당 몸에 많은 허물이 있음을 관찰하여 더러운 몸을 탐하거나 아까워하지 말 것을 증명하였다. 몸이 있으면 재물이나 여색을 탐하는 등 오욕이 있으니, 그러므로 '탐욕의 감옥에서 항상 번뇌에 얽매인다' 하였으니, 죄인이 감옥 속에서 결박을 당해 자유를 얻지 못함을 비유하였다. 몸은 냄새나는 주머니라, 안에는 고름이나 피나 오줌똥이 넘쳐나 수많은 기생충의 먹이가 되기 때문에 '냄새나고 더러운 구덩이에서 항상 여러 가지 벌레에 먹힌다' 하였다. 몸은 또한 움직이는('行') 변소와 같으니, 근본은 다섯 가지 부정물로 이루어졌다. 다섯 가지는 무엇인가? 첫째는 종자가 부정하니, 받아 난 혹업과 아버지 정과 어머니 혈이다. 둘째는 주처가 부정하니, 모태를 말한다. 셋째는 自相이 부정하니, 아홉 구멍에 항상 더러운 물이 흐르는 모양이다. 넷째는 自體가 부정하니, 이 몸이 서른여섯 가지 부정한 원소로 합성하였다. 다섯째는 究竟에 부정하니, 죽은 후에 매장을 하든지 화장을 하든지 간에 마침내 흙이나 재로 돌아가니 어찌 청정함이 있겠는가? (『지도론』19권) '아홉 구멍이 항상 뚫려있다' 한 것은, 두 눈과, 두 귀와, 두 개의 콧구멍과, 입과, 대·소변하는 아홉 곳에서 항상 부정물이 흘러나오니, 그러므로 '항상 뚫려 있다' 하였다.

'분노의 독사가 해치려는 마음을 내어 지혜의 목숨을 손상한다'는 것은, 『유교경』에 "분노의 피해는 모든 선법을 파괴하고 좋은 명망을 파괴한다. 성냄은 맹렬한 불보다 심하니, 공덕을 겁탈하는 도적이 성냄보다 심한 것이 없음을 반드시 알지니라." 하고, 경에는 "한 생각 성내는 마음이 일어나면 백만 가지 장애 문이 열린다, 장애가 있으면 지혜가 없다." 하니, 그러므로 '혜명을 해친다' 하였다. 독사에 비유한 것은 매우 두려움을 비유한 것이다.

'우치의 나찰이 아견에 집착하여 지혜의 몸을 잡아 먹는다' 한 것은, 『유교경』에 "만약 지혜가 있으면 내 몸에 탐하고 집착함이 없으니, 이것으로 나의 법 가운데서 능히 해탈을 얻을 수 있다. 진실한 지혜는 늙고 병들고 죽음의 바다를 건널 수 있는 탄탄한 배며, 또한 무명 흑암을 밝히는 크고 밝은 등불이며, 모든 병든 이의 양약이며, 번뇌의 나무를 베는 날카로운 도끼다. 그러므로 너희들은 반드시 문·사·수 지혜를 더욱 더해야 한다." 한 것처럼, 우치인은 지혜가 없기 때문에 '지혜의 몸을 잡아 먹는다' 하였다. 나찰은 사람을 잡아먹는 악귀니, 우치 무명은 참으로 두려운 것에 비유하였다. 그러므로 불법을 배우는 데는 반드시 문·사·수 삼혜로 반야 실지를 계발하여 理를 미혹한 무명(癡)을 단제하여 아·법 이집을 파괴하고, 事를 미혹한 무명을 단제하여 육진경계에 탐·진을 일으키지 않아야 곧 해탈인이다.

'걸어다니는 변소'와 '새는 주머니'는 몸의 허물을 꾸짖었고, '독사'와 '나찰'은 마음의 허물을 꾸짖었다. 그러므로 무릇 불자는 반드시 몸과 마음의 많은 허물을 꾸짖어 탐하고 집착하지 않아야 한다. 저것을 악귀와 같이 보기 때문에 '온 세상이 모두 꺼려한다' 하고, 저것을 죽은 개와 같이 취급하여 사람들이 버리기 때문에 '여러 어진 이들이 아울러 버린다' 하였다. 한 걸음 더 나아가서 반드시 무상·고·공·환상으로 관찰하고 생각해야 아견과 아집을 내지 않는다. '파초'와 '물거품'은 내면이 쭉한 것이요, '아지랑이'와 '그림자'는 모두 환상이며, '번갯불'은 찰나에 나고 없어져서 무상한 것이다. 경에서는 간혹 여섯 가지 비유를 말하기도 하니, 꿈, 환상, 물거품, 그림자, 이슬, 번갯불이다. 어떤 때는 여덟 가지 비유를 말하기도 하니, 아지랑이, 건달바성을 더한 것이다. 혹은 많은 비유를 들기도 하니, 중생이 집착을 버리고 싫어하는 마음을 내게 한 것이다. 이렇게 하지 않으면 삼승 성도를 정진하고 수행하지 않기 때문이다.

'비록 씻기고 먹여도 도리어 원수가 되고, 매일 양육하여도 은혜 갚을 줄을 모른다' 한 것은, 비록 옷이나 음식이나 집으로 이 몸을 보양하더라도 이 몸은 은혜 갚을 줄 모를 뿐만 아니라, 도리어 늙음과 병듦과 죽음과 갖가지 뜻대로 되지 않는 일로 우리의 원수가 된다. 이른바 사대가 조화하지 않으면 사백네 가지 병의 고통이 있으니 참으로 매우 싫은 일이다. '널리 꾸짖어도 한 가지가 아니라서, 구체적으로 말하기 어렵다' 한 것은, 중생의 몸과 마음에는 많은 허물이 있고 아무 이익이 없으니, 이는 완전히 설할 수도 이루 다 헤아릴 수도 없음을 말하였다.

'만약 이 깊은 허물을 살피지 않으면' 한 것부터, '근본을 알면 진리의 근원이 저절로 나타난다' 한 데까지는 먼저 허물이 깊음을 들었으니, 그러므로 '깊은 허물로 악업이 널리 일어난다' 하였다. 노자는 "나에게 고통이 있는 것은 내게 몸이 있기 때문이니, 만약 내게 몸이 없다면 내게 무슨 고통이 있겠는가." 하고, 부처님은 "몸은 많은 고통의 근본이다." 하였다. 가령 미혹하여 몸과 마음의 허물을 알지 못하고 실재하다고 집착하면, 매우 사랑하고 아껴 싫어하여 버리려는 마음을 내지 않으니, 반드시 지혜가 없거나 행이 없으며 理에 미혹하거나 事에 미혹한다(理事俱失). 뒤에는 대치를 들었다. 그러므로 '모름지기 먼저 싫어하고 멀리하여 간절히 대치하면' 한 것은, 사성제에서 먼저 반드시 고를 알고, 집을 끊은 후에, 멸을 사모하여, 도를 닦아 대치해야 비로소 생사를 벗어나 열반을 증득할 수 있는 것과 같다.

'잘못임을 알면 애욕의 불이 잠깐만에 소멸한다' 한 것은, 『팔대인각경』에 "세상은 무상하고, 국토는 위험하며, 사대는 고통이요, 오음은 내가 없으며, 생멸은 쉽게 변화하고 거짓으로 꾸민 것이어서 주인이 없으며, 마음은 악의 근원, 몸은 죄의 숲임을 깨달아야 하니, 이와 같이 관찰하면 점점 생사를 여읠 수 있다." 한 것처럼, 삼승의 입도 초문은 모두 몸과 마음을 싫어하여 멀리하는 것으로 아·법의 집착을 파괴하는 날카로운 도끼를 삼았다. 이 몸과 마음은 고·공·무상·무아일 뿐만 아니라, 모든 죄악이 일어나는 근본임을 반드시 관찰할지니, 마치 독사나 나찰, 나쁜 도적과 죽은 개와 같으니 어찌 탐욕의 마음을 내겠는가! 그러므로 '그릇됨을 알면 애욕의 불이 잠깐 만에 사그라든다' 하였다.

'근본을 알면 진리의 근원이 저절로 드러난다' 한 것은, 『사십이장경』에 "부처님이 말씀하였다. '반드시 생각할지니, 몸속의 사대는 각자 이름이 있으나 모두 나[我]라고 할 것이 없나니, 나라고 할 것이 없다면 환과 같을 뿐이다'" 하니, 몸속에 단단한 것을 '지'라 하고, 물기를 '수'라 하며, 따뜻한 것을 '화'라 하고, 움직이는 것을 '풍'이라 하지만, 가명이고 실체가 없어서 나를 찾아보아도 얻을 수가 없다. 그러므로 '환과 같다' 하였다. 몸과 마음이 인연으로 나서 환과 같음을 잘 알면, 이것을 '근본을 안다'고 하고, 곧 二空眞如를 깨달으니, 그러므로 '진리의 근원이 저절로 드러난다' 하였다.

'그러므로 『법화경』에 …' 한 아래 세 구절은 경을 인용하여 증명하였다. 중생이 아·법 두 가지 집착을 타파하지 못하고 제법실상을 증득하기 전에는 모두 삼계의 생사에 윤회함을 면하지 못한다. 이는 화택 가운데 처하며 불에 타는 고통을 당하는 것과 같으니, 어떻게 부처님의 불가사의한 지혜를 알 수 있겠는가! 그러므로 우리들은 부처님이 설한 성언량에 대해 몸을 태우고 손가락을 태우며 신명을 버리고 보시하는 것 같은 보살행을 깊이 믿을 뿐, 의심을 내거나 비방해서는 안 된다.

기 6. 세 번째 질문과 답

集

문 : 몸은 비록 헛되고 거짓이어서 여러 가지 고통에 얽혀 있으나, 이 환과 같은 몸으로 능히 도과를 이룰 수 있습니다. 경에는 "번뇌의 큰 바다에 들어가지 않으면 무가 보주를 얻을 수 없다." 하였습니다. 만약 이를 버리려 하면 혹시 후회를 이룰까 두렵습니다.

답 : 대저 태어난 것은 반드시 죽고, 모양이 있는 것은 모두 공허하다. 만약 삼보에 지성 귀향하여 한 번의 버리는 마음을 내면 세상에서 헛되이 살다 헛되게 죽는 것보다 오히려 낫다. 그렇게 되면 무상한 몸으로 금강의 몸을 얻고, 견고하지 못한 몸을 견고한 몸으로 바꿀 수 있으니, 취하고 버리는 두 길을 모름지기 지혜에 의거해 비추어보아야 한다.

問. 身雖虛假, 衆患所纏, 然因此幻形, 能成道果。經云, 不入煩惱大海, 不得無價寶珠, 若欲捨之, 恐成後悔。答. 夫生必滅, 有相皆空。若於三寶中, 志誠歸向, 起一捨心, 猶勝世間虛生浪死。則能以無常體, 得金剛體。以不堅身, 易堅固身, 取捨二途, 須憑智照。

講

질문은 '만약 몸을 빌려 도를 닦으면 능히 도과를 이룰 수 있습니다. 어찌 굳이 버릴 필요가 있겠습니까?' 하고, 다시 경전을 인용하여 증명하였으니 이른바

'번뇌가 바로 보리다' 한 것이요, 또한 영가대사가 『증도가』에서 '무명의 실성이 곧 불성이요, 환화의 공성이 곧 법신이다' 한 것이다. 그러므로 '만약 몸을 버리려 하면 혹시 후회를 이룰까 두렵다' 한 것이다. '몸은 비록 허위한 것이어서' 한 것은, 몸과 마음, 사대와 오음이 거짓으로 화합한 것이어서 實我가 없음을 말하였다. '여러 가지 고통에 얽혀 있다' 한 것은, 몸이 있으면 생노병사를 면하기 어렵고, 더 나아가서 한없는 고뇌가 있음을 말하였다. '그러나 이 환신으로 능히 도과를 이룰 수 있다'는 것은, 반드시 사람 몸이 있음으로써 비로소 수행하여 성불할 수 있음을 말하였다. 그러므로 응당 몸을 버려서는 안 되는 것이다.

    스님의 대답은, 취하든 버리든 반드시 지혜가 있는지 없는지를 살펴야 한다. 『법화경』 비유품에 "지혜가 없는 사람 앞에서 이 경을 설하지 마라." 한 것처럼, 지혜가 있어서 성인을 증득해야 가히 몸을 버릴 수 있고, 지혜가 없으면 불가능하다. 왜냐하면, 모든 중생이 태어나면 반드시 죽게 마련이고, 만유 제법이 모양이 있으면 모두 空으로 돌아간다. 만약 지혜가 있으면 인·법이 무상하고 고이고 공임을 증득하여 이 청정한 마음속에서 지성으로 일체삼보(一心二門)에 귀향하여 공·유에 집착하지 않고 중도를 행한다. 그리하여 잠깐의 버리는 마음을 내어 하나의 손가락을 태우든 혹은 몸과 마음을 버리면, 이것은 세상 사람이 한없는 생사윤회 속에서 부질없이 태어났다가 부질없이 죽으며 아무 이익이 없는 것보다 낫다. 더욱이 이같이 무상한 부모 유체를 금강불괴의 法性 生身(부모가 낳아준 몸에 의탁해 32상을 구족한 법신)으로 바꾸고, 태어나고 죽음이 있는 견고하지 않은 육신으로 불생불멸의 견실한 공덕 보신을 얻으면, 보통 사람이 지혜가 없어서 업에 따라 몸을 받고 과보가 다하면 목숨을 버리며, 이미 주재를 얻지 못하고 또한 아무 이익 없이 버리는 몸과 어찌 함께 비교하겠는가? 그러므로 '취하고 버리는 두 길을 모름지기 지혜에 의거해 비추어보아야 한다' 하였다.

무 4. 空을 세우지 않고 有를 버리지도 않아야 二諦가 융통함
기 1. 첫 질문

集

문 : 안심입도는 모름지기 眞空에 수순해야 하니, 행을 일으켜 중생을 제도하는 것은 완전히 세속제로 돌아갑니다. 법성을 알아야 正宗을 말할 수 있는데, 어찌 진실한 것을 배척하고 허망한 것에 의거하며, 근본을 상실하고 지말을 쫓습니까? 有爲는 소란을 일으키고 조작은 어지러워 眞源을 어지럽히고 心水를 혼탁하게 합니다.

問. 安心入道, 須順眞空。起行度生, 全歸世諦。但了法性, 以辯正宗。何乃斥實憑虛, 喪本驟末。有爲搖動, 造作紛紜。汩難眞源, 昏濁心水。

講

이 아래는 '空과 有가 서로 보충하여 완성함(圓修十義 중 제6. 중권 제1페이지)' 가운데 제4과니, 空을 세우지 않고 有를 버리지 않으며 이제가 원융하게 보살도를 닦아야 비로소 통행이 무애함을 설명하였다. 여기서는 첫 번째 문답 가운데 질문이다. 공과 유가 서로 보충하여 완성함을 알지 못했으므로 공을 세우고 유를 버리는 執見을 낸 것이다. 스님은 자비하사 자신이 닦고 증득한 경험을 토대로 해석을 덧붙여, 일반 불자들이 갈림길에서 잘못 들어가는 것을 면할 수 있게 하였다.

'안심입도'란, 달마대사의 저술에 '少室六門[52]'이 있는데, 그중 네 번째 문을 『安心法門』이라 한다. 그 가운데 "마음은 色이 아니기 때문에 有가 아니요, 작용하되 폐하지 않기 때문에 無가 아니다. 작용하되 항상 공적하기 때문에 有가 아니요, 공적하되 항상 작용하기 때문에 無가 아니다. … 대도를 통달함이여, 한계를 넘었고, 불심을 통함이여, 定度를 벗어났도다." 한 것이 있다.(대정장경 48권 370페이지 하) 이것이 '안심입도'의 가장 좋은 설명이다. 또한, 달마대사가 소림사에서 종일 면벽하고 있노라니, 神光대사가 눈 속에 서서 대법을 참구하였다. 달마대사가 "눈 속에 오래 서서 무슨 일을 구하는가?" 하니, 광이 눈물을 흘리며 "노화상께서 자비로 감로문을 열어 보여주소서." 하였다. 달마가 "제불의 묘도는 광겁에 정진하여 행하기 어려운 일을 능히 행하여 성취하였는데, 어찌 조그만 공덕이나 조그만 지혜, 가벼운 마음과 교만한 마음으로 眞乘을 구하려 하는가?" 하였다. 그러자 광이 칼을 들어 팔을 자르니, 달마가 "제불이 처음 도를 구할 때는 법을 위해 몸을 잊었다. 그대가 지금 내 앞에서 팔을 끊었으니 구하는 것이 가능하겠다. 그대를 위해 '혜가'라고 이름을 바꾸노라." 하였다. 혜가가 물었다.

"제 마음이 편안하지 않습니다. 스님께서 편안하게 해주소서."

"그 불안한 마음을 가져오라. 그대에게 편안하게 해주마."

"마음을 찾아도 찾을 수가 없습니다."

그러자 달마가 "내가 그대에게 이미 마음을 편안하게 해주어 마쳤노라." 하였으니, 이것이 '안심입도'의 가장 좋은 예증이다. 참으로 이런 융통성 없는 자

---

[52] 달마대사 저술이라 전하는 여섯 가지. 제1문 心經頌. 제2문 破相論. 제3문 二種入. 제4문 安心入門. 제5문 悟性論. 제6문 血脈論.

가 단지 혜가가 '마음을 찾아도 찾을 수가 없습니다' 한 眞空의 일면만 알고, 그가 눈 속에 서서 팔을 끊은 묘유의 일면은 알지 못한 것이다. 그러므로 치우쳐 집착하여 '모름지기 진공을 수순하여야 한다' 한 것이다.

'행을 일으켜 중생을 제도하는 것은 완전히 세속제로 돌아간다' 한 이 두 구절은, 보살이 닦는('起') 육도만행과 사섭법으로 중생을 제도하는 것은 완전히 세속제에 속한다('歸')고 오해한 것이다. '법성을 요달해야 正宗을 말할 수 있다' 한 것은, '직지인심 견성성불'만 있어야 비로소 불법의 진제인 정종을 말할 수('以辯') 있다는 것이다. '어찌 진실한 것을 배척하고 허망한 것에 의지하십니까?' 한 아래 여섯 구절은, 집착으로 인하여 비방을 낸 것이다. 이를테면 '이미 보살이라면 어찌 진실하게 참구하여 진실하게 깨닫지 않고, 유위 허망의 事行을 하는가? 그것은 근본을 잊고 지말을 쫓는('驟') 것이 아닌가?' 한 것이다. '근본'은 法性과 理性을 가리키고, '지말'은 法相과 事相을 가리킨다. 그리하여 性과 相, 理와 事, 心과 境의 상대가 있어서 不二의 원교법문에 들어가지 못하고, 이로 인하여 다시 악취공의 사견을 내어, 모든 것을 닦을 것도 증득할 것도 없다고 생각하는 자연외도가 된다.

'유위는 소란하고 조작은 어지럽다' 한 두 구절은, 불법은 굳이 닦을 필요가 없다고 비방한 것이다. 이를테면 무릇 유위 조작한 것이 모두 부질없는 일에 속하니, 그러므로 소란하고 어지럽다 하였다. '眞源을 어지럽히고 心水를 혼탁하게 한다' 한 두 구절은, 불법은 굳이 증득할 필요가 없다고 비방한 것이다. 이를테면 "眞心은 물과 같으니 평정을 보지하기만 하면 되지, 어찌 굳이 마음을 내어 생각을 움직이며 과득을 증득하고 부처를 이룰 필요가 있는가? 도리어 마음의 물을 혼란하게 할 뿐이다." 한 것이다. 이 眞은 호리만큼 차이가 나면 천리만큼 잃으니, 외도의 무상정과 무상천을 진여법신이라 한 것이다. 교를 배우고 도를 닦는 데는 어찌 삼가지 않겠는가.

기 2. 첫 대답

集

답: 제일의 중에는 眞도 세우지 않고, 평등법계에는 부처도 중생도 없다. 속제문 중에는 한 법도 버리지 않으니, 무릇 有作(조작)을 일으킨 것은 佛事門에 속한다. 그러므로 제불은 항상 二諦에 의해 법을 설하시니, 만약 世諦를 얻지 않으면 第一義諦도 얻지 못한다.

答. 第一義中, 眞亦不立. 平等法界, 無佛衆生. 俗諦門中, 不捨一法. 凡興有作, 佛事門收. 是以諸佛常依二諦說法. 若不得世諦, 不得第一義諦.

講

스님은 세우지 않고 버리지 않는 이제융통의 중도 정의로 대답하였다. 고덕이 말한 "實際 理地에는 티끌 하나도 세우지 않지만, 불사문중에는 하나의 법도 버리지 않는다." 하고, 또한 이 책(『만선동귀집』) 맨 마지막 게송에 "實際理地를 행하고 無得觀門에 출입하며, 거울 가운데 마군을 항복받고 꿈속 불사를 크게 짓네." 하며, 또한 "자타를 모두 이익되게 하고 돈점을 모두 거둔다. 自利란 도를 보조하는 원만한 문이며 수행의 밝은 거울이요, 利他란 滯眞의 밝은 해며 二見의 훌륭한 의사이다. 頓行이란 性起의 문을 어기지 않고 능히 법계의 행을 이루고, 漸進이란 방편을 폐한다는 가르침을 면하여 마침내 구경의 교승으로 돌아간다." 한 것이다. 누구나 이 책을 읽는 자는 응당 이로부터 體會하여 알면 스님의 한 조각 노파심을 등지지 않을 것이다.

'제일의'란 구경 최상의 진리다. 『능가경』 제2권에 "제일의는 聖(佛)智로 스스로 깨달아 얻은 것이니, 언설과 망상으로 깨닫는 경계가 아니다." 하였다. 진실한 도리를 '諦'라 한다. 제법이 二諦에서 벗어나지 않으니, 하나는 '세속제'라 하고, 둘은 '제일의제'라 하며 또한 '승의제'라 한다. 모두 진실한 도리가 있으니, 절대 거짓이 아니다.

　법상종에서는 제일의제(勝義諦)를 네 종류로 나누었다. 첫째는 世間勝義諦니 또한 體用顯現諦(체와 용이 나타난 진리)라고도 한다. 곧 중생의 오음, 십이처, 십팔계 등 事法에도 오히려 생멸이 있으니, 그러므로 '世間'이라 하고, 성자가 그 뜻을 안 것이기 때문에 '勝義'라 한다. 둘째는 道理勝義諦(도리가 승의인 진리)니, 또한 因果差別諦(인과가 차별인 진리)라고도 한다. 곧 십여시와 고·집·멸·도 사성제다. 셋째는 證得勝義諦(승의를 증득한 진리)니, 곧 二空眞如의 이치를 증득한 것이다. 넷째는 勝義勝義諦(승의이고 승의인 진리)니, 곧 언어도가 끊어지고 심행처가 멸하여, 오직 聖智를 자각하여 증득한 일심 이문이며 일진법계며 제법실상이다. 다만 외도의 冥諦나 無想定은 아니다.

　세속제는 세간이나 출세간의 事法이니, 법상종에서는 또한 네 가지로 나누었다. 첫째는 世間世俗諦(세간의 세속 진리)니, 병이나 옷이나 수레, 수풀 등 범부가 가짜를 진짜라고 아는 것이다. 둘째는 道理世俗諦(도리인 세속의 진리)니 삼귀의, 오계, 십선을 설하여 능히 人天의 몸을 얻을 수 있는 것과 같다. 셋째는 證得世俗諦(증득한 세속의 진리)니, 삼승 성자가 닦아 증득한 인과법이다. 넷째는 勝義世俗諦(승의인 세속의 진리)니, 불법 가운데서 설한 인·법 이공의 名相 道理니, 성지를 깨달은 것이기 때문에 '승의'라 하고, 언어문자를 빌려 설하기 때문에 '세속'이라 한다.

　'제일의 가운데' 한 아래 네 구절은, 勝義勝義諦를 가리킨 것이다. 문자상을 버리고 심연상을 여의었기 때문에 '眞도 또한 세우지 않는다' 하고, 일심 이문의 일진법계를 이미 증득했기 때문에 '평등법계'라 하니, 부처와 중생의 차별이 없다.

'속제문 가운데' 한 아래 네 구절은, 證得世俗諦를 가리킨 것이다. 『법화경』에서 "무릇 법을 듣는 자는 하나도 성불하지 않는 이가 없고, 한번 '나무불' 하고 부르면 모두 이미 불도를 이루었으니, 점점 수학하면 모두 반드시 부처를 이룬다." 한 것이다. 그러므로 '한 법도 버리지 않는다' 하였다. 그러므로 삼승의 수증 인과는 곧 일승 인과니, 모두 '是心作佛'이라 한다. 그러므로 '무릇 有作을 내는 것은 佛事門(因果)에 속한다' 하였다.

'그러므로 제불은 항상 이제에 의해 법을 설한다' 한 아래 세 구절은, 이제를 폐해서는 안 된다는 것을 밝혔다. 만약 緣起의 事法에서 여시상과 내지 여시본말구경 등 공·가·중 도리를 통달하지 못하면, 제법실상의 일심이문의 제일의제를 결코 증득하지 못하니, 그러므로 '만약 세제를 얻지 못하면 제일의제를 얻지 못한다' 하였다.

기 3. 인용하여 증명하고 설명함

集

『유식론』에 "二諦를 부정하는 것은 惡取空이니, 제불이 설하여 다스릴 수가 없다." 하고, 『금강경』에는 "아뇩다라삼먁삼보리를 발한 자는 법에 단멸상을 말하지 않는다." 하였다. 현수국사는 "眞空은 연기 업과를 파괴하지 않으니, 그러므로 존귀함과 비천함이 완연하다." 하고, 『금강삼매론』에는 "진·속은 두 가지가 없고 하나를 지키지 않는다. 두 가지가 없기 때문에 곧 일심이요, 하나를 지키지 않기 때문에 전체가 두 가지가 된다." 하였다.

『화엄경』에는 "비유하면 허공을 시방 가운데서도 과거나 미래나 현재에서도 찾을 수 없으나 허공이 없는 것이 아니듯이, 보살도 마찬가지로 일체법을 관하여도 모두 얻을 수가 없지만, 모든 법이 없는 것이 아니어서 여실하여 다름이 없어서 所作을 잃지 않으니, 보살이 제행을 수행함을 널리 보여서 大願을 버리지 않고 중생을 조복하여 정법륜을 굴려 인과를 파괴하지 않는다." 하고, 또 "보살 마하살은 자신이나 중생이 본래부터 적멸함을 알아 놀라지도 않고 두려워하지도 않으나, 복과 지혜를 부지런히 닦아 만족함이 없다. 비록 일체법이 조작이 없음을 알지만, 또한 제법의 자상을 버리지 않는다. 비록 모든 경계에 탐욕을 영원히 여의었으나, 제불의 색신을 항상 좋아하고 우러러 받든다. 비록 다른 이를 말미암지 않고 법을 깨달을 줄 알지만, 갖가지 방편으로 一切智를 구한다. 비록 제불 국토가 모두 허공과 같은 줄 알지만, 일체 불찰 장엄하기를 항상 좋아한다. 비록 無人·無我임을 항상 관찰하지만, 중생을 교화하여 싫어함이 없다. 비록 法界에 본래 동요하지 않으나, 신통과 지혜의 힘으로 여러 가지 변화를 나툰다. 비록 一切智智를 이미 성취하였으나, 보살행을 닦아 휴식이 없다. 비록 제법은 말로 설할 수 없는 줄 알지만, 청정한 법륜을 굴려 중생을 기쁘게 한다. 비록 제불의 신력을 능히 시현하지만, 보살의 몸 버리기를 싫어하지 않는다. 비록 대열반에 들어감을 나투지만, 모든 처소에 示現受生한다. 이와 같은 권과 실을 쌍행하는 법을 능히 지으니, 이것이 佛業이다." 하였다.

唯識論云, 撥無二諦, 是惡取空, 諸佛說不可治者。金剛經云, 發阿耨菩提心者, 於法不說斷滅相。賢首國師云, 眞空不壞緣起業果, 是故尊卑宛然。金剛三昧論云, 眞俗無二, 而不守一。由無二故, 則是一心。不守一故, 擧體爲二。華嚴經云, 譬如虛空, 於十方中, 若去來今, 求不可得, 然非無虛空。菩薩如是, 觀一切法, 皆不可得, 然非無一切法, 如實無異, 不失所作。普示修行菩薩諸行, 不捨大願, 調伏衆生, 轉正法輪, 不壞因果。又云, 菩薩摩訶薩, 了達自身, 以及衆生, 本來寂滅, 不驚不怖, 而勤修福智, 無有厭足。雖知一切法, 無有造作, 而不捨諸法自相。雖於諸境界, 永離貪欲, 而常樂瞻奉諸佛色身。雖知不由他悟入於法, 而種種方便, 求一切智。雖知諸佛國土, 皆如虛空, 而常樂莊嚴一切佛刹。雖恒觀察無人無我, 而教化衆生, 無有疲厭。雖於法界本來不動, 而以神通智力, 現衆變化。雖已成就一切智智, 而修菩薩行, 無有休息。雖知諸法不可言說, 而轉淨法輪, 令衆生喜。雖能示現諸佛神力, 而不厭捨菩薩之身。雖現入於大涅槃, 而一切處示現受生。能作如是權實雙行法, 是佛業。

講

스님이 인용한 경론에, 첫 번째는 『유식론』을 인용하였다. 이 논은 世親보살이 지은 것인데, 대정장경 제31권에 있다. '二諦를 부정한다'는 것은, 질문한 말에서 "안심입도는 모름지기 眞空에 수순하여야 하고, 行을 일으켜 중생을 제도하는 것은 완전히 世諦로 돌아간다."고 한, 空(眞)을 세우고 有(俗)를 버리는 것이 바로 이제를 부정하는 것이다. 이것은 악취공에 속하여 非空·非有의 제일의공이 아니니, 이런 사람은 어떤 법으로든 다스릴 수가 없다. 용수보살이 지은 『중론』에도 "제불이 空法을 설하신 것은 有見을 다스리기 위함이니, 만약 다시 공에 집착한다면 제불도 교화(治)하지 못한다." 하였다.

두 번째는 『금강경』을 인용하였다. '아뇩다라삼먁삼보리심을 발한 자'는 곧 무상정등정각인 불과를 구하는 보살이니, 이것은 범부나 외도나 이승이 아님을 구별하였으니, 이미 보살이라면 반드시 중도를 행해야 하고, 공법에 집착하여 악취공인 단멸견에 떨어져서는 안 된다. 그러므로 '법에 단멸상을 말하지 않는다' 하였으니, 제법은 공과 유가 서로 보충하여 완성한다는 것을 응당 깨달아, 세우지도 않고 버리지도 않는 이제가 융통하여야 한다.

세 번째는 현수국사의 말씀(『화엄경』「탐현기」)을 인용하여 증명하였다. 이것은 경에 "假名을 파괴하지 않고 실상을 설한다." 한 것과 뜻이 같다. 불법에서 설한 性空과 眞空은 모두 연기를 깊이 관찰함으로써 깨달을 수 있으니, 『중론』에 "인연으로 난 법을 나는 곧 空이라 하고 또한 假名이라 하나니, 이것을 '中道義'라 하느니라." 한 것이다. 이미 연기지만 성공하고 성공이지만 연기하니, 그러므로 공을 세우고 유를 버려서는 안 되고, 응당 공과 유가 무애한 중도를 행해야 한다. 그러므로 '진공은 연기 업과(有)를 파괴하지 않는다' 하였다. '존·비가 완연하다'는 것은, 곧 이·사가 분명하고 인·과를 잃지 않는 것이다.

네 번째는 『금강삼매론』을 인용했으니, 이 논의 완전한 이름은 『금강삼매경론』이다. 모두 3권인데 신라 원효 대사 저술이다. 대정장경 제34권에 있다. '진과 속은 두 가지가 없다'는 것은, 곧 이제가 융통함을 말한 것이다. '곧 일심이다' 한 것은 곧 일심 이문이니, 진여문은 진제요 생멸문은 속제니, 똑같이 일심이기 때문에 '두 가지가 없다' 하였다. '전체가 두 가지가 없다'는 것은, 다만 이 일심의 體뿐이지만 두 가지 문이 있으니, 어떻게 空을 세우고 有를 버리며 진에 집착('守')하고 속을 버릴 수 있겠는가. 그러므로 논주가 '진·속이 둘이 없고 하나도 지키지 않으며, … 이와 같은 것을 일심이문이라 한다' 하였다.(대정장경 34권 996페이지 상)

다섯 번째는 『화엄경』을 인용하였다. 첫 번째 단락은 문장과 같이 잘 이해할 수 있다. 두 번째 단락('又云' 아래)은 80화엄 제58권 「이세간품」에서 나왔다(대정장경 10권 308페이지 중). 여기서는 청량국사의 「화엄소」를 따서 적었으니(대정장경 35권 904페이지 하), 대략 그 뜻을 설명하면 다음과 같다. 지금은 佛因을 밝히지만 行은 佛行을 수순하기 때문에 '佛業'이라 하였으니, 부처님이 중생을 이롭게 하는 것으로 사업을 삼기 때문이다.

자비와 지혜를 쌍행하는 가운데 열한 구절이 있다. 첫 번째 구절('보살마하살' 아래)은 無作四諦를 전체적으로 밝혔다. 妄惑은 본래 없는 것인데 지금은 있기 때문에 응당 놀라고, 妄苦가 몸과 마음을 핍박하여 해치기 때문에 응당 두려워하는 것이다. 지금은 본래 고요하여 청정하고 지음이 없어서 곧 적멸의 이치와 같은 줄 요달하였으니, 그러므로 놀라거나 두려워하지 않는다. 비록 본래 고요함을 요달하였으나 부지런히 복과 지혜를 닦아 能治의 道를 삼으니, 그러므로 모두 無作四諦가 된다. 이후의 열 구절은 따로 설명한 것이니, 모두 쌍행하여 무애한 것이다. 처음 하나(여기에 열 번의 雖(비록) 자가 있다. 처음 '雖知' 아래)는 苦를 잡았고, 다음은('雖於' 아래) 集을 잡았으며, 다음 일곱은 道를 잡았으며, 마지막 하나('雖現' 아래)는 滅을 잡았다.

이 열 구절을 다음과 같이 간단히 해석한다. 첫째, '일체법이 조작이 없는 줄 알지만, 또한 제법의 自相을 버리지 않는다' 한 것은, 비록 일체 중생법이 자성이 없음(空)을 깨달았으나, 능히 미혹을 가지고 중생을 제도하여 부지런히 복과 지혜를 닦아 중생의 생멸상을 버리지 않는다. 그러므로 '제법의 自相을 버리지 않는다' 하였다. 이것은 無作苦諦에 속한다. 둘째, '모든 경계에서 영원히 탐욕을 여의었으나, 항상 제불의 색신을 우러러보고 받들기를 좋아한다'는 것은, 비록 마음과 경계가 공적하여 탐 등 일체 번뇌가 없으나, 이미 무상보리를 낸 마음으로 항상 우러러보고 받들어 제불을 가까이 하기 좋아한다. 보살은 법의 신하요 제불은 법의 왕이라, 본래 오직 부처님만을 존중하기 때문이다. 이것은 無作集諦에 속한다.

셋째, '다른 이로 말미암아 법을 깨닫는 것이 아닌 줄은 알지만, 갖가지 방편으로 일체지를 구한다' 한 것은, 이미 화합식을 타파하고 지혜의 몸을 성취하는 것이 다른 것으로 인하여 깨닫지는 않지만, 여전히 갖가지 방편으로 일체

종지를 구한다. 이것은 正見과 正思惟에 속한다. 넷째, '제불 국토가 모두 허공과 같은 줄 알지만, 항상 즐겨 일체 불찰을 장엄한다' 한 것은, 『정명경』에서 설한 "비록 제불국토와 중생이 공함을 알지만, 항상 정토를 닦으며 일체 중생을 유익하게 한다." 한 것과 대의가 같다. 이것은 正業에 속한다. 다섯째, '항상 무인·무아를 관찰하지만, 중생을 교화하여 싫증이 없다' 한 것은, 『금강경』에서 설한 "한없는 중생이 모두 무여열반에 들어가게 하되, 실제로는 한 중생도 멸도를 얻은 자가 없다." 한 것과 대의가 같다. 또한 正業에 속한다. 여섯째, '비록 법계가 본래 평등하나, 신통과 지혜의 힘으로 여러 가지 변화를 나타낸다'는 것은, '보살의 청정한 달이 항상 필경의 공중에 머무르니, 중생의 마음의 때가 깨끗하니 보살의 그림자가 그 가운데 나타나네' 한 것이다. 이것은 正定에 속한다.

일곱째, '이미 일체지지를 성취하였으나, 보살행을 닦아 쉼이 없다' 한 것은, 비록 이미 성불하였으나 본원을 어기지 않고 자비의 배를 거꾸로 타고 갖가지로 보살이 중생을 유익하게 하는 행을 닦아 미래가 다하도록 정지함이 없으니, 이것을 '佛後普賢行'이라 한다. 正精進에 속한다. 여덟째, '제법은 말로 설할 수 없는 줄 알지만, 청정 법륜을 굴려 중생을 기쁘게 한다' 한 것은, 보살이 언어도를 여읜 가운데서 치열하게 항상 법을 설하여 정법륜을 굴려서 중생이 사실단의 이익을 얻게 하니, 이것은 正語에 속한다. 아홉째, '제불의 위신력을 시현하지만, 보살의 몸 버리기를 싫어하지 않는다' 한 것은, 항상 보현행에 안주하여 보살신으로 보살도를 행하니, 이것은 正念에 속한다. 이상 세 번째부터 아홉째까지는 無作道諦에 속하니, 곧 팔정도. 열 번째, '대열반에 들어감을 나타내지만 일체처에 시현수생한다' 한 것은, 관음보살이 32응신으로 장소에 따라 수생하여 유정을 교화하는 것이니, 기회가 없고 인연이 없으면 입멸을 나타내든지, 뜻에 따라 자재하여 보문으로 생멸을 나타내든지 간에 모두 환상과 같고 변화와 같으니, 이것은 無作滅諦에 속한다.

'이와 같은 권실쌍행법을 지을 수 있는 것이 불업이다' 한 이 두 구절 경문은 총결어이다. 보살이 위와 같은 열한 가지 행법으로 지음이 있는 것은 權이요 지음이 없는 것은 實이니, 권과 실을 쌍행하면 이승인과 달라서 실을 행하고 권은 행하지 않는다. 또한, 범부와 외도가 권·실을 둘 다 미혹한 것과는 같지 않다. 곧, 중도원융의 원교보살은 行은 佛行을 수순하니, 그러므로 '佛業'이라 한다.

集

그러므로 결과를 부정하고 원인을 배제하면 곧 空見外道요, 본체에 의거하고 작용을 끊으면 趣寂聲聞이다. 또한, 正宗을 세운다면 어떤 법인들 宗이 아니며, 이미 법성을 논하였다면 어떤 물건인들 性이 아니겠는가. 미혹을 좇고 집착을 파하면 방편으로 옳고 그른 것을 세웠지만, 깨달음을 좇고 같음을 말하면 실로 취하고 버릴 것이 없다.

여기서 논하는 것은 범부가 집착한 事相과 같지 않고, 또한 삼장보살이 假에 치우치고 眞을 여읜 것과, 통교 성문은 다만 空滅相 뿐인 것과는 다르다. 만약 空을 여읜 有라면 곧 妄色의 因이요, 만약 有를 여읜 空이면 灰斷의 果로 돌아간다. 지금은 性은 相에 의한 性이니 그러므로 무성하게 일어나는 데 장애되지 않고, 相은 性에 의한 相이니 그러므로 고요함이 없지 않다. 경계는 부사의한 경계요 空은 제일의공이니, 펴고 오므리는 것이 동시니 空에 의하여 항상 有요, 존재하고 멸망하는 것이 파괴하지 않으니 有에 의하여 항상 空이다.

그러므로 천태교에서 "거울에는 형상이 있으나 질그릇에는 나타나지 않듯이, 거울 가운데는 여러 가지 형상을 갖추었으나 空일 뿐이라 곧 없다. 미묘한 청정 법신에는 32상을 갖추었다." 하고, 청량국사는 "범부와 성인(眞·妄)이 서로 통하니 범부의 마음에 의해 부처의 마음을 보고, 事와 理를 쌍수하니 本智에 의해 佛智를 구한다." 하였다.

고덕은 "선종에서 뜻을 잃은 무리는 理에 집착하고 事를 미혹하여 '性에 본래 구족하니 어찌 닦고 구할 필요가 있으랴. 중요한 것은 妄情을 버릴 뿐이니, 그렇게 되면 진불이 저절로 나타난다' 하고, 법을 배우는 무리는 事에 집착해 理를 미혹하고는 '어찌 굳이 힘써 理法을 닦고 익히랴' 한다. 이를 합하면 두 가지가 아름답거니와 이를 여의면 두 가지가 손상하니, 이와 사를 쌍수하여야 원묘함이 드러난다. 마음을 쉬고 생각을 끊은 것을 '理行'이라 하고, 공덕을 일으키고 有에 이르는 것을 '事行'이라 한다.

本智에 의지하는 것이 本覺智니 이것은 因智다. 이 '智'는 맑고 밝아 매하지 않으니, 앞의 理行을 성취하여 망정을 버리고 理가 드러난 것이다. 佛智를 구하는 것이 무장애해탈지니, 이것은 果智다. 이 '智'는 분명하게 결단하는 것이니, 앞의 事行을 성취하여 行을 일으켜 果를 이루기 때문이다. 이것은 體性이 같기 때문에 이것(本智)에 의거하고, 相用이 다르기 때문에 이것(佛智)을 구하니, 상용을 구할 뿐 체성은 구하지 않는다. 앞의 망정을 버린 理行은 더러움을 제거한 緣起니 체성이 드러나고, 공덕을 일으키는 事行은 청정을 발휘한 연기니 상용을 이룬다." 하고 해석하였다.

無相宗에서는 "위와 같이 설한 것은 相用은 그럴 수 있지만, 本智에 의거해 망정이 없으면 상용이 저절로 드러나니, 본래부터 갖추었기 때문이다. 그러니 어찌 굳이 특별히 事行을 일으키랴." 하고,

圓宗은 "性詮이 본래부터 구족하여 망정이 없을 때(二空) (性體 上의) 더러운

부분[染分]의 상용을 제거하기만 하면 저절로 진체가 드러난다. 만약 사행이 없이 (性體 上의) 청정한 부분[淨分]의 상용을 발기하면 태어날 인연이 없다. 예를 들면 금에는 비록 여러 가지 그릇이 있으나 광석을 제거해야 능히 금이 드러날 수 있는 것과 같으니, 만약 공력을 베풀어 만들지 않으면 그 그릇을 낼 인연이 없으니, 어찌 금에서 광석을 끄집어내고 나서 만들지 않아도 자연히 그릇을 조성할 수 있겠는가? 만약 망정이 없으면 사행이 필요하지 않으니, 부처님이 (육도만행을) 고루 닦게 한 것은 어찌 배우는 자들을 부질없이 괴롭히는 것이 아니겠는가. 그러므로 八地(보살)이 이미 망념을 여의었건만 부처님이 방편을 권하여 사행을 일으키게 했으니, 망념을 여의지 못하였기 때문에 (부처를 이루지 못했음을) 알 수 있다. 그러므로 (경)문에 '법성은 참으로 상주하여 心念을 여의었건만, 이승은 이것을 또한 능히 얻었으나 이 때문에 세존이 되지 못하네. 다만 깊고 깊은 無礙智로 일곱 번 권한 것이 모두 사행이기 때문이네.' 하였다. 이로써 불과는 모름지기 성·상이 구족해야 하고, 인행은 반드시 사·리를 쌍수해야 함을 알 수 있다. 本智에 의거하는 것은 금을 얻은 것과 같고, 理行을 닦는 것은 광석을 제거하는 것과 같으며, 事行을 닦는 것은 일을 하는 것과 같고, 佛智를 구하는 것은 그릇을 완성한 것과 같다." 하였다.

是以若撥果排因, 卽空見外道。據體絶用, 是趣寂聲聞。又若立正宗, 何法非宗。旣論法性, 何物非性。從迷破執, 則權立是非。從悟辯同, 實無取捨。今所論者, 不同凡夫所執事相, 又非三藏菩薩偏假離眞, 及通敎聲聞但空滅相。若離空之有, 乃妄色之因, 若離有之空, 歸灰斷之果。今則性卽相之性, 故不礙繁興。相卽性之相, 故無虧湛寂。境是不思議境, 空是第一義空。舒卷同時, 卽空而常有。存泯不壞, 卽有而常空。故台敎云, 如鏡有像, 瓦礫不現。中具諸相, 但空卽無。微妙淨法身, 具相三十二。淸凉國師云, 凡聖(眞妄)交徹, 卽凡心而見佛心。事理雙修, 依本智而求佛智。古德釋云, 禪宗失意之徒, 執理迷事, 云性本具足, 何假修求。但要忘情, 卽眞佛自現。學法之輩, 執事迷理, 何須孜孜習理法。合之雙美, 離之兩傷。理事雙修, 以彰圓妙。休心絶念名理行, 興功涉有名事行。依本智者, 本覺智, 此是因智, 此虛明不昧名智。成前理行, 忘情顯理。求佛智者, 卽無障礙解脫智, 此是果智, 約圓明決斷爲智。成前事行, 以起行成果故。此則體性同故, 所以依之。相用異故, 所以求之。但求相用, 不求體性。前忘情理行, 卽是除染緣起, 以顯體性。興功事行, 卽是發淨緣起, 以成相用。無相宗云, 如上所說, 相用可然。但依本智情亡, 則相用自顯, 以本具故。何須特爾, 起於事行。圓宗云, 性詮本具, 亡情(二空)之時, 但除(性體上)染分相用, 自顯眞體。若無事行, 發起(性體上的)淨分相用, 無因得生。如金中雖有衆器, 除礦但能顯金。若不施功造作, 無因得生其器。豈金出礦已, 不造不作, 自然得成於器。若亡情則不可事行, 佛令具修(六度萬行), 豈不虛勞學者。是以八地(菩薩), 已能離念, 佛勸方令起於事行, 知由離念不了(不得成佛)。所以(經)文云, 法性眞常離心念, 二乘於此亦能得, 不以此故爲世尊, 但以甚深無礙智, 七勸皆是事行故。是知佛果, 須性相具足。因行, 必須事理雙修。依本智如得金, 修理行如去礦, 修事行如造作, 求佛智如成器也。

講

이 큰 단락에서 설명한 문장에는 事가 있고 理가 있으며, 법으로 설하고 비유로 설하여 원교 일승의 종지를 완전히 드러내었고, 장교와 통교와 별교의 뜻은 밝히지 않았으니 독자는 유의하기 바란다.

　나는 지금 이 대목을 세 단락으로 나누어 해석하려 한다. 첫 번째 단락은 '결과를 부정하고 원인을 배제하면' 한 것부터, '실로 취하고 버릴 것이 없다' 한 데까지 모두 열두 구절은 질문한 뜻을 바로 해석하였다. '만약 결과를 부정하고 원인을 배제하면 곧 공견외도다' 한 두 구절은, 원교보살은 안심입도를 眞

空에 수순하여 모든 인과 닦음을 폐기하는 것으로 오인해서는 안 된다는 것을 밝혔다. 만약 인과를 닦고 증득함을 부정한다면 그것은 곧 空見外道다. '본체에만 의거하고 작용을 끊으면 이것은 趣寂聲聞이다' 한 두 구절은, 보살이 성불하려면 반드시 행을 일으켜 중생을 제도하여 널리 세속제의 불사를 지어야 한다. 만약 단지 眞空('體')에만 의거하고 묘유가 없으면('絶用'), 이것은 곧 定性聲聞(확정된 종성의 성문)이라 偏空涅槃에 들어간다.

'만약 正宗을 세우면' 한 데서부터, '어떤 물건인들 性이 아니랴' 한 데까지 네 구절은, 질문에서 '법성을 요달하기만 하면 정종을 말할 수 있다'고 한 데 대해 해석한 것이다. 그대가 이미 법성을 논하였고 또한 법성을 분명히 보았다면, 법성이 시간적으로는 三際에 다하고 공간적으로는 시방에 두루하니, 그러면 어떤 법('物')이 성 밖에('非性') 있겠는가? 원교 법문은 하나의 색이나 하나의 향이 법계(性)아닌 것이 없다. 선종의 雲門조사는 "하늘과 땅을 포용하니 어찌 세움이 있고 버림이 있겠는가?" 하였다. 그대가 이미 불법의 정종을 세우려 하였으니, 그대에게 묻노라. 四敎 중에서 어떤 가르침을 정종이라 하는가? 만약 사교의 깊고 얕은 것을 변별하여 설명한다면 응당 장교나 통교나 별교로 정종을 삼아서는 안 되고, 만약 원교가 불법의 정종임을 인정한다면 어떤 법인들 종이 아니겠는가? 이른바 산하대지가 모두 법왕신이다. 선종에서 눈썹을 치켜 뜨고 손가락을 세운 것이 모두 종풍이요, '조주의 차'나 '운문의 떡'이 모두 정종이니, 어찌 한 법이나 한 물건이 법성에 들어가지 않는 것이 있겠는가!

'미혹을 좇고 집착을 파하면' 한 것부터, '실로 취사가 없다' 한 데까지 네 구절은, 본집에서 말한 '세우지도 않고 버리지도 않아 이제가 융통하다'는 것을 설명하였다. 불법은 모두 병에 따라 약을 베푼 것이라 부처님은 중생의 미혹과 집착을 파제하기 위하니, 이것이 곧 방편으로 시설한 오승의 차별 불법이다. 중생에게 무엇이 옳은지 무엇이 그른지와, 무엇이 더러운 것인지 무엇이 청정한 것인지를 가리키기 위해, 반드시 그만두어야 할 것과 반드시 지어야 할 것, 반드시 취해야 할 것과 반드시 버려야 할 것을 보여, 중생이 법에 의해 수행하여 평등불이의 법성을 깨달을 때까지 기다렸다가, 심성은 본래 깨끗하고 중생과 부처가 동체여서 닦을 것도 증득할 것도 없고 취할 것도 버릴 것도 없음을 설명한 것이다. 부처님이 『법화경』에서 천명한 것과 같이, 實을 위해 權을 시설하고 權을 열어 實을 밝혔으니, 이것은 삼세제불이 중생을 제도하는 방편이고, 사실은 오직 일불승이 있을 뿐 둘도 없고 셋도 없으니, 권은 실의 권이요 실은 권의 실이라 하나도 아니고 다르지도 않으니, 무엇을 세우고 무엇을 버리겠는가!

두 번째 단락은 '지금 논한 것은' 한 데서부터, '유에 의해 항상 공하다' 한 데까지 모두 열여덟 구절은, 본집에서 말한 원교 보살행은 범부와 이승, 통교의 보살과 같지 않음을 밝혔다. 범부와 같지 않다는 것은, 범부는 事相에 집착하여 實在하다고 여겨 상·락·아·정 四顚倒의 구덩이에 떨어진다. 삼장보살과 같지 않다는 것은, 삼장보살은 곧 回心二乘(定性聲聞이나 定性緣覺이 아닌, 마음을 돌이킨 이승)이니 여전히 번뇌가 바로 보리요 생사가 곧 열반이며, 망에 의해 진임을 알지 못했으니, 그러므로 '假에 치우쳐 眞을 여읜다' 하였다. 또한 통교보살이나 정성성문과도 같지 않으니, 다만 공의 이치를 증득하고 事相을 멀리 여의었을('滅') 뿐이니, 또한 제불보살의 修證因果이며 또한 무상·고·공·부정의 顚倒見의 그물에 떨어졌다. 이와 같은 사람은 모두 이제가 융통하고 공·유가 서로 보충하여 완성함을 알지 못하기 때문에 이런 잘못이 있는 것이다.

'만약 空을 여읜 有이면 곧 妄色의 因이다' 한 것은 색이 곧 공임을 알지 못했으니, 이것은 空을 여읜 有니 곧 범부의 망집이요 생사의 원인이다. 이른바 '꿈속에서는 분명히 六趣(妄色)가 있다' 한 것이다. '만약 有를 여읜 空이면 灰斷의

果로 돌아간다' 한 것은 공이 곧 색임을 알지 못했으니, 이것은 有를 여읜 空이니 곧 정성이승이나 선교방편이 없는 장교나 통교 보살이 얻은 것이니, 이로 인하여 灰身滅智(마음과 몸이 모두 空寂無爲의 열반으로 돌아감)의 出世聖果를 깨닫는다. 이른바 '꿈을 깬 후에는 비고 비어 대천세계가 없다' 한 것이다. 이런 것은 모두 원교 보살행이 아니며 또한 성불의 정도가 아니다. 그러므로 내가 지금 논한 것은 空과 有가 서로 보완하여 완성한 완벽한 닦음이며 완벽한 깨달음이라 이제가 원융하니, 완전히 위에서 설한 것과는 같지 않다. 왜냐하면 '性은 相에 의한 性'이요, 연기(相)에 의해 성이 공하기 때문이다. 그러므로 허공이 장애가 없는 것과 같이 모든 事相의 발휘('繁興')가 장애되지 않는다.

'相은 性에 의한 相이다' 한 것은, 삼라만상이 허공의 본래 고요한 본성을 잃지 않는 것과 같다. 性은 空(眞諦)이요 事는 假(俗諦)니, 하나도 아니고 다르지도 않아서(中諦) 一境 三諦니 그러므로 '경계는 부사의한 경계이다' 하고, 공과 유가 서로 보완하여 이루어진 것이라 유가 아니고 공이 아니니 그러므로 '공은 제일의공이다' 하였다. '펴고 거두는 것이 동시라 공에 의하여 항상 유다' 한 것은, 평등 공성으로 인하여 만법을 연기하여 본체로 좇아 작용을 일으키는 것을 '편다'고 하고, 만법을 연기함으로 인하여 평등 공성을 깨달아 작용을 섭수하여 본체로 돌아가는 것을 '오므린다'고 부른다. 공과 유가 서로 보완하여 이루어져 본체와 작용이 여의지 않은 것을 '동시'라 한다. 공은 '멸망함(泯)'이요 유는 '존재함(存)'이니, 서로 보완하여 이루어져서 서로 파괴하지 않으니, 그러므로 '存·泯이 파괴하지 않으니 유에 의해 항상 공하다' 하였다. 이른바 '항상 같으나(空) 항상 다르고(有) 항상 다르나 항상 같으며, 차이가 없으나 차이가 나고 차이가 나지만 차이가 없다. 하나가 무량이요 무량이 하나다' 한 것이니, 이것은 일승 원교의 큰 뜻이다. 어찌 범부나 소승의 행과 같겠는가.

세 번째 단락은 '그러므로 천태교에서 …' 한 데서부터, '佛智를 구하는 것은 그릇을 완성한 것과 같다' 한 데까지는, 空宗과 圓宗의 견해를 널리 인용하여 진(空)과 망(有)이 서로 헛갈려 통하고 이와 사를 쌍수하여야 비로소 성불할 수 있음을 설명하였다.

'천태교'는 천태종의 교리를 가리키니,『法華玄義文句』,『摩訶止觀』,『禪波羅蜜』 등이다. 모두 일심 이문인 원돈삼관과 중도원융의 바른 뜻을 밝혔다. '거울에는 모양이 있고 질그릇에는 나타나지 않는 것과 같다'는 것은 천태교에서 든 비유니, 중생의 마음은 밝은 거울이 거울의 인연에 따라 여러 가지 모양을 나타내지만, 질그릇은 그렇지 못하여 물건을 비추는 작용이 없어서 능히 여러 가지 모양을 나타내지 못하는 것과 같은 것에 비유하였다. 거울 가운데는 모양이 분명히 존재하지만 거울 자체에 실제로 있는 것이 아니어서, 본래 없던 것이 가상으로 있는 것이니, 있는 것은 곧 없는 것이다. 그러므로 '거울 가운데 여러 가지 모양을 갖추었으나 空일 뿐이라 곧 없다' 하였다. '미묘 정법신은 32상을 갖추었다' 한 것은,『법화경』「제바달다품」 경문이다.

'청량국사가 …' 한 것은, 그의 저술『화엄경소』서문에서 설한 것을 인용하였으니, 대정장경 제35권 503페이지 상을 보라. 청량국사의 호는 澄觀이요 자는 大休니, 절강성 소흥 사람이다. 성은 夏候 씨니 당 현종 開元 무인년(738)에 태어났다. 신장은 9척 4촌이니 팔을 내리면 무릎을 지나고, 입에는 40齒가 있고 눈빛이 밤에도 휘황하고 낮에도 눈을 깜작이지 않았다. 천보 7년(748)에 출가하여 숙종 2년(757)에 구족계를 받았다. 그해에 조칙을 받들어 궁에 들어가『화엄경』을 번역하였다.

구족계를 받은 후 열 가지 일로 자신을 경책했으니, "첫째, 몸에는 사문의 표시(가사)를 버리지 않는다. 둘째, 마음은 여래의 법도(계율)를 어기지 않는다. 셋째, 앉아있을 때는 『法界經(화엄경)』을 등지지 않는다. 넷째, 마음은 정애의 경계에 물들지 않는다. 다섯째, 발은 尼寺의 먼지를 밟지 않는다. 여섯째, 옆구리는 거사의 의자에 대지 않는다. 일곱째, 눈은 바깥 일의 시비나 선악을 보지 않는다. 여덟째, 혀는 정오를 지난 음식을 맛보지 않는다(오후불식). 아홉째, 손에는 둥글고 밝은 구슬(단주)을 놓지 않는다. 열째, 잠잘 때는 의발 곁을 떠나지 않는다." 하였다.

남경 우두산 慧忠 선사와 항주 경산 道欽 선사에게서 선을 배웠고, 현수국사에게 교를 받고 화엄 원지를 모두 얻었다. 代宗 때 역경에 참예하고, 나중에 사퇴하고 오대산에 들어가 대화엄사에서 『화엄경』을 연수하여 別教 三地에 증입하였다. 덕종 建中 4년(783)에 『화엄경소』를 저술하기 시작하여, 신·해·행·증으로 전체 경을 네 大科로 나누어 4년 만에 60권의 큰 저술을 이루었다. 나중에 거듭 『수소연의초』 90권과, 『대화엄경약책』 1권, 『화엄경칠처구회송석장』 1권, 『삼성원융관문』 1권, 『화엄법계현경』 2권을 지어 모두 세상에 유통하고 현재 똑같이 대정장경에 편입되었다. 건중 15년에 鎭國大師라는 호를 받았고, 임금이 스님을 내전으로 맞이하여 화엄종지를 강의하게 하였다. 임금이 듣고 나서 여러 신하에게 "짐의 스승이 성인의 법으로 짐의 마음을 시원하게[淸凉] 하도다." 하고서, '淸凉'으로 국사의 호를 하사하였다. 하루는 임금이 스님께 물었다.

"법계란 무엇입니까?"

"법계는 일체중생의 몸과 마음의 본체입니다. 본래부터 신령하게 밝고 텅 비고 고요하여 유일하게 참다운 경지입니다. 모양이 없으나 대천세계에 나열하고, 끝이 없으나 만유를 함용합니다. 마음과 눈앞에 분명하나 모양을 볼 수 없고, 색진 가운데 밝게 빛나지만 이를 나눌 수 없습니다. 법을 꿰뚫은 지혜의 눈과 망념을 여읜 밝은 지혜가 아니면, 자심이 이와 같이 영통함을 능히 보지 못합니다. 부처님은 '법계성'이라 부르며 『화엄경』을 설하여 만유를 모두 거두니 곧 일심이요, 무애융통하니 그러므로 '법계'라 합니다."

임금이 매우 기뻐하며 '僧統淸凉國師'라는 호를 내리고, 천하 스님들을 거느리고 통제하게 하였다. 돌아가시기 전에 제자 海岸 등에게 "이단을 천착하지 말고 잘못을 답습하고 거짓말로 변명하지 말며, 사심에 빠지지 말고 고집하여 싸우지 말라. 반드시 부처님을 믿고 사람을 믿지 말라. 진제는 깊고 미묘하여 언어로 표현할 수 없으니, 반드시 깊은 마음으로 직접 이해하고, 경계에 대해 무심하고 인연을 만나 동요하지 말라. 그러면 나를 저버리지 않는다." 하고, 말을 마치자 돌아갔다. 그때는 문종 開成 3년(838) 3월 6일이다. 스님은 평생 아홉 왕조를 거쳐 일곱 임금의 국사가 되었다. 춘추는 102요, 승납은 83이었다. 화엄 4조이다.

'범부와 성인이 엇갈려 통한다' 한 아래 네 구절은, 고덕이 덧붙여 해석하였다. '선종의 뜻을 잊은 무리'로부터 '상용을 이룬다' 한 데까지 일단의 문장은, 해설이 분명하니 거듭 강해할 필요가 없다. '무상종에 …' 한 것부터, '어찌 특별히 事行을 일으키랴' 한 데까지 모두 여덟 구절은, 공종인이 서로 대립하고 배척하며 책망하고 꾸짖는 말을 든 것이다.

'원종이 …' 한 것부터, '불지를 구하는 것은 그릇을 이룬 것과 같다' 한 것은, 또 화엄 원종으로 해답을 덧붙이며 아울러 금으로 그릇을 짓는 비유를 들었으니, 매우 합당하여 더 좋을 수가 없다. 문장은 쉽게 이해할 수 있으므로 여러 가지 설명이 필요하지 않다. 선종의 뜻을 제대로 알지 못하는 무리와 법을 배우는 무리는 매양 理와 事에 치우쳐 집착하는 병이 있으니, 우리는 반드시 이것으로 경계를 삼아야 한다. 국사께서 임종에 보여주신 말씀이 매우 간절하니 우리들이 좌우명으로 삼을 만하다. 더욱이 '반드시 부처님을 믿고 사람을 믿지 마라' 한 두 구절은 지금 불교도들에게 병의 증세에 따라 알맞은 약을 처방한 양약이라 할 것이다.

集

『慈恩三藏錄』에 "세존이 '모든 유위법은 참으로 空華와 같아서 한 물건도 없으니, 거짓되고 망령된 것 같다' 하고 설하신 것을, '황당무계하고 근거가 없어서 해탈의 원인이 아니다' 하고 말한다면, 어떻게 세존이 제자들에게 '육도만행인 妙因을 부지런히 닦으면 반드시 보리열반의 과득을 증득할 수 있다' 하고 가르쳤겠는가? 어찌 지혜 있는 자가 건달바성이 견고하고 진실하며 높고 아름답다고 찬탄하고, 또한 사람들에게 토끼 뿔로 사다리를 만들어 오를 수 있다고 권하겠는가? 이런 이치로 비록 범부라도 보리심을 내어 보살행을 행하면 비록 유루(着相) 수행이라도 진실하기도 하고 올바르기도 하다. 합당한[有體] 허망은 거북 털(토끼 뿔)과 같이 空無한 한 물건을 허망이라고 설하는 한 것과는 같지 않으니, 모두 依他인 인연으로 난 幻有라서, 허무하고 망령된 계책과는 다르다. 만약 이와 같이 이해하는 자가 항상 (有)相을 행하면 상이 능히 장애하지 못하여 속히 해탈을 얻겠지만, 만약 미혹한 생각에 국집하면 교리에 통하지 않아 비록 상 여의기를 구하더라도 항상 상에 구애되어 해탈을 구하려다가 도리어 생사에 빠진다." 하고,

慈恩三藏錄云, 若言世尊, 說諸有爲, 定如空華, 無有一物, 如虛妄者。虛妄無形, 非解脫因, 如何世尊, 勅諸弟子, 勤修六度萬行妙因, 當證菩提涅槃之果。豈有智者, 讚乾闥婆城堅實高妙, 復勸諸人, 以兎角爲梯, 而可登陟者哉。由此理故, 雖是凡夫, 發菩提心, 行菩薩行, 雖然有漏(着相)修習, 是實是正。有體虛妄, 非如龜毛(兎角), 空無一物, 說爲虛妄。皆是依他緣生幻有, 不同無而妄計。若如是解者, 常行於(有)相, 相不能礙, 速得解脫。若迷情局執, 於敎不通, 雖求離相, 恒被相拘, 欲求解脫, 反沉生死。

講

스님은 자비로워 거듭 당나라 **慈愍三藏** 慧日 법사가 설한 것을 인용하여 증명하였다. 혜일 삼장법사가 인용한 문장은 『略諸經論念佛法門往生淨土集(錄)』 상권의 한 부분이니, 대정장경 85권 1241페이지 상에 보인다.

이 책은 또한 『자비집』이라고도 하는데, 현재는 이미 失傳하고 대정장경에 나머지 상권만 있고 하권은 없다. 참으로 애석하다. 이 글이 중요한 것은, 무릇 상에 집착하여 하는 수행은 모두 허망하다고 여기는 禪門의 편견을 바로 잡은 것이다.

이 책 후문에 "그러나 선사들은 다문을 좋아하지 않아 견해가 천박하고 집착하는 마음으로 성인의 말씀을 미혹한다. … 모두 허위하고 삿된 법을 전하면서 진실한 것이라 여기며, 각자 보호하고 아끼며 기쁘게 행한다. 지혜 있는 자가 부처님 가르침에 의해 불법을 설하고, 진실한 禪定으로 수행문을 배우고 닦는 것을 보면 비방하고 믿지 않으면서, 문·사·수의 삼혜 善心을 버리고 무기심을 취하며, 끊지도 않고 닦지 않는 것으로 진실한 것이라 하니, 잘못 가운데 잘못된 것이 이보다 더한 것이 없다. … 그러나 팔만사천 보리도 가운데 특히 중요하고 오묘하여, 힘들이지 않고 쉽게 이루어 속히 부처님을 뵈옵고, 속히 생사를 벗어나며, 속히 선정해탈을 얻고, 속히 성과와 자재를 얻으며, 속히 시방에 두루 제불에게 공양하고, 시방세계에 두루 몸을 나투어 중생을 구제하며, 나아감은 있고 물러감은 없어서 만행이 속히 원만하고, 속히 성불하는 것은 오직 정토 한 문이 있을 뿐이다. 이 몸이 다하는 동안 전심전력으로 배우고 닦아 저 나라에 나기를 원하면, 이와 같은 여러 가지 법을 모두 다 성취한다." 하였다. 바라건대, 본집을 보고 들은 인연 있는 禪人은, 모두 이 금과옥조와 같은 거룩한 말씀을 기억하고, 머리에 한 방망이를 맞은 듯이 깨달아 알기 바란다.

[集]
또한 "만약 삼세 부처님 수행법을 망상이라 집착한다면 무엇에 의해 닦고 배워 해탈을 얻을 것인가? 부처님 수행법에 의지하지 않고 따로 근본을 삼을 것이 있다면, 모두 외도의 수행이다." 하였다.
又云, 若三世佛行, 執爲妄想, 憑何修學, 而得解脫。不依佛行, 別有所宗, 皆是外道行。

[講]
여기서는 자민삼장의 말씀을 거듭 인용했으나, 남아있는 상권 가운데는 없는 말씀이다. 혹시 하권에서 뽑아 적은 것인지, 이미 失傳한 것이라 고증할 길이 없다.

[集]
고덕이 "만약 한결같이 팔짱을 끼고 아무것도 하지 않는 것으로 스스로 편안함을 취하고 仁義의 도를 행하지 않으면, 장엄이 완전하지 못하여 다겁에도 성불하지 못한다. 다만 實際에서는 티끌 하나도 받지 않으나, 불사에서는 한 법도 버리지 않는다." 하고,
古德云, 若一向拱手, 自取安隱, 不行仁義道, 卽闕莊嚴, 多劫亦不成(佛)。但實際不受一塵, 佛事不捨一法。

講

여기서는 고덕의 말을 인용하였다. '實際理地에서는 티끌 하나도 세우지('受') 않고, 불사 문중에서는 한 법도 버리지 않는다' 한 것은, 세우지도 않고 버리지도 않는 것에 대한 가장 좋은 예증이다. 만약 한결같이 팔짱을 끼고 아무것도 하지 않고, 번뇌를 끊지도 않고 닦지도 않는 것으로 안심입도('自取安隱')라고 여긴다면, 육바라밀이나 사섭법 등 보살행을 행하지 않고 인의의 도를 행하지 않고도 거기에서 만덕장엄의 불과를 얻으니('卽闕莊嚴'), 이런 것은 비록 진겁을 지나더라도 성불하지 못한다. 그러므로 근대 太虛 대사께서도 "중국(한국) 불교도(한 무리 禪人을 말함)는 대부분 입만 대승이고 행은 소승이니, 어찌 성불할 수 있겠는가?" 하고 개탄하였다.

集

『환원관』에는 "眞은 妄末을 포함하니 行을 닦지 않음이 없고, 妄은 眞源을 꿰뚫으니 相이 고요하지 않음이 없다." 하고, 또 "진여의 성은 본래 인연을 따르고, 만법이 모두 일어나는 것은 본래 성으로 돌아간다." 하였다.
還源觀云, 眞該妄末, 行無不修。妄徹眞源, 相無不寂。又云 眞如之性, 法爾隨緣。萬法俱興, 法爾歸性。

講

다시 당나라 法藏대사(賢首國師)가 지은 『修華嚴奧旨妄盡還源觀』에서 설한 것을 인용하였다. '진은 망말을 포함하니' 한 것부터, '상이 고요하지 않음이 없다' 한 데까지는 본체에 의해 작용을 일으키니, 이것은 法界圓明인 자재한 작용이며, 또한 본체와 작용이 둘이 아닌 본성에 부합한 작용이다. 대정장경 45권 637페이지 하단을 보라. '진여의 성은' 한 데서부터, '본래 성으로 돌아간다'

한 데까지는 작용을 섭수하여 본체로 돌아가니, 예를 들면 파도는 반드시 물로 돌아가는 것과 같다. 그러므로 '본래[法爾]'라 하였다. 앞의 두 구절은 불변이면서 수연임을 설하였고, 뒤의 두 구절은 수연이면서 불변임을 설하였다.(대정장경 45권 639페이지 중단 참조.)

集

조사의 전법게에 "마음의 땅[心地]에서 때에 따라 설하듯이, 보리도 또한 다만 그럴 뿐이네. 事와 理에 모두 무애하니 태어나는 것이 곧 태어나지 않네." 하였다. 그러므로 眞이 자성을 지키지 않고 고요함에 수순하여 萬有가 항상 일어나고, 緣이 본체를 잃지 않고 움직임에 맡겨 一空이 항상 고요하다는 것을 알 수 있다.

祖師傳法偈云, 心地隨時說, 菩提亦祇寧, 事理俱無閡, 當生卽不生。故知眞不守性, 順寂而萬有恒興。緣不失體, 任動而一空常寂。

講

여기서 인용한 전법게는 마조도일 선사가 대중에게 설한 법어이다. "마음은 독불장군의 마음이 아니라, 색에 의하여 마음이 있다. 너희들이 때에 따라 말하기만 하면 事에 의하고 理에 의하여 도무지 장애되는 것이 없다. 보리도과도 마찬가지다. 마음에서 난 것을 '색'이라 하니, 색이 공하기 때문에 태어난 것은 곧 태어나지 않음을 알 수 있다. 만약 이 마음을 알면 때에 따라 옷 입고 밥 먹으며 聖胎를 기르고 운에 맡겨 때를 지내니, 다시 무슨 일이 있겠는가? 나의 게를 들어라. 심지에서 때에 따라 설하니 … 반드시 난 것은 나지 않는다." 하였다.(대정장경 51권 246페이지 상단 참조.)

도일선사는 성이 馬 씨니 지금 사천성 廣漢縣 사람이다. 용모가 기이하여 걸음걸이는 소 같고, 눈길은 범과 같았다. 혀는 길어서 코를 지나가고, 발바닥에 두 개의 輪文이 있었다. 어려서 출가하여 당 開元(당 현종 연호. 713~741) 중에 남악에 가서 회양선사를 친근하고, 동료 아홉 사람 가운데 오직 스님만이 심인을 받았다. 육조 혜능대사가 일찍이 회양선사에게 "이후에 불법이 그대에게 이르겠지만, 망아지가 나와 천하 사람들을 밟아 죽이리라." 하였다. 스님의 제자들이 천하에 포진하여 바로 육조가 설한 것과 딱 맞았다. 그때 그를 '馬祖'라 하였다.

스님이 남악에서 법을 얻은 후에 처음에는 복건성 건양 佛跡嶺에서 몰래 수행하다가, 나중에는 강서성 임천현으로 옮기고, 다시 남강현 龔公山으로 옮겼다. 大曆(당 代宗 연호. 966~979)에 開元寺를 세우니 사방에서 학자들이 그의 자리 아래 운집하였다. 이것이 중국 총림의 창시였다. 입실 제자는 139명이니, 각기 일방의 종주가 되었다. 스님은 貞元 4년(788) 정월에 임천현 남쪽 석문산에 올라 숲속을 거닐며 시자에게 "내 썩은 몸은 다음 달 이곳으로 돌아올 것이다." 하였다. 이 말을 마치고 개원사로 돌아와 2월 4일 과연 작은 병이 있더니, 목욕하고 가부좌하고 개원사에서 입멸하시니, 석문사에서 다비하여 탑을 세웠다. 元和(806~819. 당 憲宗) 중에 大寂禪師라는 시호를 내렸다.

'그러므로 眞은 자성을 지키지 않고 …' 한 아래 네 구절은, 스님(영명)이 전과 같이 여러 가지를 인용하여 증명한 후에, '二諦가 융통하다'는 말을 설명하였다. 네 구절 가운데 앞에 두 구절은 불변하면서 수연하니 곧 眞에 의하여 俗이다. 그러므로 '眞은 자성을 지키지 않고 寂에 수순하여 萬有가 항상 일어난다' 하였다. 뒤에 두 구절은 수연하면서 불변하니 俗이 眞을 잃지 않는다. 그러므로 '緣이 본체를 잃지 않아 움직임(俗)에 맡겨 一空(眞)이 항상 고요하다' 하였다.

무 5. 有가 아니면서 有요, 有면서 有가 아님
기 1. 처음 질문과 답

集

문 : 『사익경』에 "正位에 들어간 자는 一地로부터 十地에 이르지 않는다." 하고, 『능가경』에는 "적멸 진여에 무슨 차제가 있겠는가?" 하였습니다. 고덕은 "차라리 영겁에 윤회에 빠질망정 결코 성인의 해탈을 구하지 않으리라." 하고, 또한 "너는 마음대로 千聖이 나타나게 하려무나. 나에게는 천진불이 있노라." 하였으니, 어찌 눈을 눌러 꽃을 내어 억지로 수행의 지위를 나누겠습니까?

問. 思益經云, 入正位者, 不從一地至十地。楞伽經云, 寂滅眞如, 有何次第。古德云 寧可永劫沈淪, 終不求諸聖解脫。又云, 任汝千聖現, 我有天眞佛。何乃捏目生華, 强分行位。

講

『사익경』은 『思益梵天所問經』의 약칭이니, 구마라집이 번역하였다. 모두 4권인데 대정장경 제15권에 있다. 『능가경』은 세 가지 이역본이 있다. 첫째는 『楞伽阿跋多羅寶經』 4권이며, 둘째는 『입능가경』 10권이며, 셋째는 『대승입능가경』 7권이다. 모두 대정장경 제16권에 있다. '사익'이란 梵天의 이름이다. 이 경은 대승을 찬탄하고 소승을 배척하니, 五敎 중 대승종교에 속한다. '능가 Laṅk'는 산 이름이다. 지금 스리랑카에 있는데[53], 부처님이 이 산에서 설한 경전이니 장소를 들어 이름을 붙였다. 대승돈교에 속한다. '正位에 든다'는 것은

---

53 스리랑카에 이 산이 따로 있는 것이 아니고, 스리랑카 섬 자체를 말한다고 한다.

제불 正體의 지위에 드는 것이니, 곧 이미 법신을 증득한 보살이다. '一地로부터 十地에 이르지 않는다' 한 것은, 『화엄경』에서 "처음 발심할 때(圓敎의 初住) 이미 정각을 이루었다." 한 것이다. '적멸 진여에 무슨 차제가 있겠는가?' 한 것은, 선문에서 '직지인심 견성성불'이라 한 것과 같으니, 무슨 차제를 말하겠는가!

인용한 '고덕이 …' 한 것은, 선종의 靑原 下 제1세 石頭希遷(700~709)[54] 선사의 말씀이다. 당나라 희천선사는 廣東省 사람이니 성은 陳씨다. 조계의 육조 도풍을 듣고 육조를 사사하였다. 육조대사가 원적한 후에 靑原行思에게 의지하였다. 하루는 남악회양에 가서 물었다. "성인도 사모하지 않고 자신의 영성도 중요시하지 않을 때 어떻습니까?" 하니, 남악이 "그대의 물음이 매우 고상하네." 하였다. 그러자 "차라리 영겁에 윤회에 빠질지언정 성인에게서 해탈을 구하지 않겠습니다." 하고는 돌아왔다. 天寶(742~756) 중에 형산 南寺에 살 때, 절 뒤 동쪽에 큰 바위가 있는데, 마치 臺(흙으로 높이 쌓아 사방을 바라볼 수 있게 만든 곳)와 같았다. 그 위에 암자를 지으니 사람들이 그를 石頭和尙이라 불렀다. 나이 91세에 입멸하였다.

'천진불'은 곧 자성불이니, 선종에서 말하는 '부모미생전 본래면목'이다. 청원 하 제2세 丹霞天然 선사가 강남에 가서 마조를 뵐 때, 법당에 참배하지 않고 바로 승당에 들어가 聖僧의 목을 타고 앉으니, 대중이 놀라 마조에게 알렸다. 조가 와서 그를 보고 "내 제자 천연이구나!" 하니, 스님이 예배하고 "법호를 주셔서 감사합니다." 하였다. 그 때문에 '천연'이라 한 것이다. 천연은 곧 천진불

---

54 『불광사전』p2140-上

이다.

'어찌 눈을 눌러 꽃을 내어' 한 두 구절은, 위와 같이 경전의 뜻과 조사의 말씀을 잘못 안 禪人이 眞諦에 집착하여 俗諦를 부정하는 말이다. '진여법신은 본래 청정하니 마음이 곧 부처다' 한 것을 오인하여, '무기심으로 반드시 불심을 지을 수 있는데, 어찌 굳이 육도만행을 닦아 억지로 십현삼성의 지위를 나눌 필요가 있는가?' 하고, 이런 질문을 한 것이다. '눈을 눌러 꽃을 낸다'는 것은, 손가락으로 눈동자를 눌러 허공 가운데 꽃과 같은 모양이 생기는 것을 말하니, 곧, 없는 가운데서 억지로 있는 것을 내는 것을 '억지로 행위를 나누겠는가' 한 것이다.

集

답 : 만약 마음이 性佛에 명합하고 理가 眞源을 담는다면 어찌 다른 인연을 빌려 오히려 자기를 잊으리오. 만약 지혜에 따라 구분하면 차제가 없는 가운데 차제를 세워, 비록 오르고 내리는 것 같으나 本位는 움직이지 않는다. 대저 성인의 큰 보배를 '지위'라 하는데, 만약 수행의 지위가 없으면 곧 천마외도다. 만약 圓融門을 잡는다면 법계성에 수순하여 본래부터 청정하고, 行布門을 잡는다면 세속상에 따라 앞은 얕고 뒤는 깊다. 지금은 원융이 항포에 걸림이 없어서 몰록 제행을 이루니 一地가 곧 一切地이기 때문이요, 만약 항포가 원융에 장애되지 않으면 두루 제행을 이루니 여러 지위의 공덕이 점점 커지기 때문이다. 空을 점찍어 지위를 논하나 항상 중도에 거처하니, 有가 아니면서 有여서 품계가 분명하고, 有이면서 有가 아니니 탁 트여 고요하다.

答. 若心冥性佛, 理括眞源, 豈假他緣, 尙猶忘己。若隨智區分, 於無次第中, 而立次第。雖似昇降, 本位不動。夫聖人大寶曰位, 若無行位, 則是天魔外道。若約圓融門, 則順法界性, 本自淸淨。若約行布門, 則隨世俗相, 前後淺深。今圓融不礙行布, 頓成諸行, 一地卽一切地故。若行布不礙圓融, 徧成諸行, 增進諸位功德故。點空論位, 常居中道。不有而有, 階降歷然。有而不有, 泯然虛靜。

講

'마음이 性佛에 명합하고 理가 眞源을 담는다' 한 것은 理와 智가 명합함을 말하니, 순일한 진여불성은 언어의 길이 끊어지고 심행의 장소가 없으니, 禪宗에서 말한 '입을 열면 곧 어긋난다' 한 것이다. 그러므로 '어찌 다른 인연을 빌려 오히려 자기를 잊으리오' 하였으니, 다만 무아·무인일 뿐만 아니라 二空의 모양도 또한 앞에 나타나지 않는다. 그러므로 有이지만 有가 아니어서 항포가 원융에 장애되지 않아서 똑같이 법성에 들어가 텅 비고 고요하다. '지혜를 따라 구분하여 차제가 없는 가운데 차제를 세운다' 한 것은, 지혜로 결택하는 제법의 십여시니, 이른바 여시상, 여시성, 여시인, 여시연, 여시과, 여시보 등이다. 有가 아니면서 有라, 원융이 항포에 장애되지 않으니 그러므로 삼현·십성의 지위가 분명하다. 그러므로 '비록 오르고 내리는 것 같으나 本位는 움직이지 않는다' 하였다. '본위가 움직이지 않는다'는 것은 곧 평등공성이다.

'대저 성인의 大寶를 지위라 한다' 한 아래 세 구절은, 세간의 성현은 반드시 그에 상응한 지위가 있다는 것을 말하였다. 예를 들면 공자를 '至聖'이라 하고, 맹자를 '亞聖'이라 하며, 안자 등은 '七十二賢人'이라 하는 것과 같다. 그런데 더욱이 출세간 성현(불보살)이 어찌 그에 상응한 지위가 없겠는가? 이른바 '실제로 성취한 것이 있으면 그에 상응하는 명예가 있다[實至名歸]'고 하듯이, 성현은 곧 세간이나 출세간의 큰 보배이다. 만약 성현에게 行位의 존칭이 없다면 어찌 천마외도와 구분하며 삿되고 바른 것을 구분하겠는가? 이것은 세상에 있을 수 없는 일이다.

'원융은 항포에 장애되지 않고, 항포는 원융에 장애되지 않는다' 한 것은, 원융은 空이요 항포는 有니, 곧 서로 의지하고 서로 보완하여 성취하여 장애되지 않는다. 이것은 화엄의 일승교의 뜻이니, 또한 空과 有가 서로 보충하여 성취하는 聖言量이다. '원융문을 잡으면' 한 것부터, '항상 중도에 거처한다' 한 데까지 모두 열네 구절은 원융과 항포의 含義와, 서로 보완하여 완성하는 무애의 도리를 해석하였다. 원융이 항포를 장애하지 않는 것은, 諸行이 性空에 수순하여 연기하니, 본래는 없었으나 지금은 있다. 그러므로 '몰록 제행을 이루나 본래 청정하니, 一地가 곧 一切地이기 때문이다' 하였다.

항포가 원융을 장애하지 않는 것은, 비록 제행을 연기하나 자성이 모두 空하여 있지만 도리어 없으니, 그러므로 '두루 제행을 이루어 앞은 얕고 뒤는 깊어서 제위의 공덕이 점점 커지기 때문이다' 하였다. '공을 점찍어 지위를 논하나 항상 중도에 거처한다' 한 것은, 有에 의하여 空하고 空에 의하여 有라, 그러므로 '중도'라 한다. '有가 아니지만 有요' 한 아래 네 구절은, 空과 有가 서로 보완하여 이룸을 결론지었다.

기 2. 인용하여 증명하고 설명함

集

그러므로 『반야경』에 "수보리가 부처님께 묻되 '만약 제법이 결국 있는 것이 없다면 어찌하여 一地와 내지 十地가 있음을 설하나이까?' 하니, 부처님이 '제법이 결국 있는 것이 없기 때문에 곧 보살의 初地부터 十地에 이르기까지 (수행 계위가) 있나니, 만약 제법에 결정성이 있다면 一地부터 내지 十地가 없느니라' 하였다." 하였으니, 그러므로 37품은 보살이 실천하는 문이요, 52위는 고불이 수행한 길이니, 처음 사념처에서 일념에 원만하게 닦아 18불공법에 이르기까지, 삼업을 연마하여 궁극에 청정하다.

故般若經云, 須菩提問佛, 若諸法畢竟無所有, 云何說有一地, 乃至十地。佛言, 以諸法畢竟無所有故, 則有菩薩初地至十地。若諸法有決定性者, 則無一地至十地。是以三十七品, 菩薩履踐之門。五十二位, 古佛修行之路。從初念處, 一念圓修, 迄至十八不共, 練磨三業, 究竟淸淨。

講

스님은 『대반야경』을 인용하여 증명하였다. '부처님이 말씀하시되' 한 아래 네 구절을 가장 유의해서 보라! 일반 세상 사람들은 불법의 空의 뜻을 아무것도 없는 것으로 보지만, 부처님이 제법이 畢竟空임을 설하신 것은, 제법이 인연으로 난 것임을 깊이 관찰하니, 결국 실재성과 결정성과 불변성이 없으니 이것을 '空'이라 한 것이지, 제법의 여시상과 내지 인·연, 과·보 등 십여시도 없는 것을 '空'이라 한 것이 아님을 알지 못하였다. 이것은 단멸공이지 불법에서 설한 空이 아니다. 왜냐하면, 제법은 결정성이 없으니 그러므로 악을 그치고 선을 행하며 범부를 돌려 성인을 이루는, 一地로부터 十地에 이르는 수행 계위가 있는 것이다. 만약 제법이 결정코 독립성과 불변성과 실재성이 있다면 삼승 성현이 닦고 증득한 일체 인과가 없고, 또한 一地부터 十地에 이르는 계위도 말할 수 없다. 이것은 제법 실상과 우주 진리에 어긋난 사견이니, 불법의 정견이 아니다.

'그러므로 37품은' 한 데서부터, '구경 청정하다' 한 데까지 모두 아홉 구절은, 세상에는 결코 하늘에서 뚝 떨어진 미륵이나 저절로 난 석가가 없음을 설명하였다. 고인의 시에 "한차례 추위가 뼈에 사무치지 않으면, 어찌 코를 찌르는 매화 향을 맡을 수 있으랴." 한 것이 바로 이를 말한 것이다.

'37품'은 삼승이 똑같이 닦아야 하는 법문이니, 四念處, 四正勤, 四神足, 五根, 五力, 七覺支, 八正道를 합하여 모두 37도품이다. 이것들이 모두 보살이 수행해야 할 법문이니, 그러므로 '보살이 실천하는 문'이라 하였다. '문'은 이를 통해 들어간다는 뜻이니, 이 법문으로 인하여 능히 삼승 열반의 성과에 들어갈 수 있다.

'52위'는 보살이 보리심을 내어 불과를 이루는 데 거쳐야 할 과정의 지위와 차례이다. 곧, 십신, 십주, 십행, 십회향, 십지, 등각, 묘각을 합하여 모두 52위의 차례다. 자세한 것은 『불학사전』을 찾아보라. 시방 삼세불이 이 52위의 수행을 경과하여 성불하니, 그러므로 '고불의 수행의 길'이라 하였다. '길'은 이것을 통해 가서 이를 수 있다는 뜻이다. 52위는 수행하여 성불할 수 있는 바른길이니, 이것을 버리고는 성불할 수 없다. '**처음 사념처로부터**' 한 것은, 四念處가 삼승 성도의 초문임을 가리키니, 더 나아가서 37도품과 육도만행으로 원교보살은 능히 일념에 조금도 부족함 없이 원만하게 수행할 수 있다. 지자대사가 지은 『사념처』를 보기 바란다.(대정장경 46권 555~580) 대사는 四敎에서 닦을 사념처의 차별을 매우 정밀하게 설명했으니, 우리들이 수행하고 익힐 지남이다.

'십팔불공에 이르기까지는' 한 것은, 사념처로부터 수행을 시작하여 바로 불과에 이르기까지 갖추어야 할 것이 십팔불공법이다. 십팔불공법은 어떤 것인지 이도 『불학사전』을 보기 바란다. 修德으로부터 果德을 증득함에 이르기까지 시간적으로는 삼대아승지겁을 경과하여 삼업을 연마하여 자리이타하여야 비로소 복과 지혜가 원만하여 구경에 성불할 수 있다. 그러므로 '삼업을 연마하여 구경 청정하다' 하였다.

기 3. 두 번째 질문과 답

集

문 : 진여의 근원인 자성은 본래부터 원만히 이루어졌는데, 어찌 수행을 빌려 널리 동작을 일으키겠습니까? 경에 "고임를 보고 집을 끊고 멸을 증득하고 도를 닦는 것을 '戲論'이라 한다." 하였습니다. 만약 망상을 일으켜 수행하면 어찌 근본에 계합하겠습니까?

問. 眞源自性, 本自圓成, 何藉修行, 廣興動作。經云, 見苦斷集, 證滅修道, 名爲戲論。若起妄修行, 何當契本。

講

'진여의 근원인 자성은 본래부터 원만히 이루어졌다' 한 두 구절은, 진여자성의 성덕을 설한 것이다. 천태종에서 "일념에 삼천의 성상을 갖추었다." 한 것과, 화엄종에서 "일진법계에 사무애법계를 갖추었다." 한 것과, 정토종에서 "이 마음이 부처다." 한 것과, 선종에서 "마음이 곧 부처다." 한 것과 같다. '어찌 수행을 빌려 널리 동작을 일으키랴' 한 두 구절은, '마음을 밝혀 자성을 보면 그만이지 어찌 수행할 필요가 있는가?' 하는 오해를 해명하려 한 것이다. 삼가 졸저 「불교성수인과간요표」(『인과선집』 351~353페이지까지)를 보기 바란다. 분명한 것은, 만약 수덕이 없으면 성덕이 드러나지 않고 과덕을 이루지 못한다는 것이다.

　　인용한 『대반열반경』에 '고임를 보고 집을 끊으며 …' 한 세 구절은 부처님이 성문인의 집착을 타파하기 위함이니, 어찌 오해하여 실법이라 하겠는가? 『법화경』을 읽지 않아 부처님의 뜻을 알지 못하니, 「약초유품」에 "이제 너희들에게 가장 진실한 일을 설하나니, 여러 성문 대중은 모두 멸도가 아니거니와,

너희들이 행하는 것이 보살도니 점점 닦고 배우면 모두 성불할 것이니라.(대정장경 9권 20페이지 중)" 한 것이다.

 '만약 망상을 내어 수행하면 어찌 근본에 계합하겠는가?' 한 두 구절은, 불법이 소유한 닦고 증득하는 인과는 모두 망상이니, 어찌 망상을 빌려 본래면목(자연천진불)에 계합하겠는가? 하고 오해한 것이다. 이로 인하여 아무 일도 하지 않는 無記心과 외도의 無想定이 바로 진여심과 자성청정심이라고 오인하니, 방편에 미혹한 전도 견해로 어찌 능히 성불할 수 있겠는가? 그러므로 고인이 "차라리 千生에 깨닫지 못할망정 하루라도 마구니에 붙지 않으리라.(『無異禪師廣錄』)" 하였으니, 어찌 삼가지 않겠는가.

集

답 : 『기신론』에 "망상심이 있기 때문에 능히 名義를 알아 眞覺을 설할 수 있다.(대정장경 32권 577페이지 상)" 하고, "또한 진여 內熏으로 인하여 이 무명에 청정한 작용이 있게 한다.(동상 578페이지 상)" 하며, "다시 제불의 言敎의 힘으로 인하여 안팎으로 서로 도와 이 망심이 자기 몸에 진여성이 있음을 스스로 믿고, 능히 갖가지 방편을 내어 여러 가지 대치를 닦는다.(동상 578페이지 중)" 하고, "이것을 잘 수행하면 진여가 있음을 믿거니와, 진여를 증득하지 못하기 때문에 '무루'라 부르지 못한다. 망념이 청정하면 진성이 저절로 드러난다." 하였다. 또한, 비록 無性을 닦으나 眞修에 장애되지 않아서 망으로부터 진이 드러나고 식으로 인하여 지혜를 이루니, 마치 거울에 비친 영상으로 능히 거울이 밝음을 표출하는 것과 같으니, 만약 진로(번뇌)가 없으면 불도가 성립되지 않는다.

答. 起信論云, 以有妄想心故, 能知名義爲說眞覺。亦因眞如內熏, 令此無明而有淨用。復因諸佛言敎力, 內外相資, 令此妄心, 自信己身有眞如性。能起種種方便, 修諸對治。此能修行, 則是信有眞如。由未證眞, 不名無漏。妄念若淨, 眞性自顯。又雖修無性, 不閡眞修。從妄顯眞, 因識成智。猶如影像, 能表鏡明。若無塵勞, 佛道不立。

> 講

스님은 『대승기신론』의 대의인, "眞에 의해 妄을 일으키고 망이 능히 진을 드러내니, 진과 망이 같은 근원이요 식을 돌려 智를 이룬다."한 것에 의해 해답하였다. 이것은 '부처님을 믿고 사람을 믿지 말라' 한 것이다.

나는 지금 당 법장대사가 지은 『기신론의기』(대정장경 44권 262~263페이지)에 의해 먼저 '진에 의해 망을 일으킨다[依眞起妄]'는 뜻을 설명하려 한다. '**망상심이 있기 때문에 능히 名義를 알아 진각을 설한다**' 한 것에, 논문에는 두 구절이 더 있다. "만약 不覺의 마음을 버리면 眞覺의 본 모습을 설할 수가 없다." 한 것이다.

'또한, 진여 내훈으로 인해 이 무명에 청정한 작용이 있게 한다' 한 것은, 진과 망이 같은 근원임을 밝혔다. 眞에 의한 妄心이 있음으로써 비로소 진을 드러낼 수 있으니, 妄을 따르는 眞心이 도리어 妄心을 기다려 드러나기 때문이다. 어떻게 眞에 의해 妄을 일으키는가? 본각인 진여는 마치 청정한 눈과 같고, 눈병은 근본무명과 같으니, 눈병이 눈과 합하여 저 청정한 눈을 움직이면 병든 눈이 있으니, 이것을 '無明業相'이라 한다. 무명불각이 일념 망동하여 動에 의지하기 때문에 능히 볼 수 있으니, 이것을 '能見相'이라 한다. 병든 눈으로 바깥을 보면 허공 꽃과 같은 허망 경계가 있어서, 능견상에 의지하기 때문에 경계가 능히 나타나니, 이것을 '境界相'이라 한다. 허공 꽃과 같은 경계가 있기 때문에 그것이 마음을 일으켜 아름다운 꽃인지 별 볼 일 없는 꽃인지 분별하게 하니, 이것이 '智相'이다.

이 분별로 말미암아 굳게 집착하여 고치지 않는 것을 '相續相'이라 한다. 집착으로 말미암아 마음에 맞는 경계는 취하거나 따르고, 마음에 어긋나는 경계는 버리거나 보내는 것을 '執取相'이라 한다. 상을 취함으로 말미암아 相 위에 다시 名字를 세우니, 이를 '計名字相'이라 한다. 이미 명자를 계교하고 상을 취하여 몸과 입을 발동하여 선악의 업을 지어 고락의 과보를 받아 생사에 길이 잠들어 능히 벗어나지 못하니, 이것을 '業繫苦相'이라 한다. 최초에 무명이 원인이 되어 三細相을 내고, 그런 후에 경계가 연이 되어 六麤相을 낸다.

삼세상은 아뢰야식에 속하니 나[我]라고 계교하는 집착이요, 육추상은 분별사식에 속하니 곧 의식이다. 이것은 내 것[我所]이라는 집착이다. 삼세와 육추는 모든 染法을 모두 거두니, 모두 근본무명으로 말미암아 아와 아소에 집착하여 일어난다. 이것이 진에 의해 망을 일으키는 것이다.

어떻게 망이 능히 진을 드러낼 수 있는가? 곧 논에서 설한 '다시 제불의 언교력에 인하여' 한 것부터, '진성이 저절로 드러난다' 한 데까지 모두 열두 구절에서 '안팎으로 서로 돕는다'는 것은 곧 안팎으로 서로 훈습하는 것이다. '內薰'은 진여심에 본래 善薰習을 일으키는 공용이 있음을 말하니, 무기심과 무상정에는 이러한 공용이 없다. 이것이 불법과 외도가 다른 점이다. '外薰'은 제불·보살의 言敎와 身敎니, 이것이 비록 유위 생멸법이지만 중생이 妄을 돌려 眞으로 돌아가게 하는 데 강한 힘이 된다. 내훈은 因이 되고 외훈은 緣이 되어 인과 연이 화합하여 이 무명망심이 自心이 곧 불심이요 무명실성이 곧 불성임을 알고 믿어, 자기의 영성을 매몰하지 않고 善淨의 법을 일으켜 닦아 惡念의 법을 대치한다.

중생이 능히 수행할 수 있는 것은 완전히 망심에 진여불성이 있음을 알고 믿음으로 인하여 시작한다. 그러므로 『대지도론』에 "불법의 바다는 믿음[信]이

들어가는 주체[能入]가 되고, 지혜는 건너가는 주체[能渡]가 된다." 하였으니, 무명을 타파하고 식을 돌려 지혜를 이루기 전에는 비록 진여가 있으나 '무루'라고 부르지는 못한다. 망념이 청정하여 삼세와 육추가 모두 제거되면 진여의 순수한 무루성이 저절로 드러나니, 이것이 곧 망이 제거되고 진이 드러나 '망이 능히 진을 드러낸다'고 부른다.

'또한, 비록 無性을 닦으나' 한 것부터, '불도가 이루어지지 않는다' 한 데까지 여덟 구절은 스님이 내린 결론이다. 말하자면 비록 모든 수행이 모두 연기여서 자성이 없지만, 갖가지 역용이 있어서 眞如 內熏의 공능을 방애하지 않을 뿐만 아니라, 또한 밖으로부터 淨熏의 작용이 있어서 능히 진여 성덕으로 말미암아 일어난 수덕을 도와 이루게 한다. 이와 같이 性과 修가 둘이 아니니, 그러므로 識을 돌려 지혜를 이루고 染을 돌려 淨이 되어 妄으로부터 眞을 드러내는 과덕이 있다. 마치 거울에 비친 영상이 있어야 비로소 광명 청정한 밝은 거울을 표출할 수 있는 것과 같다. 만약 거울 속 영상을 드러내지 못한다면 결코 밝은 거울이 아니다. 수행하여 성불하는 보살도도 마찬가지다. 비록 번뇌망상에 속하지만 이 수덕에 의해 능히 진원자성의 성덕을 드러내어 三身·四智와 五眼·六通의 과덕을 성취한다. 그러므로 '만약 번뇌가 없다면 불도도 성립되지 않는다'고 결론지었으니, '불도'란 성덕으로 말미암아 수덕이 있고 수덕으로 말미암아 과덕을 이루는 하나로 펜 성불의 도이다.

기 4. 인용하여 증명하고 설명함

집

고덕이 "진과 망 두 법이 똑같이 일심이니, 망은 진에 따라 이루어져서 별도의 망이 없기 때문이요, 진은 반드시 망에 따라 나타나니 별다른 진이 없기 때문이다." 하고, 또한 "진 밖에 망이 있다면 理가 두루하지 못하는 것이 되는 때문이요 망 밖에 진이 있다면 事가 의지할 곳 없게 되는 까닭이다." 하였다. 또한 "만약 본래부터 청정한 것이라고 집착하면 自性이라는 어리석음이요, 밖으로 수행을 빌린다고 하면 他性이라는 어리석음이며, 안팎으로 서로 돕는다면 共性이라는 어리석음이며, 본·말을 모두 버리면 無因이라는 어리석음이다." 하였다. 古德云, 眞妄二法, 同是一心。妄(由)攬眞(而)成, 無別妄故。眞(必)隨妄(而)現, 無別眞故。又眞外有妄, 理不遍故。妄外有眞, 事無依故。又若執本淨, 是自性痴。若假外修, 是他性痴。若內外相資, 是共性痴。若本末俱遣, 是無因痴。

講

스님은 다시 고덕이 말한 세 단락의 이야기를 인용하여 증명하였다.[55] 첫 번째 단락은 진과 망이 같은 근원임을 밝혔으니, 그러므로 응당 치우쳐 집착해서는 안 된다. 두 번째 단락은 그 까닭을 해석하였고, 세 번째 단락은 저절로 난 것[自生]이 아니요, 다른 것으로 인하여 난 것[他生]이 아니며, 자생과 타생의 공동으로 난 것[共生]이 아니요, 아무 원인이 없이 난 것[無因生]이 아닌, 네 가지 남[四生]을 얻을 수가 없어서, 인연으로 나서 자성이 없다는 바른 뜻을 들어, 무릇 집착하는 것이 모두 무명망상(愚癡)에 속함을 타파하고 제거하였다.

集

『장자론』에 "만약 일률적으로 모두 평등하다면 수도할 마음이 없을 것이니, 응

55　청량국사의『大方廣佛華嚴經隨疏演義鈔』권 제1.

당 다그쳐 닦아 더 닦을 것이 없는 곳에 이르러야 비로소 만법이 닦을 것이 없음을 알 수 있다." 하고,

長者論云, 若一槪皆平, 則無心修道。應須策修, 以至無修, 方知萬法無修。

> [講]

다시 당나라 李通玄(635~730)[56] 장자가 지은 『신화엄경론』을 인용하여 증명하였다. 이 논은 모두 40권인데, 대정장경 제36권에 있다. '만약 일률적으로 모두 평등하다면 수도할 마음이 없다' 한 것은, 만약 평등 법신으로 설하면 일체중생이 구족하지 않음이 없으니, 그렇게 되면 굳이 마음을 내어 수도해야 한다는 것이 성립되지 않는다. '응당 채찍질하고 닦아, 닦음이 없는 것에 이르러야 비로소 만법이 닦음이 없음을 안다'고 한, 이 세 구절은 보살은 응당 다그쳐 부지런히 육도만행을 닦아야 하니, 수행으로 인해 증득해야 비로소 만법이 동일 공성임을 증득할 수 있고, 공에 빠지고 고요함에 막혀 수행이 없어야 평등 공성의 법신을 증득하는 것이 아니다.

이장자는 滄州 사람이니 지금 하북성 滄縣에 속한다. 또는 西山 太原 사람이라고도 한다. 이름은 通玄이다. 처음에는 『주역』을 배웠으나, 나이 마흔이 지나서 外書를 끊고 오직 불경만을 읽었다. 당 개원 7년(719)에 80권 화엄경이 역출되니, 山西省 壽陽縣 동북 40리에 있는 方山의 동굴에 숨어 경전에 의해 논을 지어 40권 『화엄경론』을 이루었다. 또한 『釋決疑論』4권, 『略釋』1권, 『解迷顯智成悲十明論』1권이 아울러 세상에 전한다. 논을 짓는 동안에는 잣잎과 대추를 섞어 돈짝만 하게 떡을 만들어 하루에 일곱 개만 먹으니, 당시 사람들이 그를

---

56 『불광사전』p2960-中

棗柏大士(조백대사)라 하였다. 개원 18년(730) 3월 28일 方山에서 죽었다.

그날 밤에 온 산이 진동하고 새떼가 어지러이 울며 온갖 짐승이 달아나고, 흰빛이 그의 정수리에서 나와 바로 하늘까지 뻗으니, 이를 본 도속이 슬퍼하고 탄식하지 않는 자가 없었다. 돌을 쌓아 방산 북쪽에 장사지냈다. 淸泰(후당, 934~935) 연중에 시골 사람이 그의 묘를 열어 구슬을 꿴 듯한 金骨을 얻어 이를 두드리니 생황 소리가 났다. 天福 3년에 다시 석탑을 모아 방산 동쪽 7리에 장사지냈다. 전설에 이장자가 『화엄경』을 주석하기 전에 일찍이 오대산을 여행하다, 이상한 스님이 『화엄경』의 큰 뜻을 일러주는 것을 만났고, 논을 지을 때는 엎드려 있는 호랑이가 경을 지고, 신기한 용이 샘에서 몸을 변화하며, 낮에는 천동이 곁에서 모시고 밤에는 치아에서 광명이 나오는 등, 신령하고 상서로운 감응이 있었다 한다. 혹은 문수, 보현의 응화자라 하기도 한다.

集

『보적경』에는 "만약 올바른 수행이 없다면 (일체 중생이 모두 불성이 있으니) 고양이나 토끼 등도 반드시 성불할 수 있으나, (그렇지 못한 것은) 바른 수행이 없기 때문이다." 하였다.
寶積經云, 若無正修者, 猫兎等亦合成佛, 以無正修故。

講

『보적경』은 모두 49회 120권인데, 대정장경 제11권에 있다. 스님은 그 가운데 세 구절의 경문을 인용하여, '본래부터 원만 성취하였는데 굳이 수행할 필요가 있으랴' 하는 사견을 바로잡았다. 사람이나 축생이 불성은 차별이 없으나 만약 수행하지 않으면 영원히 성불하지 못한다. 事와 理도 마찬가지다.

🟫 **集**

천태교에는 "행으로 능히 지혜를 이룰 수 있으니 행이 차면 지혜가 원만하고, 지혜로 능히 理를 드러낼 수 있으니 理가 다하면 지혜가 고요하니, 서로 의지하는 道는 흥하고 폐함이 없지 않다. 權으로 인하여 實이 드러나고 실이 서면 권은 없고, 妄을 잡아 眞을 밝히니 진이 이루어지면 망이 없어져 권과 망이 이미 고요하면 진과 실도 또한 공하여 망도 아니고 권도 아니다. (그러니) 어떤 것이 진이고 어떤 것이 실이겠는가?" 하고,

台教云 行能成智 行滿智圓 智能顯理 理窮智寂 相須之道 興廢不無 因權顯實 實立權亡 約妄明眞 眞成妄泯 權妄旣寂 眞實亦空 非妄非權 何眞何實

🟫 **講**

여기서 인용한 천태지자대사의 말씀은 空과 有, 權과 實이 서로 보완하여 이루어진다는 데 대한 가장 훌륭한 설명이라 할 수 있다. '行'은 보살행을 닦음을 말하는데, 법문이 비록 많으나 三學과 止觀에서 벗어나지 않는다. 천태종은 三止, 三觀의 행을 닦아 三智를 성취하여 三惑을 끊는다. 空觀을 닦아 見思惑을 타파하여 一切智를 이루고, 假觀을 닦아 塵沙惑을 타파하여 道種智를 이루며, 中觀을 닦아 無明惑을 타파하여 一切種智를 이룬다. 三止와 三觀이 구족한 것을 '行이 차다(行備)'고 하고, 삼혹을 이미 타파하였으면 이것이 '지혜가 원만하다(智圓)'고 한다. 三智가 있기 때문에 능히 반야·해탈·법신인 三德을 드러낼 수 있으니, 이 삼덕이 제법의 실상이요 우주의 진리다. 그러므로 '지혜로 능히 理를 드러낼 수 있다' 하였다. 이미 대열반에 증입했으면 불과인 삼덕을 성취하니, 그러므로 '理가 다하면 지혜가 고요하다' 하였다.

삼지·삼관은 모두 一心 三大의 성덕에 의해 일어난 것이니, 性으로부터 修를 일으켜 性과 修가 둘이 아닌 것이 因이요, 그러므로 제불의 삼신과 삼덕을

성취한 것이 果다. 이와 같이 성불하는 인·과가 분명히 서로 의지하고 서로 보완하여 이루어지니, 그러므로 '서로 의지하는 도'라 하였다. 본래 인이 있으면 과가 있고 인이 없으면 과가 없으니, 그러므로 '흥하고 폐함이 없지 않다' 하였다.

'권으로 인하여 실을 밝힌다' 한 것부터, '어떤 것이 진이고 어떤 것이 실이겠는가' 한 데까지 모두 여덟 구절은, 二諦 圓融의 올바른 뜻이다. '실'과 '진'을 眞諦라 하고 '권'과 '망'은 俗諦라 하는데, 二諦도 또한 空(性空)과 有(緣起)이기도 하여, 제법이 여러 가지 인연으로 난 것이어서 반드시 자성이 없고(空性), 이미 공성을 보았으면 거듭 제법이 실유라고 집착할 리가 없으니, 그러므로 '권으로 인해 실(空)을 밝히고, 실이 서면 권(有)이 없다' 하였다. 진·망도 또한 마찬가지니, 그러므로 '망을 가지고 진을 밝히고, 진이 이루어지면 망이 없어진다' 하였다. 권·실과 진·망이 모두 상대적인 假에 속하기 때문에, 최후에 반드시 회귀하여 일심 이문과 이제원융의 제법 실상으로 돌아가니, 곧 '망이 아니고 권이 아니니 어떤 것이 진이고 어떤 것이 실이겠는가?' 하였다. 그러므로 본집에서 논한 '원수십의'인 '이사무애(원수십의 중 제1)'부터 '인과무차(원수십의 중 제10)'까지, 이와 같지 않음이 없다. 무릇 집착하는 것은 곧 원만한 수행이 아니고 또한 원만한 교의가 아니요, 본집에서 논한 바가 아니다.

集

우두법융 대사는 "만약 修生(수행의 공으로 인하여 本有의 성덕이 점점 나타남)을 말한다면 조작이라 眞이 아니요, 本有(본래부터 고유한 성덕. 修生의 반대)를 말한다면 만행은 허투루 시설한 것이다." 하였다.

牛頭融大師云, 若言修生, 則造作非眞。若言本有, 則萬行虛設。

講

우두법융 대사의 四句 법어를 거듭 인용하여, 불법을 닦고 배우는 데는 절대 집착하지 말아야 함을 증명하였다. '만약 … 말한다면' 한 것의 '말한다'는 것은 집착함을 말한 것이다. 만약 공과 유가 둘이 없음과, 이제가 융통함을 깨달아 마음에 집착이 없으면, 병에 응해 약을 주고 언어나 名相를 빌려 진을 설하고 망을 설하며 공을 설하고 유를 설하여도 모두 다 옳지 않은 것이 없다.

무 6. 定·慧가 서로 돕고, 空·有가 모두 운용함
기 1. 첫 질문과 답

集

문 : 모든 범부가 항상 定에 있으니 어찌 구태여 數息入觀을 빌려, 줄도 없이 스스로 묶이겠습니까?

답 : 만약 법성삼매이면 누군들 갖추지 않았으랴만, 만약 궁극의 定門을 논한다면 오직 부처님만이 비로소 갖추었다. 등각보살도 오히려 알지 못하는데, 마음이 어지럽게 흐트러진 범부가 어찌 헤아려 알 수 있겠는가.

問. 一切凡夫, 常在於定, 何須數息入觀, 而無繩自縛乎。

答. 若法性三昧, 何人不具。若論究竟定門, 唯佛方備。等覺菩薩, 尙乃不知, 散心凡夫, 豈容測度。

講

앞에서 "'보살행은 삼학과 지관으로 총지문을 삼는다' 하였는데, 지·관은 바로 정·혜다. 그런데 어떻게 정·혜가 서로 도와 집착이 없어야 한다고 하는가?" 한 것이다. 이에 대해 스님은 특별히 두 번의 문답을 시설하여 설명하였다. 지금은 첫 번째 문답이니, 事로부터 理에 들어가 앞뒤가 혼동이 없어야 함을 밝혔다.

질문에 '일체 범부가 항상 定에 있다' 한 것은, 心地自性이 고요하되 항상 비추고 비추되 항상 고요함을 말한다. '**구태여 수식입관을 빌릴 필요가 있는가?**' 한 것은, 理에 집착해 事를 폐하여 굳이 지관을 닦을 필요가 없다고 오인한 것이다.

예를 들면 어떤 사람은 『육조단경』에서 "心地가 잘못이 없는 것이 自性戒요, 심지가 어지러움이 없는 것이 自性定이며, 심지가 어리석음이 없는 것이 自性慧다. … 나의 계·정·혜를 上智人에게 권하노라. 또한 계·정·혜를 세우지 않나니, 반야 관조가 항상 법상을 여의지 않으니 무엇을 세울 것이 있으랴." 한 것에 집착하지만, 다른 돈황판본에는 오히려 "지혜 관조가 안팎으로 명철하니 자기 본심을 알아야 한다. 만약 본심을 알면 바로 이것이 해탈이다. … 일체법을 보되 일체법에 잡착하지 않고, 일체 처에 두루하되 일체 처에 집착하지 않아서 육진 중에 여의지도 않고 물들지도 않아서 가고 옴이 자유스러운 것이 바로 반야삼매다. … 온갖 것을 생각지 말고 항상 생각을 끊게 하는 것이 곧 法縛이니, 곧 '변견'이라 한다. 無念法을 깨달은 자는 만법에 모두 통한다.(대정장경 48권 351페이지 상중)" 하고, 『단경신서』에는 "만약 本身(心)을 찾고자 하면 삼독 악연을 마음속에서 씻어 힘써 수도하고, 게을리 하며 헛되이 일생을 보내지 마라.(『돈황단경신서』173페이지)" 하였으니, 이것은 분명히 우리에게 '반드시 노력하여 수도하는 가운데서 본심을 깨달아야 비로소 해탈에 이를 수 있다'는 것을 가르치고 있으니, 理에 집착하고 事를 폐하여 지관을 닦지 않고 헛되이 일생을 보내서는 안 된다. '**수식입관**'은 지관과 정혜를 수행하는 방편이니, 방편이 없으면 지관을 이루기 어렵다. 비유하면 강을 건너려면 모름지기 뗏목을 사용해야 하고 언덕에 도착하면 배가 필요치 않는 것과 같으니, 어찌 무승자박이라고 배척하겠는가!

스님이 대답한 '법성삼매'는 곧 心地 自性定이니, 중생과 부처가 모두 구족하였다. 다만 범부 분상에는 이 마음이 혼침하지 않으면 산란하니, 어찌 정혜가 있으랴. 그러므로 만약 궁극적으로 정혜가 원명함을 얻을 수 있으면 혼침과 산란이 없으니, 그것은 오직 부처님만이 비로소 도달할 수 있다. 初地도 二地의 일을 알지 못하고, 비록 등각에 증입한 보살도 또한 묘각불의 경계를 능히 알지 못한다. 더욱이 初心보살과 散心범부가 어떻게 범부의 망정으로 佛智를 헤아려 알 수 있겠는가! 또한 어찌 범부로 성인을 참람하여 자신과 부처님이 다름이 없다고 오인하여, 항상 定에 있으니 굳이 지관을 닦을 필요가 없다고 하겠는가!

기 2. 인용하여 증명하고 설명함

集

그러므로 『문수경』에 "비유하면 사람이 활 쏘는 것을 배울 적에, 거친 것에서 세밀한 것에 이른 후에 쏘는 것이 모두 적중하는 것과 같이, 나도 마찬가지로 처음에 삼매를 배우고 사제·십이인연이 하나의 경계가 된 후에 무심삼매에 들어가 비로소 어느 때나 항상 定과 함께 한다." 하였으니, 그러므로 부정관인 假觀과 수식관인 妙門이 감로에 들어가는 나루며 생사를 벗어나는 지름길이다.

故文殊云, 譬如人學射, 從麤至細, 後乃所發皆中。我亦如是, 初學三昧, 諦緣一境, 後入無心三昧, 始一切時中, 常與定俱。所以不淨假觀, 數息妙門, 是入甘露之津, 出生死之徑。

講

여기서 인용한 『문수경』은 『文殊師利所說摩訶般若波羅蜜經』을 인용한 것이다.(대정장경 제8권 729페이지 하단 참조). 여기서는 보살의 수행은 반드시 事로부터 理에 들어가 앞뒤가 혼동되지 않아야 한다는 것을 증명하였다. 먼저 비유를 들고 그런 후에 법에 합하였다. '사제 십이인연이 하나의 경계'라고 한 것은 事定이요, '그런 후에 무심삼매에 들어간다'는 것은 理定에 속한다. '비로소 어느 때나 항상 定과 함께 한다'는 것은, 곧 시각(止觀)과 본각(自性定慧)이 틈이 없이 계합함을 말하니, 이것을 '정혜원명'이라 한다. '그러므로 부정관인 假觀'이라 한 아래 네 구절은, '구태여 수식입관할 필요가 있겠는가?' 한 질문에 바로 답한 것이다. '부정관인 假觀'은 四念處 중 觀身不淨과 五停心 중 탐심이 많은 중생이 不淨觀을 닦는 것이다.

'수식관인 妙門'은 五停心 가운데 마음이 산란한 중생이 數息觀을 닦는 것과 『佛說大安般守意經』에서 설한 數息法門을 말한다. 또한, 천태지자대사가 설한 『小止觀』과 『六妙門』[57]이다. 이 법문들은 모두 대소승의 불법이니 마음속에 깊이 기억하여 잊어버려서는 안 된다. 그러므로 스님이 '감로에 들어가는 나루요 생사를 벗어나는 첩경'이라 하였다. '감로'는 불사약이니, 삼승의 열반에 비유하였다. '지관'은 삼승 열반으로 가는 길이므로 '감로에 들어가는 나루'라 하고, 지관이 생사를 초출하는 바른 길이기 때문에 '생사를 벗어나는 지름길'

---

57 천태종에서 세운, 열반에 들어가는 법문 여섯 가지를 말함. '妙'는 열반을 말한다. (1) 數息門: 호흡을 세어(하나부터 열까지) 마음을 섭수하여 入定하는 요법. (2) 隨息門: 호흡이 출입하는 것을 따르고 그 수를 헤아리지 않는 것. 이렇게 하면 禪定이 쉽게 일어난다. (3) 止門: 마음이 정지(止)하면 여러 가지 禪이 저절로 일어난다. (4) 觀門: 五陰이 허망함을 觀하여 갖가지 전도망견을 파하는 것. 그렇게 하면 무루 방편지가 이로 인하여 개발된다. (5) 還門: 마음을 거두었다 다시 비추어 能觀의 마음이 實이 아님을 안다. 그렇게 되면 我執이 저절로 없어지고 무루 방편지가 자연히 밝아진다. (6) 淨門: 마음에 집착이 없어 매우 청정한 것. 그렇게 되면 眞

이라 하였다.

기 3. 두 번째 질문과 답

集

문 : 보살의 큰일은 중생을 섭수 교화하는 것이 근본입니다. 어찌 외로운 봉우리에 홀로 머무르며 깊은 난야에 들어가겠습니까? 그러면 이미 본원을 어겼거든 어찌 다른 사람을 유익하게 하겠습니까?

답 : 보살의 본원은 다른 이를 제도하기 위한 것이다. 그러려면 먼저 정·혜를 닦아야 하니, 텅 비고 고요한 곳에서 禪觀이 쉽게 이루어지고, 욕심이 없는 두타행으로 능히 聖道에 들어갈 수 있다.『법화경』에 "또한 보살을 보니, 용맹정진하여 깊은 산에 들어가 불도를 사유한다." 하였다.

問. 菩薩大業, 以攝化爲基。何乃獨宿孤峰, 入深蘭若, 旣違本願, 何成利人。

答. 菩薩本爲度他, 是以先修定慧。空閑靜處, 禪觀易成。少欲頭陀, 能入聖道。法華經云, 又見菩薩, 勇猛精進, 入於深山, 思惟佛道。

講

질문한 뜻은, '보살은 응당 중생을 섭수 교화하는 것으로 사업을 삼는데, 어찌 대중을 떠나 홀로 살며 고봉에 있기도 하고 혹은 고요한 아란야에 주하며 스스로 禪觀을 닦습니까? 이것은 이미 보리 본원 발한 것을 위배했으니, 또한 이타의 공덕도 성취하지 못합니다. 그렇다면 보살행이 아닙니다!' 한 것이다.

明의 무루지가 이로 인하여 일어나 자연히 미혹을 끊고 眞을 증득한다. 이 가운데 앞에 세 가지는 定에 속하고 뒤에 세 가지는 慧에 속하니, 이 정·혜에 의해 진정한 보리를 얻을 수 있다.

스님의 대답은, '보살이 먼저 정혜를 닦는 뜻은 먼저 자신을 제도하고 그런 후에 남을 제도함에 있으니, 정혜를 성취하기 위해서는 반드시 텅 비고 고요한 곳에 머물러야 쉽게 상응함을 얻을 수 있다. 비유하면 밀실에 바람이 없어야 등불이나 촛불이 휘황한 것과 같으니, 수도하는 마음은 등촉과 같고 번잡한 경계는 큰바람과 같다. 그러므로 반드시 고요한 곳을 선택하여 홀로 수행해야 한다' 하신 것이다.

'욕심없는 두타'는 지관을 닦는 데 응당 갖추어야 할 조건이다. 적정한 환경 밖에 또한 소욕지족이 있어야 하니, 곧 12두타행이다.

천태지자대사는 지관을 닦는 데 25종의 방편이 있어야 함을 설하였다. 첫째는 五緣을 갖추어야 한다. (첫째는 지계가 청정함. 둘째는 의식이 모자람이 없음. 셋째는 한가하게 고요한 곳에 거처함. 넷째는 여러 가지 緣務를 쉼. 다섯째는 선지식을 가까이 함) 둘째는 五欲을 책망해야 한다. (첫째, 色은 뜨거운 鐵丸과 같다고 책망함. 둘째, 聲은 독이 묻은 북과 같다고 책망함. 셋째, 香은 똥이나 오줌 냄새와 같다고 책망함. 넷째, 味는 끓는 꿀물과 같다고 책망함. 다섯째, 觸은 누워있는 사자와 같다고 책망함) 셋째는 五蓋를 버려야 한다. (첫째 貪欲. 둘째 瞋恚. 셋째 睡眠. 넷째 掉悔. 다섯째 의심. 이 5법은 심성을 덮어 능히 정혜가 발하지 못하게 한다. 그러므로 모름지기 버려야 한다) 넷째, 五事를 조정해야 한다. (첫째, 마음을 조정하여 빠지지도 않고 들뜨지도 않게 해야 한다. 둘째, 몸을 조정하여 느슨하지도 급하지도 않게 해야 한다. 셋째, 숨 쉬는 것을 조정하여 껄끄럽지도 않고 미끄럽지도 않게 해야 한다. 넷째, 음식을 조정하여 주리지도 않고 배부르지도 않게 해야 한다. 다섯째, 수면을 조정하여 적지도 않고 많지도 않게 해야 한다) 다섯째는 五法을 행해야 한다. (첫째 願欲. 둘째 精進. 셋째 正念. 넷째 巧慧. 다섯째 一心) 만약 이 스물다섯 가지 방편이 없으면 세간 禪慧도 얻을 수 없는데 더욱이 대승 지관이랴!

다시 『법화경』 서품 문장을 인용하여 증명하였다.(대정장경 9권 3페이지 상)

'심산에 들어가고 난야에 주하여 불도를 사유한다' 한 것은 곧 대승지관을 닦는 것이니, 시방 삼세 제불보살이 성불하는 방편이니 조금도 소홀히 해서는 안된다. 경문에도 "또한 보니, 욕망을 버리고 항상 공한한 곳에 거처하여 깊이 선정을 닦아 오신통을 얻었다." 하였으니, 그러므로 '소욕두타로 능히 성도에 들어갈 수 있다' 하였다.

무 7. 언어에 의해 도를 깨닫고, 교에 의해 종지를 밝힘
기 1. 질문

集

문 : 많이 듣고 널리 읽으며, 익히고 배우고 기억하고 지키며, 뜻을 모색하고 문장을 궁구한다고 어떻게 반드시 견성할 수 있습니까?

問. 多聞廣讀, 習學記持, 徇義窮文, 何當見性。

講

질문한 뜻은, '만약 禪定(宗)을 닦으려면 응당 많이 듣고 경을 읽고 교를 익혀 다른 사람을 위해 강설하지 않아야 한다. 그렇지 않으면 개오견성하지 못한다' 하고 오해한 것이다. 그러므로 선종에서는 '문자를 세우지 않고 교 밖에 따로 전한다'고 자인하였다. 그러나 달마대사는 중국에 와서 법을 전할 적에 오히려 『능가경』으로 마음을 印證하였고, 혜능대사는 『금강경』으로 심지를 실증하여 밝혔으니, 어떻게 경교를 폐기하였겠는가! 반드시 알 것은, 문자를 세우지 않았으나 중생이 되고 부처가 되는 一心을 세웠고, 교 밖에 따로 전하였으나 생각할 줄 알고 설할 줄 아는 妙心을 전했던 것이다. 경은 부처님 말씀이요 선은 부처님 마음이니, 제불의 설법은 모두 일심으로 돌아가 마음과 말이 서로 연이으니, 어찌 이것에 집착하여 저것을 버릴 수 있겠는가?

『원각경』에 "수다라교는 달을 표하는 손가락 같은 것인데, 만약 달을 보고 所標(손가락)라고 안다면 결코 달이 아니다." 하고, 『능가경』에 "비유하면 어떤 사람이 등불을 들어 물건을 비추어, 물건이 이와 같고 이곳에 있는 줄 아는 것과 같이, 보살도 마찬가지로 언어의 등불로 인하여 언설을 여읜 자증경계에 들어간다." 하였다.

또한, 스님도 『종경록』에서 "교에 助道의 힘이 있으니, 초심인이 어찌 잠시라도 잊을 수 있겠는가?" 하며, 선종의 藥山화상은 일생 『열반경』을 읽으며 손에서 책을 놓지 않았다. 누가 "화상께서는 평소 학인들에게 글을 보지 못하게 하면서 화상은 어찌하여 보십니까?" 하고 물으니, "다만 남의 눈을 속일[遮眼] 뿐이다." 하였다. "학인도 볼 수 있겠습니까?" 하니, 스님이 "그대가 만약 본다면 소가죽도 뚫어야 하리라." 하였다. 이른바 '遮眼'이란, 성인의 부류에 들어갔으나 들어간 바를 잊고 자성을 돌이켜 보아 일체법이 唯心이 현량한 것임을 보는 것이니, 곧 깨달음이다. 이로 인하여 알 수 있는 것은, 경을 읽고 교를 연구하면 이익이 있기도 하고 없기도 하니, 이는 다만 자심에 회귀하였는지 않았는지에 달렸을 뿐이다. 『화엄경』에 "법을 수행하지 않으면 법을 많이 들어도 아무 이익이 없나니, 마치 남의 보물을 세어도 자신에게는 반 푼의 돈도 없는 것과 같다." 하였다.

기 2. 정답

集

답 : 만약 말에 따라 견해(집착)를 내고, 문자에 의지하여 이해를 내며, 설명에

집착하여 뜻을 잊고, 교를 쫓아 마음을 미혹하면 손가락과 달을 구분하지 못하는 것이니, 그래서는 자성을 보기 어렵다. 만약 언어로 인해 도를 깨닫고, 교를 빌려 종지를 밝히며, 圓詮에 자세히 들어가고, 부처님 뜻을 깊이 탐구하면 많이 듣더라도 寶藏을 이루어 학문을 쌓아 지혜의 바다가 된다. 범부로부터 성인에 들어가는 것이 모두 玄學(불법)의 힘 때문이요, 위험에 처하여 편안함(대열반)을 얻는 것이 모두 妙智를 빌린 공덕이니, 언어는 도에 들어가는 사다리요, 교는 올바른 것을 구별하는 먹줄이다.

答. 若隨語生見(執), 齊(依)文作解, 執詮忘旨, 逐敎迷心 指月不分, 卽難見性。若因言悟道, 藉敎明宗, 諦入圓詮, 深探佛意, 卽多聞而成寶藏, 積學以爲智海。從凡入聖, 皆因玄學之力。居危獲安, 盡資妙智之功。言爲入道之階梯, 敎是辨正之繩墨。

講

여기서 대답한 것은, 먼저 경교를 외우고 익히는 것은 어찌하여 아무 이익이 없는 허물인가를 들었고, 나중에는('만약 언어로 인해' 한 아래) 말로 인해 도를 깨닫고 교를 빌려 종지를 밝히는 이익을 보였다.

　'말에 따라 견해(집착)를 낸다'는 것은, 곧 유에 집착하고 공에 집착하는 것이니 이를 '邊見'이라 한다. '문자에 의해 이해한다'는 것은, 말에 의지하고 뜻에 의거하지 않는 것이다. 언어문자는 설명하는 도구[能詮]에 속하고, 진여실상은 설명하는 내용[所詮]인데, 能詮에 집착하여 所詮을 잊어버리므로 '말에 집착하여 뜻을 잊어버린다' 하였다.

　『증도가』에 "名相을 분별하여 쉴 줄을 모르고, 바다에 들어가 모래를 세니, 한갓 자신이 피곤할 뿐이네." 한 것은, '교를 좇고 마음을 미혹한' 것이다. 경교에 달을 보는 손가락 같은 것이 있으니, 손가락인지 달인지를 잘 분별하여 알아야 한다. 만약 손가락을 달이라 한다면 어리석고 지혜가 없어서 남에게 웃음거리가 된다. 경교를 외우고 익히면서 위와 같은 몇 가지 허물이 있으면 반드시 진여법성에 悟入(見)하기 어렵다. 그러므로 '곧 자성을 보기 어렵다' 하였다.

반대로 유에 집착하고 공에 집착하는 견해가 없이, 뜻에 의거하고 말에 의거하지 않으며 이해로 인하여 행을 일으키면, 문·사·수의 지혜가 있어 修가 있으면 반드시 證이 있으니, 그러므로 '언어로 인하여 도를 깨닫는다' 하였다. '교'는 부처님 말씀이요 '종'은 부처님 마음이니, 중생은 부처님의 교법을 들음으로써 비로소 발심수행하여 도를 판단하여 자신의 본심을 알아 견성성불할 수 있다. 그러므로 '교를 빌려 종을 밝힌다' 하였다.

만약 진실하게 수행하여 깨달음을 얻으면, 『증도가』에서 "宗에도 통하고 說에도 통하여 정혜가 원명하여 공에 빠지지 않네." 한 것과 같으니, 그러므로 '圓詮(圓理를 詮顯한 經)에 자세히 들어간다' 하였다. 권·실 두 지혜를 구족하고 일심 이문을 친히 증득하여 이제가 원융한 것을 '부처님 뜻을 깊이 탐구한다'라고 한다. 이와 같은 공행이 있는 것은, 처음에 많이 들음[多聞]으로 인하여 능히 위없는 정등정각의 법왕보전에 들어갈 수 있으니, 곧 여래의 果다.

또한, 널리 읽음(積學)으로 인하여 능히 일체종지의 바다에 들어갈 수 있으니, 곧 정변지의 果다. 중생이 범부를 초월하고 성인이 될 수 있는 것은 모두 불법('玄學')의 힘 때문이니, 능히 화택에서 빠져나와 생사를 벗어나 대열반('安隱')을 얻는 것도 완전히 불법의 반야 묘혜에 의해야 한다. 그러므로 제불의 말씀은 보살이 수행하는 데 조금도 모자라서는 안 되는 증상연이다. 그러므로 '언어는 도에 들어가는 사다리다' 하였다. 또한, 邪·正과 眞·僞, 大·小와 偏·圓을 분별하는 먹줄이니, 그러므로 '교는 올바른 것을 가늠하는 먹줄이다' 하였다.

기 3. 인용하여 증명하고 설명함

集

『화엄경』에 "중생을 제도하여 열반에 머물게 하려면 무장애해탈지를 여의지 않게 하라. 무장애해탈지는 일체법의 如實覺을 여의지 않고, 일체법의 여실각은 無行과 無生行의 지혜 광명을 여의지 않는다. 무행과 무생행의 미묘한 광명은 禪의 교묘한 결정관찰지를 여의지 않고, 선의 교묘한 결정관찰지는 교묘한 다문을 여의지 않는다. 보살은 이와 같이 관찰하여 알고 나서, 배나 정법을 부지런히 구하고 닦고 익혀, 밤낮으로 오직 법을 듣고, 법을 기뻐하고, 법을 즐거워하고, 법에 의거하고, 법을 따르고, 법을 이해하고, 법을 수순하고, 법에 이르고, 법에 안주하고, 법을 행하기만을 원해야 한다. 보살은 이와 같이 불법을 부지런히 구하고, 가지고 있는 진기한 재물을 모두 아끼지 말며, 어떤 물건이고 얻기 어려워 소중히 여길만 하다고 보지 말고, 다만 불법을 잘 설할 수 있는 사람에게 만나기 어렵다는 생각을 내어야 한다." 하고,

華嚴經云, 欲度衆生, 令住涅槃, 不離無障碍解脫智。無障碍解脫智, 不離一切法如實覺。一切法如實覺, 不離無行無生行慧光。無行無生行慧光, 不離禪善巧決定觀察智。禪善巧決定觀察智, 不離善巧多聞。菩薩如是觀察了知已, 倍於正法勤求修習, 日夜唯願聞法, 喜法, 樂法, 依法, 隨法, 解法, 順法, 到法, 住法, 行法。菩薩如是勤求佛法, 所有珍財, 皆無恪惜。不見有物難得可重。但於能說佛法之人, 生難遭想。

講

여기서 인용한 『화엄경』 문장[58]은 보살이 보살도를 행하여 자신을 제도하고 남을 제도하려면, 반드시 자신은 불법을 공경하여 소중히 여기고 부지런히 불법을 구하고, 정법을 잘 설할 수 있는 사람에게 만나기 어렵다는 생각을 내어

야 한다는 것을 설하였다. 앞에서 말한, 본사께서 인행 중에 몸을 버려 법을 구한 것이나, 약왕보살이 법의 은혜를 갚아 몸을 태운 이야기 등이 이런 것이다. 또한 『무량수경』 하권에 "제불이 보살들에게 고하기를 '안양불을 뵙고 법을 듣고 즐겨 수행하면 빨리 청정처를 얻는다. … 만약 듣거든 정진하여 구하고, 법을 듣고는 잊지 말며, 보고는 공경하여 큰 경사를 얻으면 곧 나의 좋은 친우니라. 그러므로 설령 세계가 온통 불타더라도 반드시 이를 뚫고 지나가 법을 듣고 반드시 불도를 이루어 널리 생사에 헤매는 이들을 제도하리라는 뜻을 낼지니라' 하였다." 한 것이다.

『무량수경』 하권에도 "저 불국에 태어나면 여러 보살이 여러 중생에게 대자비로 이익되게 하는 마음인 평등한 마음, 수승한 마음, 깊은 마음, 안정된 마음과, 법을 사랑하고, 법을 즐거워하고, 법을 기뻐하는 마음을 얻게 하나니." 하였으니, 이를 보면, 정토 법문은 법을 듣고 법을 즐거워하고 법을 이해하고 법을 행하여 자리이타의 공덕을 성취한다는 것을 매우 중시하였음을 알 수 있으니, 정토종의 蓮友들은 특히 유의하기 바란다. 우리가 정토에 왕생하기를 구하는 까닭은 부처님을 뵙고, 법을 듣고, 행을 닦고, 성불하여 중생을 제도하기 위해서인 것이다.

'중생을 제도하여 열반에 주하게 하고자 하면, 무장애해탈지를 여의지 않게 하라' 한 것은, 第1重 因果이다. 『무량수경』 하권에 "저 국토에 왕생한 자는 佛眼이 구족하고 법성을 깨달아 무애지로 사람들을 위해 연설한다." 한 것처럼, 왕생하여 부처님을 뵙고 법을 듣고 법성을 깨닫는 것은 因이요, 법을 설하

---

58 「十地品」 제 26의 2

여 중생을 제도하는 것은 果다. 또한 『대집경』 권1에 "무애한 지혜가 끝이 없어, 중생의 삼세의 일을 잘 아네." 한 것에서, 앞 구절은 因이요 뒤 구절은 果다.

이 '무애해탈지'는 일심 이문과 이사무애를 증득한 지혜니, 진여문에 들어가 이무애해탈을 얻고, 생멸문에 들어가 사무애해탈을 얻으니, 이무애는 實智요 사무애는 權智니, 권·실 두 지혜를 구족한 것을 '무애해탈문'이라 한다. 곧, 생사에 주하지 않고 열반에 주하지 않으며 미래가 다하도록 널리 중생을 제도하여 모두 부처가 되게 하는 것이다. '여의지 않는다' 한 것은, 果가 因을 여의지 않는 것이다. 이 지혜가 果니 그렇다면 무엇을 因이라 하는가? 곧 '일체법의 여실각'이 因이니, 깨달을 내용[所覺]은 일심 이문이다. 생멸문은 제법의 십여시를 깨닫는 것이요, 진여문은 제법이 마침내 공으로 돌아감을 깨닫는 것이니, 진여에 의해 생멸을 일으키고 생멸에 의해 모두 진여라, 사실 그대로여서[如實] 결코 잘못된 것이 없다. 이것을 '일체법 여실각'이라 한다.

이 각은 또한 '無行 無生行의 지혜 광명'으로 因을 삼으니, 이른바 '無行'은 『법화경』에서 설한 無相安樂行이니 이것은 생멸에 의하여 모두 진여이다. '無生'은 무생법인이니, 진여에 의해 생멸이라 生이 곧 無生이기 때문이다. 일심 이문의 行에 계합하여 행하되 행함이 없고 생이 곧 무생이라 권·실 두 지혜가 동시에 구족하다. 두 지혜는 곧 중생의 眞如 淨心의 본래 적·조가 동시인 공능이니, 이를 '自覺聖智'라 한다. 이 지혜 광명으로 세간을 비출 수 있으면 古道를 회복할 수 있고, 출세간을 비출 수 있으면 佛道를 기약할 수 있다.

이 지혜 광명은 또한 무엇으로 因을 삼는가? 곧 '禪의 善巧인 決定觀察智'니, 또한 '대승의 일심 원돈지관'이라고 한다. 조사선이 여기에 속한다. 『往生論註』에 "이와 같은 보살은 지관을 자세히 하거나 혹은 대략 수행하여 유연심을 성취한다. 유연심이란 자세하거나 혹은 대략의 지관으로 서로 수순하고 수행하여 불이심을 이룸을 말한다. 비유하면 물로 그림자를 취하여 청정하게 서로 도와 성취하는 것과 같다." 한 것이다. 이 지관의 지혜는 또 무엇으로 因을 삼는가? 곧 '善巧多聞'으로 因을 삼는다. 선교다문이란 '부지런히 불법을 구하여 오직 법을 듣고 … 법 행하기만을 원하고 불법을 잘 설하는 사람에게 만나기 어렵다는 생각을 내어야 한다' 한 등이다.

集

『법화경』에 "만약 근기가 예리한 자가, 지혜가 밝고 많이 듣고 잘 알아 (불도를 구하는 자가 있다면, 이런 사람이라야) 마침내 설할 수 있네.(대정장경 9권 16페이지 상)"하고, 『智度論』에는 "지혜는 있으나 많이 듣지 못한 이는 실상을 알지 못하니, 비유하면 캄캄한 어둠 속에서는 눈이 있으나 보이는 것이 없는 것과 같다. 많이 듣기만 하고 지혜가 없어도 또한 실상을 알지 못하니, 비유하면 태양 아래 등불이 있으나 눈이 없는 것과 같다. 많이 듣고 근기가 예리하고 지혜 있는 이는 설한 것을 응당 받아들일 수가 있거니와, 들음이 없고 지혜가 없으면 이를 '사람 몸을 한 소'라 한다." 하였다.

法華經云, 若有利根, 智慧明了, 多聞强識, 乃可爲說。論云, 有慧無多聞, 是不知實相。譬如大暗中, 有目無所見。多聞無智慧, 亦不知實相。譬如大明中, 有燈而無目。多聞利(根)智慧, 是所說應受。無聞無智慧, 是名人身牛。

講

다시 『법화경』 「비유품」의 四句 게송을 인용하여 증명하였다. '論云' 아래는 『지도론』에서 설한 것을 인용하여 근기가 예리하고 지혜가 있는 보살은 반드시 불법을 많이 들어야 하고 그렇지 않으면 어리석은 범부임을 설명했으니, 그러므로 '사람 몸을 한 소다' 하였다.

集

그러므로 원교의 二品[59]에서야 비로소 독송을 겸할 것을 허락하였고, 지위가 불퇴에 처해야(圓教 初信) 비로소 법을 듣고 싫어함이 없다. 들음에는 觀을 보조하는 힘이 있고 배움으로 도종지의 공을 이루니, 소나 양의 눈으로 사방과 네 구석을 판단하지 못하고, 어리석은 마음으로 콩과 보리를 구분하지 못해서는 안 된다.

故圓敎二品, 方許兼讀誦。位居不退, 始聞法無厭。聞有助觀之力, 學成種智之功。不可作牛羊之眼, 罔辨方隅。處愚戇之心, 不分菽麥。

講

여기서 설명한 것은, 무릇 보살은 응당 많이 듣고 널리 배워야 하고, 어리석고 수준이 낮아서는 안 된다는 것을 가르쳤다. '원교 二品에서야 비로소 독송을 겸할 것을 허락하였다' 한 것은, 『법화경』「분별공덕품」에서 설한, 불멸 후 오백 제자 가운데 第二品은 수희하면서 독송을 겸한 것을 가리킨다. 저 경에 "또한 여래 멸 후에 만약 이 경을 듣고 헐뜯지 않고 수희심을 낸다면, 반드시 알라! 이미 깊이 믿고 이해하였거든, 더욱이 독송하고 수지하는 자랴. 이 사람은 여래를 머리에 이리라." 한 것이다.

---

59 천태종에서 세운 원교 수행위 가운데, 十信 이전을 外凡位, 十信 이후를 내범위라 하는데, 외범위를 五品으로 나누고, 五品 가운데 두 번째를 말한다. 오품은 일반적으로 실천행을 말한다. 오품은 다음과 같다. (1) 隨喜品: 실상 원묘의 법을 듣고 신해 수희하여 안으로는 三觀으로 三諦의 경계를 관하고, 밖으로는 懺悔·勸請·隨喜·發願·迴向 등 五悔를 써서 부지런히 정진하는 것. (2) 讀誦品: 신해 수희하면서 아울러 묘법의 경을 독송하고 강설하는 것. (3) 說法品: 정확하게 법을 설하여 다른 사람을 인도하고 다시 이 공덕으로 자신의 수행을 관하는 것. (4) 兼行六度品: 觀心하는 여가에 보시·지계·인욕·정진·선정·지혜 등 6바라밀을 닦는 것. (5) 正行六度品: 觀心 공부를 정진할 때 자행 화타의 사리가 구족하기 때문에 여기서는 6바라밀의 실천을 위주로 한다.

'지위가 불퇴에 처해야 비로소 법을 듣고 싫어하지 않는다' 한 것은, 원교의 初信을 증득한 이를 '불퇴위 보살'이라 하는데, 앞에 五品은 外凡位니 '觀行卽佛'이라 하고, 初信부터 十信까지는 內凡位니 '相似卽佛'이라 한다. 보살은 무명을 타파하고 법신을 증득하기 전에는 모두 많이 듣고 널리 배우지 않으면 안 된다. 왜냐하면, 불법을 많이 들어야 觀慧를 보조적으로 발휘하는 힘이 있고, 널리 삼장을 배워야 도종지를 성취하는 공덕이 있으니, 부디 들음이 없고 배우지 않아서 어리석음만을 증장해서는 안 된다. 마치 소나 양이 눈은 있으나 동서남북을 판별하지 못하는 것과 같아서는 안 된다. 그러므로 '사방과 구석을 판별하지 못한다' 하였다. '숙맥을 구분하지 못한다'는 것은, 콩과 보리는 구별하기 쉬운 물건인데 구별하지 못하는 것은 어리석어 지혜가 없음을 말한다.

기 4. 두 번째 질문과 답

集

문 : 신령하게 알아 어둡지 않고 미묘한 자성이 항상 원명한데, 어찌 참구하고 찾아 선지식에게 두루 물을 필요가 있겠습니까?
답 : 모든 중생이 깨달음 가운데서 미혹을 내고, 眞 가운데서 妄을 일으켜 깨닫지 못하니, 반드시 발양함을 빌려야 한다.
問. 靈知不昧, 妙性常圓, 何假參尋, 遍求知識。
答. 一切衆生, 悟裏生迷, 眞中起妄。祇爲不覺, 須假發揚。

講

여기서 질문한 뜻은, 앞에서 '뜻을 모색하고 문장을 궁구한다고 하여 어떻게 반드시 견성할 수 있겠습니까?' 한 데서 연결하였다. 이미 자성 천진불에 집착하였기 때문에, 경교를 많이 듣고 널리 배워 익힐 필요가 없고 또한 선지식을 찾아뵙고 법요를 열어 보여 주실 것을 물을 필요가 없다고 오인한 것이다. '靈知'와 '妙性'은 중생과 부처의 본체가 같은 성덕을 가리킨 것이다. 또한『법화경』에서 설한 '옷 속의 밝은 구슬'을 말하니, 그러므로 '어둡지 않고', '항상 원명하다' 하였다.

대답은,『법화경』에서 설한 '繫珠喩(『법화경』「오백제자수기품」의 일곱 가지 비유'60 중 하나)에 의해, 중생은 깨닫지 못하기 때문에 모름지기 선지식의 개발지시가 있어야 비로소 밝은 구슬을 취할 수 있다는 것을 말하였다. 이것은 비록 性德의 正因이 있으나 반드시 修德의 緣因과 了因을 빌려야 성덕이 비로소 드러나고 果德을 비로소 이룰 수 있다는 것을 말한 것이다. 이러한 性德과 修德의

---

60 法華七喩를 말한다. 곧, (1) 火宅喩:「비유품」에서 나왔다. '火'는 五濁·八苦 등에 비유하였고, '宅'은 삼계에 비유하였다. (2) 窮子喩:「信解品」에서 나왔다. 이승인에게 대승의 공덕법재(육도만행)가 없어서, 마치 가난한 아들이 입고 먹는 재물이 없이 살아가는 것과 같다는 비유. (3) 藥草喩: 또는 雲雨喩라고 한다.「藥草喩品」에서 나왔다. '藥草'는 삼승의 근기에 비유하였다. 풀에는 小草·中草·大草 세 가지가 있으니 이는 차례대로 천인·성문연각·장교보살 세 가지에 비유하였다. 풀은 비록 대·중·소가 다르지만 비가 내려 이들이 모두 무성하게 자라면 여러 가지 병을 낫게 할 수 있듯이, 삼승인이 근기는 비록 높고 낮은 것이 다르지만 여래의 法雨를 만나면 능히 大醫王이 되어 군생을 널리 제도할 수 있다는 비유. (4) 化城喩,「化城喩品」에서 나왔다. 열반은 見·思의 잘못을 방비하고 생사의 적을 방어한다는 데 비유하였다. 어떤 사람이 보배가 있는 곳에 가고자 하였으나 중도에 게으름을 피우니 어떤 총명하고 지혜로운 導師가 방편으로 화성을 만들어 잠시 쉬어가게 한 후에 보소에 이르게 하였으니, 이승인이 처음 大敎를 듣고 중간에 잊어버려 생사에 유전하니, 세존이 방편을 시설하여 그들이 견·사의 번뇌를 끊고 잠시 진공열반을 증득하여 끊어질 뻔 한 숨이 소생하게 한 후에 구경의 보처에 이르게 하였다는 비유. (5) 衣珠喩: 또한 繫珠喩라고 한다.「五百弟子受記品」에서 나왔다. 어떤 사람이 친구 집에서 술에 취해 누워있는데 친구가 보주를 그의 옷속에 달아놓았다. 그런 줄도 모르고 빈고를 받다가 친구가 알려주어서 보주를 얻어 의식의 수용이 끝이 없었다. 이것은 이승인이 전에는 대통불의 처소에서 일찍이 대승의 종자를 심었으나 무명에 덮혀 알지 못하다가 나중에 여래가 방편개시함으로 인하여 대승의 과를 증득하여 利樂이 무궁함을 얻었다는 비유. (6) 髻珠喩: 또는 頂珠喩라고도 한다.「安樂行品」에서 나왔다. '髻珠'는 전륜왕의 상투속에 있는 구슬을 말하고, '전륜왕'은 여래에게 비유하였다. '髻'는 이승의 권교에 비유하고, '珠'는 일승의 實理에 비유하였다. 구슬이 상투가운데 있는 것은 실리가 권교에 숨어있는 것과 같다. 이것은 여래가 법화회상에서 開權顯實하여 이승에게 수기하여 부처가 되게 한 것을 말하니, 윤왕이 상투 속의 구

인과는 서로 의지하고 서로 보완하여 성취하니, 부처님이 세상에 나오시든지 나오시지 않든지 간에 본래 이와 같으니, 어찌 미혹하여 알지 못하고, 알고서도 어기는 일이 있어서야 되겠는가?

'깨달음 가운데서 미혹을 낸다'는 것은, 『기신론』에서 말한 本覺(悟)에 의해 不覺(迷)이 있는 것이니, 마치 사람이 미혹하기 때문에 동쪽을 서쪽이라 하지만 방위는 실로 바뀐 것이 아니듯이, 중생도 마찬가지로 무명 미혹하기(무명이 곧 미혹) 때문에 마음을 망념이라 하지만 마음은 실로 변동하지 않는다. 만약 마음에 망념이 일어남이 없는 줄 알면 곧 진여문에 들어갈 수 있다. '眞 중에서 妄을 일으킨다'는 것은, 이른바 무명불각에서 三細가 나고 경계가 緣이 되어 六麤를 기르는 것이다. 다만 중생의 한 생각 무명불각이 망동함으로 인하여 진여가 본래 생사에 상속하는 십이인연을 연기하여 까마득한 예로부터 지금에 이르렀을 뿐이다. 이러한 '깨달음 가운데서 미혹을 내고, 진 가운데서 망을 일으키는' 도리는 一乘의 극진한 말씀이며 性에 부합한 말씀이라, 참으로 이해하기 쉽지 않다.

예전에 장 총통(장개석)이 이 이치를 알지 못하여 虛雲 노화상에게 물은 적이 있다. 청정하여 본래 그대로인데 어찌하여 홀연히 산하대지와 만물이 나는가? 아마도 이러한 의문을 가진 자는 매우 많을 것이다. 지금 꿈으로 비유하여 이에 대해 이해하게 하겠다. 세상 사람이 어떤 일을 좋아하여 습관이 되면 꿈속

슬을 알고 功臣에게 준 것과 같다. (7) 醫子喩: 또는 醫師喩라고도 한다. 「如來壽量品」에서 나왔다. '醫'는 여래에게 비유하고, '子'는 삼승인에게 비유하였다. 여러 아들이 무지하여 독약을 마시고 마음이 광란하니 아버지가 방편으로 좋은 약을 먹게 하여 병을 치료하였으니, 이것은 삼승인이 권교를 믿고 정도를 얻지 못했다가 여래가 갖가지 방편으로 대승법약을 마시게 하여 속히 고뇌를 제거하고 여러 가지 병이 없게 하였음을 비유하였다.

에서 이 일이 나타나듯이, 깨달음 가운데서 미혹을 내고 眞 중에서 妄을 일으키는 것도 마찬가지다.

중생이 무시의 무명망상으로 인하여 본래의 청정심을 훈습하면 마음의 熏變에 의해 꿈과 같은 허상과보가 일어난다. 꿈속의 사람이 꿈속에서는 자신이나 다른 사람을 알지 못하고, 모두 夢心으로 지은 것이라 실제로 있는 일이라고 집착한다. 그래서 꿈속에서 자타의 갖가지 수용이 이루어진다. 중생의 意識이 果가 될 때나 無明에 미혹할 때, 자타가 모두 청정한 마음이 훈습함에 의해 지은 것임을 알지 못하고, 곧 人我에 망집하여 사실이라고 여기고 惑을 일으켜 업을 짓고 고를 받는다. 그러나 이 人我는 다만 청정한 마음의 假相이고 의식망상이 분별한 것일 뿐, 有가 곧 有가 아니요 오직 청정한 마음일 뿐, 다시 다른 법이 없다. 예를 들면 저 夢心이 곧 평상시 깨어있을 때 마음이라, 다만 잠자는 인연으로 이를 '夢心'이라 부르니, 몽심 밖에 따로 깨어있는 마음이 없는 것과 같이, 진여 정심도 마찬가지로 중생과 부처가 평등하여 둘이 없으나, 다만 무명 염법의 훈습 인연으로 染과 화합한 것을 '아뢰야식'이라 하니, 識 밖에 따로 얻어야 할 淨心이 있는 것은 아니다. 이것이 淸淨心이 홀연히 染法을 내는 까닭이며, 또한 유식종에서 수행하여 식을 돌려 지혜를 이루는 까닭이다.

만약 제불 보살이 개시현발하고 선양해 주심을 만나지 않으면, 미혹에 있는 중생이 어떻게 제법이 꿈과 같아 사실이 아님을 알아 삼승 성도의 수덕을 내어 미혹을 돌려 깨달음으로 돌아가고, 染을 돌려 淨이 되며, 식을 돌려 지혜를 이룰 수 있겠는가! 그러므로 우리가 정법을 잘 열어 보이고 연설해 주시는 선지식에 대해서는 반드시 만나기 어렵다는 생각과 醫王이라는 생각을 내어야 하고, 자신은 병자라는 생각과 부족하다는 생각을 내어 일승원교를 신수봉행해야 하는 것이다.

기 5. 인용하여 증명하고 설명함

集

『법화경』에 "부처님이 일찍이 5백만 억 무수 제불을 친근하고 제불의 한없는 도법을 모두 행하고 용맹정진하여 이름이 널리 들렸다.(대정장경 9권 5페이지 중)" 하고,

또한 "선지식은 큰 인연이니, 이른바 (교화 인도하여) 부처님을 뵙고 아눗다라삼먁삼보리심을 내게 한다.(대정장경 9권 60페이지 하)" 하며,

法華經云, 佛曾親近五百萬億無數諸佛, 盡行諸佛無量道法, 勇猛精進, 名稱普聞。又云, 善知識者, 是大因緣, 所謂(化導)令得見佛, 發阿耨多羅三藐三菩提心。

講

불교의 각 종파는 모두 스승에게서 가르침을 받고, 이 스승과 제자가 서로 이어 선지식을 찾아 법을 묻는다. 고인이 산을 오르고 물을 건너는 것을 힘들어하지 않고, 천신만고 끝에 선지식을 찾아 법을 물은 목적은 무엇인가? 본사께서 과거에 대법을 구하기 위해 왕위를 버리고 기꺼이 노복이 되었고, 심지어 법을 위해 몸을 버려 마침내 성불하였으니, 우리들의 거룩한 본보기인 것이다.

集

『화엄경』에 "비유하면 어둠 속 보물은 등불이 없으면 보지 못하듯이, 불법도 설해주는 사람이 없으면 비록 지혜로운 이도 능히 알지 못한다." 하고, 또 "삼천대천세계에 가득한 珍寶가 필요치 않고, 오직 한 구절 아직 듣지 못한 불법을 즐겨 듣기 원하나이다." 하며, 또한 "비록 제법이 다른 이로 인하여 깨닫는 것이 아님을 알지만, 항상 여러 선지식을 존경하나이다." 하였다.

華嚴經云, 譬如暗中寶, 無燈不可見。佛法無人說, 雖智不能了。又云, 不要三千大千世界滿中珍寶, 唯願樂聞一句未聞佛法。又云, 雖知諸法不由他悟, 而常尊敬諸善知識。

講

다시 『화엄경』 가운데 세 단락 경문을 인용하여 증명하였다. 문장은 잘 알 수 있을 것이다. 삼천대천세계의 진기한 보물은 생사를 증장하게 할 뿐, 목숨이 다하면 반드시 버려야 할 것이지만, 한 구절 불법은 사람에게 생사를 벗어나게 하고 반드시 불과에 이르게 하니, 그러므로 모름지기 법을 중히 여기고 재물을 중히 여기지 말아야 하며, 선지식을 공경하고 나쁜 벗을 가까이하지 말아야 하는 것이다.

集

『기신론』에 "또한 제불의 법은 因이 있고 緣이 있으니, 인·연이 구족해야 곧 성취함을 얻을 수가 있다. 마치 나무속에 있는 불의 성질이 불의 바른 因種이기는 하지만, 만약 이를 알려주는 사람이 없고 방편을 빌리지 않는다면 저절로 나무를 불태우기는 불가능하듯이, 중생도 마찬가지로 비록 正因(眞如淨心)과 훈습의 힘이 있으나, 만약 제불 보살과 선지식 등을 만나 이로써 緣因을 삼지 않으면, 능히 저절로 번뇌를 끊고 열반에 들어가기는 불가능한 일이다.(대정장경 32권 578페이지 하)" 하고

起信論云, 又諸佛法, 有因有緣, 因緣具足, 乃得成辦。如木中火性, 是火正因, 若無人知, 不假方便, 能自燒木, 無有是處。衆生亦爾, 雖有正因(眞如淨心), 熏習之力, 若不遇諸佛菩薩, 善知識等, 以之爲緣, 能自斷煩惱 入涅槃者, 則無是處。

講

거듭 『대승기신론』을 인용하여 증명하였다. 먼저 비유를 들었고 그런 후에 合法하여, 선지식을 만나는 것은 성불하는 데 조금도 모자라서는 안 될 인연임을 밝혔다.

集

『法句經』에는 "마치 향을 싼 종이와 물고기를 꿴 새끼와 같다. 부처님이 비구들에게 말씀하시기를 '대저 사물은 본래 청정하나 모두 인연으로 인하여 죄와 복이 일어난다. 현명한 이를 가까이하면 도의가 융성하고, 어리석은 이를 벗하면 재앙이 모인다. 비유하면 종이나 새끼와 같이, 향을 가까이하면 향기가 나고 물고기를 꿰면 비린내가 나니, 점점 물들어 버릇이 되면 각기 스스로 깨닫지 못한다. 頌曰. 어리석은 사람에게 물든 사람은 냄새나는 물건을 가까이하듯이, 점점 미혹해 그른 것을 익혀 자신도 모르게 악을 이룬다. 어진 사람에게 물든 사람은 향기를 가까이하듯이, 지혜에 나아가고 선을 익혀 행이 향기롭고 깨끗함을 이룬다' 하였다.(대정장경 4권 583페이지 하)"하고,

法句經云, 如裏香之紙, 繫魚之索。佛語諸比丘, 夫物本淨, 皆由因緣以興罪福。近賢明, 則道義隆。友愚暗, 則殃禍集。譬如紙索, 近香則香, 繫魚則臭。漸染翫習, 各不自覺。頌曰, 鄙夫染人, 如近臭物, 漸迷習非, 不覺成惡。賢夫染人, 如附香熏, 進智習善, 行成芳潔。

講

인용한 경문은 『법구비유경』에 나오는 대목이다. 속담에 "朱(수은과 황을 섞어 만든 붉은 빛이 나는 고급안료)를 가까이 하면 붉고, 먹을 가까이 하면 검다." 하고, "유익한 벗에 세 가지가 있으니, 정직한 벗, 진실한 벗, 지식이 많은 벗이다."

한 것과 대의가 같다.

集

『수능엄경』에 "부처님이 아란에게 말씀하였다. '일체중생이 무시이래로 갖가지로 전도하여 業種이 자연히 마치 惡叉聚와 같으며, 수행하는 사람들도 무상보리를 이루지 못하고, 더 나아가 성문이나 연각이 되거나, 외도나 하늘이나 마왕이나 마의 권속이 되는 것은 모두 두 가지 근본을 알지 못하고 잘못 닦고 익혔기 때문이다. (이는) 마치 모래를 쪄서 맛있는 음식을 만들려고 하는 것과 같으니, 비록 塵劫을 지나더라도 결코 능히 이루지 못하느니라'" 하니,
首楞嚴經云, 佛告阿難, 一切衆生, 從無始來, 種種顚倒。業種自然, 如惡叉聚。諸修行人, 不能得成無上菩提, 乃至別成聲聞緣覺, 及成外道, 諸天魔王, 及魔眷屬。皆由不知二種根本, 錯亂修習。猶如煮砂, 欲成嘉饌, 縱經塵劫, 終不能成。

講

또한『능엄경』을 인용하여 증명하였다. 이 경의 완전한 이름은『大佛頂如來密因修證了義諸菩薩萬行首楞嚴經』이니, 모두 10권이다. 밀교부에 속하는데, 대정장경 제19권에 있다. '두 가지 근본'은, 경문에 이를 이어서 "첫째는 무시의 생사 근본이니, 지금 너와 중생들이 반연하는 마음으로 자기의 심성을 삼는 것이요, 둘째는 무시의 보리 열반의 원래 청정한 본체니, 지금 너의 識精元明이 능히 여러 가지 인연을 내었지만, 그 인연으로 유실한 것이니라. 모든 중생이 이 본래 밝은 것[本明:옷 속의 밝은 구슬]을 유실한 탓으로, 종일 행하면서도 스스로 깨닫지 못하고 억울하게 諸趣에 들어가게 되느니라." 하였다.

나는 지금 다시 이 경 제5권의 말씀을 적으려 한다. "根과 塵이 본원이 같고 속박과 해탈이 둘이 아니며, 識性이 허망하여 마치 허공 꽃과 같으니라. (아난

아) 塵으로 말미암아 知를 발하고 根으로 인하여 相이 있나니, 相과 見이 자성이 없어서 갈대를 엇갈려 세운 것과 같으니라. (그러므로 네가) 知見에 知를 세우면 무명의 근본이요, 지견에 見이 없으면 곧 열반이니라." 하고, 偈를 설해 말하였다. "眞性에는 有爲가 공하건만, 인연으로 나기 때문에 환과 같네. 妄을 말하여 眞을 밝힌다면 망과 진이 둘 다 망이니, 眞도 아니고 非眞도 아니니 어찌하여 견과 소견이리오. 중간이란 실성이 없나니 그러므로 갈대를 엇갈려 세워놓은 것과 같네. 그대가 엇갈려 세워놓은 성을 보라. 공과 유가 모두 아니니, 알지 못하고 어두우면 무명이요, 발명하면 해탈이네. … 자심에서 자심을 취하면 환 아닌 것[非幻]이 幻法을 이루고, 취하지 않으면 환 아닌 것이 없으니, 환 아닌 것도 오히려 나지 않거든 환법이 어떻게 성립되겠느냐? 이를 '妙蓮華'라 하고, '금강왕보검'이라 하며 '여환삼마제'라 하네." 하였다.

集

이로써 알 수 있는 것은, 초심인은 모름지기 道友를 가까이하여 삿된 것과 올바른 것을 가려야 비로소 '참다운 수행'에 계합할 수 있다는 점이다. 혹은 방편문[權門]에 의지하기도 하지만 하루와 겁만큼이나 서로 어긋난다. 만약 圓旨을 얻는다면 공정이 헛되지 않아서 바로 도량에 이르러 영원히 의심과 후회가 없다. 그리고 스스로 깨달음에 이르렀을 때는 오직 無師智와 自然智를 증득하되 결코 다른 사람으로부터 얻지 않는다.

是知初心, 須親道友, 以辨邪正, 方契眞修. 或涉權門, 日劫相倍. 若得圓旨, 不枉功程, 直至道場, 永無疑悔. 及至自悟之時, 惟證無師自然之智, 決定不從人得.

講

스님은 여러 가지 경전을 인용하여 증명한 후에, "초심 보살은 반드시 불보살과 선지식('道友')을 가까이하여 불법을 믿고 들어야 비로소 사·정과 득·실을 구별하여 맹목적인 수행에 빠지지 않게 된다." 하고 결론적으로 설명하였다. 그렇게 닦아야만 비로소 진여자성에 계합할 수 있으니, 소위 "시각이 본각에 합하여 구경각을 이루니, 이것을 '참다운 수행'이라 한다." 한 것이니, 도가에서 煉丹을 참다운 수행이라 하는 것과는 다르다.

'혹은 권문에 의지하기도 하지만, 이것은 하루나 겁만큼이나 서로 어긋난다' 한 것은, 중도원융의 수행을 알지 못하고 수행하는 것은 하는 일이 방편법문에 속하니, 일심 이문의 진여법성과 서로 계합하지 못하여 비록 수행하더라도 법신을 증득하여 성불하고자 할 뿐, 매우 어려운 일이다. 원교는 성에 부합하여 닦으므로 쉬우니 마치 하루 만에 이룰 수 있는 것과 같고, 권교는 성에 부합하지 못하므로 어려우니 마치 겁을 거쳐도 이루지 못하는 것과 같다. 그러므로 '하루나 겁과 같이 서로 어긋난다' 하였다.

스님이 '만약 圓旨를 얻으면 공정을 힘들이지 않고도 바로 도량에 이르러 영원히 의심과 후회가 없다' 하였으니, 사리불이 무량겁 전에 부처님의 교화를 받았으나, 圓旨를 얻지 못했기 때문에 금생까지 여전히 성문에 머물러있더니, 법화회상에서 부처님이 설한「방편품」을 들은 후에 비로소 원지를 알 수 있었던 것이다. 그러므로 부처님께 게를 설하기를 "저는 이 법음('圓旨')을 듣고 미증유를 얻어 마음이 매우 환희하여 의심의 그물을 모두 이미 제거했나이다. … 저는 본래 사견에 집착하여 여러 梵志의 스승이 되었더니, 세존께서 저의 마음을 아시고 사견을 뽑아 열반을 설했나이다. 저는 사견을 모두 제거하고 空法에서 깨달음을 얻고, 그때 마음속으로 '滅度에 이르렀노라' 하였나이다. 그러나 지금 진실한 멸도가 아님을 스스로 깨달았나이다. 만약 부처가 됨을 얻었다면 삼십이상을 두루 갖추어 천·인·야차·용신 등에게 공경을 받아 이때 번뇌를 영원히 다해 아무것도 남음이 없었겠나이다. … 부처님이 대중 가운데서 제게 '미래에 부처가 되리라' 하셨으니, 이 같은 법음을 듣고 의심과 후회가 모두 이미 제거되었나이다. … 實智 중에 안주하여 저는 기필코 부처가 되어 人天의 공경을 받고 위없는 법륜을 굴려 여러 보살을 교화하리다." 하였다.

그때 부처님이 사리불에게 말씀하시기를 "내가 지금 대중 가운데서 설하노니, 내가 예전에 일찍이 2만 억 부처님에게서 無上道를 구하였고, 항상 너를 교화하였더니 너도 역시 긴긴밤(多劫)에 나를 따라 배웠었다. … 내가 예전에 너에게 불도에 뜻을 두도록 (直至道場) 가르쳤건만, 너는 지금 모두 잊고는 '이미 멸도를 얻었노라' 하고 말하는구나! 내가 지금 너에게 本願에서 행하던 도를 기억하게 하고자 여러 성문을 위하여 『법화경』(원교)을 설하노라." 하였다.

'그리고 自悟에 이르렀을 때는' 한 아래 세 구절은 證悟에 이르렀을 때를 말하니, 이때는 일체법이 곧 心自性임을 알고 지혜의 몸을 성취하되, 다른 이로부터 깨닫지 않고 無師智와 自然智를 모두 구족하였다. 중생의 본각에 본래 대지혜광명이 있건만, 번뇌 속에 있어[在纏] 나타나지 않는 것을 '여래장'이라 하고, 번뇌에서 벗어나야[出纏] 비로소 나타나니 이를 '智慧佛'이라 하니, 결코 타인으로부터 얻는 것이 아니다. 비유하면 거울의 광명이 때가 없어지면 저절로 밝게 드러나는 것이지 다른 물건으로 인하여 얻어지는 것이 아닌 것과 같다.

육조대사가 오조에게 "미할 때는 스승이 건네주지만, 깨달았을 때는 스스로 건넌다." 한 것과 같은 뜻이다. 이로 인하여 알 수 있는 것은, 이근지혜의 사리불이나 혜능대사 같은 분도 오히려 반드시 불보살과 선지식을 가까이하여 가르침을 듣고서야 비로소 불도를 깨달을 수 있는데, 더욱이 우리들 같이 둔근 초심이 어찌 영지 묘성을 본래부터 갖추었다고 자만하면서, 선지식을 찾아 많이 듣고 널리 배우지 않겠는가! 이것은 천만 불가능한 일이다!

기 6. 세 번째 질문과 답

集

문 : 법을 설하여 사람을 위하는 일은 비록 대업을 이루었더라도 極地와 같지 않으면 아마 자신의 수행에 손해가 될 것입니다. 등지보살도 오히려 부처님의 꾸짖음을 입었는데, 아직 증득하지 못한 범부로서 어떻게 남을 위해 설할 수 있겠습니까?

답 : 천태교의 初品은 곧 범부지만, 만약 圓門에 믿어 들어간다면 또한 법을 설할 수 있다. 범부의 마음이 부처님이 아는 바와 같고, 태어난 눈이 여래가 보는 것과 같기 때문이다.

『반야경』에서, 자신을 위해 반야를 수행하는 복덕이 널리 인천을 위해 교묘한 설법과 비유로 다른 사람이 반야를 쉽게 이해하게 하는 것보다 못하여, 그 복이 가장 수승함을 비교하여 바로 기억하게 하였다.

問. 說法爲人, 雖成大業, 未齊極地, 恐損自行。等地菩薩, 尙被佛訶, 未證凡夫, 如何開演。

答. 台教初品, 卽是凡夫, 若信入圓門, 亦可說法。以凡夫心, 同佛所知。用所生眼, 齊如來見。般若經中, 較量正憶念, 自修行般若之福, 不如廣爲人天巧說譬喩, 令前人易解般若, 其福最勝。

講

지금 세 번째 문답은, 보살은 응당 다른 사람을 위해 법을 설해야 하니, 그 복이 최승임을 밝혔다. 질문한 말은, "법을 설하여 다른 사람을 제도하는 것이 비록 대승보살이 할 일이기는 하지만, 아마도 자신의 수행에 방애될지도 모른다. 동시에 자신도 아직 제법 실상을 증득하지 못한 범부인데, 어떻게 능히 실상법을 설할 수 있겠는가? 그러므로 부처님이 일찍이 경에서 남의 스승이 되는 것이 옳지 않다고 꾸짖으며, 반드시 먼저 자신을 제도하고(도업을 성취하고 나서) 그런 후에 다른 사람을 제도(설법)하여 부디 야간이 사자를 흉내 내듯이 하지 말라고 하셨다." 한 것이다.

스님의 대답은 먼저 『법화경』 五品弟子의 初品을 말하니, 곧 凡夫隨喜品(주73) 참조)이다. 그래서 이미 원교 법문에 믿고 들어갔으면 또한 다른 사람을 위해 법을 설할 수 있다. 『법화경』「수희공덕품」에 "여래 멸후 이 경을 듣고 기뻐하여 이 법회에서 나와 다른 곳에 가서 들은 대로 부모와 종친과 선우를 위해 힘닿는 대로 연설하고, 이 여러 사람도 이 법을 듣고 나서는 기뻐하며 다시 교를 전하며, 다른 사람도 듣고 나서 또한 기뻐하며 교를 전하여 이와 같이 점차로 쉰 번째에 이르면, 마지막 사람이 얻은 복은 비유할 수 없느니라." 한 것이다.

'범부의 마음은 부처님이 아는 바와 같다' 한 것은, 『법화경』에서 설한 일심 이문으로 성불하는 도리는 부처님이 직접 알고 직접 본 것이요, 범부나 보살은 비록 아직 직접 증득하지는 못했으나 우러러 믿고 수희하여 다른 사람을 위해 연설하면 이는 범부의 마음으로 부처님이 아는 바와 같다.

'태어난 눈이 여래가 보는 것과 같다'는 것은, 범부와 초심보살은 부모가 낳아준 육안만이 있으나, 만약 『법화경』을 보고 듣고 일심 이문을 신수하고 수희하면 이는 곧 지혜가 있는 사람이라 불안이 있는 것과 같다. 『유교경』에 "만약 지혜로 비추어보는 사람이 있으면 비록 천안이 없으나 분명히 보는 사람이다." 한 것이다. 나중에는 『반야경』에서 부처님이 제자들을 위해 자신을 위해 행하는 것과 다른 이를 교화하는 공덕을 비교하되, 다른 사람을 교화하기 위해 법을 설하는 복이 가장 수승하다는 것을 설하였다. 자신은 제도하지 못했으나 먼저 남을 제도하는 것이 보살의 발심이니, 보살이라면 어찌 다른 사람을 위해 앞장서서 설법하지 않겠는가!

기 7. 인용하여 증명하고 설명함

集

경에 "그 사람이 계율과 선정이 비록 부족하지만 법을 잘 설하여 많은 사람을 이롭게 한다면, 이 사람에게 공양하는 자는 시방불께 공양하는 것이니라." 하고,

經云, 其人戒定雖羸劣, 善能說法利多人, 若有供養是人者, 則爲供養十方佛。

講

여기서 인용한 경전은 어떤 경전인지 미처 살펴보지 못하였다.

集

『未曾有經』에 "(野干이 자리에 올라 천제에게 고하기를 '내가 지금) 법을 설하는 데는 두 가지 큰 인연이 있나니, 하나는 하늘 사람을 교화하면 복이 한량없기 때문이요, 두 번째는 음식을 보시한 은혜를 갚기 위한 까닭이니, 어찌 설하지 않겠는가?(대정장경 17권 577페이지 하)' 하니라." 하고, 또한 "財施는 등불과 같아 다만 작은 방을 밝힐 뿐이요, 法施는 태양과 같아 천하를 멀리 비춘다.(同前 579페이지 상)" 하며,

未曾有經云, 說法有二大因緣。一者開化天人, 福無量故。二者爲報施食恩故, 豈得不說。又財施如燈, 但明小室。法施若日, 遠照天下。

講

인용한 『미증유경』은 『불설미증유인연경』이니, 모두 2권이다. 경에 야간이 제석천주와 천인을 위해 법을 설하는 광경인데, 축생이 법을 설하여도 오히려 인간이

나 천상을 이익되게 할 수 있는데, 더욱이 보살이 법을 설하면 어찌 자타가 복을 얻지 못하겠는가. 설법은 법공양과 법보시에 속하니 재물 보시에 비해 존귀하고 높다.『보현행원품』에 "여러 공양 중에서 법공양이 가장 뛰어나다. … 왜냐하면, 모든 여래가 법을 존중하기 때문이요, 설한 대로 행하면 제불을 출생하기 때문이니, 만약 보살이 법공양을 행하면 여래에게 공양함을 성취한다." 한 것이다.

集

『대방광총지경』에 "부처님이 말씀하시되 '선남자여, 부처님이 멸도한 후에 만약 어떤 법사가 중생의 욕망에 잘 수순하여 사람들을 위해 법을 설하여 능히 보살로 하여금 대승을 배우게 하거나, 대중들에게 조그만 환희심을 내게 하거나, 하다못해 잠시 한 방울 눈물을 흘리게 하는 자는 모두 부처님의 신력임을 반드시 알지니라' 하였다.(대정장경 9권 380페이지 하)" 하였으니,

大方廣總持經云, 佛言, 善男子, 佛滅度後, 若有法師, 善隨(衆生)樂欲, 爲人說法, 能令菩薩學大乘者, 及諸大衆, 有發一毛歡喜之心, 乃至暫下一適淚者, 當知皆是佛之神力。

講

『大乘方廣總持經』은 1권이다. 대정장경 제9권에 있다.

集

다만 견해가 그릇되지 않고 깊이 불심에 투합하면, 비록 다른 사람을 위한 것이지만 또한 교화하는 공이 자신에게 돌아온다. 이미 도를 도왔고(성불하였고) 또한 부처님 은혜를 갚을 수 있었으면, 名聞(명성)에 관련되지 않는다면 실로 털끝만큼도 (설법을) 버리지 말라. 심지어 법보를 傳持(유지)하고 대승을 講唱(강

의)하며, 논을 짓고 경전을 해석하며 문장을 저술하고 뜻을 해석함에 이르면, 불신하고 의심하는 화살을 뽑고, 어리석고 어두움에 지혜 광명을 비추며, 법의 담장을 세우고, 부처님의 혜명을 잇는다. 혹은 西土(인도)에서 경을 취하고 먼 곳에서 법을 구하거나, 혹은 대승을 번역하고 큰 가르침[至敎]을 윤문하며, 혹은 경전이나 주문을 印行하여 두루 보시하고 수지하게 하며, 법시의 문을 열고 전등의 불꽃을 이으면, 능히 감로를 가지고 메마른 마음을 적시고, 金錍(수술 칼)를 잘 사용하여 癡盲의 눈을 도려낼 수 있다. 경에 "설사 머리에 (부처님을) 이고 진겁을 지나고, 몸이 자리가 되어 대천세계에 두루 하더라도 (부처님을 모시더라도), 만약 법을 전하여 중생을 제도하지 않으면, 결코 부처님 은혜를 갚지 못하리." 하였다.

但見解不謬, 冥契佛心, 雖爲他人, 亦乃化功歸己。旣能助道, 又報佛恩。倘不涉名聞, 實一毫不棄。至於傳持法寶, 講唱大乘, 製論釋經, 著文解義。拔不信之疑箭, 照愚暗之智光。建法垣牆, 續佛慧命。或取經西土, 求法遐方。或翻譯大乘, 潤文至敎。或印行經呪, 遍施受持。開法施之門, 續傳燈之燄。能將甘露, 沃枯渴之心。善使金錍, 抉癡盲之眼。經云, 假使頂戴經塵劫, 身爲床座遍大千, 若不傳法度衆生, 決定無能報佛恩。

講

여기서는 먼저 보살의 설법을 보이면서, 먼저 대승을 깊이 믿고 견해가 정확하며 불심에 계합하여 착오가 없기를 힘써야 한다는 것이다.

『대승방광총지경』에 "부처님이 말씀하였다. '만약 중생이 부처님이 설한 법을 불설이 아니라거나 부처님 법이나 스님을 비방하는 자는 반드시 악도에 떨어져 지옥고를 받을 것이다'"하고, 또 "부처님이 말하되 '만약 저 어리석은 자가 부처님 대승에 대해 하다못해 하나의 사구게 만이라도 비방하면 이 업으로 반드시 지옥에 떨어질 것임을 반드시 알아야 한다. 나쁜 눈으로 보리심을 발한 사람을 보았기 때문에 눈 없는 과보를 얻고, 나쁜 입으로 보리심을 발한 사람을 비방하기 때문에 혀 없는 과보를 받는다. 나는 지금까지 하나의 나쁜 법이 보리심을 발한 이를 헐뜯고 욕하는 죄보다 더 큰 것을 보지 못했노라'" 하고, "저 어리석은 사람은 '보살은 오직 반야바라밀만을 배우고 다른 바라밀은 배우지 않아야 하니, 반야반야밀이야 말로 가장 수승하기 때문이다' 하고 집착한다. 저가 마음속에 空見을 가지고 있기 때문에 이 같이 청정하지 않은 설법을 한다. 이렇게 말하는 것은 신·구·의업이 법과 서로 어긋나서, 비록 空法을 이해하여 다른 사람을 위해 법을 설하더라도 空法에 대해 설한 것과 같이 행하지 않고, 행하지 않기 때문에 공의 뜻을 멀리 버리고 마음에 질투심을 품고 깊이 利養(이익)에 집착한다." 하고, "네 가지 평등법이 있으니 보살은 반드시 배워야 한다. 첫째는 보살은 모든 중생에 평등해야 하고, 둘째는 모든 법에 평등하며, 셋째는 보리에 평등하고, 넷째는 설법에 평등해야 한다. 또한, 네 가지 법이 있으니, 첫째는 모든 중생에게 마음이 물러가지 않는 것이요, 둘째는 여러 법사를 경솔히 대하거나 비방하지 않는 것이며, 셋째는 여러 지혜 있는 분에 대해 마음으로 비방하는 마음을 내지 않는 것이며, 넷째는 여래의 모든 설법을 항상 존중하는 것이다." 하며, "부처님이 말씀하시되 '보살이 다른 보살을 보면 응당 피차의 마음을 내지 말고, 반드시 탑과 같다는 생각과 부처님을 뵙는다는 생각을 하라. 내가 만약 초발심보살 보기를 부처님과 같지 않다는 생각을 낸다면, 나는 시방의 현재 일체 제불을 속이는 것이다. 그러므로 만약 법사를 헐뜯고 비방하는 자는 곧 부처님을 비방하는 것과 같아 차이가 없다." 하였다. 이상과 같이 인용한 것은 모두 보살과 법사들이 응당 회피하거나 혹은 봉행해야 할 금과옥조와 같은 말씀이니, 이렇게 해야만 비로소 불심에 계합하여 진정한 불자라 할 수 있다.

'비록 다른 사람을 위한 것이지만 또한 교화가 자신에게 돌아온다' 한 것은, 『왕생론 주』에 "교묘한 방편이란, 보살이 자신의 지혜의 불로 모든 중생의 번뇌 초목을 태우기를 원하는 것을 말하니, '만약 한 중생이라도 성불하지 않으면 나는 부처가 되지 않을 것이다' 하고 말하지만, 중생은 아직 모두 성불하지 못했고 보살은 이미 성불하였다. 비유하면 불쏘시개로 모든 초목을 모두 불태우려 하였으나 초목은 다하지 않고 불쏘시개는 이미 다한 것과 같이, 자신을 뒤로 하였으나 자신이 먼저다. 그러므로 '교묘한 방편'이라 한다." 하였다. 보살이 비록 중생을 위해 법을 설하여 그들이 수행 성불하게 하여 자신의 원이 중생 뒤에 성불하는 데 두었으나, 결과적으로 교화하는 공은 자신에게 돌아와, 중생은 아직 성불하지 못했으나 보살은 이미 먼저 성불하였으니, 그러므로 '그 몸 뒤에 있으나 자신이 먼저다' 하였다.

'이미 도 이루는 것을 도왔고(成佛) 또한 부처님 은혜를 갚았으면, 名聞(명성)에 관련되지 않는다면 실로 털끝만큼도 (설법을) 버리지 마라' 한 것은, 보살이 법을 널리 전하고 중생을 이롭게 하는 것은 名聞利養을 탐하여 구하는데 관계되지 말아야 비로소 청정 설법이며, 비로소 능히 불도 이루는 것을 돕고 불은에 보답할 수 있다. 『법화경』「방편품」에 "무릇 법을 듣는 자는 한 사람도 성불하지 않는 자가 없다. 법을 듣고 성불할 수 있다면 법을 설하여 어찌 성불하지 못할 리가 있는가?" 한 것이니, 그러므로 '실로 티끌만큼도 버리지 말아야 한다' 한 것이다.

'심지어 법보를 전지하고' 한 데서부터, '전등의 불꽃을 이으면' 한 데까지 모두 열여섯 구절은, 스님이 자비로 이어서 법을 널리 설하여 중생을 이롭게 하는 방식을 설명했으니, 중생의 근기가 같지 않으므로 보살이 역량을 헤아려 해야 한다. '법보를 전지한다'는 것은, 수희와 독송과 경전을 베껴 쓰는 것과 이것들을 겸하여 행하는 것과 육바라밀을 올바로 행하는 것을 가리킨다. 예컨대 隋나라 때 荀 아무개가 글씨를 잘 쓰더니, 하루는 공중에 『금강경』을 써서 천인에게 공양하여 독송케 하니, 벼락이 치고 비가 내렸으나 경전을 쓴 곳은 비에 젖지 않았던 것과 같다.

'대승을 강창하였다'는 것은, 다른 사람을 위해 대승경전을 강설한 것을 말하니, 道綽선사(562~645)[61]가 일생 근 2백 편이나 『관경』을 강의하였고, 慧思선사는 일생 『반야경』을 강의하였으며, 지자대사는 『법화경』과 『마하지관』을 강의하니 關帝(관우)가 감동하여 몸을 나타내 귀의하고 삼보를 호지할 것을 발원하였다. 灌頂법사(561~632)[62]는 일생 『법화경』을 강송하더니, 경을 강의할 때마다 항상 하늘 꽃이 날아와 그의 곁에 떨어졌다. 傳燈법사[63] 같은 이는 『淨土生無生論(정토는 태어나나 태어남이 없다)』을 지은 후에 사람들을 위해 강술하였는데, 자리에 오를 때마다 대중이 하늘 음악이 공중에 가득한 것을 들었다. 淸凉국사는 항상 『화엄경』을 강의하였는데, 그때마다 상서로운 감응이 있었다. 현수국사는 팔십화엄을 강의하였는데 땅이 진동하고 입에서 백광이 흘러나왔다.

'논을 짓고 경을 해석하며 글을 짓고 뜻을 해석하였다' 한 것은, 인도의 용수나 세친, 중국의 역대 수많은 선지식의 저술을 말한다. '불신에 의심의 화살을 뽑고 어리석고 어두움에 지혜 광명을 비추었다' 한 것은, 사람들을 위해 강

---

61 당나라 때 정토종 스님. 정토종 제2조. 『불광사전』 p5655-下
62 隋나라 때 스님. 천태지자의 제자. 세칭 章安大師. 『불광사전』 '章安' p4835 참조.
63 明나라 때 스님. 생졸년대 미상. 『불광사전』 p5392-下 참조.

해하거나 혹은 소를 짓고 뜻을 해석하여 보고 듣는 자나 대승을 믿지 않는 자는 믿음을 내게 하고, 권·실 二智가 없는 자는 지혜를 발하게 한 것이다.『지도론』에는 "불법을 설하는 이가 없으면 지혜가 있어도 능히 이해할 수 없다." 하였다. 그러므로 교법을 전지하고 대승을 강창하며 논을 짓고 뜻을 해석하는 것은 정법이 세상에 오래 머무를 수 있는 유일한 의지처이고 방편이다. 그러므로 '법의 담장을 세운다' 하였다. 또한, 정법이 상속할 수 있는 꺼지지 않는 등불이니, 부처님은 정법으로 수명을 삼는다. 그러므로 '부처님의 혜명을 잇는다' 하였다. 그러므로 역대 고승들이 모두 정성을 다 바치고 공경을 다하여 법을 위해 몸을 잊었던 것이다.

'혹은 西土에서 경을 취하고 먼 곳에서 법을 구하였다' 한 것은, 東晉의 법현[64]이나 당나라 현장(602?~664)[65], 의정(635~713)[66], 혜일(680~748)[67] 등 수많은 대덕들의 경우다. 의정 삼장의 시에 "진·송·제·양·당대에 고승들이 법을 구해 장안을 떠났네. 간 사람은 백 명이었으나 돌아온 이는 열 명도 안 되니, 후인이 어찌 전자의 어려움을 알랴. 길은 멀고 하늘은 푸르러 오직 얼음 덩어리뿐인데, 사막의 모래가 해를 가려 지치고 피로하여 죽을 것만 같네. 후현이 이런 뜻을 알지 못하면 왕왕 경전을 아무렇게나 읽으리." 하였다. '西土'와 '먼

---

64 동진 때 스님. 천축에서 법을 구하기 위해 나이 60여 살에 장안을 떠나(隆安 3년(399)), 30여 국을 거쳐 義熙 9년(413)에 귀국함. 자세한 것은『불광사전』p3435-上 참조.

65 당나라 때 고승. 貞觀 3년(629, 일설에는 貞觀 元年이라 함)에 西行하여, 17년 만에 돌아옴. 자세한 것은『불광사전』p2024-下 참조.

66 당나라 때 역경승. 법현과 현장의 西遊를 앙모하여 咸亨 2년(671)에 (그때 나이 36세) 廣州를 거쳐 17년 만에 30여 국을 유력하고 돌아옴. 자세한 것은『불광사전』p5571-下 참조.

67 당나라 때 정토종 스님. 中宗 嗣聖 19년(702)에 배를 타고 3년 만에 인도에 도착, 70여 국을 두루 거쳐 18년 만인 開元 7년(719)에 장안으로 돌아옴. 자세한 것은『불광사전』p6022-上 참조.

곳'은 인도를 가리킨다. '혹은 대승을 번역하고 至敎를 윤문하였다' 한 것은, 현장 대사가 번역한 경론은 모두 대승의 보살장에 속한다. 당시에 역경은 매우 신중하여 華·梵의 문장에 정통한 대덕이 번역을 주도하는 것밖에, 筆受[68]나 潤文이나 證義[69] 등이 있어 각기 한 가지 책임을 맡았다. '윤문'은 경문을 다듬고 꾸며 유통이 순조롭게 하는 것이다. '至敎'는 경·율·론 삼장이 모두 지극한 성교여서 이보다 더한 것이 없음을 말한다.

'혹은 經呪를 인행하여 두루 보시하여 수지하게 한다' 한 것은, 삼장 성전을 출판하고 유통하여 중생이 널리 수지하게 하는 것을 말한다. 청나라 이전에는 불교 경전은 모두 황제나 고승대덕이 인행하여 불교 사원에 공봉하였다. 그러므로 불경을 수지독송하려면 반드시 절에 가서 빌려 읽어야 했다. 청말 이후에는 각지에 비로소 刻經處(경전을 인쇄하는 곳)라는 기구가 있어 불서를 출판하여 값을 정해 유통하여 사부대중 불자들이 읽을 수 있도록 하였으니, 이로 인하여 세상에 널리 유통할 수 있게 되었다. 이러한 번역, 인행, 강연, 주석이 모두 법보시에 속하니, 법보가 유통하여 끊어지지 않게 한 것이다. 그러므로 '법시의 문을 열고 전등의 불꽃을 이었다' 하였다.

'능히 감로를 가지고' 한 아래 네 구절은 법보시의 공덕을 결론지었다. 이는 마치 천상의 감로를 가지고 중생의 메마른 마음을 적셔주어 능히 고통을 여의고 즐거움을 얻어 소원을 만족하게 하는 것과 같다. 『법화경』 「약왕보살품」에 "이 경이 일체 중생에게 모든 고뇌를 여의고 크게 이롭게 하여 그 원을 충만케 하니, 마치 청량한 못이 일체 목마른 자를 만족하게 하는 것과 같다." 하였다.

---

68 역장에서 譯主의 말을 듣고 한문으로 筆錄하는 것.
69 역장에서 梵文의 글과 뜻을 證明하는 직책.

'금비'는 금으로 만든 작은 칼이니, 병든 눈의 막을 걷어내 눈병을 낫게 하는 것이다. 『열반경』에 "어떤 맹인이 훌륭한 의사에게 갔더니 의사가 금비를 써서 그의 눈 막을 걷어내었다." 하니, 그러므로 '금비를 잘 사용하여 癡盲의 눈을 도려내었다' 하였다.

남북조 때 張元이라는 이가 매우 효성스러웠는데, 그의 할아버지가 실명하였다. 元이 『약사경』을 읽다가 눈먼 자가 앞을 볼 수 있다는 말을 보고는, 마침내 스님 일곱 분을 청하여 경을 읽게 하고, 일곱 개의 등불을 밝혀 이레 밤낮으로 그치지 않았다. 元이 발원하기를 "원이 손자가 되어 불효하여 할아버지를 실명하게 하였나이다. 지금 등불로 법계를 널리 비추나니, 바라건대 할아버지 눈이 밝아지이다." 하였다. 이레가 지나, 그날 밤 한 노인이 금비로 할아버지 눈을 치료하더니, 눈이 정말 밝아졌다. 그러므로 만약 불법을 널리 펴 법계 중생이 모두 신수봉행하게 하면, 세계가 화평하고 인민이 안락하며 사람마다 악을 그치고 선을 닦으며 보리심을 내고 보살도를 행하여 사바세계를 극락세계로 변하게 할 수 있으니, 어찌 금비를 잘 써서 중생의 癡盲의 눈을 열어주는 것이 아니겠는가!

마지막에 『화엄경』 사구게를 인용하여, 오직 널리 법을 전하여 중생을 이롭게 하는 것만이 진정으로 부처님의 은혜를 갚는 길임을 밝혔다.

무 8. 幻임을 알아 중생을 제도하고, 空으로부터 건립함
기 1. 질문

集

문 : 어찌 한 법을 돈오하면 만행이 저절로 원만해지는 일을 하지 않고, 점차적

인 길로 우회하여 부지런히 조그만 선행에 힘씁니까! 禪宗은 一念도 내지 않고 一塵도 드러내지 않습니다. 만약 아지랑이와 물거품을 다투어 구하고 허공 꽃을 겨루고 집착하여, 幻으로 幻을 닦는다면 결코 理를 얻을 이가 없습니다.
問. 何不一法頓悟, 萬行自圓, 而迂廻漸徑, 而勤勞小善乎。禪宗一念不生, 一塵不現。若爭馳燄水, 競執空華, 以幻修幻, 終無得理。

講

본집에서 하는 질문은 대부분 불교에서 유행하는 구두선를 말하니, 매우 일리 있는 것 같기는 하다. 그러나 자세히 생각해 보지 않으면 부화뇌동하여 자신을 그르치고 다른 사람을 그르칠 수 있다. 스님은 특별히 우리들을 낱낱이 분석하여 사견의 숲을 파괴하고 정법의 표치를 세워, 보고 듣는 자가 똑같이 올바른 믿음과 올바른 이해를 얻어 똑같이 圓修에 들어가 佛果를 얻게 하였으니, 이 은혜를 어찌 갚겠는가? 자세히 생각하고 깊은 마음으로 힘써 행하여 차츰차츰 널리 교화해야만 비로소 이번 생에 불법 만난 것을 저버리지 않게 된다!

 '어찌 일법을 돈오하면 만행이 저절로 원만해지는 일을 하지 않고' 한 두 구절의 올바른 뜻은, 본래는 일심 이문의 성덕을 돈오하면 이로 인하여 일심만행과 만행일심이 원융무애한 수덕을 일으킴을 가리키건만, 뜻을 유실한 禪人(經의 뜻과 禪의 뜻을 오해하는 사람)이 이 두 구절에 의해, 理에 집착해 事를 폐하고 空에 빠져 有를 버려 변견과 사견에 떨어져 무기심과 무상정으로 佛心과 佛定이라고 오해한 것이다. 그러므로 '선종은 일념도 내지 않고 티끌 하나도 드러내지 않는다'고 하였다. 이미 닦음과 증득을 부정하였기 때문에 흐리멍덩한 불성과 모호하여 분명치 않은 진여에 집착하여, 보살의 육도만행을 漸徑(점차적으로 해탈에 이르는 길)으로 우회하는 것이요, 조그만 선행을 부지런히 힘쓰는 것이며, 허공 꽃이요 물속에 비친 달이요, 幻으로 幻을 닦는 것이라 절대 진여

불성을 증득하지 못한다 하고 오인하여, 이로 인해 모든 것이 눈에 차지 않아 몸과 입과 마음으로 아무 거리낌 없이 제멋대로 행동하니, 천불이 세상에 나오시더라도 저들을 구제할 수가 없다! 그 허물이 자신에게 있으니 참으로 연민스런 일이다. '다투어 구한다'는 것은, 가짜를 오인하여 진짜라 하는 것이다.

기 2. 정답

集

답 : 제불은 幻임을 알아 비로소 幻과 같은 중생을 제도할 수 있었고, 보살은 空임을 통달하였으니 그러므로 공으로부터 건립한 것이다.
答. 諸佛了幻, 方能度幻衆生。菩薩明空, 是以從空建立。

講

대답한 말은 불·보살을 들어 예를 삼았다. 이미 일심 이문의 성덕에 들어갔기 때문에 진여문에 의해 생멸문의 수덕을 연기하여 幻化와 같은 중생을 제도하였다. 중생을 제도하는 일이 모두 일심 이문으로부터 건립하니, 『중론』에 "제법이 만약 공하지 않으면 일체법이 성립되지 않는다." 한 것이다. 일심 이문과 진속이제가 서로 의지하여 거스르지 않고, 성·수가 둘이 아니어야 비로소 불보살의 올바른 수행로이다.

기 3. 인용하여 증명하고 설명함

集

『열반경』에 "부처님이 말씀하시되 '일체 제법이 모두 환상과 같으니, 여래가 그 가운데서 방편력을 쓰지만 집착하는 바가 없다. 왜냐하면, 제불이 본래 그러하기 때문이다' 하였다." 하고, 『중론』에 "공의 뜻이 있기 때문에 일체법이 이루어진다." 하였다. 그러므로 頓은 종자가 이미 모든 것을 포함한 것과 같고, 漸은 싹과 가지가 차츰 나오는 것과 같다. 또한 구층 누대를 볼 적에는 한꺼번에 볼 수 있으나 반드시 계단을 밟아 올라가야 하는 것과 같이, 心性을 몰록 깨달았으면 곧 마음이 佛性을 具足하지 못했으니 모름지기 공을 쌓아 두루 만행을 닦아야 (비로소 부처와 같을 수 있다.) 또한 거울을 닦는 것과 같이, 한꺼번에 두루 닦으나 밝고 깨끗한 것은 점차가 있듯이, 만행은 몰록 닦지만 깨달음은 점점 수승하니 이것을 '圓漸'이라 한다. (이것은) '漸圓(점점 원만함)'은 아니니, 또한 지위가 없는 가운데 지위요 행이 없는 가운데 행이다. 그러므로 果에 통하고 因을 갖추며, 미세한 것에서 드러난 것에 이르는 것이 모두 모름지기 자비의 선근력으로 능히 자신을 이롭게 하고 남을 이롭게 할 수 있다. 그러므로 구층의 누대가 첫 삼태기에서 이루어지고, 천 리 노정이 첫 걸음에서 시작하며, 도도한 물이 濫觴에서 시작하고, 빽빽한 나무가 작은 씨앗에서 자라듯이, 도는 작은 행을 버리지 않고 어둠은 첫 새벽을 거부하지 않는다. 그러므로 하나의 글귀가 정신을 물들이면 역겁에 썩지 않고, 하나의 선행이 마음에 들어가면 만세에 잊어버리지 않는다.

涅槃經云, 佛言, 一切諸法, 皆如幻相。如來在中, 以方便力, 無所染着。何以故, 諸佛法爾。中論云, 以有空義故, 一切法得成。是以頓如種子已包, 漸似芽莖旋發。又如見九層之臺, 則可頓見, 要須躡階, 而後得昇。頓了心性, 卽心是佛, 佛性不具, 而須積功, 遍修萬行, (始能同佛)。又如磨鏡, 一時遍磨, 明淨有漸。萬行頓修, 悟則漸勝, 此名圓漸, 非是漸圓。亦是無位中位, 無行中行, 是以徹果該忍, 從微至著, 皆須慈善根力, 乃能自利利他。故九層之臺, 成於始簣。千里之程, 託於初步。滔滔之水, 起於濫觴。森森之樹, 生於毫末。道不遺於小行, 暗弗拒於初明。故一句染神, 歷劫不朽。一善入心, 萬世匪忘。

> **講**

먼저 『열반경』과 『중론』을 인용하여 증명한 후에, 환과 같은 중생을 제도하는 것이 空으로부터 건립함을 설명하였다. 스님의 해석은, 불법 가운데 소위 頓과 漸은 같지도 않고 다르지도 않으니, 비유하면 모든 식물이 종자일 때 이미 뿌리와 싹과 줄기, 잎, 열매 등 모든 것을 포함하니, 이것을 '頓'이라 한다. 그런데 종자가 흙 속에서 때[時]와 햇빛과 물과 거름과 인공 등, 갖가지 인연을 얻어 서로 연이어 뿌리와 싹과 줄기와 잎이 생장하고, 더 나아가 꽃이 피고 열매를 맺으니 이를 '漸'이라 한다. 또한, 구층탑과 같다. 눈을 뜨면 한꺼번에(頓) 볼 수 있으나, 모름지기 계단을 따라 점점 올라가야 한다.

우리 심성도 마찬가지다. 비록 '마음이 곧 부처'임을 한꺼번에 알았으나, (이것을 '頓'이라 한다) 중생 분상에서는 아직 심성을 보지 못하여 마음이 부처가 아니다('不具'). 그러므로 '불성을 구족하지 못하였다' 하였으나 반드시 신·해·행·증의 차례를 지나 공을 쌓고 덕을 늘이며 두루 육도만행을 닦아야 한다. 이것이 '이 마음이 부처다[是心作佛]' 하는 것이니, 비로소 능히 부처님과 동일하여 둘이 없다. (이를 '漸'이라 한다) 또한, 거울을 닦는 것과 같다. 거울 표면을 한꺼번에 고루 닦으나(頓), 이 거울이 밝고 깨끗한 것은 점점 이루어진다(漸). 보살의 수행도 마찬가지다. 만행은 한꺼번에 발심하여 닦지만 증오는 반드시 낮은 데서부터 점차로 수승하니, 이를 '圓(頓)으로 인한 漸'이라 하고, '漸으로 인한 圓'이라고는 하지 않는다. 또한 '지위가 없는 가운데 지위가 있다'고 하고, '行이 없는 가운데 行'이라 한다. 성덕을 가지고 말하면 지위가 없고 행이 없으며 중생과 부처가 둘이 아니지만, 수덕을 가지고 말하면 반드시 지위가 있고 행이 있으니, 부처와 중생이 같지 않기 때문이다.

'그러므로 果에 통하고 因을 갖추었다' 한 아래 네 구절은 원교보살의 수행을 밝혔으니, 곧 因에 果의 바다가 갖추고 果가 因의 근원에 통하여, 원융(頓)이 항포(漸)에 장애되지 않고 항포가 원융에 장애되지 않아서 성·수가 둘이 아니요 인·과가 둘이 아니니, 처음부터 마지막까지('從善至著') 모름지기 자선근력을 닦아야 자리이타의 행을 성취할 수 있다. 그러므로 원만한 복덕과 지혜 두 가지 장엄으로 불과를 얻는 것이다.

'그러므로 구층의 누대가' 한 아래 열네 구절은, 만선의 인이 똑같이 일승불과로 돌아가 인·과가 결정코 이와 같음을 결론지었다. 세상 사람들이 보는 사물을 예로 들면, 높고 큰 9층 탑이 한 삼태기 흙이 점점 쌓여 이루어지고, 먼 천리 노정도 가장 가까운 한 걸음부터 시작하여 그런 후에 걸음걸음 앞으로 향하여 나아가 도달하며, 도도하게 끊임없이 흐르는 강하의 큰물도 그 발원은 다만 한 방울 濫觴(술잔을 띄울 만큼 작은 실개울)일 뿐이며, 광활한 숲도 최초에는 아주 작은 종자와 싹에 불과하다. 보살의 수도도 마찬가지다. 반드시 한없는 선행법문을 구족하여 절대 어떤 작은 선근이나 작은 행도 버려서는 안 된다. 그러므로 처음 발심할 때 '한없는 법문을 서원코 배우리' 한 것이니,『법화경』에서 갖가지 방편으로 불도를 도와 이루게 한 것과 같다.

또한, 한없는 혹업의 어둠을 끊는 가운데서는 결코 최초 일념의 始覺의 밝은 지혜를 버려서는 안 된다. 그러므로 처음 사홍서원을 발하여 '한없는 번뇌를 서원코 끊으리' 한 것이니,『행원품』에서 "생각생각 서로 이어서 끊어짐이 없어야 한다." 한 것이다. 그러므로 반드시 대승 불법의 한 구절이나 한 게송을 보고 들어 팔식의 밭에 훈습하여('染神') 다생다겁을 지나 바로 성불에 이르면, 필경 나지도 않고 죽지도 않는다('不朽'). 그렇다면 한번 이근에 거치면 영원히 도의 종자가 되니, 예를 들면 마음은 대지와 같고, 중생이 하나의 선념을 내는 것은 곧 씨를 뿌리는 것과 같다. 땅속에 이미 종자가 있어 인연을 만나면 반드시 일어나 만 세 동안 없어지지 않으니, 그러므로 '하나의 선행이 마음에 들어가면 만 세에 잊어버리지 않는다' 하였다.

'濫觴'은 물의 근원이니 곧 시작한다는 뜻이다.『荀子』「子道篇」에 "강은 岷山에서 흘러나오니 처음 나오는 곳이다. 그러나 그 근원은 濫觴이다." 한 것과 같다. (岷山은 사천성 북쪽과 감숙성 경계에 있는 산이다. 양자강과 황하의 분수령이며, 岷江과 嘉陵江의 지류인 白龍江의 발원지이다.)

集

『열반경』에 "부처님이 '하나의 선심을 닦으면 백 가지 죄악을 (능히) 파할 수 있으니, 마치 조그만 금강석으로 능히 수미산을 파괴할 수 있고, 또한 작은 불로 모든 것을 불태울 수 있으며, 작은 독약으로 중생을 해칠 수 있는 것과 같이, 작은 선행도 마찬가지로 능히 큰 죄악을 파괴할 수 있다" 하고,

『日摩尼寶經』에 "부처님이 가섭보살에게 '내가 중생을 보니, 비록 수천억만 겁에 欲愛 가운데서 죄악에 덮였더라도, 만약 佛經을 듣고 한 번 善을 돌이켜 생각하면, 죄악이 소멸하여 다하느니라'" 하며,

『대지도론』에 "여래가 성도하실 때 열 가지 미소를 지으시고 세상을 관찰하시니, 어떤 이는 因은 작은데 果는 큰 이도 있고, 어떤 이는 緣이 작은데 과보가 큰 이도 있거니와, 여래의 불도는 한 가지 게송으로 찬탄하시기도 하고, 한 번 '나무불'하고 부르기도 하며, 한 오리 향을 사르고도 반드시 부처가 되었거든, 더욱이 제법 실상인 태어나지도 않고 죽지도 않는 것과, 태어나지 않는 것이 아니고, 죽지 않는 것이 아닌 것을 들어 알고서, 인연을 수행하고 업과도 잊

지 않은 자랴. 그러므로 미소하신 것이다." 하였다.

涅槃經云, 佛說, 修一善心, (能)破百種惡。如少金剛, 能壞須彌。亦如少火, 能燒一切。如少毒藥, 能害衆生。少善亦爾, 能破大惡。

日摩尼寶經云, 佛告迦葉菩薩, 我觀衆生, 雖復數千巨億萬劫, 在欲愛中, 爲罪所覆。若聞佛經, 一反念善, 罪卽消盡。

大智度論云, 如來成道時, 有十種微笑而觀世間, 有小因大果, 小緣大報, 如來佛道, 讚一偈, 一稱南無佛, 燒一捻香, 必得作佛。何況聞知諸法實相, 不生不滅, 不生, 不不滅, 而(修)行因緣, 業(果)亦不失, 以是故笑。

講

『열반경』을 거듭 인용하여, 작은 선행으로 능히 큰 악을 파할 수 있으니, 그러므로 작은 선행으로도 능히 부처가 될 수 있다는 것을 증명하였다.

또한 『日摩尼寶經』을 인용하였다. 완전한 이름은 『佛說遺日摩尼寶經』이니, 후한 때 지루가참Lokaṣema(147~?)[70]이 번역하였다. 보적부에 속하니 대정장경 제12권에 있다. 인용한 경문은 191페이지 중단에 있다. 원문은 다음과 같다.

"부처님이 말씀하였다. '비유하면 큰 집이나 작은 집에 백천 세 동안 일찍이 등불을 밝힌 적이 없다가 이후에 여러 차례 등불을 밝혔다면, 이 어둠이 집 안에 천 세 동안 자리 잡고 있어서 힘이 강성하니 쫓아낼 수 없겠느냐?' 가섭이 아뢰었다. '그렇지 않습니다. 어둠이 비록 오랫동안 집안에 있었지만 등의 빛을 보면 반드시 즉시 물러가나이다.' 부처님이 말씀하였다. '그러하니라, 가섭

70　漢나라 때 역경승. 大月氏(월지의 일파인데, 원래 돈황·기련 등지의 유목민으로 흉노를 피해 伊犁河(신강성 서부에서 발원하여 서쪽으로 흘러 노령을 거쳐 파륵십합호로 들어가니, 지금의 신강성 북서부의 중요한 지역)의 상류로 이주한 종족) 사람인데 後漢 桓帝 말년에 洛陽에 와서 역경에 종사하였다. 자세한 것은 『불광사전』p1416-中 참조.

이여! 보살이 수천억만 겁에 애욕 중에 있으며 죄악에 덮였더라도 … 죄악이 금방 소진하니라. 등명은 불법 가운데 지혜의 등불이요 어둠은 애욕이니, 즉시 소멸하여 다하니라'" 하였다.

또한『대지도론』의 설을 인용하였다. '제법 실상인 … 듣고 알았다' 한 것은, 부사의한 일심 이문인 無相과 無不相을 분명히 아는 것이니, 이를 '실상'이라 한다. 진여문은 태어나지도 않고 죽지도 않으니[不生不滅] 이것을 '無相'이라 하고, 생멸문은 태어나지 않는 것도 아니고[不不生], 죽지 않는 것도 아니니[不不滅] 이것을 '無不相'이라 한다. 이 일심 이문은 중생과 부처의 본체가 같은 성덕이니, 성덕에 의해 수덕을 일으키면 십여시의 인·연·과·보 등이 있다. 이러한 성덕과 수덕의 인과가 본래부터 이와 같건만, 범부와 외도는 미혹하여 알지 못하고, 이승과 권교보살은 불생불멸임은 알지만 불생도 아니고 불멸도 아님은 알지 못하니, 모두 어리석음에 속한다. 그러므로 부처님이 미소 지으며 천하의 우스운 사람들을 웃었다.

'하나의 게송으로 찬탄하였다' 한 것은, 본사께서 과거 보살도를 행하실 때 하나의 게송으로 비사불을 찬탄한 것이다. 게송은 '天上天下無如佛 …' 한 것이다. '한번 나무불 하고 불렀다'는 것은 모두 이미 불도를 이루었으니,『법화경』「방편품」에서 설한 것이다. '한 오리 향을 사루었다[燒一捻香]'는 것은, '捻'은 '拈'과 같은 말이니『법원주림』에는 '시방제불이 손에 향을 捻(집어)하여 저 향로 가운데 붙였다' 하였다. ('捻'은 명수사니, '줌', '움큼'의 뜻이다. 그래서 '一捻'을 '한 오리'로 번역하였다) '반드시 부처가 된다'는 것은, 모두 성불하는 因이라 반드시 불과를 이룬다는 것을 말하였다.

> 集

고덕이 물었다. "달마대사가 양무제에게 공덕의 인연을 설하면서 '없다'고 하지 않았습니까? 보살(양무제)이 국성을 버리고 탑묘를 세운 것이 어찌 공연히 시설한 것이겠습니까? (그런데 어찌하여 아무 공덕이 '없다'고 하였습니까? 이러한 有爲 事는 공덕이 되지 않는 것이 사실 아니겠습니까?)

답 : 대사의 이 말씀은 복덕의 인과를 파괴한 것이 아니다. 무제가 유위 공덕은 한계가 있고 모양이 空無한 복은 헤아릴 수 없을 정도로 많다는 것을 알지 못하므로, 저의 탐착을 타파하여 (일부러 이런 말씀을 한 것이다.) 만약 탐착하지 않는다면 모두 無爲이다. 보살(양무제)도 전륜성왕이라 이와 같은 복보의 인과가 분명하니, 참으로 없겠느냐? 만약 理를 통달한 자라면 곳곳에서 법계와 양이 같아 다함이 없겠지만, 理를 통달하지 못하면 유위 윤회의 과보니, 응당 탐착하지 않아야 한다."

古德問云. 達摩不與梁武帝說功德因緣, 而云無耶。菩薩捨國城, 建塔廟, 豈虛設乎 答. 大師此說, 不壞福德因果。武帝不達有爲功德, 而有限劑, 空無相福, 不可思量。破他貪着, (故作此說)。如不貪着, 盡是無爲。菩薩亦作輪王, 如是福報, 因果歷然, 可是無耶。若達理者, 處處與法界同量, 無有竭盡。若不達理, 卽是有爲輪廻之報, 不應貪着。

> 講

이 고덕의 문답은 문장과 같이 쉽게 알 수 있다. 보살이 만약 空으로부터 건립함을 알지 못하면 유위공덕에 탐착한 것이라, 곧 생사윤회의 과보에 속한다. 그러므로 응당 탐착해서는 안 된다는 것을 설명하였다.

集

충국사는 "제불 보살이 모두 복과 지혜 두 가지 장엄을 갖추었으니, 어찌 인과를 부정하랴." 하였으니, 다만 理로써 事에 막히지 않고 事로써 理에 방해하지만 않으면, 종일 行해도 無行에 어긋나지 않는다. 道生법사에게 "어찌하여 잠깐 합장하는 것이 佛因 아님이 없습니까?" 하고 물으니, "일체법이 모두 定性이 없어서 가는 데마다 인연을 따르니, 만약 탐착으로 인연을 삼으면 인천의 과보에 이르고, 만약 보리에 회향하는 것으로 인연을 삼으면 불과의 과보를 이룬다. 진여도 오히려 자성을 지키지 않거든, 더욱이 이 조그만 선행이랴!" 하고 대답하였다.

忠國師云, 諸佛菩薩, 皆具福智二嚴, 豈是撥無因果。但勿以理滯事, 以事妨理, 終日行而不乖於無行也。生法師問云, 何彈指合掌, 無非佛因耶。答. 一切法皆無定性, 而所適隨緣。若以貪(着)爲緣, 卽適人天之報。若廻向菩提爲緣, 卽成佛果之報。眞如尙不守自性, 而況此微善乎。

講

충국사는 당나라 慧忠선사(?~775)[71]다. 속성은 冉이니, 지금 절강성 諸暨縣 사람이다. 출가 후에 오로지 禪만을 닦다가, 조계에 가서 육조를 뵙고 심인을 얻고는 南陽(지금의 하남성 남양현) 白崖山 黨子谷에 40여 년간 머물렀다. 일찍이 사람들에게 "허공의 마음으로 허공의 理에 합한다." 한 적이 있는데, 宗通說通하여 수많은 중생을 교화하여 도의 명성이 멀리까지 퍼졌다. 당 숙종황제가 매우 공경하여 스승으로 예우하며 장안 千福寺에 머물기를 청하였고, 代宗이 등극

---

[71] 『불광사전』 p6031-上 〈二〉 참조.

하자 스승으로 맞이하여 16년 동안 장안 光宅寺에 머물렀다.

大曆 2년(767)에 대종에게 무당산에 太一 延昌寺를 두고, 백애산에 香嚴 長壽寺를 둘 것을 주청하고, 대력 8년(773)에 또 대종에게 천하 명산의 스님 약 1만 명을 출가시킬 것을 주청하였다. 대력 10년(775) 12월 9일 子時에, 광택사에서 우협으로 누워 입멸하니, 시호는 大證선사다. 남양 백애산 향엄 장수사 곁에서 장사하였다. 스님은 평생 늘 대중에게 "선종을 배우는 자는 응당 부처님 말씀인 일승요의를 좇아 자심의 근원에 계합하라. 사람들의 스승이 되는 자가 만약 명리에 의해 따로 이단을 열면, 자신이나 다른 이들에게 무슨 이익이 있겠는가." 하였다. 어떤 스님이 "마음이 곧 부처인데 굳이 만행을 닦을 필요가 있겠습니까?" 하니, 스님이 "모든 성인은 모두 두 가지 장엄을 갖추었으니, 어찌 인과를 부정하겠는가?" 하였다. 『전등록』 제5권(대정장경 51권 244페이지 중)을 보라. 이 분은 『전등록』 제4권에 실려 있는 혜충선사와 다른 분이다.

'다만 理로써 事에 얽매이지 않고' 한 아래 세 구절은, 스님(영명 스님)이 이사가 원융하고 행과 무행이 서로 방애되지 않는다는 것을 설명한 대목이다.

'생법사에게 묻기를' 한 데서부터, '더욱이 이 조그만 선행이랴!' 한 데까지 모두 열한 구절은 묻고 답한 말이다. 『전등록』에는 실려있지 않으니 아마도 東晉의 道生 법사를 말한 듯하다. 법이 定性이 없어서 인연을 따라 일어나 차별이 있어서, 모두 십여시의 法爾因果가 있다. 만약 원돈인이면 일심 이문을 깨달아 원만하지 않은 법이 없다. 우리의 심성은 원만하게 태허공을 감싸고, 심성은 본래 깨끗하여 만법이 오직 마음일 뿐이다. 선문에서 "만약 어떤 이가 마음을 알면 대지에 한 주먹 흙도 없다." 한 것처럼, 반드시 환화와 같은 중생을 제도하되 空으로 인하여 건립하여, 종일 行하되 無行에 어긋나지 않고 주함이 없는 근본으로부터 일체법을 건립한다.

정 7. 正·助를 겸수함 (圓修十義 중 제7)
무 1. 중생이 만선으로 구경에 성불함
기 1. 뜻을 논함

集

또한 '만선의 理가 무루와 같다' 한 것은, 대저 萬善과 本有가 모두 理를 빌려 일어나니, 理가 이미 다름이 없다면 善이 어찌 두 가지를 용납하겠는가. 근본인 여래장성이 만선의 因이라 또한 '正因'이라고도 하니, 직접 만선을 낸다.

(又云)萬善理同無漏者。夫萬善本有, 皆資理發。理旣無異, 善豈容二。本如來藏性, 爲萬善之因, 亦名正因, 親生萬善。

講

「圓修十義」 가운데 앞에 여섯 가지는 이미 강술하여 완전히 마쳤고, 이어서 일곱 번째 '正·助 겸수'를 강의하려 한다. 正은 主요 助는 伴이다. 주·반이 서로 보충하여 완성하고, 정·조가 서로 의지해야 비로소 불과를 원만히 성취할 수 있음을 설명한 대목이다.

理를 가지고 말하면 중생의 불성과 여래의 법신이 곧 三因과 三德이다. 正因은 반드시 緣因과 了因의 助緣을 빌려 드러나고, 法身은 반드시 般若와 解脫의 妙用을 갖추어 이루어진다.

敎를 가지고 말하면, 일승이 正이요 삼승이 助다. 實로 말미암아 權을 시설하니 정이 없으면 조를 쓸 곳이 없고, 세 가지를 모아 한 가지로 돌아가니 조가 없으면 정이 이루어지지 않는다.

行을 가지고 말하면, 理觀이 正이요 事修가 助다. 천태의 십승관법과 같이 제1관인 不思議境으로 主를 삼고 正을 삼으며, 그밖의 것은 助가 되고 伴이 되어

十法이 서로 의지하여 이루어지니, 하나라도 모자라서는 안 된다.

정토법문을 가지고 설하면, 보리심을 낸 것이 正이며 主요, 五念法을 닦는 것이 助며 伴이다. 오념법 중에는 觀想염불과 칭명염불이 正行이 되고, 예배와 독송과 지계와 선행을 닦는 것과 원을 세우는 것과 회향이 모두 助行이다. 六根을 모두 섭수하여 淨念을 상속하는 것이 正이요, 진실한 믿음과 간절한 원력으로 정토에 회향하는 것이 助가 된다. 이와 같이 正과 助를 겸수해야 비로소 정업을 성취하여 정토에 왕생한다.

'만선의 理는 무루와 같다' 한 것의 '理'는 正因佛性을 말하니 무루 법신이다. 이것은 만법과 만선의 근원이다. 경에 "산하대지가 똑같이 하나의 법신이니, 법신은 무루이다." 하였다. 그러므로 '理는 무루와 같다' 하였다. 만선은 자성이 없어서 모두 동일한 성이니, 이른바 불성이다. 이것은 만선으로 일어날 수 있는 正因이니, 그러므로 '모두 理를 빌려 일어난다' 하였다.

'理가 이미 다름이 없다면' 한 것부터, '직접 만선을 낸다' 한 데까지 모두 여섯 구절은, 성·수와 정·조가 서로 여의지 않았음을 설명하였다. 삼인불성의 성덕(理)이 이미 만선의 본원이라면 이 성덕으로 말미암아 일어난 만선의 수덕이 어찌 성덕과 같지 않겠는가. 예를 들면 물에서 파도가 일어나 물이 이미 파도와 다름이 없다면 파도도 또한 물과 차이가 없는 것과 같다. 물은 성덕의 理에 비유하고 파도는 수덕의 善에 비유하니, 이와 같이 반드시 서로 여의지 않는다. 그러므로 '직접 만선을 낸다' 하였다. '직접 낸다'는 것은, 성덕은 만선을 일으키는 親因緣이다. 삼가 졸저 「佛敎性修因果簡要表」를 참고하기 바란다. 곧 性으로 말미암아 修를 일으키니, 만선이 모두 성불하는 法爾因果인 것이 분명하다.

기 2. 인용하여 증명함

集

천태교에 "만약 작은 선행을 소홀히 여기면 성불하지 못하니, 이것은 세간의 불종을 멸하는 것이다." 하고, 또한 "善機[72]에 두 가지가 있다. 첫째는 인천의 華報[73]를 감득하고, 둘째는 불도의 果報를 감득한다. 만약 佛眼으로 중생을 환하게 비추어보면 만선으로 구경에 부처님의 하나의 큰일인 출세간의 올바른 뜻을 얻을 수 있다." 하였다.

台敎云, 如輕小善不成佛, 是滅世間佛種。又云, 善機(根)有二, 一感人天華報。二感佛道果報。若以佛眼, 圓照衆生, 萬善究竟得佛一大事出世之正意。

講

천태종에서 원교에 대해 설한 것을 인용하여 증명하였다. '조그만 선행을 경시하면 성불하지 못하니, 이는 세간의 佛種을 멸하는 것이다' 하였는데, 무엇을 '불종'이라 하는가? 일반적으로는 "위없는 보리심을 내는 것이 곧 성불의 종자를 심는 것이니, 그렇게 해야 불종이 끊어지지 않게 된다." 하고 말한다. 『법화경』에 의하면 "불종은 緣으로부터 일어난다." 하니, 제법 연기의 십여시를 불종이라 한 것이다. 또 "제불은 오직 하나의 큰일의 인연으로 세상에 나와

---

72 '機' 자가 다른 본에도 '機' 자로 되어 있으나, 아래 주석에 '根' 자의 잘못이라 하였다.
73 華報와 果報. 華報는 花報라고도 한다. 꽃[華]이 피는 것은 열매[果]를 맺기 이전에 있으니, 華報는 나중에 얻는 '果報'를 상대하여 말한 것이다. 비유하면 사람이 과실을 얻기 위해 나무를 심지만, 과실을 얻는 것 밖에 겸하여 꽃을 얻으니 이것이 華報이다. 중생이 선·악의 업인을 심는데, 이 업인으로 인하여 正得한 과가 果報(實報 또는 正報라 하기도 함)이고, 果報 전에 兼得한 것을 華報라 한다. 예를 들면 不殺生의 업인으로 長壽를 얻는 것은 華報요, 결과적으로 열반을 얻는 것은 果報이다. 또한 염불하고 修善한 업인으로 극락세계에 왕생하는 것은 華報이고, 후에 대보리를 얻는 것은 果報이다.

중생이 부처님 지견을 開·示·悟·入케 한다." 하였으니, 이것을 '세간 불종'이라 부른다. 敎一, 理一, 人一, 行一을 포함하였으니, '敎一'은, "오직 一佛乘이 있을 뿐이다." 한 것이요, '理一'이란, '부처님 지견'이니 곧 제법 실상이니 일심 이문이다. '人一'은 "오직 보살을 교화할 뿐이다." 한 것이다. '行一'은 "너희들이 행하는 것이 보살도니, 점점 수학하면 반드시 성불하리라." 한 것이니, 손을 들거나 머리를 숙이며, 한번 '나무불'하고 부르면 모두 이미 불도를 이루었다 한 것이며, 작고 보잘것없는 선행이 불종 아닌 것이 없다.

'善機에 두 가지가 있다' 한 것에서 '機'는 根 자의 잘못이다. 비록 조그만 선행이지만 얻은 과보에 두 가지가 있다. 하나는 인천의 복락이니 이것은 華報에 속한다. 둘째는 불과를 성취하니 이것은 果報에 속한다. 이것은 바다가 작은 물줄기를 거절하지 않는 것으로 비유할 수 있으니, 불과는 바다와 같고 조그만 선행은 작은 물줄기와 같다. 도랑물은 비록 보잘 것 없지만 바다에 들어가기만 하면 바닷물과 섞여 하나가 되어, 한 가지 맛, 한 가지 모양으로 완전히 똑같다. 부처님 눈으로 중생을 圓照(觀)하면 만선은 여러 가지 물이 반드시 바다에 흘러가는 것과 같이 구경에 부처가 된다. 제불은 이 일대사 인연으로 세상에 나와 법을 설하여 중생을 제도하시니, 만약 제불이 인간에게 시현하여 부처를 이루어 법을 설하지 않았으면 중생이 어떻게 알 수 있겠는가? 마치 옷 속의 밝은 구슬도 모름지기 친우(佛)의 지시를 통해서 비로소 끄집어내어 필요한 물건(成佛)으로 바꾸어 아무 부족함 없이 쓸 수 있게 되는 것과 같다.

集

형계존자가 "조그마한 선행의 근본 지향점은 보리니, 칼을 쥐거나 횃불을 잡을 적에 자루를 얻은 것과 같거니와, 만약 (有)相心으로 하면 칼날을 손으로 움켜잡고 불을 안은 것과 같다." 하고,『법화경』에서는 어지러운 마음으로 염불하고, 조그만 음성으로 찬탄하며, 손톱으로 불상을 그리고, 모래를 모아 탑을 쌓는 것이 점점 공덕이 쌓여 모두 불도를 이룸을 밝혔다.

荊溪尊者云, 一毫之善, 本趣菩提, 如操刀執炬, 得其要柄。若以(有)相心, 如把刀抱火。法華經中, 明散心念佛, 小音讚歎, 指甲畵像, 聚沙成塔, 漸積功德, 皆成佛道。

講

다시 천태종 제9조 당나라 형계존자(711~782)가 설한 법어를 인용하여 증명하였다. 존자의 이름은 湛然, 속성은 戚(척)이다. 대대로 荊溪에 살았으니, 지금의 강소성 常州이다. 집안 대대로 儒業을 익혔으나 스님만이 출가에 뜻을 가졌다. 나이 스무 살에 거사 몸으로 左溪玄朗(673~754)[74] 대사를 가까이하여 천태교관을 받았으니, 朗 스님은 그를 매우 소중히 여겼다.

天寶(742~756) 초기에 서른여덟 살로 출가하여, 구족계를 받은 후에 소주 開元寺에서 지관 법문을 널리 전하였다. 일찍이 제자들에게 "도를 행하기 어려움은 내가 잘 안다. 요즘은 사람들이 空에 방탕하고 혹은 有에 집착하여 자신을 그르치고 다른 이를 그르치게 하여 道用을 떨치지 못한다." 하고, 空·有 무애의 원교법문을 널리 펴 만행을 망라하고 실상을 섭입하였다. 아울러 천태 三大部[75]를 자세히 주석하고, 저술 수십 권이 있으니, 천태를 중흥한 것은 스님의

---

74 천태종 제8조.『불광사전』p2030-上
75 『法華三大部』라고도 한다. 천태지의 대사가 지은 천태종의 세 부의 근본 전적. 곧,『妙法蓮華經文句』,『妙法蓮華經玄義』,『摩訶止觀』각 10권이다. 이들은 모두 그의 문인 灌頂이 필록한 것이다. 그 가운데『妙法蓮華經文句』는 수나라 開皇 7년(587)에 금릉 瓦官寺에서 강술하여『법화경』의 文句를 闡釋하였다.『妙法蓮華經玄義』는 처음 瓦官寺에서 설했는데, 開皇 13년에 형주 玉泉寺에서 다시 설하여『법화경』의 經題와 敎相을 천명하였다.『摩訶止觀』도 같은 날 같은 절에서 구설하여『법화경』의 觀心에 대해 해설하였다. 三大部의 註疏로는『三大部科文』16권(湛然),『三大部補註』14권(從義),『三大部讀敎記』20권(法照)이 비교적 중요하다.

힘이다. 天寶 말기와 大曆(766~779) 초기에 임금이 연이어 불렀으나 매번 병을 핑계하고 나아가지 않았다. 거친 베옷을 입고 조그만 침상에 거처하며 言敎와 身敎로 사람들을 가르쳐 늦도록 쉬지 않았다.

建中 3년(782) 2월 5일, 천태산 佛隴道場에서 병을 보이더니, 임종에 제자들에게 "도는 방소가 없고 자성은 체성이 없으니 삶이나 죽음이 그 뜻은 하나로 꿰었느니라. 나는 이 산에 뼈를 묻으며 오늘에야 과보가 다했으니, 그대들과 도담을 나누며 이별하려 하노라. 대저 일념이 모양이 없는 것을 '空'이라 하고, 법을 갖추지 않음이 없는 것을 '假'라 하며, 하나도 아니고 다르지도 않은 것을 '中'이라 하니, 범부에 있으면 三因이 되고 성인에 있으면 三德이 된다. 자신을 위하고 남을 이롭게 하는 것이 여기에 있을 따름이니, 그대들은 이를 알지니라." 하고 훈계하고는, 안석에 기대 죽으니, 춘추는 72, 승납은 34였다.

지자대사 탑원 서남쪽에 전신을 장례하였다. 평생 저술로는 『法華釋籤』과 『法華疏記』 각 10권, 『止觀輔行傳弘訣』 10권, 『法華三昧補助儀』 1권, 『方等懺補缺儀』 2권, 『略維摩疏』 10권, 『重治涅槃疏』 15권, 『金錍論』 1권, 그리고 『止觀義類』, 『止觀大意文句』, 『十不二門』 등이 세상에 성행한다.

'조그만 선행으로(의)' 한 데서부터, '칼날을 손으로 붙잡고 불을 안는다' 한 데까지 모두 여섯 구절은, 처음에는 법으로 설하고 나중에는 비유로 합하였다. '조그만 선행'은 이미 보리심을 발하고 보리심 가운데서 행하는 작은 선행이다. '근본 취향점은 보리이다' 한 것은, 결정코 능히 보리를 이룰 수 있으니(佛), 만약 아직 위없는 보리심을 발하지 않았으면 여기서 논할 일이 아니다. 왜냐하면, 비유하면 칼을 쥐고 횃불을 잡으면 칼과 횃불이 모두 남을 이롭게 할 수도 있고 또한 나를 해롭게 할 수도 있는 것과 같으니, 운용은 일심에 있다. 마음에 만약 대비 보리심을 갖추어 我가 없고 相心이 없으면 자타를 모두 이롭게 하니, 그러므로 '자루를 얻었다' 하였다. 만약 자신의 이로움만 꾀하는 마음과 아상에 집착하는 마음은, 칼을 쥐고 자신을 해치고 불을 안고 스스로 불사르는 것과 같아서, 금생에 선행을 지으면 내생에 부귀를 얻으나, 부귀로 인하여 널리 악업을 지어 제3생에는 삼악도에 떨어지니, 이것을 '삼생원수'라 한다.

'『법화경』에' 한 아래는, 『법화경』「방편품」말씀을 인용하여, 비록 작은 선행이라도 점점 공덕이 쌓여 모두 성불한다는 것을 증명하였다.

集

『대비경』에 "부처님이 아난에게 말씀하였다. '만약 중생이 부처님 처소에서 한 번 신심을 내거나 조그만 선근이라도 심으면 결코 없어지지 않나니, 설령 까마득한 백천만 억 나유타 겁을 지나더라도 저 하나의 선근으로 반드시 열반을 얻느니라. 마치 한 방울 물이 바다 속에 들어가면 비록 아득히 멀고 오랜 세월을 지나더라도 마침내 없어지거나 줄어들지 않는 것과 같으니라.'" 하였다.

大悲經云, 佛告阿難。 若有衆生, 於諸佛所, 一發信心, 種少善根, 終不敗亡。 假使久遠百千萬億那由他劫, 彼一善根, 必得涅槃。 如一滴水, 投大海中, 雖經久遠, 終不虧損。

講

다시 『대비경』을 인용하여 증명하였다. 이 경은 모두 5권인데, 대정장경 제12권에 있다. 경에서 설한 '**부처님 처소에서 한번 신심을 내거나**' 한 것의 '**신심**'은 위없는 보리심을 말한다. 한번 이 마음을 내면 비록 조그만 선행일지라도 ('조그마한 선근을 심어도') 반드시 불과인 대열반을 얻는다. 마치 조그마한 금강석을 먹으면 오래되어도 소화되지 않는 것과 같으니, 그러므로 '결코 없어지지 않는다' 하였다. 부처님은 다시 비유를 들어, 마치 한 방울 물이 바다 속에 떨어지면 바닷물은 더하지도 줄어들지도 않고 영원히 이와 같은 것과 같으니, 그러므로 '비록 久遠을 지나더라도 결국 없어지거나 줄어들지 않는다' 하였다.

기 3. 설명함

集

그러므로 大聖께서 근기에 맞추어 자세히 응하시어 대승과 소승을 잊지 않았으며, 뒤엣것(소승, 권교)을 접속하고 앞엣것(대승, 실교)을 천명하니 半字와 滿字를 어찌 폐했으랴. 어떤 때는 소승을 찬탄하면서도 깊고 극진한 곳으로 인도하여 돌아가게 하고, 혹은 반자교를 꾸짖어 혹시 초문에 막혀있을까 두려워하였다. 누런 잎이 어찌 금이며 빈주먹이 어찌 실이랴 만, 모두 억누르고 치켜세운 뜻이며, 방편으로 시설하고 이끌어 제도한 은혜이다.

그러나 교의 뜻을 얻지 못한 자는 방편의 말에만 집착하여 서로서로 시비하고 취사를 확정하여, 혹은 소승에 집착하고 대승에 막혀 本宗을 유실하고, 혹은 대승에 의거하고 소승을 꺼려 權慧를 잃기도 한다. 또한, 비록 대승을 종지로 하나 대승의 뜻을 어찌 밝히며, 한갓 소승을 배척한다고 말로만 할 뿐 소승의 행은 텅 비고 잃어버렸다. (그리하여) 마음을 운용할 경우에는 (마음속으로는) 빈틈을 노리고 거짓에 의탁하며[乘虛託假], 말을 할 경우에는 분수에 넘치고 한도를 초과하여[越分過頭], 정법륜을 끊고 대반야를 비방하여 깊은 허물과 극진한 과실이 이보다 더한 것이 없으니, 겁을 지나도 어찌 다하랴. 길이 무간지옥에 빠져 있으리라.

『정명경』에 "방편과 지혜가 없으면 묶이고, 방편과 지혜가 있으면 해탈한다." 하니, 어찌 權에 집착하여 實을 비방하고, 有를 해치고 無를 물리치겠는가?

다만 대승과 소승을 쌍으로 넓히고 공과 유를 모두 운용할 뿐이니, (그리하면) 一心三觀이 허물이 없다.

是以大聖, 順機曲應, 大小不忘。接後逗前, 半滿豈廢。或讚小而引歸深極, 或訶半而恐滯初門。黃葉寧金, 空拳豈實。皆是抑揚之意, 權施誘度之恩。而不得教旨者, 但執方便之言, 互相是非, 確定取捨。或執小滯大, 違失本宗。或據大妨小, 而虧權慧。又雖然宗大, 大旨焉明。徒云斥小, 小行空失。運意則乘虛託假, 出語則越分過頭。斷正法輪, 謗大般若, 深愆極過, 莫越於斯。歷劫何窮, 長淪無間。淨名經云, 無方便慧縛, 有方便慧解。豈可執權謗實, 害有擯無。但大小雙弘, 空有俱運, 一心三觀, 卽無過矣。

> 講

여기서 설명한 글은 먼저 일대 성교의 큰 강령을 들었고, 다음에는 교지를 얻지 못하는 허물을 보였으며, 마지막은 응당 일심삼관을 닦을 것을 보였다. '大聖'은 본사인 부처님을 가리킨다. '근기에 수순하여 자세히 응하고' 한 데서부터, '방편으로 시설하고 이끌어 제도한 은혜이다' 한 데까지 열 구절은, 여래 포교의 큰 강령을 밝혔으니, 부처님이 각기 다른 중생의 근기에 순응하여 자세히 방편을 보여 신신당부하여 이끌어 인도하신 것을 말하였다.

　예를 들면 『법화경』의 화택의 비유나, 궁자의 비유나, 화성의 비유나, 약초의 비유나, 구슬을 주는 비유 등에서 설한 것이 모두 이런 것이다. 먼저 일승으로 인하여 삼승을 설하고, 뒤에는 삼승을 모아 똑같이 일승으로 돌아갔으니, 이것이 일대 성교의 대강령이다. 대승과 소승이 앞뒤로 서로 꿰고 서로 폐하지 않아서, 實로 인하여 權을 베푸니 이것이 '앞엣것을 천명한 것[逗前]'이요, 權을 열어 實을 드러내니 이것이 '뒤엣것을 접속하였다[接後]' 한 것이다. 권교는 半字敎요 실교는 滿字敎다. 반자로 인하여 만자가 있으니 어찌 둘 것이 있고 버릴 것이 있겠는가.

    부처님이 어떤 때는 소승을 찬탄하며 닦을 것을 권하였으나, 그 목적은 매우 심묘한 대승으로 인도하여 돌아가게 한 데 있다.『법화경』「방편품」에 "나의 이 九部法(소승)은 중생을 수순하여 설하여 대승에 들어가게 하는 것으로 근본을 삼으니, 그러므로 이 경을 설하였다.(대정장경 9권 8페이지 상)"하고, 또한 "제불이 세상에 출현하신 것은 오직 하나의 사실 뿐이고 나머지 두 가지는 진실이 아니니, 결코 소승으로 중생을 제도하지 않았다. (앞과 같다)" 한 것이다. 부처님은 간혹 반자교(성문)를 꾸짖고 배척하기도 하였으니, 이것은 제자들의 집착을 타파하여 혹시 四門 가운데 처음 문에 막혀있을까 두려워한 것이다. 四門이란 有門, 空門, 亦有亦空門, 非有非空門이다. 자세한 것은 앞에서 보인「四教四門簡要表」와 같다.『법화경』「신해품」에 "부처님이 예전에 보살 앞에서 성문이 小法을 좋아하는 것을 꾸짖었으니, 부처님은 실로 대승으로 교화하였다." 한 것이다.

    '누런 이파리가 어찌 금이며' 한 것은, 어린아이가 울며 그치지 않을 때, 어른이 은행잎 하나를 아이에게 보여주며 "울지 마라! 울지 마라! 이건 누런 금덩어리란다. 이걸 너에게 줄 데니 무엇이든 살 수 있단다." 하면, 어린아이가 이로 인해 울음을 그치는 것에 비유했으니, 이른바 '누런 이파리로 울음을 그치게 한다' 한 것이다. 누런 이파리는 비록 황금이 아니지만, 어린아이의 울음을 그치게 하는 데는 유용하다. '빈주먹이 어찌 사실이랴' 한 것은, 어떤 사람이 주먹을 쥐고 위엄을 보이나 주먹 속은 텅 비어 아무 능력이나 작용이 없고 다만 주먹으로 다른 사람을 항복하게 할 뿐임을 비유하였다.

    스님은 이 두 가지 비유를 들어, 부처님이 근기에 맞추어 교를 베푼 방편 시설을 밝혔으니, 이것은 모두 억누르고(空拳) 치켜세운(黃葉) 뜻이며, 선교방편

(權施)으로 인도하여 제도한 은혜니,『법화경』「신해품」에 "부처님도 또한 이와 같이 희유한 일을 밝혀, 작은 것을 좋아하는 줄을 아시고 방편력으로 그들의 마음을 조복하여 이에 大智를 가르치셨다." 한 것이다.

'교의 뜻을 얻지 못한 자는' 한 데서부터, '길이 무간지옥에 빠져 있다' 한 데까지는, 교의 뜻을 얻지 못한 허물을 보였다. '방편의 말에만 집착하여 서로서로 시비하여 취사를 확정한다' 한 것은,『법화경』「신해품」에 가섭존자가 게를 설하되 "저희는 긴긴밤에 부처님의 지혜에 뜻을 내어 바란 적이 없었고(捨) 스스로 구경이라고 여겼으며(取), 저희는 긴긴밤에 空法을 수습하며(방편에 집착함), 삼계 고뇌의 근심을 벗어났으니 곧 이미 부처님의 은혜를 갚았다고 여겼나이다. (앞과 같다)" 한 것이다.

'혹은 소승에 집착하고 대승에 막혀 本宗을 어기고 유실하였다' 한 것은, 이승인이 일승 원지를 얻지 못하고 소승에 편집하여 구경을 삼아, 더 이상 무상 불과에 나아가 구하지 않으니, 부처님의 일대 성교의 본래 종지를 어기고 잃어버렸음을 말하였다. '혹은 대승에 의거해 소승을 꺼려 權慧를 잃어버린다' 한 것은, 권교보살이 아직 원교법문에 들어가지 못하고 부처님이 방편으로 설한 삼승법에 대하여 서로서로 시비하여 대승은 옳다(是) 하고 소승은 그러다(非) 하여 權慧의 묘용을 잃어버림을 말한 것이다. 손을 들거나 머리를 숙이더라도 이미 모두 성불할 수 있으니, 이승을 수행하는 것이 어찌 성불의 방편이 아니겠는가?

'비록 대승을 종지로 삼으나 대승의 뜻을 어찌 밝히며, 한갓 소승을 배척한다고 말만 할 뿐, 소승의 행은 텅 비고 잃어버렸다' 한 것은, 보살도를 행하며 비록 대승을 종지로 삼으나, 대승의 궁극적 뜻인 일심이 만행이요 만행이 일심이며, 공과 유가 무애하고 이와 사가 원용한 뜻에 대해서는 전혀 분명하지 않고, 한갓 空에 집착하여 有를 폐하거나, 혹은 소승 행법을 꾸짖고 배척하여 결과적으로 만선과 만행을 닦지 않고 소승 출세간의 聖道(行)에 대해 공허하고 유실하니, 한 분의 도인도 아니고 또한 속인의 이름난 보살도 아니니, 어찌 부끄럽지 않겠는가!

'마음을 운용할 때는 빈틈을 노려 거짓에 의탁하고[乘虛託假], 말을 할 때는 분수에 넘치고 한도를 초과한다[越分過頭]' 한 것은, 마음속(運意)에는 조금도 修證 공부가 없고(乘虛託假), 말을 하면 성인을 소홀히 여기고 교를 비방한다(越分過頭)는 것을 말하였다. 예를 들면, 대승은 불설이 아니라거나 『능엄경』이나 『기신론』은 위경이라 하고, 또한 어떤 이는 "불교를 배우려면 반드시 부처님 근본 뜻인 『아함경』이나 원시불교를 탐구해야 하고 그밖의 것은 굳이 믿을 만한 것이 못 된다." 한다. 또 어떤 이는 "불법을 배우면서 굳이 생사를 다할 것은 아니다. 반드시 무량겁에 생사 가운데서 끊임없이 중생을 제도해야 비로소 보살이다." 하기도 하고, 또 어떤 이는 "번뇌가 곧 보리니 어찌 굳이 수행하여 번뇌를 끊을 필요가 있으며, 중생이 곧 부처라 내가 곧 법왕이니 곧 활불이다." 한다. 이런 것들은 참으로 천하 창생을 그르치고, 부처님을 비방하고 법을 비방하여 무간지옥에 떨어지는 죄업을 짓는 것이다. 그러므로 스님이 이어서 "정법륜을 끊고 길이 무간지옥에 떨어진다."고 경고하며, 불교를 배우는 이는 부디 이렇게 하지 말기를 입이 쓰도록 권한 것이다.

'『정명경』에서' 한 데서부터, '지혜와 방편이 있으면 해탈한다' 한 것은 경전을 인용하여 증명하였다. '방편'과 '반야(慧)'는 새의 두 날개와 같고 수레의 두 바퀴와 같아서 하나라도 모자라서는 안 된다. 그러니 두 가지를 갖추면 해탈을 얻고 모자라면 얽매인다. '어찌 권에 집착하여 실을 비방하겠는가' 한 아래는, 二輪(권·실)이 모자라서는 안 되고 一心三觀 해야 허물을 면할 수 있음을 설명하였다. 삼승 차별교에 집착하는 것을 '권에 집착한다'고 하고, 일승 원교를 헐뜯고 비방하는 것을 '실을 비방한다'고 한다. 有를 해치면 속제를 파괴하고, 無를 배척하면 진제를 파괴하며, 진·속 이제를 모두 파괴하고 잃으면 方廣道人이다. 위의 두 가지는 모두 불교의 圓旨를 얻지 못한 허물이니 응당 피하고 면해야 한다.

'다만 대승과 소승을 쌍으로 널리 전해야 한다' 한 것은, 일심만행과 만행일심, 대승과 소승을 모두 반드시 널리 전해야 하고, 근본과 자취 두 가지 문을 미혹하고 잃어버려서는 안 되니, 『법화경』에서 설한 대로다. '공·유를 모두 운행한다'는 것은, 보살행은 반드시 원융중도를 닦아야 함을 가리키니, 본집에서 설한 것과 같다. '일심삼관'은 모든 보살행의 총지문이니, 지자대사가 설한 것과 같다. '곧 허물이 없다' 한 것은, 권하고 경계할 것을 총 결론지은 글이다. 고인이 "누군들 허물이 없을까만, 허물이 있어도 고칠 수 있으면 이보다 더 훌륭한 것은 없다." 하였으니, 바라건대 본집을 보고 듣는 자는 허물이 없으면 더욱 채찍질하고, 허물이 있으면 힘써 고치시기를!

集

그러므로 法體에 수순하면 가는 털도 세우지 않고, 智用에 따르면 大業이 항상 일어난다. 체는 용을 여의지 않으니 그러므로 고요하되 항상 비추고, 용이 체를 여의지 않으니 그러므로 비추되 항상 고요하다. 그러므로 항상 체이며 항상 용이고, 항상 비추며 항상 고요하니, 만약 뜻을 알고 宗으로 돌아가면 체·용을 모두 여의니, 어찌 비추고 어찌 고요하랴. 어찌 체에 의거하여 용에 장애되고 성에 집착하여 연기를 파괴하여 이·사에 원융하지 못하고 진·속에 간격을 이루랴. 그렇게 되면 同體大悲가 운행이 끊어지고, 無緣大慈가 이루어지지 않는다. 선·악을 이미 똑같이 관하지 못하니 원·친을 어찌 널리 구할 수 있으랴. 허물이 심함이여! 잘못이 이보다 큰 것이 없다.

是以順法體, 則纖毫不立。隨智用, 則大業恒興。體不離用, 故寂而常照。用不離體, 故照而常寂。是以常體常用, 恒照恒寂。若會旨歸宗, 則體用俱離, 何照何寂。曷乃據體而礙用, 執性而壞緣, 理事不融, 眞俗成隔。則同體之悲絶運, 無緣之慈靡成。善惡旣不同觀, 冤親何能普救, 過之甚矣, 失莫大焉。

講

스님은 보살의 수행을 최후에 중도에 회귀하였다. '법체'란 심진여문이니 진여문에 수순하면 함이 없고 相이 없다. 그러므로 '법체에 수순하면 가는 털도 세우지 않는다' 하였다. '지용'이란 심생멸문이니 생멸문에 따르면 함이 있고 작용이 있으니, 그러므로 '지용에 따르면 대업이 항상 일어난다' 하였다. 진여는 체요 생멸은 용이니, 일심 이문은 체·용을 본래 여의지 않는다. 체로 인하여 용을 일으키니 그러므로 고요하되(空) 항상 비추고(有), 용을 섭수하여 체로 돌아가니 그러므로 비추되 항상 고요하여 有이면서 항상 空하다. 체(空)가 항상 同이요 用(有)이 항상 別이어서 항상 同이고 항상 別이며 항상 空이고 항상 有니, 이것이 제법의 실상이며 법계의 큰 뜻이다. 만약 이 원교의 종지를 알 수 있으면 만선 만행이 반드시 중도 법성에 회귀하니 一卽一切요 一切卽一이라, 체·용, 공·유에 모두 집착이 없고('俱離'), 또한 照와 寂의 차별을 얻을 수가 없으니 그러므로 '어찌 비추고 어찌 고요하랴' 하였다.

'어찌 체에 의거하여 용에 장애되고' 한 아래는 원교의 교의를 얻지 못한 잘못을 들었다. '체에 의거하여 용에 장애된다'는 것은 우법성문의 허물이요, '성(空)에 집착하여 연기를 파괴한다'는 것은 공견외도와 방광도인의 허물이며,

'이와 사에 원융하지 않고 진과 속에 간격을 이룬다'는 것은 권교보살의 허물이다. '同體大悲'와 '無緣大慈'는 地上의 실교보살이라야 비로소 갖출 수 있다. 아직 圓門에 들어가지 못했으면 登地가 없으니 당연히 그런 분수도 없다. 보살이 만약 중도의 지혜가 없으면 선·악을 똑같이 관하지 못하는 데다, 또한 널리 원·친을 제도하지 못한다. 동체대비와 무연대자를 잃으면 네 가지 큰 서원과 어긋나 허물이 매우 크니, 그러므로 '허물이 심함이여! 잘못이 이보다 큰 것이 없다' 하였다.

集

또한 선덕이 "선지식이 비록 불성을 분명히 본 것은 부처님과 다름이 없으나, 그 공덕을 논하면 여러 성인과 같지 못하니, 모름지기 오늘부터 걸음걸음 의지하고 닦아야[資熏] 한다." 하고, 또한 고덕이 "蕈子(심자) 비구는 빚을 갚고 비록 理를 얻지 못했으나 오히려 行門이 있었다." 하였다.

又先德云, 夫善知識者, 雖明見佛性, 與佛同等。若論其功, 未齊諸聖。須從今日, 步步資熏。又古德云 蕈子比丘還債, 雖不得理, 猶有行門。

講

스님은 또 고덕과 선현의 아름다운 말씀을 들어, 후학이 힘써 진실하게 닦고 증득하여, 조그만 말재주를 과시하여 자신을 그르치고 다른 사람을 그르치지 말 것을 권하고 격려하였다. '걸음걸음 資熏한다' 한 것은, 매 순간, 하는 일마다 몸과 입과 마음이 경계에 대하여 다생 업습을 닦고 다스릴 것을 간절히 권한 말씀이다. 원교법문으로 밝은 거울을 삼고, 육도만행으로 훈습 종자를 삼으며, 선성과 선현으로 선우를 삼고, 만선을 널리 닦는 것으로 조도를 삼아야 한다. 석가본사께서도 오히려 바늘귀에 실을 꿰어주는 복도 버리지 않으셨는데,

보살이 어찌 부처님을 초월했건대 팔짱을 끼고 모든 일을 모른 체하겠는가.

'蕈子비구가 빚을 갚았다'는 것은, '蕈'은 버섯 종류를 말한다. '심자비구'는 어떤 고행승을 말하는데, 오직 버섯만을 먹던 비구이다. 비록 교리는 밝지 못했지만 진실로 고행을 닦아 빚을 갚을 생각을 하였다. 그리하여 갖가지 습기를 대치하여 망심을 항복받고 정혜를 개발하였으니, 또한 찬탄할 만한 가치가 있다. 석가께서 가섭존자를 칭찬하기를 "두타행(고행)이 세상에 주하리라." 하시니, 곧 정법이 세상에 머무는 것을 말한다.

集

요즘 많은 학인이 두 가지(行·證, 定·慧) 일을 모두 잃었다. 그러므로 견성이 아직 자세하지 못하고 다만 남의 말을 따르고 신통에 의지할 뿐임을 알 수 있으니, 검찰할 때에 미치면(일상에서 살펴보면) 正行이나 助行을 모두 상실한다. 그러므로 先聖은 결코 터무니없이 계위에 오르지 않았으니, 가슴을 어루만지고 (성심을 다함) 마음을 쓰다듬는 것(반성함)이 어찌 쉬운 일이겠는가?

그러므로 六卽으로 넘침을 구별하고 十地로 공덕을 가렸던 것이다. 만약 卽이기 때문이면 무엇이 범부이고 무엇이 성인일까만, 만약 六을 논하였기 때문이면 범부와 성인이 하늘과 땅만큼이나 막혔다. 또한, 만약 그 理를 논한다면 초지에 곧 일체지를 구족하지만, 그 行을 말한다면 後地가 한층 더 앞엣것을 초월하였다. 八地에 오르기만 하면 일념에 중생을 이롭게 하여 下地가 다겁이라도 미치지 못한다.

今時多有學人, 二事俱失。故知見性未諦, 但是隨語依通。及檢時中, 正助皆喪。是以先聖, 終不浪階。撫臆捫心, 豈可容易。是以六卽揀濫, 十地辨功。若以卽故, 何凡何聖。若論六故, 凡聖天隔。又若論其理, 初地卽具足一切地。若言其行, 後地則倍倍超前。祇如纔登八地, 一念利生, 下地多劫不及。

> 講

중국 불교는 수·당부터 송나라에 이르기까지를 왕성한 황금시대라 할 만하다. 그런데 스님은 송나라 초에 출생하였으면서도 오히려 개탄하였다. 대부분 불교를 배우는 자는 行과 證, 定과 慧 두 가지 일을 모두 잃고, 조그만 유루 선근 공덕만을 심으니, 참으로 애석한 일이다. 오늘날, 중생이 업은 무겁고 복은 가벼우며, 장애는 깊고 지혜는 얕아, 오탁이 더욱 치성하고 삼독이 두루 가득한 것은 다시 말할 필요가 없다.

'그러므로 견성이 아직 자세하지 못하고 다만 남의 말을 따르고 신통에 의지할 뿐임을 알 수 있다' 한 것은, 이미 眞修와 實證이 없고 開悟·見性함이 없어서, 그들이 설하는 불법은 모두 앵무새가 말을 배우듯이 남의 말을 주워 다만 다른 사람이 한 말에 의거할 뿐이니, 마치 약의 힘이나 주술에 의해 신통을 내는 것은 자신의 능력이 아닌 것과 같다. '檢時 중에 미쳐서는 정·조를 모두 잃는다' 한 것은, 이런 사람을 저 일상의 행위에서 검찰해보면, 理觀의 正行과 事修의 助行이 모두 한 가지도 없다. 말은 천 길이나 되지만 행동은 반 치도 없으면서 선지식을 흉내 내니, 그것은 결코 그럴 수 없는 일이다.

'그러므로 선성이 결코 터무니없이 오르지 않았다' 한 것은, 불문 중의 선성과 선현이 모두 수행이 있었고 증득함이 있어서 실제로 명망이 있고 현귀함에 이른 후에 용천이 떠밀어내고 인천이 공경하고 우러러본 것이지, 절대 얻지 못했으면서 얻었다거나, 증득하지 못했으면서 증득했다고 말하는('浪階') 증상만인이 아니다. '가슴을 어루만지고 마음을 쓰다듬는 것이 어찌 쉬운 일이겠는가' 한 것은, 불법은 보통 학문이 아니라, 반드시 信으로 인하여 解가 있고 行을 일으켜 證이 있어 제법 실상을 직접 보아야 함을 말하였다. 마치 사람이 물을 마셔 차고 따뜻한 것을 스스로 아는 것과 같이, 이렇게 불가사의한 증오 경계는 반드시 마음을 일으키고 생각을 낸 곳에서 따지고 살펴 가슴을 어루만지고 마음을 쓰다듬어야 하니, 어찌 쉬운 일이겠는가.

'그러므로 六卽으로 넘침을 구별하고 十地로 공덕을 가린다'고 한 아래 열세 구절은, 천태종에서 六卽佛을 세우고 불법에 十地 계위가 있는 까닭을 들었으니, 모든 수행인은 범부로써 성인을 모독해서는 안 될 뿐만 아니라, 또한 성인을 보고 같아지기를 생각하여 날로 새롭고 또한 날로 새로워 하나의 이름이 그 사실에 부합하는 불자가 되기를 가르치고 경계한 것이다. 고덕도 "한 번 추위가 뼈에 사무치지 않으면 어떻게 매화향이 코를 찌르랴." 한 것처럼, 위없는 불과는 결코 경솔한 마음이나, 마지못해서 하는 마음이나, 자신을 속이고 남을 속이는 마음이나, 남에게 설함은 있고 자신의 행은 없는 마음으로 요행히 얻어지는 것이 아니다.

'다만 八地에 올라 일념에 중생을 이롭게 하기만 하면 下地가 다겁에도 미치지 못한다' 한 것은, 보살의 자리이타행은 깊고 얕은 것과 넓고 좁은 것이 같지 않아서, 地前 보살은 아직 견성하지 못하여 근본 실지를 얻지 못했으니, 모두 상에 얽매여 수행하는 것이라 능히 地上 보살의 相을 여읜 수행과 대등하게 말할 수가 없다. 참으로 登地 보살은 初地가 二地의 공행만 못함을 알지 못하니, 그러므로 '후지가 한층 더 앞엣것을 초월한다' 하였다. 八地 이상 보살은 궁극에 무상무애한 무공용의 행이니, 이를 '불가사의 해탈경계'라 하니, 下地가 소유한 것으로는 미치지 못한다.

무 2. 선·악이 근원은 같으나, 性·修에 차이가 있음
기 1. 첫 질문과 답

集

문 : 선과 악은 근원이 같고, 옳고 그른 것은 하나의 뜻입니다. 그런데 어찌 악을 버리고 선을 숭상하여 법성을 어깁니까?

답 : 만약 性善과 性惡을 가지고 말하면 범부와 성인이 차별이 없어서, 제불은 성악을 끊지 않고도 능히 지옥의 몸을 나타낼 수 있고, 闡提[76]는 성선을 끊지(이루지?)[77] 않고 항상 불과의 본체를 갖추었다. 만약 선을 닦고 악을 닦는 것을 가지고 말하면 事에 나아가 곧 다르니, 인과가 같지 않고 어리석고 지혜로운 것이 차이가 있다. (그러니) 잠깐 선행을 닦으면 멀리 각지에 오르고, 잠깐 악을 일으키면 영원히 고륜에 빠진다. 만약 性으로 인연을 따르면 비록 같으나 다르고, 만약 인연을 없애고 性을 좇으면 비록 다르나 같다.

問. 善惡同源, 是非一旨, 云何棄惡崇善, 而違法性乎。

答. 若以性善性惡, 凡聖不移。諸佛不斷性惡, 能現地獄之身。闡提不斷性善, 常具佛果之體。若以修善修惡, 就事卽殊。因果不同, 愚智有別。修一念善, 遠階覺地。起一念惡, 長沒苦輪。若以性從緣, 雖同而異。若泯緣從性, 雖異而同。

講

질문한 말은, "선·악의 성이 곧 불성이니, 성이 이미 서로 같다면 굳이 악을 그

76 　一闡提를 말하니, 범어로 icchantika, 혹은 ecchantika라 한다. 이 말의 어원은 '꼭 욕구를 가진 사람[正有欲求之人]'이라 하니, 그러므로 斷善根·信不具足·極欲·大貪·無種性·燒種이라고 번역한다. 곧 모든 선근이 단절하여 성불할 법이 없는 사람을 뜻한다. 자세한 것은 『불광사전』 p85-中 참조.

77 　원문에는 '不斷'이라 하였으나, 내용으로 봐서 '不成(이루지 않고)'이라 해야 하지 않는가 싶다.

치고 선을 행하여 법성을 위배할 필요가 있는가?" 한 것이다. 대답한 말은, "性德으로는 같고 修德으로는 달라서 理에서 보면 비록 같으나 事에서는 차별이 있고, 법성은 공적하나 인과는 분명하니, 혼동하여 같다고 말해서는 안 된다." 한 것이다. '性善, 性惡'은 性德을 잡아 말한 것이니, 이것은 중생('凡')과 제불('聖')이 차별이 없다('不移'). '闡提 icchantika, ecchantika'는 범어니 '善根을 끊음'이라 하는데, 修德의 선근을 끊었을 뿐, 性德의 선근을 끊은 것은 아니다. 왜냐하면, 모두 마음이 있기 때문이다. 마음이 있으면 반드시 체·상·용 삼대를 갖추었다. 삼대는 三因의 불성이요 三德의 법신이니 이것이 불과의 본체다. 그러므로 '항상 갖추었다' 하였다.

'악을 버리고 선을 숭상한다'는 것은 修德을 가지고 말한 것이다. 선과 악은 일이 다르고 인과 과는 차별이 있으니, 조그만 선행을 닦아도 점점('遠') 불과('覺地')를 얻을 수 있다. 일념의 악심을 내면 업을 짓고 과보를 받아 명부에서 명부로 들어가 장겁에 삼악도('苦輪')에 침몰한다. '성으로 인연을 좇는다' 한 것은 곧 본체로 인하여 작용을 일으키는 것을 말했으니, 비록 같지만 달라서 선악의 인과가 분명하다. '인연을 없애고 성을 좇는다' 한 것은 곧 작용을 섭수하여 본체로 돌아감을 말하니, 비록 다르지만 같아서 선과 악의 심성이 같은 근원이다. 다시 말하면 性具로는 같으나 性造로는 차별이 있다. 그러니 응당 악을 그치고 선을 행하는 일을 짓고 닦아야 선도 아니고 악도 아닌 본성에 계합한다. 천태의 性具思想이 이러한 도리를 천명한 것이다.

기 2. 인용하여 증명하고 설명함

集

그러므로 『禪門祕要經』에 부처님이 말씀하시되, "선·악의 業緣이 본성에서는 다름이 없나니, 비록 다르지 않으나 함께 하지도 모두 없어지지도 않느니라." 하고,

『화엄경』에 "相과 無相, 생사와 열반이 분별하면 각기 같지 않듯이, 智와 無智도 (또한) 이와 같다." 하였다.

그러므로 敎旨가 거울과 같음을 알 수 있으니, 어찌 의심할 것이랴.

故禪門祕要經云, 佛言, 善惡業緣, 本(性)無有異。雖復不異, 不共俱止。

華嚴經云, 如相與無相, 生死及涅槃, 分別各不同, 智無智(亦)如是。

故知敎旨如鏡, 何所疑焉。

講

『선문비요경』은 또한 『禪經祕要法』이라고도 하는데, 곧 『禪祕要法經』이다. 모두 3권이니 구마라집 대사가 번역하였다. 대정장경 제15권에 있다. 선악의 업은 모두 선악의 인연에 따라 일어나니, 선한 인연을 만나면 선한 일을 행하고 악한 인연을 만나면 악한 업을 지으니, 업연의 인연이 같지 않아서 선악의 과보도 반드시 다르다. 속담에 "선에는 선한 과보가 있고 악에는 악한 과보가 있다." 한 것이다. 그러나 선을 행하고 악을 행하는 심성은 본래 청정(空)하니, 어찌 차별을 말할 수 있겠는가? 이것은 방안에 밝고 어둠이 있는 것과 같으니, 방안의 허공은 심성에, 밝은 것은 선에, 어둠은 악에 비유할 수 있다. 밝고 어두운 것은 모두 방안의 허공 가운데 있으니, 이것은 선악이 같은 근원임을 비유하고, 밝은 것이 나오면 어둠이 없어지고 어둠이 있으면 반드시 밝은 것은 없어

지니, 이것은 함께 하지도 모두 없어지지도 않는 것에 비유할 수 있다.

또한 『화엄경』의 설을 인용하여 法性은 비록 같으나 法相은 차별이 있음을 증명하였으니, 모름지기 잘 알지라! 無相과 無智, 열반은 法性을 가리키고, 有相과 有智, 생사는 法相을 가리키니, 性으로는 같으나 相으로는 차이가 있다. 항상 같으나 항상 다르고 항상 다르나 항상 같으니, 본래 이와 같아서 서로 어긋남이 없다.

'그러므로 敎旨가 거울과 같음을 알 수 있다' 한 것은, 이제원융의 교지가 이와 같음을 설명하니, 밝은 거울이 깔끔하고 깨끗한 것과 같으니 털끝만큼도 의심할 것이 없다.

기 3. 두 번째 질문과 답

집

문 : 만약 수덕과 성덕으로 나눈다면, 선과 악 두 길이 평등한, 자비를 어기고 두루 행하는 덕을 잃습니다.

답 : 자신이 행할 적에는 모름지기 (식심 분별을) 버려야 하지만, 法(진여법성)이 곧 空(평등공성)임을 잡아 다른 이를 교화할 적에는 평등하게 관하니 사람에게 어찌 차별하겠는가? 그러므로 초심인이 자신을 이롭게 할 때는 손해와 이익 두 가지가 펼쳐지지만, 구경에 다른 이를 이롭게 할 적에는 선한 이나 악한 이를 똑같이 교화한다. 마치 밤에 험한 길을 가다가 악인이 등불을 들었으면 어찌 사람이 나쁘다고 그 불빛을 따르지 않겠는가? 보살이 반야 광명을 얻었으면 결코 악인도 버리지 않는다.

問. 若分修性, 則善惡二途, 乖平等之慈, 失遍行之德.

答. 自行須離, 約法卽空。化他等觀, 在人何別。是以初心自利, 則損益兩陳。究竟利他, 則善惡同化。如夜行險道, 以惡人執燭, 豈可以人惡故, 而不隨其照。菩薩得般若之光, 終不捨惡。

講

이것은 두 번째 문답이다. 질문한 글은, "선·악이 동원인 성덕에 어찌 굳이 성·수 두 문과, 선·악 두 길을 나누어 平等과 遍行을 버리는가?" 하고 집착한 것이다.

대답한 말은, 자신의 수행과 다른 이를 교화하는 것, 초심인과 오랫동안 수행한 이를 똑같이 논해서는 안 된다는 것이다. '自行은 모름지기 여의어야 한다' 한 것은, 오랫동안 보살행을 행하여 이미 진여법성을 증득했으면 모름지기 식심분별을 버려 선도 생각하지 말고 악도 생각하지 말아야 한다. '법이 곧 空임을 잡는다' 한 것은, 所悟인 진여법성이 곧 평등공성임을 잡은 것이다.

'다른 이를 교화하여 평등하게 관함에 사람에게 어찌 분별하리오' 한 것은, '오랫동안 보살행을 행하여 다른 이를 교화할 때는 평등하게 구원하고 제도하니, 비록 선인이나 악인이 있으나 보살의 心眼에 어찌 분별이 있으리오' 한 것이다. 만약 초심보살이라면 이와 같지는 않다. 반드시 먼저 자리행을 닦은 후에 이타행을 닦아, 악을 그치고 선을 행하여 멀리 악인을 버리고 선우를 가까이해야 한다. 악을 가까이하면 손해가 있고 선을 가까이하면 이익이 있으니, 그러므로 '두 가지가 펼쳐진다' 하였다. 자리행을 행하여 이미 충실해졌으면 제법실상을 친히 증득해야 비로소 구경에 남을 이롭게 할 수 있으니, 그렇게 되면 원수나 친한 이를 널리 구하고 선인이나 악인을 똑같이 교화할 수 있다. '밤에 험도를 가다가' 한 것부터 '그 불빛을 따르지 않겠는가' 한 데까지 모두 네 구절은 비유를 들었고, '보살이 반야 광명을 얻었으면 마침내 악인도 버리지 않는다' 한 것은 법으로 합하였다. '밤에 험도를 간다'는 것은, 초심보살이 보살도를 행하는 것에 비유하였고, '악인이 등불을 들었으면' 한 것은 법에 합했으니, 어떤 선인이든 어떤 악인이든 분별지(반야광)가 있음을 비유하였다.

'어찌 사람이 악하기 때문에 그 불빛을 따르지 않겠는가' 한 것은, '초심보살이 어찌 分別智가 필요 없다고 하면서 제법실상을 깨닫지 않겠는가?' 한 것이다. 그러므로 보살은 처음부터 끝까지, 자리로부터 이타에 이르기까지, 모두 선악을 분별하는 반야지광을 버려서는 안 되는 것이다. 分別로 말미암아 無分別에 들어가고, 그런 후에 無分別智를 얻는다. 직접 선인지 악인지를 분별하지 않으면 어떻게 無想定을 닦는 외도임을 알겠는가? 반드시 알 것은, 중생은 누구나 마음이 있고, 마음의 작용은 선악과 시비와 진위를 분별하는 데 있으니, 그런 후에 그것들이 모두 연기에 속하여 자성이 공한 줄 알아 모든 집착을 버릴 수 있으니, 이를 '무분별지'라 한다. 『중론』에 "세속제(마음을 일으켜 선악을 분별함)에 의지하지 않고는 제일의(무분별지를 얻음)를 얻을 수 없다." 하였다.

기 4. 인용하여 증명하고 설명함

集

『화엄경』에 "惡性人을 버리는 것과, 懈怠者를 멀리하는 것과, 생각이 산란한 이를 깔보고 업신여기는 것과, 惡慧를 꺼리고 싫어하는 것은 마업이다." 하고,
華嚴經云, 捨惡性人, 遠懈怠者, 輕慢亂意, 譏嫌惡慧, 是爲魔業。

講

『화엄경』을 인용하여 증명하니, 보살에게 만약 이 네 가지 유형이 있으면 그것은 보살도를 행하는 것이 아니고 마업을 짓는 것이다.

첫째, 性德으로는 능히 선을 할 수도 있고 악을 할 수도 있지만, 修德으로는 반드시 악을 버리고 선을 닦아야 함을 알지 못하고, '법성은 선도 없고 악도 없는 것이라 止惡行善을 닦을 것이 아니다' 하고 집착하는 것을 '악성인을 버린다'고 한다. 그것은 반드시 無記心을 불성이라 보고 외도의 冥諦에 떨어지니, 선종에서 말한 '흑산 아래 귀신 굴'이라 하니, 이를 '마업'이라 한다.

둘째는 修德에서 공덕이 있어야 性德이 비로소 나타나는 줄 알지 못하고, '번뇌가 바로 보리요 생사가 곧 열반이니 어찌 굳이 번뇌를 끊고 생사를 요달할 필요가 있겠는가? 이야말로 무사도인이다' 하고 오해하니, 이것을 '修德을 멀리한 懈怠者'라 부른다. 이들은 마의 권속이다.

셋째는 경솔하고 오만한 마음을 가진 空亂意보살은 방광도인과 같은 자다. 일체법이 필경 공하다는 데 집착하여 육도만행이 상에 집착한 것이라고 업신여기며, 이미 속제를 잃었고 또한 진제마저 파하여 二諦를 모두 파괴하니, 이를 '마업'이라 한다.

넷째는 분별이 있는 제6 의식을 기피하고 싫어하여 이를 나쁜 지혜('惡慧')라 오인하고, 세상 만유에 대해 의식으로 여실하게 분별하지 않고 다만 冥想無記만 두거나 혹은 無想定에 들어가기도 하니, 이런 사람은 천불이 세상에 출현하더라도 저는 보지도 못하고 알지도 못해 아무 이익이 없다. 고덕이 "비록 팔만 겁을 지나더라도 결국 반드시 空亡에 떨어진다." 한 것처럼, 여전히 삼계 육도 중에서 생사에 윤회한다. 이를 '마업'이라 한다.

集

천태교에서는 "악은 선의 자량이어서 악이 없으면 선도 없다." 하며,
台敎云, 惡是善資, 無惡亦無善。

> 講

또한 천태종에서 설한 것을 인용하였다. 선악이 모두 心性에 속하여 본래 갖추었으니, 선을 짓고 악을 행하는 것이 일심의 수연 작용 아닌 것이 없으니, 이것을 '性造'라 한다. 能造의 心性에 따르면 선도 아니고 악도 아니지만, 능히 선이 될 수도 있고 악이 될 수도 있어서 惡性이 善性과 다르지 않다. 그러므로 악성이 능히 선업을 돕는 작용을 한다. 그러므로 악성이 없으면 또한 선성도 없으니, 그러므로 '선과 악이 같은 근원'이라 하는 것이다.

> 集

『법화경』에 "악귀가 몸에 들어와 저희를 꾸짖고 욕하고 헐뜯고 욕보이더라도, 저희가 부처님을 생각하기 때문에 그럴 때마다 반드시 이 일을 참나이다." 하니, 악이 와서 침해하지 않으면 (부처님을) 생각하지 못하니, (부처님을) 생각하는 것은 악이 침해하기 때문이다. 또한 위음왕불 처소에서 법에 집착하는 대중이 불경보살의 말을 듣고 매도하고 때리더니, 악업으로 말미암아 다시 불경보살을 만나 불경보살의 교화로 모두 불퇴를 얻었다. 또한 "제바달다는 선지식이다." 하기도 하였다.

法華經云, 惡鬼入其身, 罵詈毀辱我, 我等念佛故, 皆當忍是事。惡不來加, 不得用念, 用念由於惡加。又威音王佛所, 着法之衆, 聞不輕(菩薩)言, 罵詈捶打。由惡業故, 還値不輕, 不輕敎化, 皆得不退。又提婆達多是善知識。

> 講

다시 『법화경』 가운데 세 단락의 뜻을 인용해 증명하여, 나쁜 일도 또한 선한 일을 도와 이루게 할 수 있으니, 악인을 만나 자신의 성불을 도와 이루게 한다는 것을 설명하였다. 그러니 보살은 절대 눈을 감고 선과 악을 보지 않아서는 안 되고, 법성을 깨달아 도를 이루고 부처를 이루는 줄 알아야 한다.

'악귀가 몸에 들어와' 한 데서부터, '그럴 때마다 반드시 이 일을 참나이다' 한 데까지 모두 네 구절은 『법화경』 「권지품」 게송이다. 원문은 "탁겁 악세에는 두려운 일 많아, 악귀가 몸에 들어와 저희를 꾸짖고 욕하고 헐뜯고 욕보이더라도, 저희는 부처님을 공경하고 믿어 반드시 인욕의 갑옷을 입고 이 경을 설하기 위해 이런 여러 가지 雜事를 참나이다. … 이 같은 여러 가지 악을 부처님의 告救을 생각하기 때문에 그를 때마다 반드시 이런 일을 참나이다.[濁劫惡世中 多有諸恐怖 惡鬼入其身 罵詈毁辱我 我等敬信佛 當着忍辱鎧 爲說是經故 忍此諸雜事. … 如是等衆惡 念佛告勅我 皆當忍是事.]" 하였다.

'악이 와서 침해하지 않으면' 한 아래 세 구절은, 악은 선의 밑천이라 부처님을 생각하는 것은 악이 와서 침해함으로써 있다는 것을 설명하였다. '또한 위음왕불 처소에서 법에 집착한 대중이' 한 데서부터, '모두 불퇴를 얻었다' 한 데까지 모두 여덟 구절은 「상불경보살품」에서 나왔다. 원문은 "과거에 부처님이 계시니 이름을 '위음왕'이라 하였다. … 한 보살이 있으니 이름을 '상불경'이라 하였다. 그때 四衆이 법에 집착하거늘, 불경보살이 그곳에 가서 이런 말을 하였다. '나는 그대들을 업신여기지 않나니, 그대들은 도를 행하여 모두 반드시 부처가 되리라' 여러 사람이 이 말을 듣고 나서 헐뜯고 욕하여도 불경보살은 잘 참고 수용하였다. 그 죄가 다하고 나서 목숨이 다할 때, 이 경을 듣고는 육근이 청정해지고, 신통력 탓에 수명이 더하여 다시 여러 사람을 위해 이 경을 널리 설하니라. 법에 집착한 대중이 나에게 화내고 업신여겼기 때문에 이 백억 겁동안 삼보를 보지 못하고, 천 겁동안 아비지옥에서 고통을 받았고, 이 죄를 다하고 나서 다시 불경보살이 교화하여 성취하게 함을 만나 불토에 주하게 되었다 (모두 불퇴를 얻었다).[過去有佛 號威音王 … 有一菩薩 名常不輕. 時諸四衆 計着

於法 不輕菩薩 往到其所 而語之言 我不輕汝 汝等行道 皆當作佛. 諸人聞已 輕毀罵詈 不輕菩薩 能忍受之. 其罪畢已 臨終命時 得聞此經 六根淸淨 神通力故 增益壽命 復爲諸人 廣說是經 諸著法衆 以瞋恚輕賤我故 二百億劫 不見三寶 千劫於阿鼻地獄受苦. 畢是罪已 復遇不輕菩薩敎化成就 令住佛道(皆得佛道)]."하였다.

'또한 제바달다는 선지석이다' 한 것은, 『법화경』「제바달다품」에 "부처님이 말씀하였다. '제바달다 선지식으로 인하여 내가 육바라밀과 자·비·희·사와 삼십이상 팔십종호 자마금색과, 십력·사무외, 사섭법, 십팔불공법, 신통도력을 구족하여 등정각을 이루어 널리 중생을 제도하게 되었으니, 이런 것들이 모두 제바달다 선지식 때문이다'[佛言 有提婆達多善知識故 令我具足六波羅密 慈悲喜捨 三十二相 八十種好 紫磨金色 十力四無所畏 四攝法 十八不共 神通道力 成等正覺 廣度衆生 皆忍提婆達多善知識故]" 하였다.

集

『書經』에 "선인은 악인의 스승이요, 악인은 선인의 밑천이다." 하였으니

書云, 善者是惡人之師, 惡者是善人之資。

講

이 두 구절은 『書經』의 말을 인용하여, 선인과 악인이 서로 키워주는 인연[增上因緣]이 되고, 스승이 되고, 서로 도와주는 공능이 있음을 증명하였다. 문제는, 事로 인하여 理에 들어갈 수 있는지와 그렇지 못한 지에 있으니, 경계에 따라 그곳으로 옮겨서는 안 된다.

集

그러므로 알지니, 악이 능히 선을 도울 수 있고, 그른 것이 바른 것에 통할 수

있으니, 어찌 한 법인들 버릴 것이 있으랴.

故知惡能資善, 非能通正, 豈有一法, 而可捨乎。

> 講

이 네 구절은, 원교 법문인 一色 一香이 중도 아닌 것이 없고, 손을 들거나 머리를 숙이는 것으로 모두 성불할 수 있음을 설명하였다. 그러므로 '어찌 한 법인들 버릴 것이 있으랴' 하고 말하였다. '악이 능히 선을 돕는다'는 것은, 곧 악이 선의 助緣(資)임을 말하고, '그른 것이 능히 바른 것에 통할 수 있다' 한 것은, 탐·진·치와 혹·업·고, 더 나아가서 생사에 윤회하는 도는 삼승의 해탈도가 아니기 때문에 '그른 도(非道)'라 하고, 삼승의 聖行은 삼무루학과 삼십칠도품과 육바라밀과 만선을 포함하여 능히 삼독을 끊고 삼계를 벗어나게 할 수 있기 때문에 '올바른 도(正道)'라 한다. 올바른 도는 그른 도로 인하여 있으니, 그러므로 중생은 모름지기 먼저 그른 도를 거쳐야 비로소 바른 도에 들어갈 수 있다. 이것이 범부를 돌려 성인을 이루고, 미혹을 돌려 깨달음으로 돌아가는 필연적인 도리이다.

5. 세 번째 질문과 답

> 集

문 : 인연이 없으면 억지로 교화할 수 없고, 기연이 익으면 저절로 상응하는데, 만약 어리석고 악하여 믿지 않는 사람이라면 어떻게 인도하여 제도할 수 있겠습니까?

답 : 어리석은 자를 버리고 지혜 있는 이만을 따르면 평등한 이치에 어긋나고, 악을 버리고 선으로 돌아가면 동체대비를 폐기한다. 중생은 본래부터 미묘하

여 참으로 헤아릴 수가 없으니, 홀연히 인연을 만나 기연이 발하는 것은 일정하지 않다. 설사 득도하지 못하더라도 또한 제도할 인연은 지었으니, 이렇게 추론하면 응당 평등히 교화해야 한다.

問. 無緣不强化, 機熟自相應. 若愚惡不信之人, 如何誘度.
答. 捨愚從智, 平等理乖. 棄惡歸善, 同體悲廢. 衆生本妙, 不可度量. 忽遇因緣, 機發不定. 設未得度, 亦作度緣. 以此而推, 應須等化.

講

보살이 중생을 제도하는 일은 대비심으로부터 나온다. 그러므로 응당 평등히 교화하고 중생을 버린다는 생각이 있어서는 안 된다. 질문한 글은 이러한 뜻을 알지 못하기 때문에 '어리석고 악한 사람이 어떻게 다른 사람을 교화할까?' 하고 생각한 것이다. 그러므로 대답한 말은, '악을 버리고 지혜를 따르는 것은 **평등한 이치에 어긋난다**' 하였다. 사람이 비록 어리석으나 불성은 차이가 없으니, 보살이 만약 어리석고 악한 사람을 버리고 교화하지 않는다면 그것은 평등 법성을 위배한 것이며, 또한 동체대비심을 폐기한 것이니, 보살이 아니다. 그러므로 '악을 버리고 선으로 돌아가는 것은 동체대비를 폐기한 것이다' 하였다.

'선으로 돌아간다'는 것은, 선인만을 교화하여 보리 정도에 돌아가는 것이다. 『보현행원품』에 "시방세계 중생이 갖가지로 차별하지만, 내가 모두 저들에게 부모나 스승, 내지 여래와 같이 수순하여 똑같이 대하리니, 중생의 마음이 평등하기 때문에 곧 능히 원만 대비를 성취할 수 있고, 대비심으로 중생을 수순하기 때문에 곧 능히 무상정각을 성취할 수 있나니, 만약 중생이 없다면('捨') 모든 보살이 마침내 능히 성불하지 못하는 것이다." 한 것이니, 이것이 보살은 응당 선인이나 악인을 평등히 교화해야 하는 가장 좋은 예증이다.

'중생은 본래부터 미묘하여' 한 데서부터 '응당 평등히 교화해야 한다' 한 데까지 모두 여덟 구절은, 평등이 교화해야 하는 까닭이 무엇인가를 해석한 것이다. 일체중생은 마음이 있지 않은 이가 없어서 모두 一心, 三大를 갖추어 본래부터 미묘 부사의하다.『화엄경』을 '大方廣'이라 하고,『법화경』을 '妙蓮花'라 하며,『원각경』을 '大圓覺'이라 하고,『기신론』을 '摩訶衍'이라 한 것은 곧 중생의 마음을 말한 것이다. 그러므로 '중생이 본래 미묘하여 참으로 헤아릴 수가 없다' 하였다.

중생이 오래도록 생사윤회 중에 있어서 과거에 선근이 있었는지 없었는지를 보살은 알지 못하고 오직 부처님만이 아신다. 만약 삼보가 세상을 교화하는 인연을 만나 선근('機')이 있는 자는 득도할 수 있지만, 선근이 없는 자는 능히 득도하지 못한다. 그러나 이러한 사정은 결정된 것이 아니다. 비록 과거에 선근이 없어서 생사를 벗어나는 이익을 얻지 못했더라도 또한 미래에 득도할 인연을 지을 수 있다. 이렇게 추론하면 보살이 응당 중생을 버려서는 안 되고, 어떤 사람을 대하더라도 반드시 평등하게 교화해야 한다.『법화경』「약초유품」에 "항상 대승을 위해 인연을 짓노라. 나는 일체중생이 모두 평등함을 널리 보고, 피차에 愛憎의 마음이 없었노라. 나는 탐착이 없으며 또한 한정이 없어서 항상 모든 이를 위하여 평등하게 설법하여 귀한 이나 천한 이, 윗사람이나 아래 사람, 지계하는 이나 파계한 이, 正見과 邪見, 利根이나 鈍根에게 평등하게 법 비를 내려 게으름이 없었노라." 한 것이다.

또한『유교경』에 "너희들 비구는(四衆 弟子) 슬퍼하지 마라. 만약 내가 세상에 일 겁 동안 머물더라도 만난 것은 반드시 죽게 마련이니라. 만나고서 이별하지 않는 것은 결코 없느니라. 자신을 이롭게 하고 남을 이롭게 하는 것이 법에 모두 구족하니, 비록 내가 오래 머물더라도 더는 아무 이익이 없느니라. 응당 제도할 만한 자는 천상이나 인간을 모두 이미 제도하였고, 아직 제도하지 않은 자는 모두 이미 득도할 인연을 지었느니라. 지금부터 나의 제자들이 차츰차츰 이를 행하면 곧 여래의 법신이 항상 있어 멸하지 않느니라." 한 것처럼, 만난 것은 반드시 헤어지고 인연이 모이고 인연이 흩어지는 것은 인간 세상의 제법의 진실한 모습이다. 그러므로 무릇 불제자는 반드시 이생에 다행히 사람 몸을 받았고 불법을 들은 수승한 인연을 아껴, 부지런히 자리이타의 행을 닦아 여러 중생과 함께 생사를 벗어나기 바란다. 부처님이 이미 평등하게 교화하여 제도할 만한 사람은 제도하고 아직 제도하지 못한 자는 제도할 인연을 지었으니, 보살은 응당 불교를 배워 어리석고 악한 중생을 버리지 마라!

기 6. 네 번째 질문과 답

集

문 : 衆善의 문을 닦으려면 모름지기 좋아하는 생각을 내어야 합니다. 미워하고 사랑하는 두 가지 고통이 능히 적멸 보리를 장애하는데, 취하고 버리는 두 가지 마음으로 어떻게 무애 해탈을 이루겠습니까?

답 : 『열반경』에 "일체 중생에게 두 가지 사랑이 있으니, 하나는 善을 사랑하는 것이요, 둘은 不善을 사랑하는 것이다. 불선을 사랑하는 자는 오직 어리석은 자만이 구하고, 선법을 사랑하는 자는 보살이 구한다." 하고, 『화엄경』에 "광대한 지혜로 설한 것은 욕망이 제법의 근본이 되니 응당 수승한 희망을 내어 위 없는 깨달음 구하기에 전념하라." 하고, 또 "(중생을 위해) 선법에 대한 욕망을 끊는 것이 보살의 魔事이다." 하였다. 그러므로 입도한 처음에는 욕망으로 도의 근본을 삼아야 하고, 극위에 이르면 모름지기 法愛(善法에 대한 애착)를 버려

야 한다. (이렇게) 오르고 내림(수행 계위)이 분명하니, 처음과 마지막을 혼동하지 마라.

問. 若修衆善之門, 須興樂欲之念。憎愛二苦, 能障寂滅菩提。取捨兩情, 豈成無礙解脫。

答. 涅槃經云, 一切衆生, 有二種愛。一者善愛, 二者不善愛。不善愛者, 惟愚求之。善法愛者, 諸菩薩求。華嚴經云, 廣大智所說, 欲爲諸法本, 應起勝希望, 志求無上覺。又云, 斷善法欲, 是菩薩魔事。是以入道之初, 欲爲道本。至其極位, 法愛須忘。階降宛然, 初後不濫。

[講]

여기는 선·악이 같은 근원이지만 성·수에 차이가 있다는 데 대한 네 번째 문답이다. 성·수가 차이가 있음을 알지 못하기 때문에 이런 질문을 한 것이다. 性德을 잡아 말하면 미움과 사랑, 취하고 버림을 말할 것이 없지만, 修德을 잡아 말하면 반드시 선·악과 좋아하고 싫어하는 구별이 있어야 한다. 스님의 해답은 먼저 『열반경』과 『화엄경』을 인용하여 증명하고, 그런 후에 ('그러므로 입도한 처음에는' 한 아래) 설명하였다. 곧 초심보살('入道之初')이 위로 보리를 구하고 아래로 중생을 제도하려는 바람[欲願](菩提心과 善法愛)이 보살도를 행하는 근본이니 결코 모자라서는 안 되지만, 성불('極位')에 이르면 人·法이 모두 없어야 한다('法愛須忘'). 수행의 차제('階降')가 반드시 이와 같으니('宛然'), 처음(因心과 因位)과 나중(果心과 果位)을 절대 서로 혼동해서는 안 된다. 천태교의 十乘觀法과 같이 차제가 분명하다. 나머지 문장은 쉽게 알 수 있다.

무3. 人·法이 본래 공하나, 業果는 없어지지 않음
기1. 첫 물음과 답

집

문 : 인·법이 본래 공하여 몸과 마음이 스스로 (인·법을) 여의었으니, 이미 짓는 주체[能作](몸과 마음)가 없으니 누가 여러 선을 행하겠습니까?

답 : 『열반경』에 "비록 본래부터 空하나, 또한 보살이 空을 닦음으로써 空을 보느니라." 하고, 또한 사자후보살이 (부처님께 사뢰기를) "세존이시여! 중생의 오음은 있는 것이 空無한데, 누가 가르침을 받고 도를 닦는 자이옵니까?" 하니, 부처님이 말씀하시되 "선남자여! 일체 중생에게 모두 念心과 慧心과 發心과 부지런히 정진하는 마음과 信心과 定心이 있어서, 이와 같은 여러 가지 법이 비록 순간순간 멸하나 전과 같이 비슷하여 상속하여 끊어지지 않나니, 그러므로 이를 '修道'라고 부르니라. 심지어 마치 등불이 비록 매 순간 멸하나 광명이 있어서 어둠을 파하는 것과 같으니, 念 등의 제법도 이와 같으니라. 마치 중생의 음식이 비록 순간순간 없어지지만, 또한 능히 주린 자에게 포만을 얻을 수 있게 하는 것과 같으니라. 비유하면 上(良)藥이 비록 순간순간 없어지지만 또한 능히 병을 낫게 하고, 일월 광명이 비록 매 순간 멸하지만 또한 능히 초목과 수림을 자라게 하는 것과 같으니라. 선남자여! 그대가 순간순간 멸하는데 어떻게 자라는가 하고 말하였느냐? 마음이 끊어지지 않기 때문에 이를 '자란다'고 하는 것이니라." 하였다.

問. 人法本空, 身心自離, 旣無能作, 誰行衆善乎。

答. 涅槃經云, 雖本自空, 亦由菩薩修空見空。又獅子吼菩薩(白佛)言, 世尊, 衆生五陰, 空無所有, 誰有受敎, 修習道者。佛言, 善男子, 一切衆生, 皆有念心, 慧心, 發心, 勤精進心, 信心, 定心, 如是等法, 雖念念滅, 猶故相似, 相續不斷, 故名修道。乃至如燈, 雖念念滅, 而有光明, 除破暗冥。念等諸法, 亦復如是。如衆生食 雖念念滅, 亦能令饑者, 而得飽滿。譬如上(良)藥, 雖念念滅, 亦能癒病。日月光明, 雖念念滅, 亦能增長草木樹林。善男子, 汝言念念滅, 云何增長者, 心不斷故, 名爲增長。

> 講

여기서 질문한 것은 경계('人法本空')와 수행('修行衆善')을 들어 질문하였다. 대답은 『열반경』 중 부처님과 사자후보살이 한 한 대목 문답을 인용하였으니, 먼저는 법이요 나중은 비유다. 이것이 가장 좋은 聖言量이니 이러한 오해를 풀어 줄 수 있다. 『대열반경』과 『법화경』은 모두 부처님 일대시교의 귀납이고 총결이니, 모두 부처님이 스스로 증득하신 경계이니만큼 자신의 뜻에 따라 설한 것이다. 空과 有에 치우치지 않고 방편에 얽매이지 않고서 만법이 오직 一心(대열반)뿐이요, 심성이 공하나 능히 만법을 연기하는 진실상을 설명하였으니, 불자는 반드시 읽어야 할 경전이다.

'몸과 마음이 본래 여의었다' 한 것은, 『화엄경』에 "몸은 마음에 주하지 않고 마음도 몸에 주하지 않으나, 능히 불사를 지어 자재하기가 이보다 더한 것이 없다." 하였으니, 어찌 그릇 斷滅空이라 하겠으며, '이미 能作이 없다면 누가 衆善을 행하는가?'라고 하겠는가!

'空을 닦아 空을 본다'고 한 것은, 제법 空性은 곧 제법의 一心인 연기 본성일 뿐이니, 그러므로 반드시 인·법 이공의 본성을 깨달아 인·법의 연기 중에서 일심삼관을 두루 수행하여 일심 이문의 중도제일의공을 보아야 하니, 연기의 인·법밖에 볼 만한 공성이 따로 있는 것이 아니다. 인·법 이공은 일심의 진여문이요, 마음이 있으면 생각이 있고 나아가 일체 악을 그치고 선을 행하는 마음이 있으니, 이것은 일심의 생멸문에 속한다. 일심 이문이 본래부터 서로 여의지 않아서 반드시 서로 의지하고 서로 이어서 연기가 끊어지지 않는다. 중생의 번뇌가 일어나는 것이 저것이요, 보살이 수도 성불한 것도 저것이다. 그러므로 경에 "응당 法界性을 관할지니, 일체가 오직 마음으로 지은 것이니라." 하였다.

空을 닦는 것은 생멸문에 속하고 空을 보는 것은 진여문이니, 일심 이문을 깨닫는 것을 '공을 닦아 공을 본다'고 한다. 『열반경』에서 열거한, 등불을 켜 밝게 비추고, 음식이 능히 주린 이를 배부르게 하며, 약이 병을 낫게 하고, 일월이 만물을 키우고 기루는 등 네 가지 비유는 세상 사람이 쉽게 알고 쉽게 이해할 수 있는 것이다. 이것을 써서 알기 어렵고 이해하기 어려운 일심 이문을 보였으니, 비록 순간순간 멸(空)하나 비슷하게 상속(有)한다. '**마음이 끊어지지 않기 때문에 증장이라 한다**' 한 것은 斷滅空이 아니라는 뜻이다.

기 2. 두 번째 질문과 답

집

문 : 행하는 여러 선행의 복덕은 결국 어디로 돌아갑니까? 만약 자신을 제도한다면 도리어 이승의 마음과 같고, 만약 다른 이를 제도한다면 곧 중생의 相을 세우는 것입니다.

답 : 보살이 짓는 복덕은 모두 중생을 성숙하게 하기 위함이니, 공·유가 원융하여 자·타에 얽매임이 없다. 세상이 환과 같음을 관하니 어찌 실상의 문에 어긋나고, 중생을 제도하되 空과 같으니 어찌 방편의 도를 훼손하겠는가?

問. 所行衆善福德, 竟何所歸. 若云自度, 還同二乘之心. 若云度他, 卽立衆生之相.
答. 菩薩所作福德, 皆爲成熟衆生. 空有圓融, 自他無滯. 觀世若幻, 豈違實相之門。度生同空, 寧虧方便之道。

講

두 번째 문답은 得果 쪽에서 설한 것이다. 질문에서 '행하는 여러 선행의 복덕'이란 善果를 말한 것이고, '마침내 어디로 돌아가는가?' 한 것은 모두 空하였음을 뜻한 것이다. "모든 보살이 수행하여 얻은 과보는 자신을 제도하고 남을 제도하기 위함이니, 이미 두 가지 다 얻을 것이 없다면(공하다면) 어떻게 반드시 선을 행하고 다른 사람을 제도할 필요가 있는가?" 한 것이다.

대답은 뜻이 바르고 말은 순수하다. 먼저 보살이 수행하는 목적은 완전히 중생을 유익('成熟')하게 하기 위한 것이지, 자신을 위한 것이 아님을 밝혔다.

『화엄경』에 "자신을 위해 안락을 구하지 않고, 다만 중생이 고통 여의기만을 원하노라." 하니, 印順법사(1906~2005)[78]가 지은 「성불의 길」에서, "聖敎가

---

78 스님은 절강성 海寧 사람이니, 속성은 張이다. 어려서부터 詩書를 읽고, 겸하여 中醫를 연구하였다. 또한 道家와 서방 종교 학문을 공부하기 좋아하였다. 20세에 우연히 장자를 읽다가 馮夢禎의 序文에 "그렇다면 장자의 郭注(곽상 주)가 불법의 선구인가?" 한 것을 보고, 마침내 불법을 探索할 흥미가 났다. 23세에 그의 어머니가 갑자기 병으로 돌아가시자 내심 깊은 충격을 받았는데 얼마 후에 작은 할아버지와 부친도 연이어 병으로 돌아가시자 인생무상을 절감하고 출가할 뜻을 내었다. 25세에 普陀山 福泉庵 淸念 화상에게 출가하니, 법명은 印順, 호는 盛正이라 하였다. 昱山 장로에게 예하고 義師를 삼고 天童寺에서 구족계를 받았다. 일찍이 閩南佛學院, 武昌佛學院에 취학하여 虛雲 화상, 慈舟 율사와 아울러 太虛 대사 등에게 참방하고 普陀, 廈門, 武昌을 왕래하며 강경을 익혔다. 민국 25년(1936)에는 普陀 佛頂山에서 장경을 읽었고, 나중에는 杭州 西湖와 揚州 등지에 유학하다 공교롭게 太虛 대사를 만나 그의 명을 받들어 武昌佛學院에 들어갔고 이어 漢藏敎理院(四川)에 가니 그때 나이 33세였다. 이로부터 항상 法尊 법사와 함께 法義를 토론하였다.

42세에 雪竇寺에서 「太虛大師全書」를 主編하고, 44세에 廈門을 떠나 홍콩으로 가서 香港佛敎聯合會 會長과 世界佛敎友誼會 港澳分會 會長을 맡았다. 홍콩에서 「佛法槪論」을 출판하였다. 47세에 李子寬 거사의 청으로 中國佛敎會의 決議에 응해 일본에서 개최한 世界佛敎友誼會 제2회 대표대회에 대표로 출석하고 마침내 대만에 이르렀다. 그 후에 대북 善導寺 導師로 임명되고 海潮音 잡지사 사장이 되었다. 48세에 홍콩에 건립하려던 福嚴精舍를 대만 新竹 靑草湖畔으로 이건하고 대만에 완전히 정착하였다.

49세에 性願 법사의 요청에 응해 필리핀에서 홍법하였다. 51세에 선도사 주지가 되고 다음 해에 그 절을 떠났다. 그 후에는 여러 차례 출국 홍법하였다. 후에는 新竹에 女衆佛學院을 설립하고 아울러 대북에 慧日講堂을 창건하였다. 민국 53년 겨울, 嘉義에 妙雲蘭若를 세우고, 같은 해 5월, 그 곳에서 掩關 靜修하였다. 1년 후

쇠미하는 것을 차마 볼 수 없고, 중생의 고통을 차마 보지 못하여, 연기 대비심으로 대승에 들어가노라." 한 것이다. 보살이 심진여문을 증득했기 때문에 세상이 幻과 같고, 중생을 제도하는 것이 空과 같음을 알아, 연기인 심생멸문(大悲心)으로 짐짓 일체중생을 이롭게 하는 일을 할 수 있으나, 모두 실상을 어기지 않고 방편을 훼손하지 않으니, 공·유가 원만하고 자·타에 얽매이지 않는다. 중생을 제도하되 衆生相이 없고 성불하되 얻었다는 상이 없으니, 중생을 제도하지 않고 성불하지 않는 것은 아니다.

기 3. 인용하여 증명하고 설명함

集

『반야경』에 "보살은 두 가지 법을 성취하여 마가 능히 파괴하지 못한다. 첫째는 제법이 공함을 관하는 것이요, 둘째는 일체중생을 버리지 않는 것이다." 하고, 『지도론』을 해석한 글에 "해와 달의 인연으로 만물이 자란다. 달만 있고 해가 없으면 만물이 마르고, 해만 있고 달이 없으면 만물이 타니, 해와 달이 화합

에 中國文化學院(文化大學 전신)의 초빙에 응해 철학과 교수를 맡았다. 68세에 일본 대정대학에서 그의 『中國禪宗史』라는 책으로 문학박사 학위를 수여하였다. 불교계에서 그에게서 수학한 자로는 常覺, 演培, 續明, 仁俊 등 법사가 있다. 스님은 불학을 공부하되 전통불교의 종파관념을 따르지 않고 객관적으로 전체불교에 비추어 고치고 해석하고 비판하였다. 그리고 직접 원시불교 경론인 阿含과 毘曇부터, 인도의 空, 有, 眞常 세 가지 계통의 경론에 이르기까지 부처님과 후대 스님들의 精義를 깊이 탐구하였다. 더욱이 용수의 중관학에 대해 깊이 들어가 탐구하니 가위 송나라부터 지금까지 중관학 연구에 가장 공헌한 자라 할 만하다. 이밖에 原始佛教, 部派佛教, 中國禪宗史 등에 대해 精深한 연구가 있었다. 인도 大乘佛教에 대해 스님은 性空唯名, 虛妄唯識, 眞常唯心 세 가지 큰 계통으로 분판하니, 이것은 예전의 설과 그 뜻이 크게 다르다.

　　스님의 저술은 매우 많다. 『中觀今論』, 『唯識學 探源』, 『性空學 探源』, 『原始佛教 聖典 集成』, 『說一切有部를 위주한 論書와 論師 研究』, 『中國禪宗史』, 『初期大乘佛教의 起源과 開展』, 『如來藏 研究』, 『雜阿含 經論 會編』 등이 있다. 대부분의 저술과 홍법 기록은 『妙雲集』에 수록되어 있다.

해야 만물이 이루어진다. 보살도 마찬가지로 두 가지 도가 있으니, 하나는 자비요 둘은 空이다. 부처님은 두 가지 일을 겸용할 것을 설하시니, 비록 일체가 공함을 관하나 중생을 버리지 않고, 비록 중생을 불쌍히 여기나 일체가 공함을 버리지 않는다. 일체법이 공함을 관하나 공함도 또한 공하기 때문에 공에도 집착하지 않으니, 그러므로 중생을 불쌍히 여기는 것에 방애되지 않고, 비록 중생을 불쌍히 여기나 또한 중생에 집착하지 않고 또한 중생이라는 상을 취하지 않는다. 다만 중생을 불쌍히 여겨 인도하여 공에 들어가게 할 뿐이기 때문이다." 하였다.

般若經云, 菩薩成就二法, 魔不能壞。一者諸法空。二者不捨一切衆生。論釋云, 以日月因緣, 故萬物潤生。但有月而無日, 則萬物濕壞。但有日而無月, 則萬物燋爛。日月和合, 故萬物成就。菩薩亦如是。有二道, 一者悲, 二者空。佛說二事兼用, 雖觀一切空, 而不捨衆生。雖憐愍衆生, 不捨一切空。觀一切法空, 空亦空故不着空, 是故不妨憐愍衆生。雖憐愍衆生, 亦不着衆生, 亦不取衆生相, 但憐愍衆生, 引導入空故。

講

스님은 『대반야경』과 『지도론』을 해석한 문장을 인용해 증명하여, 보살은 응당 일심 이문에 의지하여 공·유가 원융무애하고 자리이타를 쌍행할 것을 설명하였다. 중요한 것은 중생을 제도하되 멀리 我·法 두 가지 집착을 버리고, 중생을 인도하여 아·법 이공에 깨달아 들어가게 해야 한다. 왜냐하면, 중생이 아·법이 실유하다고 집착하면 갖가지 분별을 내어 인·아, 시·비가 이로 인하여 일어나고 탐·진·치·만이 이로 인하여 일어나, 업을 짓고 과보를 받아 생사에 윤회하기 때문이다. 지금 중생을 제도하여 생사에서 벗어나게 하려 하니, 그러므로 모름지기 그들을 인도하여 연기성공을 깨달아 들어가게 하면 견·사번뇌를 끊고 분단생사에서 벗어날 수 있다. 인용하여 증명한 문장에 법이 있고 비유가 있다.

무4. 萬法이 항상 일어나나 一眞은 항상 고요하다
기1. 첫 질문과 답

集

문 : 경(『제법무행경』)에 "부처님은 불도를 얻지 않았고 또한 중생을 제도하지도 않았다. … 만약 중생의 고통을 본다면 이는 고통을 받는 자다." 하였으니, 어떻게 복덕을 닦고 중생을 제도하겠습니까?

답 : 진제를 잡으면 없으나 속제에 따르면 있다. 『지도론』에서 부처님이 수보리에게 대답하시되 "만약 일체중생이 제법의 자성이 공함을 스스로 안다면 보살이 아뇩다라삼먁삼보리의 뜻을 내지 않았을 것이며, 또한 육도 중에서 중생을 빼내지도 않았을 것이다. 왜냐하면, 중생이 제법 性空을 스스로 안다면 제도할 것이 없기 때문이다. 비유하면 병이 없으면 약을 쓸 필요 없고, 어둠이 없으면 등을 켤 필요가 없는 것과 같다. 지금은 중생이 실로 自相의 空法을 알지 못하니, 그러므로 마음에 따라 모양을 취하여 집착을 내니, 집착하기 때문에 물들고, 물들기 때문에 오욕에 따르며, 오욕에 따르기 때문에 탐욕에 덮이고, 탐욕의 인연으로 인하여 심지어 생사업을 내어 (육도 윤회가) 다함이 없다." 하였다.

 그러므로 범부로 인하여 성인이 존재하지만 범부나 성인 모두 空하고, 악으로 인하여 선을 얻으나 선·악이 성이 없으며, 성이 없기 때문에 만선이 항상 일어나고, 모두 空하기 때문에 一眞이 항상 고요하다는 것을 알 수 있다.

問. 經云, 佛不得佛道, 亦不度衆生。若見衆生苦, 卽是受苦者。云何修習福德, 而度衆生乎。

答. 若眞卽無, 隨俗卽有。論云, 佛答須菩提, 若一切衆生, 自知諸法自性空者, 菩薩不發阿耨多羅三藐三菩提意, 亦不於六道中, 拔出衆生。何以故, 衆生自知諸法性空, 則無所度。譬如無病, 則不須藥。無暗, 則不須燈。今衆生實不知自相空法, 故隨心取相生着。以着故染, 染故隨於五欲。隨五欲故, 爲貪所覆。貪因緣故, 乃至作生死業, (六道輪回) 無復窮已。是知因凡立聖, 凡聖皆空。從惡得善, 善惡無性。以無性故, 萬善常興。以皆空故, 一眞恒寂。

講

불도를 얻지 않고 중생을 제도하지 않는다는 것은 一眞이 항상 고요하다는 것을 들어 설한 것이요, 위로 불도를 구하고 아래로 중생을 제도하는 것은 萬善이 항상 일어난다는 것을 들어 설한 것이니, 부처님이 증득하고 설하신 것은 곧 二諦니 어찌 모순이 있겠는가? 성불은 다만 본래 청정한 마음을 회복하는 것일 뿐 새로 얻는 것이 없으므로 '불도를 얻지 않는다' 한 것이요, 망념을 중생이라 하는데 부처님은 망념이 없으므로 '중생을 제도하지 않는다' 한 것이다. 어리석은 사람은 이런 줄 알지 못하니, 그러므로 '어떻게 복덕을 닦고 중생을 제도하겠습니까?' 하고 말한 것이다.

스님의 대답은, 진제를 잡아 설하면 이룰 부처도 없고 제도할 중생도 없지만, 속제에 따라 설하면 곧 성불하고 중생을 제도하는 일이 있으니, 어찌 진제와 속제를 나누지 않고 空에 집착하여 有를 폐하겠는가?

'論云' 아래부터, '다함이 없다' 한 데까지는 『지도론』의 한 대목을 인용하여, 보살이 보리심을 내고 복을 닦고 중생을 제도하는 본의는 중생이 空에 미혹하고 有에 집착하여 미혹을 일으키고 업을 지어 생사윤회의 고통을 받는 것을 차마 보지 못하기 때문임을 말하였다. 『잡아함경』에 "만약 중생에게 생노병사의 고통이 없으면 제불여래가 결코 세상에 출현하여 중생을 위해 조복하는 일을 설하지 않았을 것이다." 하고, 또한 『지도론』에서 "중생을 불쌍히 여겨 인도하여 空에 들어가게 하였을 뿐이다." 한 것처럼, 만약 중생이 제법이 모두 연기여서 자성이 없음을 알면 보살이 사람들을 제도할 필요가 없다.

비유하면 병이 없으면 어찌 약을 먹을 필요가 있으며, 광명 천지에서는 등불이 필요하지 않는 것과 같다. 진짜 원인은 중생이 현재 생사에 유랑하는 범부라 불법을 듣지 못하여 空의 지혜가 없기 때문이니, 병증이 있고 어두운 방에 처하면 반드시 의약과 등불에 의지해야 비로소 미혹을 돌려 깨달음을 얻고 고통을 여의고 즐거움을 얻어 생사를 벗어날 수 있는 것이다. 보살이 중생이 가짜를 오인하여 진짜라 하고, 헛된 것에 집착하여 진실이라 여기는 것을 보고, 연민의 대비심을 내어 중생에 수순하여 구원과 인도를 베푼 것이다. 예컨대 『행원품』에 "모든 병고에 좋은 의사가 되고, 길을 잃은 자에게 바른길을 보이며, 어두운 밤에 광명이 되고, 가난한 자(공의 지혜가 없는 자)에게 복장을 얻게 하리라(諸法 空性을 보게 함)." 한 것이다.

'그러므로 범부로 인하여 성인이 존재하고' 한 데서부터, '一眞이 항상 고요하다' 한 데까지 모두 여덟 구절은, 正·助를 겸수하여 진·속이 무애함을 설명하였다. 선·악과 범·성은 속제요, 모두 空하여 자성이 없는 것은 진제며, 범부로 인하여 성인이 존재하고 악으로 인하여 선을 얻는 것은 助行이요, 범부와 성인이 모두 空이요 선과 악이 자성이 없는 줄 보는 것은 正行에 속한다. 二諦(眞諦와 俗諦)와 二行(助行과 正行)이 서로 방애되지 않을뿐더러, 또한 반드시 서로 인연하여 이루어진다. 正과 助가 모두 자성이 없기 때문에 正 그대로 助니 萬善의 행이 항상 일어나는 까닭이요, 만법이 항상 空이기 때문에 助 그대로 正이니 一眞의 자성이 항상 고요한 까닭이다.

기 2. 두 번째 질문과 답

集

문 : 중생계는 두 개의 머리와 세 개의 손을 가진 사람과 같으니(본래 존재하지 않는 것), 만약 실제로 제도할 자를 본다면, 물속의 달을 건지고 거울 속 영상을 잡으며, 새 자취를 깎아 없애고 불탄 싹을 심는 것과 어찌 다르겠습니까? 결국 무엇을 중생이라 하여 제도해야 할지 모르겠습니다.
답 : 대저 중생이란, 자신이 밤낮으로 일으키는 한없는 망념의 마음이다.
問. 衆生之界, 如二頭三手。 若實見度者, 何異撈水月而捉鏡像。 削鳥跡而植焦芽。 未審究竟以何爲衆生, 而興濟度。
答. 夫衆生者, 卽是自身日夜所起無量妄念之心。

講

두 번째 질문은, "마음을 미혹하여 識인 줄 알지만, 식은 오음에 속하여 결국에 모두 공하니 무엇을 중생이라 하며, 어찌 제도할 것이 있겠는가?" 한 것이다.

　스님의 대답은, 중생은 진·망이 화합한 本識(아뢰야식)이 시작이 없는 예로부터 비록 한없는 생멸의 망념을 일으키나, 그 당체는 곧 자성청정심이라 이름이 없고 모양이 없어 여여부동하여 만고에 늘 새롭다는 것을 보였으니, 이른바 不變이지만 隨緣이요, 隨緣이지만 不變인 것이다. 범부에 있으면 '중생'이라 하고 성인에 있으면 '제불'이라 하니, 『대승지관법문』에 "심성은 본래 청정하여 제법이 오직 一心뿐이니, 이 마음이 중생이요 이 마음이 보살이요 부처며, 생사도 마음이요 열반도 마음이다. 이렇게 一心이 두 가지(중생과 부처, 생사와 열반)를 짓고 두 가지가 도로 두 가지 모양이 없으니, 비유하면 바다 가운데 갖가지 보배 창고가 갖추어져 있는 것과 같다." 한 것이다.

우리 눈앞에 있는 보잘것없는 일념의 마음이, 일심에 두 가지 문[一心二門]이라 妄에 의해 眞이니, 진실로 이와 같기 때문에 '一眞法界 諸法實相'이라 한다. 이것은 범부와 외도가 마음을 미혹해 識이라고 알거나, 이승이나 권교가 마음을 버리고 식을 멸한 것과는 다르다. 이것은 대승 불법의 궁극적인 了義敎요 일승 원교의 유일한 종지니, 무릇 원교 보살은 반드시 알아야 한다. 그러므로 『법화경』에 "진실한 것이 아니고 허망한 것이 아니며, 같은 것도 아니고 다른 것도 아니니, 삼계에서 삼계를 보는 것과는 다르기 때문이니라.[非實非虛 非如非異 不如三界見於三界](대정장경 9권 42페이지 하. 여래수량품)"한 것과 같다. 보살이 만약 중생계를 볼 적에 사람에게 두 개의 머리와 세 개의 손이 있는 것과 같이 안다면 이것은 있을 수 없는 일이듯이, 부처님 세계도 또한 空無하다고 안다면 이것은 불법의 큰 사견이다.

질문한 말에서 든, 물속에서 달을 건진다는 등의 비유는 보살이 중생을 제도할 필요가 없다는 것을 표현하였으나, 이것은 법과 비유가 합하지 않으니 비유가 되지 못한다. 중생이 비록 假名이지만 인연이 있으면 십여시의 체·상·용을 일으키니, 물속의 달이나 거울 속 형상이나 공중의 새 자취 등은 겨우 幻想만 있고 체·용이 없는 것과는 다르다.

기 3. 인용하여 증명하고 설명함

集

『대집경』에 "너는 밤낮으로 매 순간 한없는 백천 중생을 항상 일으킨다." 하고, 『淨度三昧經』에 "한 생각에 하나의 몸을 받아, 선념으로는 천상사람 몸에 태어나고, 악념으로는 삼악도의 몸을 받아, 백 가지 생각에 백 가지 몸을 받고, 천

가지 생각에 천 가지 몸을 받는다. 하루 밤낮에 (생각을 내어) 생사의 뿌리를 심어 나중에 반드시 팔억오천만 雜類의 몸을 받으며, 더 나아가서 백 년 동안 후세의 몸을 심어 몸과 뼈와 피부와 털이 대천 刹土地에 두루하여 그사이에 빈곳이 없거니와, 만약 한 생각도 내지 않으면 태연히 근본으로 돌아간다." 하였다. 그러므로 "허망 중생을 제도하려면 망념이 곧 공하여 일어나는 곳이 없음을 알아야 한다." 하고, 또한 "제도할 중생을 보지 못한다." 하며, 또한 "일체 중생을 모두 제도하여야 비로소 정각을 이룬다." 하니, 곧 이 뜻이다.

大集經云, 汝日夜念念常起無量百千衆生。淨度三昧經云, 一念受一身, 善念生天上人身中, 惡念受三惡道身。百念受百身, 千念受千身。一日一夜 (起念) 種生死根, 後當受八億五千萬雜類之身。乃至百年之中, 種後世身, 體骨皮毛, 遍大千刹土地, 間無空處。若一念不生, 恬然反本。

故云, 度妄衆生, 了念卽空, 無有起處。復云, 不見衆生可度。亦云, 度盡一切衆生, 方成正覺。卽斯旨也。

講

스님은 먼저 『대집경』과 『정도삼매경』을 인용하고 증명하여, "망념을 버리는 것이 곧 중생을 제도하는 것이니, 어찌 없다고 말하겠는가?" 하였다. 『대집경』의 완전한 이름은 『대방등대집경』이니 모두 60권이다. 대정장경 제13권에 있다. 『정도삼매경』 1권은 卍자속장경 제86권에 있다.

'그러므로 …' 한 아래는, 불법에서 말하는 이른바 중생을 제도한다는 뜻을 설명하였다. '망념이 空함을 알면 …' 한 것은 심진여문이니, 그러므로 '제도할 중생을 보지 않는다' 하였다. '허망 중생을 제도한다'는 것은 심생멸문이니, 그러므로 응당 '일체중생을 모두 제도하여야 한다' 하였다. 일심과 이문이 서로 의지하고 서로 보완하여 완성하여야 '비로소 정각을 이루니', 중도원융이 곧 이 뜻이다.

集

『화엄경』에 "몸은 정법의 창고요 마음은 장애 없는 등불이니, 제법이 空함을 비추는 것을 '중생을 제도한다'라고 한다." 하였으니, 이미 자신의 수행이 확립되었으면 다시 다른 사람에게 설해 보여 널리 마음을 관하게 하고 또한 의지하게 하는 것이 배움[學]이니, 이것이 진실한 자비요 궁극적인 제도이다.
華嚴經云, 身爲正法藏, 心爲無閡燈。照了諸法空, 名曰度衆生。既自行已立, 還說示人, 普令觀心, 還依是學。是爲眞實之慈, 究竟之度矣。

講

거듭 『화엄경』을 인용하여 증명하였다. 범부 중생은 몸과 마음이 實有한 것이라고 집착하여 혹·업·고가 있고, 이승 성자는 몸과 마음이 모두 空하다고 집착하여 몸을 재와 같이 하고 지혜(마음)를 없앤다[灰身滅智]. 오직 보살만이 몸과 마음이 비록 幻이지만 정법의 창고요 장애 없는 등불이라 묘용이 있음을 알아, 능히 반야지로 오온이 모두 공함을 조견하여 일체중생의 고액을 제도하니, 이것을 '중생을 제도한다'라고 한다.

　'이미 自行이 섰으면' 한 아래는, 보살이 먼저 자신을 제도한 후에 다른 사람을 제도하되, 空에서 假를 내어 널리 중생이 일심삼관의 행을 닦아 공·유에 치우치지 않는 일심 이문의 理를 증득하게 하여야 함을 설명하였으니, 이것이 진실한 자비요 궁극적으로 중생을 제도하는 것이다. 『금강경』에서 "보살이 만약 아상·인상·중생상이 있으면 보살이라 하지 못한다. 무아·무인으로 모든 선법을 닦아 일체중생을 제도해야 비로소 진실한 보살이라 할 수 있다." 한 것이다.

무 5. 正·助를 겸수하는 데는 발심이 우선이다
기 1. 뜻을 논함

集

대저 범부로부터 성인에 들어가는 만선의 문은 먼저 보리심을 발하는 것이 가장 중요하다. 이는 여러 가지 수행의 우두머리요, 도를 실천하는 시초며, 처음과 끝을 망라하니, 잠시도 폐해서는 안 된다.

夫從凡入聖, 萬善之門, 先發菩提心, 最爲第一。乃衆行之首, 履道之初, 始終該羅, 不可暫廢。

講

스님은 正·助를 겸수하고 空·有가 무애해야 함을 설명한 후에, 모든 보살행에서 보리심을 발하는 것이 첫째이고 우두머리이고 대요가 된다는 것을 밝혔다. 범부는 흔히 자기 생각에 빠져 살고 이승도 자신의 일에만 충실하여, 모두 위로 보리를 구하고 아래로 중생을 교화하는 대보리심이 없다. 보살은 이미 부처가 될 원력을 세웠으니, 그러므로 먼저 위없는 보리심을 발하고 중생을 교화하는 마음도 발해야 한다. 이것이 범부로부터 불과에 이르기까지 최초로 진입해야 하는 큰 관문이며, 또한 육도만행을 통과하는 유일한 요문이다. 처음에 보리심을 발하는 것은 종자를 심는 것이요, 마지막 불과를 맺는 것은 수확하는 것이다. 『화엄경』에서 말한 것처럼, 因이 과의 바다를 갖추고 果가 인의 근원을 꿰니, 그러므로 '처음과 끝을 망라하니 잠시도 폐해서는 안 된다' 한 것이다.

기 2. 인용하여 증명함

集

『범망경』에 "불자여! 항상 대비심을 내어, 하다못해 소나 말이나 돼지나 양 등 일체 축생을 보더라도 응당 마음으로 생각하고 입으로 말하여 '너는 축생이니 보리심을 내어라!' 하고, 보살이 산이나 숲속이나 강이나 들 등 어느 곳에 들어가더라도 언제나 일체중생이 보리심을 발하게 하라. 만약 중생을 교화하는 마음을 내지 않는 보살은 경구죄를 범하는 것이니라.(대정장경 24권 1009페이지 상)" 하고,

梵網經云, 若佛子, 常起大悲心。乃至若見牛馬豬羊, 一切畜生, 應心念口言, 汝是畜生, 發菩提心。而菩薩入一切處, 山林川野, 皆使一切衆生發菩提心。若菩薩不發教化衆生心者, 犯輕垢罪。

講

『범망경』 보살계문을 인용하여 증명하였다.

　『범망경』 「노사나불 설보살심지계품 제10」 2권은 대정장경 24권에 있다. 구마라집 대사가 요진 弘始 3년(401), 장안 초당사에서 역출하였다. 『범망경』은 모두 120권 61품인데, 그 가운데 「보살심지계품」 제10만을 겨우 번역하여 오로지 보살의 心地만을 밝혔다. 당시 道融, 道影 등 3백여 명이 보살계를 받고 각기 송지하고, 아울러 이 품 81부를 베껴 세상에 유통시켰다. 인용한 계문은 보살 48경계 중 제45 '중생을 교화하지 않는 계'이다. 여기서 당나라 현수국사의 「범망경소」 권 제10에서 해석한 것을 뽑아 뒤에 적었으니 참고하기 바란다.

　1, 이 계를 제정한 뜻 : 보리심은 성불의 근본이다. 그러므로 보살은 중생을 교화해야 함을 제정하여 저들이 응당 이 大心을 발하게 한 것이다. 『법화경』에

"만약 소승으로 교화하면 나는 간탐에 떨어지니, 이 일은 옳지 않다." 하였으니, 그러므로 제정할 필요가 있었던 것이다.

 2, 갖춘 인연 : 네 가지 인연을 갖추었다. 첫째는 중생을 대하고, 둘째는 자비를 일으키지 않으며, 셋째는 방편을 일으키지 않고, 넷째는 배우기를 권하지않는 것이다. 이렇게 하면 계를 범하는 것이다.

 3, 순조로움과 어김 : 병이 들었거나, 능력이 없거나, 알지 못할 경우, 저들을 교화하기 어렵다. 이를 때는 범하지 않는 것이 당연하지만, 반대면 범하는 것이다.

 4, 문장을 해석함 : '대자대비'는 能化의 마음이요, '성읍, 산림, 강이나 들'은 교화하는 장소다. '소나 말이나 돼지나 양 등, 일체 축생'은 교화할 대상이다. '마음으로 생각하고 입으로 말하는 것'은 교화하는 방편이다. '너희들 축생은 보리심을 내어라' 한 두 구절은, 축생은 보살계를 받을 줄 모르기 때문에 이 말로 깨우쳐주면 스스로 영향을 받아 멀리 수승한 원인이 된다. 예를 들면 예전에 소 한 마리가 탑 앞에서 풀을 뜯고 있다가 머리를 들어 탑을 쳐다보고는 나중에 제도를 얻은 경우와 같다. '보살은 일체 처에 들어가' 한 아래는 이 계를 제정한 뜻을 밝혔다. 이를테면 반드시 중생을 교화하여 저들에게 大心을 발하게 해야 비로소 보살이기 때문이다. '만약 보살이 중생을 교화할 마음을 내지 않으면' 한 것은 제정한 뜻을 어겨 범함을 결론지었으니, 이를 경구죄라 한다.

集

『화엄경』에 "시방의 모든 부처님을 뵙고자 하며, 한없는 공덕장을 베풀고자 하며, 중생의 여러 가지 고뇌를 멸하고자 하면, 응당 속히 보리심을 발하라." 하고, 또한 "보리심은 마치 종자와 같으니 능히 일체 불법을 내기 때문이다. 보리심은 비옥한 토지와 같으니 중생의 白淨法을 기르기 때문이다. 보리심은 대지와 같으니 일체 모든 세간을 보존 유지하기 때문이다. 보리심은 맑은 물과 같으니 모든 번뇌의 때를 씻어주기 때문이다. 보리심은 태풍과 같으니 널리 세간에 장애할 것이 없기 때문이다. 보리심은 마치 활활 타는 불과 같으니 일체 사견의 섶을 태우기 때문이다.(대정장경 10권 429페이지 중)" 하였다.

華嚴經云, 欲見十方一切佛, 欲施無盡功德藏, 欲滅衆生諸苦惱, 宜應速發菩提心。又云, 菩提心者, 猶如種子, 能生一切諸佛法故。菩提心者, 猶如良田, 能長衆生白淨法故。菩提心者, 猶如大地, 能持一切諸世間故。菩提心者, 猶如淨水, 能洗一切煩惱垢故。菩提心者, 猶如大風, 普於世間無所閡故。菩提心者, 猶如盛火, 能燒一切諸見薪故。

> [講]

또 『화엄경』을 인용하여 증명하였다. 당나라 청량국사가 지은 「화엄경 소」에 여기서 열거한 비유를 가지고 모두 보살의 位次에 배대하였다. 종자, 비옥한 밭, 대지 세 가지 비유는 十住에 비유하고, 깨끗한 물, 태풍, 활활 타는 불 등 비유는 十行에 비유하였다. 그밖에 여러 가지 비유는 십회향, 십지, 등각 등에 비유하였다. 결론적으로 말하면 보살의 항하사 공덕이 모두 처음 보리심을 발하는 데 모인다. 그러므로 경에 "처음 발심할 때 정각을 이룬다." 하였다.

기 3. 첫 질문과 답

> [集]

문 : 보리는 理의 근본이라 자성이 본래부터 원만한데, 어찌 발심하여 일부러 망념을 일으킬 필요가 있습니까?

답 : 『반야경』에 "만약 보살이 심성이 곧 보리인 줄 알고, 능히 대보리심을 발기하면 이를 보살이라 한다." 하고, 또한 상수보살이 "저는 구할 것이 없는 가운데서 이를 구하고자 하나이다." 하며, 또 무소발보살이 "일체법이 모두 발할 것이 없는 줄 알지만, 보리심을 발하나이다." 하였다.

問. 菩提理本, 性自周圓, 何假發心, 故興妄念。

答. 般若經云, 若菩薩知心性卽是菩提, 而能發起大菩提心, 是名菩薩。又上首菩薩云, 吾於無所求中, 而欲求之。又無所發菩薩云, 知一切法, 皆無所發, 而發菩提心。

講

보리bodhi는 범어니 '깨달음'이라 번역한다. 중생의 일념의 覺性이 시간적으로 다하고 공간적으로 두루하여 시방을 원만히 감싸고 있으니, 이것은 性德에 속한다. 그러므로 '보리는 理의 근본이라 자성이 본래부터 원만하다' 하였다. 『대반야경』에 선현(수보리)이 부처님께 "여래가 항상 보리를 설하시는데, 보리란 어떤 뜻입니까?" 하고 여쭈니, 부처님이 "법공의 뜻과 진여의 뜻과 실제의 뜻과 법성과 법계의 뜻을 증득하고, 名相을 임시로 세우고 언설을 시설하여 최상의 승묘함을 진실하게 깨달았기 때문에 '보리'라 하고, 파괴할 수 없고 분별할 수 없기 때문에 '보리'라 하느니라." 하고 말씀하였다. 보살이 만약 性德이 본래부터 갖춘 것인 줄만 알고 修德을 닦아 이루지 않으면, '어찌 발심하여 일부러 망념을 일으킬 필요가 있을까?' 하는 의문이 있을 수 있다.

스님이 『대반야경』에서 설한 것을 인용하여, '보살은 반드시 먼저 性德을 알고 눈앞의 일념 心性을 알면 곧 이것이 무상보리이다' 하신 것이다. 이를 보면, 자기 靈性을 매몰하지 않고 자성에 부합하여 상구와 하화의 대보리심을 발기해야만 비로소 명실 공히 보살이라 할 수 있다. 이미 성덕을 증득했다는 입장에서 보면 구할 것도 발할 것도 없지만, 성덕을 증득하지 못했으면 반드시 구해야 하고 반드시 발해야 한다. 자성은 닦음으로써 드러나니, 어찌 보리심을 발하지 않을 수 있겠는가? 『법화경』에 "佛種은 인연으로 인하여 일어난다." 한 것처럼, 만약 보리심을 발하는 緣種이 없으면 비록 보살행을 닦더라도 보살이라 하지 못하고 불과를 얻지 못한다.

集

그러나 所證 眞如에서 보면 진여밖에 지혜가 없고, 能發 妙智에서 보면 지혜밖에 진여가 없어서 雙照·雙遮하고 不存(존재하지 않다)·不泯(없지 않다)하여, 둘이 아니면서 둘이어서 理·智가 저절로 나누어지고, 둘이면서 둘이 아니어서 能·所가 모두 고요하다.

그다음에는 三寶인 위없는 복전에 귀명하여 견고한 마음을 일으키고 무너지지 않는 믿음을 갖추면, 다섯 가지 두려움을 여의고 세 가지 보리를 이루니 최초의 인연(보리심을 발한 인연)이 모든 선법을 섭수한다.

然於所證眞如, 如外無智。能發妙智, 智外無如。雙照雙遮, 不存不泯。不二而二, 理智自分。二而不二, 能所俱寂。次卽歸命三寶, 無上福田, 起堅固心, 具不壞信, 離五怖畏, 成三菩提。最初之因緣, 攝一切善法。

講

여기서는 보리심을 발하는 行相을 설명하였다. 보살이 보리심을 발할 때는 먼저 반드시 부사의한 일심 이문을 잘 알아야 한다. 所證인 眞如理(眞如門에 속한다)에서 보면 하나가 空하고 일체가 空하기 때문에 '진여밖에 지혜가 없다' 하고, 能證인 妙智(生滅門에 속함)에서 보면 하나가 有요 일체가 有이기 때문에 '지혜밖에 진여가 없다' 하였다. 진여(寂)와 묘지(照)는 곧 우리들 일념 심성의 고요하면서 모든 것을 비추는 공능이다. 일심이 고요하면서 항상 비치는 것을

'雙照'와 '不泯'이라 하고, 일심이 비추면서 항상 고요한 것을 '雙遮'와 '不存'이라 한다. 일심에 이문을 갖추니, 진여문은 理요, 생멸문은 智다. 그러므로 '둘이 아니지만 둘이라서 이·지가 저절로 나누어진다' 하였다. 비록 이문과 이·지가 나누어지지만, 결국에는 無名, 無相, 無念, 無住의 일심으로 돌아가니, 그러므로 '둘이지만 둘이 아니어서 능·소가 모두 고요하다' 하였다.

'다음에는 삼보의 무상 복전에 귀명하여 …' 한 아래는, 어떻게 보리심을 낼 것인가를 밝혔다. 모든 부처님 일은 반드시 삼보에 귀명해야 한다. 삼보에는 주지, 별상, 일체(자성)삼보의 구분이 있다. 현재 부처님이 돌아가신 후 말법시대를 만나 주지삼보에 귀명하지 않으면 안 된다. 당나라 규기대사가 지은 『西方要訣釋疑通規』에 "주지삼보는 요즘 초심자에게 큰 인연을 짓게 한다. 불보는 부처님 형상을 새기고 그리고 베끼고 채색한 것이니, 이 신령한 형상은 특히 존중하고 받들 만하여, 잠시 우러러보고 예배하면 죄가 소멸하고 복이 증장하거니와, 만약 조금이라도 아만을 내면 악이 증장하고 선행이 없어지니, 부처님의 존귀한 형상을 반드시 진짜 부처님과 같이 생각해야 한다. 법보는 삼승의 교지를 법계에 널리 퍼뜨리는 것을 말하니, 名句로 설명한 것이 능히 부처님 교의를 이해하는 인연이 나게 할 수 있다. 그러므로 모름지기 보배로 여기고 지혜를 내는 기틀로 삼아, 거룩한 경전을 인쇄하여 항상 깨끗한 방에 안치하고 상자에 담아 반드시 장엄하고 공경하며, 독송할 때는 반드시 몸과 손을 청결하게 해야 한다. 승보는 거룩한 스님과 보살을 말하니, 파계한 무리는 부처님과 똑같다는 마음으로 공경심을 일으키고 교만한 생각을 내어서는 안 된다.(대정장경 47권 109페이지 하~110페이지 상)" 한 것과 같다.

'견고한 마음을 일으키고 무너지지 않는 믿음을 갖춘다' 한 것은, 조삼모사하여 다른 것을 보고 생각을 바꾸어서는 안 된다는 것을 말하였다. 『기신론』에서 "대략 설하면 발심에 세 가지가 있으니, 하나는 믿음을 성취한 발심[信成就發心]이요, 둘째는 이해하고 행하는 발심[解行發心]이며, 셋째는 깨달은 발심[證發心]이다. 신성취발심은 부정취중생이 의지하니, (本覺의 內熏과 聞熏으로 전세에) 훈습한 선근의 힘이 있기 때문에 업과 과보를 믿고 십선을 일으켜 생사의 괴로움을 싫어하고 위없는 보리를 구하고자 제불을 만나 직접 받들고 공양하여 (열 가지) 신심을 수행하여 1만 겁이 지나 신심을 성취하여 제불보살이 발심하게 하니, 어떤 때는 大悲로 능히 발심케 하고 어떤 때는 정법이 멸하려 하면 호법의 인연으로 능히 발심케도 한다. 이와 같이 신심을 성취하여 발심을 얻은 자는 필경 불퇴하니, '여래 종족 가운데 주하여 正因에 상응한다'고 부른다. … 어떤 때는 제불에게 공양하여 1만 겁을 지나지 않고도 그 가운데서 인연을 만나 또한 발심하는 자가 있으니, 이른바 부처님 색상을 보고 마음을 발하기도 하고, 혹은 여러 스님께 공양함으로 인하여 마음을 내기도 하며, 혹은 이승인의 가르침으로 인하여 발심하게도 되고, 혹은 다른 사람에게서 발심하는 것을 배우기도 하니, 이와 같은 발심은 모두 일정하지 않아서 나쁜 인연을 만나기도 하고 혹은 퇴실하기도 한다. 믿음을 성취하여 발심한 자는 세 가지 마음을 내어야 하니, 첫째는 直心이니 진여법을 정념하기 때문이다. 둘째는 深心이니 모든 선행 모으기를 좋아하기 때문이다. 셋째는 대비심이니 모든 중생의 고통을 없애주고자 하기 때문이다.(대정장경 32권 580 중하)"하고, 또한 "또한 보살은 한번 발심한 후에는 겁약한 마음을 멀리 버리고 결코 이승지에 퇴타하지 않아야 한다. 무량무변 아승지겁에 부지런히 난행을 고행하여야 곧 열반을 얻는다는 말을 들어도 또한 겁내거나 두려워하지 않아야 하니, 일체법이 본래부터 열반한 것임을 믿고 알기 때문이다.(앞의 581페이지 상)" 하였다.

'다섯 가지 두려움을 여읜다'는 것은, 초학보살이 가지고 있는 다섯 가지 두려움이니, 이를 모두 멀리하여 버릴 수 있다. 첫째는 살아가지 못할까 하는 두려움이다[不活畏]. 보시를 행할 때, 이 보시로 인하여 자신이 살아가지 못할 것이라고 두려워 보시를 과감하게 하지 못하는 것이다. 둘째는 나쁜 이름이 날 것이라는 두려움이다[惡名畏]. 동사섭을 행할 때, 자신에게 나쁜 이름이 날 것이라고 두려워 능히 화광동진하지 못하는 것이다. 셋째는 죽음에 대한 두려움이다[死畏]. 비록 광대심을 내었으나 죽을까 두려워 능히 몸과 목숨을 버려 다른 사람을 이롭게 하지 못하는 것이다. 넷째는 악도에 떨어질 것이라는 두려움이니[惡道畏], 삼악도가 두려워 능히 극고중생을 제도하지 못하는 것이다. 다섯째는 대중의 위덕을 두려워하는 것이니[大衆威德畏], 많은 사람 가운데 혹시 위덕 있는 자가 있을까 두려워 많은 사람을 위하여 능히 사자후를 하지 못하는 것이다.

'세 가지 보리를 이룬다'는 것은, 대략 말하면 正等正覺을 이루는 것이니 곧 성불이요, 자세히 말하면 三身菩提를 이루는 것이다. 하나는 化身菩提니 여덟 가지 모습으로 성도하신 것이니, 보리수 아래서 불도를 이룬 것이다. 둘은 報身菩提니 십지가 원만하여 노사나불을 이루니, 『법화경』에서 설한 "나는 실로 성불한 지 무량무변 겁이나 되었다." 하신 것이다. 셋은 法身菩提니 여래장성이 본래 청정하여 중생계가 곧 불계라 하나의 색깔이나 하나의 향이 모두 법신이니, 이른바 '산하대지가 모두 법왕신이다' 한 것이다.

'최초의 인연이 모든 선법을 섭수한다'고 한 이 두 구절은, 최초에 보리심을 발한 인연이 능히 범부로부터 불지에 이르는 일체 선법과 공덕을 관통하여 섭수한다는 것을 말하였다. 보리심을 발한 것은 因이요, 모든 선행공덕은 果니, 인이 과의 바다를 포함하고, 과가 인의 근원을 꿰어 인·과가 반드시 여의지 않는다.

기 4, 인용하여 증명하고 설명함

集

『대보은경』에 "아사세왕이 비록 오역죄를 저질러 응당 아비지옥에 떨어질 것이지만, 성심으로 부처님을 향하였기 때문에 아비지옥의 죄를 멸한 것과 같으니, 이것이 삼보가 구호하는 힘이다." 하였다.

大報恩經云, 如阿闍世王, 雖有逆罪, 應入阿鼻獄。以誠心向佛故, 滅阿鼻罪。是爲三寶救護力也。

講

『대보은경』은 완전하게는 『大方便佛報恩經』이라 하니, 모두 7권이다. 본연부에 속한다. 대장장경 제3권에 있는데, 여기서 인용한 경문은 156페이지 중단에 있다.

集

또한 숲속이나 광야의 두려운 곳에서 염불한 공덕으로 두려움이 금방 사라진 경우와 같으니, 그러므로 삼보에 의지하여 보호해주시기를 바라는 것은 헛되지 않다. 고덕이 "산에 옥이 있으면 초목이 윤택하고, 샘에 용이 살면 물이 마르지 않듯이, 사는 곳에 삼보가 있으면 선근이 증장한다." 하니, 이것은 삼보의 救護力을 말한 것이다.

又如在山林曠野恐怖之處, 若念佛功德, 恐怖卽滅。是故歸憑三寶, 救護不虛。古德云, 山有玉, 則草木潤。泉有龍, 則水不竭。住處有三寶, 則善根增長, (此)謂三寶救護力也。

講

여기서는 보리심을 발했으면 먼저 삼보에 귀명해야 하는 중요성을 설명하였다. 능히 삼보가 섭수 구호하며, 선근은 증장하고 악은 사라져 모든 공포가 없어지기 때문이다.

集

『법구경』에 "제석이 목숨이 다하여 암 나귀 뱃속에 들어갔으나, 삼보에 귀명함으로 말미암아 나귀 고삐가 풀려 달아나다 그릇을 깨뜨렸다. 그의 주인이 때리니 금세 죽어 神識이 하늘 몸을 회복하였다. 부처님이 게를 설하시니, 제석이 이를 듣고 (無常의 중요성을 알아) 죄와 복의 변화를 통달하고, 흥하고 망하는 근본을 알며, 적멸의 행을 순종하여 수다원도를 얻었다." 하였다.

法句經云, 帝釋命終, 入驢母腹中, 因歸命三寶, 驢䩭解走, 破壞坏器, 其主打之, 尋時傷胎, 其神(識)卻復天身。佛爲說偈, 帝釋聞之, (知無常之要), 達罪福之變, 解興衰之本, 遵寂滅之行, 得須陀洹道。

講

인용한 것은 『법구비유경』이다. 이 경은 모두 4권인데 西晉 사문 法炬[79]와 法立[80] 등이 번역하였다. 대정장경 제4권에 있다. 여기서 인용한 경문은 575페이지 하단에 있다. 부처님이 게를 설한 것은 다음과 같다. "모든 것은 무상하여 흥했다 쇠퇴하는 법이요, 태어난 것은 반드시 죽으니 이것을 멸한 것이 즐거움

---

79 永嘉 2년(308)에 竺法護와 『普曜經』을 번역하여 筆錄한 분 중에 한 분이다. 『불광사전』 p3367-上.
80 晉나라 때 스님. 생졸년은 자세하지 않다. 惠帝와 懷帝 재위 연간(290~311)에 法炬와 『法句譬喩經』과 『福田經』을 공역하고, 그밖에 작은 경 백여 가지를 번역하였으나 마침 영가의 난을 만나 대부분 散佚하였다.

이네. 마치 도공이 진흙으로 그릇을 만들지만 모든 것은 반드시 깨지고 말듯이, 사람 목숨도 또한 그러하네.[所行非常 是興衰法 夫生輒死 此滅爲樂 譬如陶家 泥土作器 一切要壞 人命亦然]"

集

『목환자경』에 "그때 邊難(邊境의 患難)의 국왕이 있었으니 이름이 波金離였다. 그가 부처님께 아뢰기를 '우리나라는 변방에 있고 작아서 해마다 도적이 침범하여, 오곡은 귀하고 질병의 재앙이 퍼져 백성들은 고통을 겪으니, 저는 늘 불안합니다. 法藏이 깊고 넓으나 수행을 얻지 못하나니, 바라건대 불쌍히 여겨 저에게 법요를 설해 주소서' 하니, 부처님이 왕에게 '만약 번뇌장을 멸하고자 하면 반드시 목환자 백여덟 개를 꿰어 항상 뜻에 따라 지극한 마음으로 흐트러짐 없이 나무불타, 나무달마, 나무승가를 부르시오. 그리하여 능히 백만 번을 채우는 자는 반드시 백팔 결업을 끊고 위없는 과보를 얻을 것이오' 하였다. 왕이 부처님 말씀을 듣고 기뻐하며 '저는 반드시 봉행하겠나이다' 하니, 부처님이 왕에게 '莎斗(사두)라는 비구가 있었는데, 삼보의 이름을 외우고서 십 년을 지나 사다함과를 얻었고, 점차 수행하여 지금 보향세계에서 벽지불이 되었소' 하니, 왕이 이 말씀을 듣고 나서 곱절이나 더욱 수행하였다." 하는 이야기가 있다.

木槵子經云, 時有(邊)難國王, 名波金離。白佛言, 我國邊小, 頻歲賊寇, 五穀勇貴, 疾病災(流)行, 人民困苦, 我恒不安。法藏深廣, 不得修行, 唯願垂矜, 賜我法要。佛告王言, 若欲滅煩惱障者, 當穿木槵子一百八箇, 恒以自隨, 至心無散, 稱南無佛陀, 南無達磨, 南無僧伽。乃至能滿百萬遍者, 當斷百八結業, 獲無上果。王聞歡喜, 我當奉行。佛告王曰, 有莎斗比丘, 誦三寶名, 經歷十歲, 得成斯陀含果。漸次修行, 今在普香世界作辟支佛。王聞是已, 倍復修行。

> 講

『불설목환자경』 1권은 대정장경 제17권에 있다. 여기서 인용한 경문은 726페이지 상중단에 있다. '목환자'는 범어로 아리슬가자 ariṣṭakākṣa 라 하는데 나무 이름이다. 이 나무는 귀신이 두려워하기 때문에 '無患'이라 한다. 槵은 음이 '환'이다. 등나무 비슷한데 여름에 황백의 작은 꽃이 핀다. 열매껍질은 세숫대야를 만들어 때를 씻을 수 있고, 열매는 단단하여 흑색인데 염주를 만들 수 있다. 이 경은 염주를 만드는 인연이 되었는데, 108과를 꿰거나 혹은 54개나 27개나 14개로 꿸 수도 있다. 칠보나 보리자로 염주를 만들면 공덕이 한층 수승하다. 자세한 것은 『校量數珠功德經』에 설한 것과 같다.(대정장경 17권 727페이지) 앞에서는 『보은경』과 『법구경』을 인용하여 삼보에 귀명할 것을 밝혔고, 여기서는 삼보를 부르는 것은 불제자가 응당 행해야 할 일임을 밝혔다.

'백팔 결업'은 백팔번뇌라고도 한다. 번뇌로 말미암아 갖가지 악업이 나기 때문에 '결업'이라 하였다. '108'이란 삼계 見惑에 88사가 있고, 修惑에 10使가 있으니 합하여 98隨眠이라 한다. 여기다 無慚, 無愧, 昏沈, 惡作, 惱, 嫉妬, 掉擧, 隨眠, 忿, 覆 등 10纏을 더하여 108이 된다. '사다함梵 sakṛd-āgāmin, 巴 sakad-āgāmin'은 범어니 一來라 번역한다. 욕계 9地 思惑 중 앞의 6품을 끊고 뒤의 3품이 남았으나 반드시 욕계의 천상과 인간에 한번 왕래하여 태어나기 때문에 '一來'라 하는 것이다. 이것은 성문승의 二果 성인이다.

'벽지불 pratyeka-buddha'도 범어니 독각 혹은 연각이라 번역한다. 천태종에서는 부처님 없는 세상에서 스스로 수행하여 도를 깨닫는 것을 '독각'이라 하고, 부처님이 계시는 세상에서 12인연법을 관하여 도를 얻었기 때문에 '연각'이라 한다 하였다. 이것은 삼승 가운데 中乘이니 또한 소승에 속한다. 『법화경』 「비유품」에 "만약 어떤 중생이 불세존으로부터 법을 듣고 믿고 받아 꾸준히 정진하여 自然慧를 구하며, 獨善寂을 좋아하여 제법 인연을 깊이 알면 이를 '벽지불승'이라 부른다." 하였다.

기5. 두 번째 질문과 답

集

문 : 지공 화상이 "애달프고 슬프고 억울하구나! 眞佛을 버리고 형상을 만들어 향과 꽃으로 공양하고 복을 구하다니! 六賊의 칼과 몽둥이를 면하지 못하네." 하였으니, 이 뜻은 지금 말씀과 어떻게 합치됩니까?
問. 志公云, 苦哉哀哉怨枉, 棄却眞佛造像, 香華供養求福, 不免六賊枷杖。此意如何以契今說。

講

거듭 두 번째 문답을 가설하였다. 지공 화상이 설한 말씀으로, 본집에서 설한 '正·助를 겸수하는 것이 제일가는 발심이다' 한 것과 어떻게 회통하는가를 물은 것이다.

'지공'은 寶誌선사의 존칭이다. 본성은 朱, 金城(남경) 사람이니, 육조 때 고승이다. 소년에 출가하여 道林寺에서 선을 닦았다. 나중에 신비하고 기이한 행적이 많아 널리 교화한 지 40여 년 동안 받들고 섬기는 선남신녀가 이루 헤아릴 수 없을 정도였다. 자세한 것은 『고승전』 제10권에 실려 있다. 양무제 天監 13년(514) 겨울에, 사람들에게 "보살이 곧 가려고 한다." 하고, 열흘이 채 안 되어 병 없이 죽었다. 나이는 97이니 남경 鍾山에 장사지냈다. 임금이 묘소에 開善精舍를 처음 세웠다.

'진불을 버리고 형상을 만든다' 한 것은, 사람들이 본래부터 가지고 있는 천진불을 미혹하여 알지 못하고, 도리어 진흙이나 나무로 불상을 만든다고 말한 것이다. '육적의 칼과 몽둥이를 면하지 못한다' 한 것은, 수도하는 사람이 만약 마음을 밝히고 성품을 보지 못하면, 육근·육진·육식의 결박(칼과 몽둥이)을 면하지 못하고, 생사를 벗어나지 못한다는 것을 말하였다.

集

답 : 이것은 범부가 自佛을 알지 못하고 한결같이 밖으로만 구하고, 모양에 집착하여 眞을 미혹하며, 다른 경계를 분별하여 助道가 되지 못하고 福門만을 구하는 것을 고인이 질타한 것이다. 마치 활을 허공에 쏘는 것과 같고, 사람이 어둠속에 들어간 것과 같아서, 결과는 생멸을 초래하니 어떻게 心塵을 초월하겠는가? 만약 唯心을 통달하면 눈에 보이는 모든 것이 모두 마음의 相分이라 결코 밖에서 온 것으로 집착하지 않는다. 그러나 인·연을 파괴하지 않으니 이·사가 걸림 없기 때문이다.

答. 此是古人破凡夫不識自佛, 一向外求, 住相迷眞, 分別他境, 不爲助道, 但求福門, 似箭射空, 如人入暗, 果招生滅, 寧越心塵。若達唯心, 所見一切, 皆是心之相分, 終不執爲外來。然不壞因緣, 理事無閡故。

講

'범부는 自佛을 알지 못한다' 한 것의, '알지 못하는 자'는 범부 중생과 더 나아가 원교의 宗旨를 듣지 못한 이승인과 보살을 가리키고, '自佛'은 부사의한 일심에 二門과 三大가 갖추어져 중생과 부처의 본체가 같은 자성천진불(또한 性德이라고도 한다)을 말한다. 이것은 보살의 육도만행인 일체 수덕과, 제불의 만덕으로 장엄한 과덕의 본원을 분명히 알지 못한 것이다. 미혹함으로 인하여 알지 못하니, 그러므로 마음 밖에서 제법을 알고 한결같이 마음 밖에서 법을 구하고 모양에 집착하여 수행하니, 바깥 경계가 오직 일심의 모양[相分]임을 알지 못한 것이다. 그러므로 갖가지 분별을 일으키고, 분별로 인하여 애증을 일으키니, 이와 같은 수행은 조도가 되지 못하고 다만 福報를 구할 따름이다.

『능엄경』에서 "지견에 지견을 세우면 무명의 근본이다." 하고, 또한 "자심에서 자심을 취하는 것은 幻 아닌 것에서 幻法이 이루어지는 것이다." 하며, 스님이 『종경록』 제8권에서 "범부와 성인이 끝이 없지만, 마음과 경계가 하나의 근원이요 시간과 공간 일체가 心性을 벗어나지 않았다." 한 것이다. 불보살과 여러 선지식과 지공대사 같은 분이 특별히 이러한 중생을 위하여 성·수와 인·과가 자심을 여의지 않았음을 보여, 마음을 미혹한 집착을 타파한 것이다. 달마와 양무제의 문답도 이런 것이다.

무제가 물었다.

"나는 절을 짓고 경전을 베끼고 스님들을 출가시켰으니, 어떤 공덕이 있습니까?"

"이것은 다만 인간이나 천상의 조그만 과보의 有漏因이 될 뿐이니, 마치 그림자가 형상을 따르는 것과 같아서 비록 있으나 사실이 아닙니다."

"진실 공덕이란 어떤 것입니까?"

"청정한 지혜는 미묘 원만하고 본체는 본래 공적합니다. 이와 같은 공덕은 세상에서(마음 밖에서) 구할 수 없습니다."

"성스러운 진리인 제일가는 뜻은 어떤 것입니까?"

"툭 터져 성스러운 것은 없습니다."

무제가 깨닫지 못하자, 달마가 소림사에 들어가 9년 동안 면벽하였다.

'福門만을 求한다' 한 데서부터, '어찌 心塵을 초월하겠는가?' 한 다섯 구절은, 양무제 무리와 같이 비록 삼보를 일으키고 융성하게 하지만, 다만 자기의 공덕과 과보만을 구할 뿐이니, 이것은 유루인에 속하여 무루불을 이루지 못한다. 마치 공중에 활을 쏘는 것과 같아서 힘이 다하면 반드시 떨어지고, 또한 사람이 어둠 속에서 방안의 보배를 보지 못하는 것과 같다. 이처럼 밖에 것을 집착하여 안을 잃어버리고 경계에 집착해 마음을 미혹한다. 그러므로 인천의 과보를 초래할 뿐, 완전히 나고 멸하는 법이라서 자성 청정심의 前塵인 그림자 아닌 것이 없다. 그러므로 비록 있으나 사실이 아니어서 지금은 있으나 도리어 없어지니, 그러므로 '어찌 心塵을 초월하랴' 하였다.

'만약 유심을 통달하여 …' 한 것부터, '이사가 무애하기 때문이다' 한 데까지 모두 여섯 구절은 원교 보살을 설하였다. 만약 심성이 본래 청정하고 제법이 오직 일심뿐인 일심 이문을 깨달으면, 조금도 모자람이 없이 원만하게 닦을 수 있고 원만하게 깨달아 얻을 수 있다. 부처님 송에 "경계가 오직 마음뿐임을 알아 바깥 塵相을 버리면, 이로부터 분별을 쉬고 평등 진여를 깨닫네." 하고, 『기신론』에 "삼계가 거짓이어서 오직 마음으로 지은 것이다. 마음을 여의면 육진 경계가 없다." 한 것이다. 그러므로 '보이는 일체가 모두 마음의 상분이라, 결코 밖에서 온 것(有)에 집착하지 않는다' 하였다. 보살은 일심의 성덕을 깨달았으나 또한 만행인 수덕을 폐하지 않는다. 性으로부터 修를 일으키니 性은 因이니 理에 속하고, 修는 緣이니 事에 속한다. 그러므로 '인·연을 파괴하지 않으니, 이·사가 무애하기 때문이다' 하였다.

淨心을 깨달음으로 인하여 설한 '유심'은 세상의 모든 철학이나 종교와는 같지 않다. 일반적으로 말하는 유심은 본체론과 인식론을 세우고자 한 것이다. 그러나 불법에서 말하는 유심은 비록 인식과 본체를 포함하였으나 도리어 일반적인 인식론과 본체론은 아니다. 이는 심성이 본래 청정한 空을 가리킨 것이다. 이 마음은 무념이기 때문에 인식론이 아니요, 이 마음은 무상 무주이기 때문에 본체론이 아니다. 그러므로 유식종에서는 識에 네 부분이 있다고 설하였다. 見分과 相分은 인식론과 유사하고, 自證分은 본체론과 유사하지만, 證自證分은 앞의 세 부분을 회귀하여 心識의 空性에 이르니, 이것은 제법실상이요 중생의 본원이다. 또한, 만법이 일심으로 인하여 연기하니, 마음이 자성이 없는 것을 '唯心'이라 한다. 용수보살의 『대지도론』에 "유심이기 때문에 空이라 한다." 한 것이다. 심식과 공성은 곧 하나의 사실에 두 가지 얼굴이다.

기 6. 인용하여 증명함

集

神鍇화상이 "중생이 공하기 때문에 大慈를 버리지 않고, 여래가 고요함을 관하여 공경과 봉양을 잃지 않는다. 실상을 말하지만 假名을 파괴하지 않고, 차별을 논하지만 평등을 파괴하지 않는다." 하고,

神鍇和尙云, 緣衆生空, 不捨於大慈。觀如來寂, 不失於敬養。談實相, 不壞於假名。論差別, 不破於平等。

講

먼저 신개화상의 법어를 인용하여 증명하였으니, 모두 二諦가 원융하고 理事가 무애함을 말하였다. 문장은 잘 알 수 있을 것이다. 신개화상은 『고승전』과 『속고승전』에 모두 기재되지 않은 분이다. 상고하기 바란다.

集

또 『화엄경』에, 8지 보살은 무생법인을 직접 증득하고 功用이 없는 道에 들어가 일체법을 깨달았으나, 虛空性과 내지 涅槃心이 아직 앞에 나타나지 않자 비

로소 무량불을 친견하고 치열하게 공양하였음을 말하였다. 또한 "만약 저가 항상 삼보를 공경 공양하되 지치고 싫어함이 없으면, 능히 四魔 경계를 초출하여 속히 위없는 불보리를 이루네." 하였다.

又華嚴經, 八地菩薩, 親證無生法忍, 入無功用道, 了一切法, 如虛空性, 乃至涅槃心, 猶不現前, 方始見無量佛, 熾然供養。又云, 若彼常於三寶中, 恭敬供養無疲厭, 則能超出四魔境, 速成無上佛菩提。

講

다음에는 『화엄경』 말씀을 인용하였다. 8지 보살은 마음이 허공과 같으나, 무량불을 친견하고 공양을 널리 닦았다. 또한, 게송으로 "삼보 공덕을 공경 공양하고 五陰魔, 煩惱魔, 天魔, 死魔의 경계를 초출하여 속히 성불을 얻었네."하고 찬탄하였다. 그러므로 고덕이 "매우 뛰어난 지혜는 空을 관하여 도에 나아간다." 하고, 선종에서는 "마음이 空하여 급제하여 돌아간다." 하였다.

集

『현우경』에 "사위국에 어떤 장자가 한 사내아이를 낳았는데, 그때 하늘에서 칠보가 비 오듯이 내렸으므로, 그 때문에 '寶天'이라 불렀다. 나중에 부처님을 만나 출가 득도하였는데, 부처님이 말씀하시기를 '비바시불이 세상에 출현하실 때, 한 가난한 자가 있었는데 비록 마음은 기뻤으나 공양거리가 없어 한 줌 흰 돌을 구슬같이 만들어 여러 스님께 보시하였으니, 지금 이 보천이 그자다. … 수많은 복을 받고 의식이 자연스럽더니, 지금 나의 세상을 만나 도과를 깨달아 얻었다." 하고,

賢愚經云, 舍衛國有長者, 生一男兒。當爾之時, 天雨七寶, 因字寶天。後值佛出家得道, 佛言, (過去)毗婆尸佛出現於世, 有一貧人, 雖懷喜心, 無供養具, 以一把白石擬珠, 用散衆僧, 今此寶天是。乃至受無量福, 衣食自然。今遭我世, 得道果證。

講

거듭 『현우경』을 인용하여 증명하였다. 이 경은 대정장경 제4권에 있다. 인용한 경문은 359페이지 중하 단에 있다. '부처님이 말씀하시기를' 한 아래는 부처님이 대중을 위해 보천의 과거생 本事를 밝힌 것이다. 가난하여 향이나 꽃 등 四事(의복·음식·와구·의약. 혹은 의복·음식·탕약·방사)로 삼보에게 공양하지 못하고, 다만 손에 한주먹 흰 돌을 잡아 구슬같이 만들어 여러 스님에게 받들어 공양하고, 91겁 동안 인간과 천상의 복락을 누리더니, 금생에 세상에 나온 것이 보천의 과보이다.

'무량복을 받고 의식이 자연스러웠다' 한 것은, 뛰어난 복덕을 대략 설한 것이다. '도과를 깨달아 얻었다' 한 것은 보천이 부처님을 만나 증과한 것을 말하였다. 부처님 세상에서는 부처님이 "잘 왔구나, 비구여!" 하면 금방 수염과 머리카락이 저절로 떨어지고 가사가 몸에 입혀져 비구가 되어 부처님 설법을 듣고 곧 아라한 도과를 증득하였다.

'비바시불'은 과거 장엄겁 제998 존불이다. 『장아함경』에 "사람 나이 8만 세 때 이 부처님이 세상에 출현하셨으니 종성은 찰제리다. 성은 拘利若, 아버지 이름은 槃頭니 槃頭婆提 성에 살았다. 波波羅 나무 아래에 앉아 세 번 설법하여 34만 8천 명을 제도하고 입멸하셨다. 시자 이름은 無憂요, 아들 이름은 方膺이었다." 하였다.

集

또한 진각대사가 "정법을 깊이 믿고, 육바라밀을 부지런히 행하며, 대승을 독송하고, 행도 예배하며, 맛있는 음식이나 향기로운 꽃이나, 음성으로 찬패하거나, 등촉이나 臺觀, 산이나 바다, 샘이나 수풀, 공중이나 평지 등, 세상에 있는 가는 먼지 이상은 모두 다 공양하고, 공덕을 모아 보리에 회향하나이다." 하였다.
又眞覺大師云, 深信正法, 勤行六度, 讀誦大乘, 行道禮拜, 妙味香花, 音聲讚唄, 燈燭臺觀, 山海泉林, 空中平地, 世間所有微塵已上, 悉持供養。合集功德, 廻助菩提。

講

다시 진각대사(영가대사)의 법어를 인용하여 증명하였다. 당나라 玄覺(665~713) 선사는 호가 진각이다. 永嘉(지금 절강성 溫州) 사람이니 속성은 戴다. 어려서 출가하여 천태의 止觀법문을 정밀히 배우고 항상 禪觀을 닦았다. 左溪玄朗 선사(천태종 8조)의 권유로 조계에 가서 육조혜능 대사를 친견하였다. 처음 도착하여 조사를 세 바퀴 돌고 우뚝 서니, 조사가 말하였다.

"대저 사문은 3천 가지 몸가짐과 8만 가지 대수롭지 않은 행실도 갖추어야 하는데, 대덕은 어디에서 왔기에 큰 아만을 떠는가?"

"생사의 일이 크고 무상이 신속합니다. (이 때문에 스님을 뵈러 온 것이지, 어찌 아만을 떨겠습니까?)"

"어찌 태어남이 없음을 체달하지 않고, 속함이 없음을 요달하지 않는가? (그렇다면 무생을 깨닫고 속함이 없는 도리를 알면 되는데, 어찌 그렇게 하지 않는가?)"

"체달하면 태어남이 없고, 요달하면 본래 속함이 없습니다. (그런 도리는 저도 이미 깨달았습니다.)"

"그렇다! 그렇다!"

스님이 비로소 위의를 갖추어 예배하고, 잠시 후에 떠날 것을 말씀드리니 조사가 말하였다.

"오히려 너무 급하지 않은가?"

"본래 움직이는 것이 아닌데 어찌 급한 것이 있겠습니까?"

"누가 움직이는 것이 아닌 줄 아는가? (그런 줄 아는 것은 어떤 놈인가?)"

"스님께서 스스로 분별심을 내십니다. (스님께서 이런지 저런지 분별하지 마십시오.)"

"뜻이 없다면 누가 분별하는가?"

"분별도 또한 뜻이 아닙니다."

"장하구나! 장하구나! 잠시 머물러 하룻밤 묵었다 가게."

다음날 하산하여 온주로 돌아와 많은 사람을 제도하였다. 저서에 「증도가」와 『선종영가집』이 있다.

진각대사가 先天 2년(계축.712) 10월 17일, 편안히 앉아 입멸하니 육조와 같은 해다. 11월 13일 서산 남쪽에 장사하고 無相大師라 시호하고, 탑은 淨光이라 하였다. 송 태종 황제가 조칙으로 龕塔을 중수하게 하였다.

인용한 법어는 『선종영가집』 제10 「발원문」에서 나왔으니 (대정장경 48권 395페이지 중) 보살이 수행하는 강요를 밝혔다. 먼저 삼보를 공경하고 소중히 하는 것이 중요하다. 삼보는 무상 복전이라 중생이 의지해야 할 곳이기 때문이다. 다음에는 법을 깊이 믿어야 하니 삿되거나 치우침이 없어야 하기 때문이다. 그런 후에 부지런히 육바라밀을 행해야 하니, 육도의 생사대해를 건너 피안에 오르게 하기 때문이다. 다시 대승을 독송하여 圓理를 통달해야 하니, 능히 삼계를 초출하여 이승에 떨어지지 않기 때문이다.

'행도 예배' 아래는 곧 보현보살의 십대 원왕에 의지해야 하니, 제불에게 예경하는 것이 첫째이기 때문이다. 다시 여래를 칭찬하여 널리 공양을 닦아야 하니, 복·혜 장엄을 성취하기 때문이다. '음성 찬패'는 칭찬에 속한다. 그 외는 공양에 속한다. '보리에 회향하는 것'은 제10 「普皆回向」 행원이다. 다만 앞뒤 네 가지만 들었으니, 그밖의 행원은 생략하고 설하지 않았다. 원문에 계속하여 "만행을 성취하여 정묘함이 무궁하고, 정직하고 원명하여 불도를 이루는 데 뜻을 두어지이다. 나에게 있는 공덕을 모두 중생과 함께하나니, 널리 바라나니 여러 중생 모두 불도를 이루어지이다." 하였으니, 이것은 공덕을 모아 중생에게 불과를 회향한 것이다. 그러므로 각 종파에서 모두 아침 예불에 십대원왕의 게송을 찬송하며 문장에 따라 발원하니, 조금도 모자라서는 안 되는 수행문이기 때문이다.

기 7. 회통하고 설명함

集

이로써 범부가 마음 밖에 집착하는 것을 타파했을 뿐임을 알 수 있으니, 이익을 탐하여 공양하거나, 성내는 마음으로 계를 지키거나, 교만으로 복을 짓거나, 남을 이기려 보시하거나, 신중한 마음이 없으면 광대한 뜻이 아니다. 이렇게 행해서는 淨果를 부르기 어려우니, 성인(지공화상)의 뜻을 잘못 알아 함부로 범부의 마음을 내고, 단멸심을 일으켜 보리 종자를 멸해서는 안 된다.

以知祇破凡夫心外所執, 或是貪利供養, 嗔心持戒, 憍慢作福, 勝他布施。無殷重心, 非廣大意, 若如是行, 難招淨果。不可錯會聖意, (無)斷(出)自凡情, 起斷滅心, 滅菩提種。

講

이것은 스님이 회통하여 설명한 글이니, 지공화상이 범부가 수행할 적에 바깥일에 집착하는 것을 타파하고, 사람들이 복을 닦을 적에 반드시 허물이 없게 한 것이다. 예를 들면, 명성이나 이익을 탐하는 마음으로 남을 위해 법을 설하거나, 선을 행하되 남이 공경 공양할 것을 바라거나, 계율을 지키지 않는 사람에게 마음속으로 화를 내면서 자기는 계를 지키며 수행한다는 것을 내세우거나, 혹은 교만한 마음으로 도량이나 절 주지 직책을 맡아 대중을 아끼고 소중히 여기지 않고 성미가 강팍하고 고집스러워 제 생각만 옳다고 주장하며 위엄을 부리거나, 혹은 승부심을 가지고 재물이나 법을 보시하고, 더 나아가서 새로운 것을 표방하고 더 나은 것을 내세우며 널리 이단을 설해 불법승을 훼방하여 스스로 무간업을 초래하거나, 혹은 닦은 선업이 마음에 신중하지 않아서 경솔한 마음이나 교만한 마음을 내거나, 뜻이 광대하지 않아서 사사롭거나 자신만을 위한다면, 이러한 수행은 淨果를 부르기 어려울뿐더러 불법 가운데 도적이라, 반드시 惡果를 얻는다. 이 때문에 지공 화상이 탄식하기를 '애달프고 슬프고 억울하구나!' 하였으니, 절대 범부의 마음으로 성인(지공스님)의 뜻을 잘못 알아, 함부로('無斷') '저(지공)가 사람들에게 삼보에 공양할 필요도 없고 굳이 선을 행하고 복을 닦을 필요가 없다'라고 말했다고 오인하여, 단멸심을 내어 성불(보리)할 종자를 없애서는 안 된다. 이야말로 잘못되고 매우 잘못된 일이다.

集

『수능엄경』에 "만약 저 定中의 선남자가 色陰이 소멸하고 受陰이 분명한 것을 보고는 스스로 '이미 만족하다' 하고 말하면, 아무 실마리가 없는[無端] 대아만이 홀연히 일어나는데, 이렇게 하여 심지어 我慢과 過慢과 慢過慢과, 혹은 增上慢과 卑劣慢이 일시에 모두 일어난다. (그리하여) 마음속으로 오히려 시방 여래도 우습게보거든 더욱이 하위인 성문이나 연각이랴. 이것을 '見勝(잘 낫다고 봄)'이라 하니, 스스로 구원할 지혜가 없다. 깨달으면 허물이 없으나 聖證은 아니니, 만약 聖證이라는 견해를 지으면 조그만 大我慢魔가 그의 마음속에 들어가,

탑묘에 예배하지 않고 경전이나 불상을 훼손하면서 단월에게 '이것은 쇠나 구리며 혹은 나무나 흙이요, 경전은 나무 이파리나 혹은 직물을 짠 것에 불과하다. 육신이야말로 참으로 상주하는 것이니, 자신에게 공경치 않고 도리어 흙이나 나무를 숭상하니, 실로 전도된 것이다' 하고 말하면, 그를 깊이 믿는 자는 그가 훼손하고 부수는 것에 따라 땅속에 파묻어 버린다. 이렇게 중생을 미혹하고 그르쳐, 무간지옥에 들어가 正受를 잃어버리고 반드시 삼도 고해에 떨어지리라.(대장장경 19권 148페이지 하)" 하였다.

首楞嚴經云, 若彼定中, 諸善男子, 見色陰消, 受陰明白, 自謂已足。忽有無端大我慢起, 如是乃至慢與過慢, 及漫過慢, 或增上慢, 或卑劣慢, 一時俱發。心中尙輕十方如來, 何況下位聲聞緣覺, 此名見勝, 無慧自救。悟則無咎, 非爲聖證。若作聖解, 則有一分大我慢魔, 入其心腑。不禮塔廟, 摧毁經像。謂檀越言, 此是金銅, 或是土木。經是樹葉, 或是疊華。肉身眞常, 不自恭敬, 卻崇土木, 實爲顚倒。其深信者, 從其毁碎, 埋棄地中。疑誤衆生, 入無間獄, 失於正受, 當從淪墜。

講

스님은 자비하시어 다시 『능엄경』 가운데 부처님의 가르침을 인용하여, 무릇 부처님 제자는 부디 성인의 뜻을 잘못 알고 함부로 범부의 생각으로 스스로 총명하다 여기며 아만이 貢高(잘난체함)하여 대사견을 내어 마구니의 족속이 되어 무간지옥에 떨어지지 말 것을 가르쳤다.

'慢'은 자신을 믿고 남을 깔보는 것이니 五鈍使 가운데 하나다. '我慢'은 '나'와 '내 것'에 집착하여 마음이 높이 날아오르는 것이다. 예를 들면 과거 임금들이 스스로 '전국 인민과 산하대지의 주인'이라 하는 것과 같다. 청나라 순치황제가 지은 '승려를 찬탄한 시'에 "짐이 대지산하의 주인이 되었다." 한 경우다. '慢과 過慢'의 '慢'은 자기보다 못한 사람에게 스스로 자랑하며 저보다 낫다고 하는 것이요, '過慢'은 다른 사람과 비슷한데도 자기가 낫다고 여기는 것이다. '慢過慢'은 자기보다 나은 사람에 대하여 상반된 생각을 내어 자기가 상대방보다 낫다고 생각하는 것이다. '增上慢'은 깨닫지 못했으면서 깨달았다고 여기고, 얻지 못했으면서 얻었다고 여기는 것이다. '卑劣慢'은 대부분 다른 사람보다 나은데도 자기가 다소 저만 못하다고 여기는 것이다.

『능엄경』에서 설한 것은, 定을 닦으면서 五陰魔에 집착한 어떤 사람은 觀空의 지혜가 없기 때문에 가끔 大我慢을 내는 경우가 있음을 가리키니, 그러므로 '이를 見勝(낫다고 본다)이라 한다' 하였으니, 곧 자기가 모든 것보다 낫다고 집착하는 것이다. '자신을 구할 만한 지혜가 없다'는 것은, 곧 구할 만한 法이 없는 것이다. 이로 인하여 절을 부수고 불상을 파괴하며 경전을 불사르고 스님들을 박해하는 등의 악업을 저지르면서 스스로 다른 사람을 가르치니, 그러므로 '중생을 미혹하고 그르친다'라고 하였다. 악업이 이미 이루어졌으면 반드시 무간지옥에 들어가 인과응보를 받으니, 그러므로 '무간지옥에 들어가 正受(正定)을 잃어버리고 반드시 몰락을 쫓는다(삼도 고해에 침륜함)' 하였다.

集

다만 선행을 지을 때 모든 것에 집착하지 말고, 기뻐하고 경사스럽고 다행히 여기며, 힘을 다하고 정성을 다해 무상보리에 회향하여 법계 중생에게 널리 베풀지니라. 그렇게 하면 조그만 선행도 모두 圓因이라 마침내 인천 인과에 떨어지지 않는다. 또한 복업이 넓고 깊으면 범부와 성인이 모두 구제된다. 복은 안락의 근본이요 지혜는 해탈의 문이니, 이 二輪을 잠시도 잊어버려서는 안 된다. 이야말로 성불의 바른길이요 실로 고통을 건지는 깊은 근본이다.

삼가 무상 보왕이신 시방 자부께서 큰 복덩이를 지어 공덕의 몸을 갖추셨건만, 그런데도 친히 대중 앞에서 骨塔에 예배하시고, 몸소 제자가 되어 바느질을 버리지 않았거든, 더욱이 하열한 범부의 몸으로 복이 박하고 덕이 부족하면서 일천제와 같이 믿지 않고 아만이 탱천하며, 하심을 부끄럽게 여기고 작은 선행을 버리겠는가!

但所作之時, 一切無着, 歡喜慶幸, 竭力盡誠, 回向無上菩提, 普施法界含識。則一毫之善, 皆是圓因, 終不墮落人天因果。又福業弘深, 凡聖俱濟。福是安樂之本, 智爲解脫之門, 以此二輪, 不可暫失。乃成佛之正轍, 實拔苦之深因。

恭惟無上寶王, 十方慈父, 作大福聚, 具功德身。尙乃親對大衆。起禮骨塔。躬爲弟子, 不棄穿針。豈況下劣凡形, 薄福尠德。闡提不信, 我慢貢高。恥作低心, 頓遣小善。

講

이 두 단락 문장은 모두 금과옥조와 같이 좋은 말씀이니, 무릇 불자들은 반드시 기억하고 마음에 새겨야 한다. 첫 단락에서는 복과 선을 닦고 지을 때 삼륜의 체성이 공적함을 알아 모든 것에 집착하지 말 것을 말하였다. 그것은 性으로부터 修를 일으켜 修 전체가 性에 있으니, 허물이 없을뿐더러 또한 반드시 불과를 이루기 때문이다. 복을 짓는 것은 심생멸문이니 照에 속하고, 집착하지 않는 것은 심진여문이니 寂에 속한다. 일심 이문이 연기의 성이 空하여 寂・照가 동시니, 이것은 제법의 실상이다. 제불은 이것을 깨달아 얻어 부처를 이루었으니, 그러므로 '성불의 바른길이다' 하였다.

　'기뻐하고 경사스럽고 다행히 여긴다' 한 데서부터, '결국 인천 인과에 떨어지지 않는다' 한 데까지 모두 일곱 구절은, 圓因을 행하면 반드시 圓果를 이루어 절대 인천 이승의 인과 중에 떨어지지 않음을 설하였다. 예를 들면, 정토 법문을 닦으면 반드시 上輩에 왕생하고 中・下輩에 있지 않는 것과 같다. 왜냐하면, 『관경』에 "제일의에 대해 뜻과 내용을 잘 이해하여, 마음이 놀라고 동요하지 않고('歡喜慶幸') 깊이 인과를 믿어('竭力盡誠') 대승을 비방하지 않으며, 이 공덕으로 회향하여 극락국에 왕생할 것을 願求하면('回向無上菩提'), 목숨이 다하려 할 때 아미타불이 자금대를 들고 와서 영접하여 잠깐 사이에 곧 저 국토에 왕생하느니라.(대정장경 12권 345페이지 상)" 한 것이다.

'조그만 선행도 모두 圓因이다' 한 것에서 '圓因'이란, 비록 온갖 선행을 닦더라도 집착이 없으면 모두 성불의 원인이 되니, 그러므로 '圓因'이라 부른다. 본집에서 논한 것이 모두 이것이다. 『기신론』에서 "닦는 것이 相을 여의어 법성의 체성이 慳貪이 없음을 알기 때문에 단바라밀을 수순수행하고, 법성이 더러움이 없음을 알아 오욕의 허물이 없기 때문에 시바라밀을 수순수행하며 … 반야바라밀을 수순수행하느니라." 하고, "또한 만약 어떤 사람이 선세에 중죄의 악업장이 많이 있기 때문에 邪魔나 諸鬼의 괴롭힘을 당하거나, 혹은 세상 사무에 갖가지로 얽히거나, 혹은 병고에 괴롭힘을 당하는 등 갖가지 장애가 있으면, 응당 용맹정진하여 밤낮으로 제불에게 예배하고 성심으로 참회하며 권청 수희하며 보리에 회향하되, 언제나 변함없고 쉬거나 그만두지 마라. 그러면 여러 가지 장애를 면하고 선근이 증장하기 때문이다.(대정장경 32권 581페이지 상)" 한 것과 같으니, 여기서 '圓因을 닦는다' 한 것은 매우 중요한 말이다.

'또한, 복업이 넓고 깊어 범부와 성인을 모두 제도한다' 한 것에서 '복업'이란, 善業과 淨業은 세간이나 출세간의 복락을 불러오지만 더 나아가서 삼승 보리의 과보에 이르니, 그러므로 '복업'이라 하였다. 『관경』에 "부처님이 위제휘에게 말씀하였다. '내가 지금 그대를 위해 자세히 설하고, 또한 미래 세상의 일체 정업을 닦고자 하는 범부가 서방 극락국토에 왕생하게 하리라. 저 국토에 왕생하고자 하는 자는 반드시 세 가지 복업을 닦아야 한다. 첫째는 부모에게 효양하고 스승과 어른을 받들어 섬기며 慈心으로 죽이지 않고 십선업을 닦는 것이다. 둘째는 삼귀의를 수지하고 여러 가지 계행을 구족하며 위의를 범하지 않는 것이다. 셋째는 보리심을 발하여 인과를 깊이 믿고 대승을 독송하며 수행하기를 권하는 것이다. 이와 같은 세 가지 일을 淨業이라 하는데, 이 세 가지 일은 심지어 삼세 제불에게도 淨業이며 正因이니라'"(대정장경 12권 341페이지 하) 한 것이다. 이것은 보살이 복업을 닦는 유일한 표준이니, 이러한 복업이야말로 곧 佛業이라, 힘과 작용이 넓고 깊어 범부에게 범부를 돌려 성인을 이룰 수 있게 한다. 그리하여 아직 삼계를 벗어나지 못했으면 세상의 성인인 공자나 맹자나 노자나 장자가 되고, 삼계를 벗어났으면 세상을 벗어난 성인인 아라한이나 벽지불, 관음, 세지, 더 나아가 제불이 된다.

'복은 안락의 근본이요, 지혜는 해탈의 문이다' 한 것은, 복과 지혜 두 가지 공덕은 능히 만덕 장엄의 佛身를 성취할 수 있음을 말하였다. '지혜'는 부처님의 法報身인 상·락·아·정을 이룰 수 있으니 이것은 궁극적인 청정안락의 과덕이요, '복덕'은 부처님의 化身을 이루니 八相으로 성도하여 무리에 따라 몸을 나타내니, 이것은 궁극적인 자재해탈의 과덕이다. 『대지도론』에 "理法이 쌓여 법신이 되고, 智法이 쌓여 보신이 되며, 공덕법이 쌓여 화신이 된다." 한 것처럼, 모두 복을 닦고 지혜를 닦는 것이 근본이 되고 입문이 되니, 조금 치라도 소홀히 여기면 능히 성취하지 못한다. 그러므로 보살이 되려면 반드시 복·혜를 쌍수해야 하니, 그러므로 '이 두 가지 바퀴를 잠시도 잊어버려서는 안 된다' 하였다. 이야말로 중생이 부처가 되고 조사가 될 수 있는 아름다운 법칙이요 올바른 규칙이며, 또한 범부가 고를 여의고 즐거움을 얻을 수 있는 신비한 약이며 미묘한 술법이다. 그러므로 '곧 성불의 바른길이며, 실로 고통을 건지는 깊은 인연이다' 하였다.

둘째 단락은 부처님의 일을 들어 예를 삼았다. 부처님은 위없는 법('寶')의 왕이시고 삼계의 도사시며 시방의 자부이시니, 일찍이 무량겁에 한없는 복덕('聚')을 닦고 지어 모든 공덕을 구족한 것으로 몸이 되신 분이다. 그런데도 친히 대중 앞에서 과거에 보살도를 행할 때 몸과 목숨을 버린 유골 영탑에 예배하며 난행을 고행하며 복을 닦고 지혜를 닦아 비로소 오늘과 같은 불신과 불과가 있었음을 회상하였으며, 또한 일찍이 한 눈먼 늙은 비구를 위해 바느질을 하며 복을 닦으면서도 조금도 싫어하시지 않았다. 그런데 우리 같이 업장은 무겁고 복덕은 가벼우며 장애는 깊고 지혜가 얕은 하열 범부가 어떻게 일천제와 같이 부처님 말씀을 믿지 않고, 복을 닦고 지혜를 닦으며 正·助를 겸수하는 것을 믿지 않겠는가? 수명은 종이쪽지와 같이 얇고 마음은 하늘보다 높아 아만이 공고하면서, 일체 善事를 행하지 않고 부처님에 의지하여 구차하게 살길을 도모하며 하나의 빚진 이나 기생충이 꼴이 되니, 이야말로 가장 부끄러운 일이며 또한 가장 슬픈 일이다!

기 8. 경전을 널리 인용하여 증명함

集

『상법결의경』에 부처님이 말씀하시되 "만약 어떤 사람이 다른 사람이 복을 닦거나 가난한 이에게 보시하는 것을 보고는 비난하고 헐뜯으며, '이 邪命人은 명리를 찾는 것이다. 출가한 사람이 어찌 보시 같은 짓을 하랴. 선정 지혜의 업만 닦으면 되지 어찌 번거롭고 무익한 일을 하랴?' 하며, 이런 생각(말)을 하는 자는 마구니 권속이라, 그 사람이 수명을 마치면 대지옥에 떨어져 겁을 지나도록 고통을 받다가, 지옥에서 나와서는 아귀 중에 떨어져 오백 번의 몸이 개에 떨어지며, 개에서 나와 오백 세 동안 항상 빈천한 가정에 태어나 갖가지 고통을 받는다. 왜냐하면, 전세에 다른 사람이 보시하는 것을 볼 때 따라서 기뻐하지 않았기 때문이다." 하고,

『대지도론』에 "복덕은 보살마하살의 근본이라 능히 모든 원을 채울 수 있어서, 성인은 모두 찬탄하고 지혜 없는 사람은 헐뜯는 것이며, 지혜 있는 사람이 행하는 것이요 지혜 없는 사람은 멀리 버리는 것이다. 이 복덕의 인연으로 人王과 전륜성왕과 천왕과 아라한과 벽지불, 제불 세존이 되고, 대자대비와 십력과 사무소외와 일체종지와 자재무애가 모두 복덕에서 난다." 하고, 또 수보리가 "畢竟空 중에는 福과 非福이 없는데 무엇 때문에 복덕만으로 얻습니까?" 하고 물으니, 부처님이 "世諦 가운데는 복이 있어야 하므로 얻느니라." 하고 대답하시었다.

수보리는 중생이 (복덕을) 가짐이 없다고 집착하기 때문에 물었고, 부처님은 (복덕이) 있다는 것에 집착하지 않기 때문에 (소유함을 알지 않기 때문에) 답하신 것이다. 이른바 정진하고 복을 닦아도 오히려 얻지 못하는데 더욱이 복덕을 닦지 않음이랴. 예를 들면 한 걸식 도인이 한 마을에 가서 한 집에서 또 다른 한 집에 이르도록 걸식하여도 음식을 얻지 못하였다가, 한 굶주린 개가 굶주려 누워있는 것을 보고 몽둥이로 때리며 '너 축생은 지혜가 없다. 나는 갖가지 인연으로 집집마다 음식을 구하여도 오히려 얻지 못하는데, 더욱이 네가 누워서 얻기를 바라느냐?' 한 것과 같다." 하였다.

像法決疑經云, 佛言, 若復有人, 見他修福, 及施貧窮, 譏毁之業, 此邪命人, 求覓名利。出家之人, 何用布施, 但修禪定智慧之業, 何用紛動無益之事。作是念(言)者, 是魔眷屬。其人命終, 墮大地獄, 經歷受苦。從地獄出, 墮餓鬼中。於五百身, 墮在狗中。從狗出已, 五百世中, 常生貧賤, 受種種苦。何以故, 由於前世見他施時, 不隨喜故。

論云, 福德是菩薩摩訶薩根本, 能滿一切願。聖人所共讚歎, 無智人所毁訾。智人所行處, 無智人所遠離。是福德因緣故, 作人王, 轉輪聖王, 天王, 阿羅漢, 辟支佛, 諸佛世尊。大慈大悲, 十力, 四無所畏, 一切種智, 自在無礙, 皆從福德中生。又云, 須菩提問, 以畢竟空中, 無有福與非福, 何故但以福德而得。佛答, 以世諦中有福故得。須菩提爲衆生着無所有故問, 佛以不着(知)有故答。所謂精進修福, 尙不可得, 何況不修福德。如有乞食道人, 至一聚落, 從一家, 至一家, 乞食不得。見一餓狗饑臥, 以杖打之言, 汝畜生無智。我種種因緣, 家家求食尙不得, 何況汝臥而望得耶。

講

보살은 반드시 복을 닦아 正·助를 겸수해야 함을 설명한 후에, 이 아래는 다시 여러 가지 경론을 널리 인용하여 증명하였다. 『상법결의경』 1권은 대정장경 제85권에 있다. 여기서 인용한 경문은 1336페이지 중단에 있다.

그 경에서 이르기를, "부처님이 말씀하였다. '내가 여러 가지 경전에서 보시를 설한 것은, 출가자나 재가자에게 자비심을 닦게 하려고, 빈궁한 자나 고독하고 연로한 자나 혹은 주린 개한테도 보시하게 한 것이다. 나의 여러 제자가 나의 뜻을 알지 못하고 오로지 敬田(삼보를 공경 공양하는 것)에만 보시하고 悲田(가난한 사람에게 자비를 베푸는 것)에는 보시하지 않으나, 이 두 복전에서 悲田이 더 낫다. … (그러니) 부처님이 세상에 나와 제자들에게 중생의 고기를 먹게 하는 것은 있을 수 없는 일이니, 만약 고기를 먹는다면 어찌 대비라 하겠는가?'" 하였으니, 이를 미루어 자비와 공경 두 복전 중에 자비 복전이 더 낫다는 것을 알 수 있다. 그러므로 응당 가난한 이나 병든 자, 고독한 이나 늙은이, 심지어 축생에게도 항상 보시를 행해야 하는 것이다. 재가나 출가 불자를 막론하고 모두 응당 중생의 고기를 먹지 말아야 하니, 고기를 먹으면 자비 종자가 끊어지기 때문이다.

　인용한『대지도론』문장은, 먼저 복덕으로 능히 일체 세간이나 출세간의 善果를 낼 수 있고, 더 나아가서 성불할 수 있다는 것을 밝혔다. 그러므로 보살의 근본이 되니 어찌 空에 집착하고 有를 버려 복덕을 닦지 않겠는가? 수보리는 어떤 부처님 제자가 제법이 모두 공한 것에 집착하여 복덕을 닦지 않는 것을 보았기 때문에 물었고, 부처님은 제자가 세속제 중에서 반드시 복이 있어야 하는 줄 알지 못하므로 답하였다. '이른바 정진 수복하여도 오히려 얻을 수 없는데, 더욱이 복덕을 닦지 않음이랴' 한 것은 대자비가 결핍한 것을 가리키니, 여법하지 않게 복을 닦아도 오히려 복을 얻을 수 없는데, 더욱이 닦지 않고서 복을 얻기를 바라겠는가? 이는 절대 불가능한 일이다.

　『상법결의경』에 "비록 여러 가지 선행을 짓더라도 명리를 구하고 남에게 이기기만을 구하고 조그만 출세간의 마음을 내지 않고, 또한 오로지 제 홀로 선을 행하고 중생을 교화하지 않으며, 다른 사람의 선행을 보고 능히 수희하여 조금도 도우려고 하지 않으니, 이런 사람은 그 복이 보잘것없다. 어떤 중생은 오래된 탑묘나 부처님 형상이나 경전이 떨어지고 훼손된 것을 보고도 새로 수리할 생각을 내지 않고, 또 어떤 중생은 사람들을 모아 복업을 지으면서 名聞만을 구하여 집안의 재물을 기울여 보시하면서도 빈궁 고독한 이를 보면 꾸짖고 욕하고 쫓아내며 조금도 구제하지 않는다. 이런 중생은 '잘못된 作善이요 미친 修福'이라 부르니, 옳지 않은 작복이다. 재물을 보시하는 자는 매우 많지만, 복을 얻는 이는 매우 드물다."(대정장경 85권 1336페이지 상) 한 것과 같다.

集

"심지어 보배 횃불이나 蘇燈(소등)으로 수명을 연장하려 부처님께 공양하고도 지혜의 불꽃이 항상 더하고 身光이 항상 빛났으니, 원인이 바르고 결과가 원만하여 行이 이루어지고 業이 성취된 것이다. 그러므로 도둑이 꺼져가는 불꽃을 우연히 돋우고도 天眼이 항상 밝았고, 가난한 여인이 조그만 등을 바침으로써 성불할 수기를 받았다." 하고

至於寶炬蘇燈, 續命供佛, 遂乃恒增智燄, 常曜身光。因正果圓, 行成業就。故賊人偶挑殘焰, 天眼常[81]明。貧女因獻微燈 佛階遙記

講

이것은 『지도론』에서 든 『현우경』 제3권 「貧女難陀因緣」[82](대정장경 4권 370페이지 하~371페이지 하)이니, 복을 닦고 복을 얻는 것이 마치 그림자가 형상을 따름과 같다는 것을 증명하였다.

集

『화엄경』에 "또한 광명을 놓으니 照曜(조요)라 하네. 모든 하늘 광명을 가리고 모든 어둠의 장해를 제거하여 널리 중생을 위해 이익을 짓네. 이 광명이 일체 중생을 깨우치므로 등명을 가지고 부처님께 공양케 하니, 등불로 제불께 공양하기 때문에 세상에 위없는 등을 이루네. 여러 가지 油燈과 蘇燈을 밝히고 또한 갖가지 밝은 횃불과 여러 가지 향과 진기한 약과 최상의 보배 촛불을 밝혀, 이로써 공양하고 이 광명을 얻었네.(대정장경 10권 75페이지 하)" 하고,

『보광경』에 "등을 밝혀 공양하고 모든 어두운 세계 비추니, 고통 받는 중생,

---

81 '常' 자가 다른 본에는 '長' 자로 되어 있다.
82 貧者가 정성을 다해 공양한 一燈의 공덕이 장자가 萬燈을 공양한 것보다 크다는 것을 말한 것이다. 흔히 '빈자일등'이라 한다. 『阿闍世王授決經』과 『賢愚經』 卷三 「貧女難陀品」에 나오는 이야기다. 『授決經』과 『賢愚經』의 내용이 대체로 같은데, 『현우경』에서는 가난한 여인의 이름이 '난타'로 되어있다.

이 광명 받아 서로 만나봄을 얻었고, 이 복덕으로 인하여 저 중생을 구하여 모두 휴식을 얻었네." 하며,

『시등공덕경』에 "부처님이 사리불에게 말씀하시되 '만약 어떤 사람이 탑묘에 등불을 보시하고 나면, 목숨을 마칠 때 네 가지 광명을 보나니, 첫째는 임종에 태양이 환하게 솟아오름을 보고, 둘째는 깨끗한 달이 환하게 떠오름을 보며, 셋째는 모든 하늘 대중이 한 곳에 앉아있음을 보고, 넷째는 여래 정변지께서 보리수 아래에 앉아 보리 얻음을 보고, 자신은 여래를 존중하여 합장하고 공경함을 보느니라'"(대정장경 4권 805페이지 중) 하니, 혹은 꽃을 흩어 공양하여 도량을 엄식하면 모두 보리의 緣因과 성불의 正行이 된다.

『법화경』에는 "어떤 사람이 산란심으로 내지 꽃 한 송이를 畫像에 공양하더라도 점점 무수한 부처님을 친견하리라."(대정장경 9권 9페이지 상) 하고,

『대사유경』에는 "만약 꽃을 흩어 부처님께 바치지 않으면, 비록 왕생하더라도 依報가 갖추어지지 않는다." 하며,

『현우경』에 "사위국에 어떤 부호 장자가 사내아이를 낳았는데, 얼굴이 단정하였다. 하늘에서 여러 가지 꽃이 비처럼 내려 집안에 가득하니 이름을 '華天'이라 하였다. 그 후 출가하여 아라한과를 얻으니, 아난이 부처님께 여쭈었다. '화천은 무슨 복으로 이와 같음을 얻었나이까?' 부처님이 말씀하였다. '과거에 부처님이 계셨으니 비바시라는 분이다. 그때 한 가난한 사람이 스님들을 보고 기뻐하며 즉시 들이나 연못에서 여러 가지 풀과 꽃을 꺾어 대중에게 흩었다. 그때 가난한 사람이 지금의 화천 비구다. 꽃을 흩은 공덕으로 91겁 동안 몸이 단정하고, 필요한 것이 있으면 생각하는 대로 되었다'"(대정장경 4권 359페이지 상)고 하였다.

華嚴經云, 又放光明名照曜, 映蔽一切諸天光, 所有暗障靡不除, 普爲衆生作饒益。

此光覺悟一切衆, 令執燈光供養佛, 以燈供養諸佛故, 得成世中無上燈。燃諸油燈及蘇燈, 亦燃種種諸明炬, 衆香妙藥上寶燭, 以是供養獲此光。

普廣經云, 燃燈供養, 照諸幽冥, 苦痛衆生, 蒙此光明, 得互相見。緣此福德, 拔彼衆生, 悉得休息。

施燈功德經云, 佛告舍利佛, 若人於塔廟, 施燈明已, 臨命終時, 得見四種光明。一者臨終見於日輪, 圓滿湧出。二者見淨月輪, 圓滿湧出。三者見諸天衆, 一處而坐。四者見於如來正遍智, 坐菩提樹下, 垂得菩提。自見己身, 尊重如來, 合十指掌, 恭敬而住。或散花供養, 嚴飾道場, 盡作菩提之緣因, 成佛之正行。

法華經云, 若人散亂心, 乃至以一華, 供養於畫像, 漸見無數佛。

大思惟經云, 若不散華獻佛, 雖得往生, 而依報不具。

賢愚經云, 舍衛國內, 有豪富長子, 生一男兒, 面首端正。天雨衆華, 積滿舍內, 即字華天。乃至出家, 得阿羅漢。阿難白佛, 華天何福, 而得如是。佛言, 過去有佛, 名毗婆尸, 有一貧人, 見僧歡喜, 即於野澤, 採衆草花, 用散大衆。爾時貧人, 今華天比丘是。散華之德, 九十一劫, 身體端正, 意有所需, 如念而至。

> 講

스님은 다시 여섯 가지 경문을 인용하여 복을 닦는 과보가 헛되지 않음을 증명하였다. 문장은 쉽게 이해할 수 있다. 괄호 속 작은 글자의 註는 경문의 출처를 밝힌 것이다. 『보광경』이나 『대사유경』은 대정장경이나 卍자속장경에 모두 편입되지 않아서 고증할 길이 없다. '혹은 꽃을 흩어 공양하는 것은' 한 데서부터, '성불의 正行이다' 한 것은, 스님이 복을 닦는 인과를 설명한 것이다.

> 集

경에 "만약 한 송이 꽃을 허공에 흩어 시방 부처님께 공양하면, 고통은 끝나고

그 복은 다함이 없다." 하고,

논에는 "億耳 아라한이 예전에 꽃 한 송이를 불탑에 공양하고 91겁 동안 人天 가운데서 즐거움을 누렸고, 나머지 복력으로 아라한을 얻었다." 하였다.

"혹은 태우는 향과 바르는 향으로 불사를 장엄하되, 한 오리 향을 태워 지위는 묘각을 기약하고, 낡은 탑에 바르면 몸에서 전단 향기가 난다. 예전에 부처님 재세 시에 '전단향'이라는 장자가 있었는데, 일찍이 향으로 낡은 탑에 바르더니, 이후로 91겁 동안 몸의 여러 털구멍마다 전단 향기가 나고 그의 입에서는 우발라화(靑蓮華)향이 나왔다."(대정장경 4권 235페이지 상) 하고,

"혹은 탑묘에 기를 달거나, 성스러운 거동에 寶蓋를 덮으면, 마음을 표시한 것은 비록 다른 인연 때문이지만 복을 얻는 것은 오직 자신의 과보를 이룰 뿐이다. 그러므로 부처님 재세 시에 '婆多迦'라는 이가 있었는데, 과거에 일찍이 한 폭의 긴 깃발을 만들어 비바시불 탑 위에 달았더니, 이로부터 91겁 동안 천상이나 인간에 태어나, 항상 큰 깃발이 그의 위를 덮는 복과 쾌락을 받고 나중에 출가하여 도를 얻었다." 하였다.

經云, 若以一華, 散虛空中, 供養十方佛, 乃至畢苦, 其福無盡.

論云, 億耳阿羅漢, 昔以一華施於佛塔. 九十一劫, 人天中受樂, 餘福力得阿羅漢.

或燒香塗香, 莊嚴佛事, 焚一捻而位期妙覺, 塗古塔而身出栴檀. 昔佛在世時, 有長子名栴檀香, 昔曾以香泥塗古塔. 從是已來, 九十一劫, 身諸毛孔, 出栴檀香, 從其口出優鉢華香.

或懸旛塔廟, 寶蓋聖儀, 標心而雖爲他緣, 獲福而唯成自果. 故佛在世時, 有婆多迦, 過去曾作一長旛, 懸毗婆尸佛塔上. 從是以來, 九十一劫, 生天上人中, 常有大幡覆蔭其上, 受福快樂, 後出家得道.

> 講

'경에' 한 것은 『대비경』에서 설한 것을 가리키고, '논에' 한 것은 『대지도론』을 가리킨다. '억이 아라한'은 5백 아라한 가운데 한 분이다. 『장아함경』에서 설한 비바시불은 『증일아함경』에서는 '維衛佛'이라 하였다. 과거 장엄겁의 998 존이니 과거 칠불 가운데 첫 번째 부처님이다. 지금 이미 91겁을 지났기 때문에 '이로부터 91겁 동안 인천중에서 즐거움을 받았다' 하였다. '겁'에 대·중·소의 차이가 있다.

『지도론』 설에 의하면, 사람 수명이 10살부터 백 년마다 한 살씩 더하여 팔만사천 살에 이르고, 또 백 년마다 한 살씩 감하여 열 살이 될 때에 이르면 이 一增과 一減을 합하여 一小劫이 되고, 20小劫이 1中劫이며, 4中劫이 1大劫이니, 곧 성·주·괴·공 4기를 지나면 대겁이다. '91겁'은 소겁을 가리키니, 사바세계는 이미 한 차례 성·주·괴·공을 지나간 이후다. 복을 닦은 과보가 이처럼 長久하니, 참으로 "하늘과 땅은 다할 때가 있으나, 이 복은 면면히 이어져 다할 가약이 없다." 한 것이니, 불자가 어찌 복덕을 닦지 않겠는가!

고인이 "삼보 문중에는 복 닦는 것이 좋으니, 一錢을 보시하면 萬錢으로 돌아오네. 너에게 대신하여 단단한 창고를 맡겨 두나니, 세세생생 써도 다함이 없네." 하였으니, 그대들이 만약 믿지 못하겠으면 스님이 인용하여 증명한 경론의 말씀을 읽어보라! 모두 다 절대 진실하고 확실한 사실이다. 가장 중요한 것은 空·有에 집착하지 말고 일심 이문의 중도 법성에 의하여 복을 닦는 것이다. 그렇게 하면 복이 허공과 같아서 비록 조그만 선행이라도 결국 부처를 얻어 그 복보는 크고도 장구하다.

集

또한 경에 "만약 어떤 자가 기를 달아 바람이 한 번 불면 한 번의 전륜성왕 위를 받고, 심지어 찢어져 먼지가 되면 하나의 먼지만치 하나의 小王 위가 된다." 하고,

『百緣經』에 "보개장자라는 분이 과거에 일찍이 하나의 마니보주를 비바시불 사리탑 머리에 덮은 적이 있었는데, 이로부터 91겁 동안 천상이나 사람 가운데 태어나 항상 자연 보개가 그의 머리 위를 덮었고, 심지어 부처님을 만날 때마다 출가하여 모두 불과를 이루었다."(앞의 236페이지 중과 같다) 하니,

부처님 공덕을 칭양하거나 대승을 찬탄하면, 뛰어난 과보가 무변하고 훌륭한 因이 매우 커서, 하나의 게송으로 찬탄하면 겁을 초월하여 성불하는 공덕이 있고, 하나의 말로 송하면 舌相이 妙因의 과보를 얻는다.

又經云, 若人懸旛, 風吹一轉, 受一輪王位。乃至爛壞爲塵, 一塵一小王位。
百緣經云, 有一寶蓋長子, 過去曾持一摩尼寶珠, 蓋毗婆尸佛舍利塔頭。終是以來, 九十一劫, 天上人中(受生), 常有自然寶蓋, 覆其頂上。乃至遇佛出家, 皆成佛果。
或稱揚佛德, 讚歎大乘, 勝報無邊, 殊因最大。讚一偈, 有超劫成佛之功。頌一言, 獲舌相妙因之報。

講

'또한 경에' 한 것은 어떤 경인지 알 수 없다. '부처님 공덕을 칭양하거나' 한 아래 문장은, 뛰어난 인과 뛰어난 과를 설명하였다. '하나의 게로 찬탄하면 겁을 초월하여 성불하는 공이 있다' 한 것은, 과거 비사불 때 두 보살 제자가 있었으니, 한 분은 석가모니요 한 분은 梅呾麗耶(미륵)Maitreya, Metteyya(慈氏)라 하였다. 그때 저 부처님이 두 제자 중에 누가 먼저 근기가 익을 것인가를 살펴보니, 미륵이 먼저고 석가모니가 뒤인 것을 알았다. 다시 두 사람이 제도할 중

생을 살펴보니, 석가가 제도할 중생이 먼저 익을 줄 알았다. 저 부처님이 생각하기를 '한 사람을 속히 익게 하기는 쉽지만, 여러 사람을 익게 하는 것은 어려운 줄 알겠다' 하시고는, 곧 방편을 써서 석가에게 "그대는 나를 따라 산에 놀러 가세." 하고서, 저 부처님이 산정에 이르러 火光定에 들어 위광이 치성한 가운데서 일주일이 지나도록 妙喜樂을 누렸다. 석가가 뒤를 따라 산에 올라 부처님 광명을 보고 환희를 이기지 못하여, 걸음을 옮길 때 한 발을 내딛는 것을 잊어버리고(한 발을 듦), 존안을 우러러보고 눈을 잠시도 깜작이지 않았다. 또한, 일주일이 지나도록 하나의 게송으로 저 부처님을 찬탄하고, (찬탄한 게송은 '천상천하무여불 …' 한 것이다) 찬탄하고 나서는 곧 1백 대겁에 상호를 닦음을 얻어, 앞보다 9겁을 초월하여 미륵보살 전에 성불하였다.(대정장경 27권 890페이지 중)

集

『관불삼매경』에 "옛날 과거 아득히 멀고 오랜 無量世 때 한 부처님이 세상에 나왔으니, 이름을 '寶威德上王'이라 하였다. 그때 한 비구가 아홉 명의 제자와 함께 부처님 탑에 가서 불상에 예배하였다. 한 寶像을 보니 위엄 있고 고귀하기 참으로 볼만 하여, 예배하고 나서 자세히 관찰하고 게를 설하여 찬탄하였다. 나중에 목숨을 마치고는 모두 동방 보위덕상왕 불국에 태어나 큰 연꽃 가운데 홀연히 화생하였다. 이 이후로 항상 부처님을 뵙고 염불삼매를 얻어 부처님의 수기를 받고 열 세계에서 각기 성불을 얻었다."(대정장경 15권 688페이지 중) 하고,

『법화경』에 "비유하면 우담화를 모든 이가 다 사랑하고 좋아하며, 天人도 때때로 한번 피는 것을 희유하게 여기듯이, 법을 듣고 환희 찬탄하거나 심지어 한번 말하면, 이미 시방 삼세불에게 공양한 것이라 이 사람은 매우 희유하여 우담화보다 더하네."(대장장경 9권 10페이지 상중) 하며,

『화엄경』에 "또한 광명을 놓으니 이름을 '미묘한 음성[妙音]'이라 하네. 이 광명이 모든 보살을 깨우쳐 삼계에 있는 모든 소리를 듣는 자 모두 여래의 음성이게 하네. 큰 음성으로 부처님을 칭찬하고 鈴鐸의 여러 가지 음악을 연주하여 널리 세상에 부처님 음성을 듣게 하니, 그러므로 이 광명을 이루었네."(대정장경 10권 76페이지 하) 하였으니, 심지어 읊조리거나 찬탄하며, 미묘한 범음성으로 노래하고 드날림이라. 예전에 바제 Bhadrika, Bhaddiya[83]가 칭송하고 찬탄하니 맑은 소리가 淨居天(색계의 제4禪天)까지 들렸고, 석존이 정에 드니 거문고 가락이 석실을 진동하였으며, 원림과 누관이 법계의 법문에 들어갔으니, 음성과 말이 佛宗의 불사를 이루었던 것이다.

觀佛三昧經云, 昔過去久遠無量世時, 有佛出世, 號寶威德上王。時有比丘與九弟子, 往詣佛塔, 禮拜佛像。見一寶像, 嚴顯可觀, 禮已諦觀, 說偈讚歎。後時命終, 悉生東方寶威德上王佛國, 大蓮花中, 忽然化生。從此以來, 恒得值佛, 得念佛三昧, 佛爲授記, 於十方面, 各得成佛。

法華經云, 譬如優曇華, 一切皆愛樂, 天人所希有, 時時乃一出。聞法歡喜讚, 乃至發一言, 則爲已供養, 十方三世佛。是人甚希有, 過於優曇華。

華嚴經云, 又放光明名妙音, 此光開悟諸菩薩, 能令三界所有聲, 聞者皆是如來音。以大音聲稱讚佛, 及施鈴鐸諸音樂, 普使世間聞佛音, 是故得成此光明。

至於諷詠唱唄, 妙梵歌揚, 昔婆提颺唄, 清響徹於淨居。釋尊入定, 琴歌震於石室。園林樓觀, 入法界之法門。音聲語言, 成佛宗之佛事。

---

83 또는 跋提梨迦, 跋陀羅, 跋提라고도 하고, 小賢, 賢善, 仁賢이라 의역한다. 다섯 비구 가운데 한 분이다. 세존께서 출가한 후 야사교진여 등과 함께 정반왕의 명을 받들어 세존을 봉시하며 고행을 함께 하였으며, 나중에 세존께서 성도하고 녹야원에서 법륜을 굴리실 때 도를 얻은 제자 가운데 한 분이다. 그의 종성에 대해서 가비라성 대신의 후대라고도 하고, 혹은 석종인 跋提王이라고도 하며, 한편으로는 세존의 일족이라고도 한다.

> 講

인용한 『관불삼매경』과 『법화경』 문장은 쉽게 이해할 수 있다. 『법화경』 문장은 「방편품」 게송인데, 법이 희유함을 송하였다.

'심지어 읊조리고 찬탄하며' 한 아래 열 구절은, 스님이 세간법이 곧 출세간법임을 설명하였다. 이것은 『육조단경』에서 설한 "불법이 세간에 있어서 世間覺을 여의지 않았다. 세간을 여의고 보리를 찾으면 흡사 토끼 뿔을 찾는 것과 같다."(대정장경 48권 351페이지 하) 한 뜻과 같다.

'읊조리고(諷詠) 찬탄하며(唄唄) 미묘한 범음으로 노래해 드날림이랴' 한 것에서, '諷詠'은 중국의 吟詩(시를 읊음)와 같고, '唄唄'는 불교의 唱讚(歌唱으로 부처님을 찬탄함)과 같다. 모두 범음이 미묘하여 가송으로 칭양하는 것이니, 그러므로 '미묘한 범음으로 노래하고 드날림이랴' 하였다. '예전에 바제가 칭송하고 찬탄하니' 한 데서부터, '거문고 가락이 석실을 진동하였다' 한 데까지는 『백연경』 중 제17 '건달바가 노래하며 부처님을 찬탄한 인연'(대정장경 4권 211페이지)이다.

'원림 누관이 법계의 법문에 들어갔다' 한 것은, 『화엄경』 「입법계품」을 가리키니, 선재동자가 미륵 누각 앞에서 찬송한 문장과 그가 본 일이다.(대정장경 10권 423페이지 상, 424페이지 하)

'음성 어언으로 佛宗의 불사를 이룬다' 한 것은, 『능엄경』에서 "이 세상의 진정한 교체는 청정한 것이 소리를 듣는 데 있다." 하고, 『현우경』 「無惱指鬘品」에 "그때 바사익왕이 군사를 거느리고 정벌하러 가는 길에 기원정사를 지나가노라니, 한 형색이 누추한 비구가 아름다운 음성으로 소리 높여 부처님을 찬탄하니, 군사들과 코끼리나 말이 모두 걸음을 멈추고 소리를 경청하느라 제대로 행군하지 못하였다." 한 것이다.

> 集

『비니모경』에 "부처님이 여러 비구에게 '너희들의 唄頌을 허락하노라' 하였다." 하니, '패송'이란 말로 노래하는 것이다.

『십송률』에 "여러 하늘이 찬패를 듣고 마음이 기뻐, 어떤 이는 노래하고 춤추며, 나발 불고 방울 흔들며, 퉁소 불고 韶를 연주하며, 노래하고 환희심을 내어 갖가지로 공양하였다." 하고,

『법화경』에 "만약 사람을 시켜 악기를 연주하되, 북치고 角·貝 불며, 피리, 거문고, 공후, 비파, 징, 동발[84] 등, 갖가지 묘음을 모두 가지고 공양하거나, 혹은 환희심으로 부처님 공덕을 노래하고 칭송하되, 하다못해 한마디 조그만 음성으로 해도 모두 이미 불도를 이루었다."(대정장경 9권 9페이지 상) 하였다. 혹은 제불께서 처음으로 법륜을 굴려주시거나 열반에 들지 말고 중생을 불쌍히 여겨 제도해 주실 것을 권청한 것이 모두 대승 불법의 불사다.

毗尼母經云, 佛告諸比丘, 聽汝等唄。唄者, 卽言說之詞。

十誦律云, 爲諸天聞唄心喜, 或音樂舞伎, 螺鈸簫韶, 發歡喜心, 種種供養。

法華經云, 若使人作樂, 擊鼓吹角貝, 簫笛琴箜篌, 琵琶鐃銅鈸。如是衆妙音, 盡持以供養。或以歡喜心, 歌唄頌佛德, 乃至一小音, 皆已成佛道, 或勸請諸佛, 初轉法輪, 不般涅槃, 悲濟含識。

---

84 '角'은 뿔처럼 모양이 구부러졌는데, 예전에 黃帝가 蚩尤와 싸울 때 角을 불어 용 울음소리를 내어 적을 막았다. '貝'는 소라 껍데기로 만든 악기다. 法螺라고 한다. 簫는 세로로 부는 것인데, 管簫라 하는 것이다. '笛'은 가로로 부는데, 세 구멍, 다섯 구멍, 일곱 구멍 세 종류가 있다. '琴'은 원래 신농제가 만든 것이다. 五絃 만이 있었는데, 周 文王이 文·武 二絃을 더하여 七絃琴이라 하였다. 簫와 笛은 관악기이고 琴과 瑟은 현악기이다. '琵琶'는 길이는 석 자 다섯 치, 넉 줄로 되어있는데 또한 漢帝 때 만들어졌다. '鐃'는 방울(鈴)과 같은 것인데 큰 것은 자루가 있다. 요즘은 密宗에서 사용한다. '銅鈸'은 두 개로 되어있고 서로 부딪쳐 소리를 낸다. - 석성범 스님의 『법화경 강의』에서 따옴

|講|

『비니모경』8권은 살바다부(有部律)에 속한다. 대정장경 제24권에 편재하였다. 『십송률』61권은 23권에 편재하였다. '唄pātha'는 범음을 인용하여 시가를 지어 칭송하거나 게송으로 삼보의 공덕을 찬탄하는 것이다. 그러므로 '唄讚'이라 하고 혹은 '歌唄'라고도 한다. 예전에 위나라 陳思王 曹植이 魚山(山東省 東阿縣 남쪽에 있는 산)에 노닐다가 계곡의 물소리가 맑고 청아해 듣기 좋아, 마침내 악보를 만들어 '魚梵'이라 하였으니, 불교에서 노래하여 찬탄하는 것이 모두 이것을 사용한 것이다. 『고승전』 제13권에 "인도의 풍속에 무릇 모범이 될 만한 말씀을 唄라 하더니, 중국에 와서 경전을 노래한 것은 '轉讀'이라 하고, 노래하고 찬탄한 것은 '범패'라 하였다. 과거 제천의 찬패는 모두 音韻(고저와 억양이 있는 조화로운 소리)으로 현악기나 관악기로 하였으나, 출가 대중은 세속과 같지 않으므로 음성으로 아름답게 노래하는 것이 맞다.

'너희들의 패송을 허락하노라' 한 것은, 『비니모경』 제6권에서 나온 말이다. 빈바사라왕이 불법을 믿고 자주 부처님 처소에 찾아가 부처님께 아뢰기를 "여러 외도들은 매월 8일, 14일, 15일에 한곳에 모여 노래하고 암송[唄誦]하여 利養을 많이 얻고 권속이 더욱더 번성해졌습니다. 세존께서도 비구의 패찬를 허락해 주소서." 하니, 부처님이 "여러 비구들이 매월 8일, 14일, 15일에 한곳에 모여 노래하고 암송하며 법을 설할 것을 허락하노라." 하였다. '螺'는 소라 껍데기로 악기를 만들어 法螺라 하였다. '韶'는 순임금 때 악기인데, 언어로 능히 요순의 도를 이을 수 있었다. 『서경』에 "簫·韶가 아홉 번 노래하니, 봉황이 우아하게 춤추네." 하였다.

노래로 찬탄하는 것밖에, 법륜을 굴러 주실 것을 권하기도 하고, 부처님이 세상에 머물러 중생을 불쌍히 여겨 제도해 주실 것을 청하기도 하였으며, 『보현행원품』에 "각기 일체 音聲海로 다함없는 미묘한 말을 하여 널리 미래 겁이 다하도록 부처님의 깊고 깊은 공덕해를 찬탄하였다." 한 것이 모두 대승 불법의 불사다. 그러므로 '음성과 언어로 佛宗의 불사를 이룬다' 하였다.

集

『대지론』에 말하였다.

"**문**: 보살은 으레 하루 여섯 번[六時][85] 시방 부처님께 권청해야 합니다. (그런데) 눈앞에서 제불께 직접 청하는 것은 가능한 일이지만, 지금 시방에 계신 수많은 부처님을 눈으로 볼 수 없는데 어떻게 청할 수 있겠습니까?

답: 자비스러운 마음으로 중생이 쾌락 얻기를 생각하면, 중생은 비록 얻는 것이 없더라도 생각하는 자는 복을 크게 얻는 것처럼, 부처님께 법을 설해 주실 것을 청하는 것도 마찬가지다. 비록 중생이 부처님께 직접 청하지 않더라도 부처님이 항상 그의 마음을 보고 또한 저들의 청을 들어주어, 어떤 때는 자기 일처럼 기뻐하고 선행을 찬탄하며 저의 훌륭한 인연을 도와준다. 마치 향 사는 사람을 보기만 해도 곁에서 향기에 물드는 것처럼, 비록 직접 만들지는 않았더라도 똑같은 선근을 얻는다." 하였다.

智論問云, 菩薩法爾六時勸請十方佛者, 若於目前面請諸佛則可. 今十方無量佛, 亦不目見, 云何可請. 答. 如慈心念衆生, 令得快樂, 衆生雖無所得, 念者大得其福. 請佛說法, 亦復如是. 又雖衆生不面請佛, 佛常見其心, 亦聞彼請. 或隨喜讚善, 助他勝緣. 如觀(人)買香, (在)傍染香氣, 雖不親作, 得同善根.

85 　六時는 아침, 한낮, 해질녘(이상은 낮 三時). 초저녁, 한밤, 새벽녘(이상은 밤 三時)

講

여기서 인용한 『대지도론』 중 문답의 문장은, 무릇 직접 짓거나, 사람을 시켜 짓게 하거나, 제 일처럼 기뻐하거나, 남을 도와 복업을 닦게 하는 것이 모두 똑같은 선근 공덕을 얻는다는 것을 밝혔다. 문장은 쉽게 이해할 수 있다. '**부처님이 그의 마음을 항상 보고 또한 그의 청을 들어준다**'는 것은, 『관경』에 "제불여래는 법계의 몸이시니 일체중생의 마음속에 들어간다." 한 것과 같은 말씀이다. 그러므로 중생이 마음을 내어 예배하거나 찬탄하거나 참회하거나 발원하거나 수희하거나 권청하거나 간에, 제불이 모두 직접 알고 직접 보고서, 반드시 대비 본원으로 자비를 베풀어 저들을 섭수하신다.

集

『지도론』에 "어떤 사람이 공덕을 지으면 보는 자가 제 일처럼 기뻐하며 '훌륭하구나! 덧없는 세상에 어리석음의 어둠에 덮여있으면서도 능히 큰마음을 내어 이런 복덕을 짓다니!' 하며 찬탄하면, 보살이 제 일처럼 기뻐하는 마음만으로도 二乘人의 위를 지나가는데, 더욱이 스스로 실행함이랴.

또한, 보살은 밤낮 여섯 때에 항상 세 가지 일을 행해야 한다. 하나는 시방 부처님께 예배하며 삼세의 죄업을 참회하는 것이요, 둘째는 시방 삼세 부처님이 행하신 공덕을 따라서 기뻐하는 것이요, 셋째는 부처님께 처음으로 법륜을 굴러 주실 것과 오랫동안 세상에 머물러 주실 것을 청하는 것이니, 이 세 가지 일을 행하면 공덕이 무량하여 점점 부처를 얻는 데 가까워지느니라.

만약 여러 가지 선행을 짓되, 보리를 성취하여 생멸에 떨어짐을 면하는 데 모두 회향하면, 마치 조그만 소리가 貝角(확성기)에 들어가면 마침내 멀리까지 들리고, 물방울을 강에 던지면 곧 광활한 강과 같아지듯이, 조그만 선근으로도 극과에 이르고, 조그만 뜻을 실행하면 큰마음을 이룬다.

혹은 큰 원을 발한 자는 만행의 인으로 능히 자비를 키워 불종을 끊이지 않고 대사를 이루어서 하는 일이 종극에 이르니, 도를 이루어 중생을 이롭게 하는 것이 모두 큰 서원으로 기인한다. 그러므로 행이 있고 원이 없으면 그 행이 반드시 외롭고, 원이 있고 행이 없으면 그 원이 반드시 허망하니, 행과 원이 서로 좇아야만 자신과 타인을 다 같이 이롭게 할 수 있다." 하였다.

論云, 有人作功德, 見者心隨喜, 讚言, 善哉在無常世界中, 爲癡冥所蔽, 能弘大心, 建此福德。 菩薩但以隨喜心, 過於二乘人上, 何況自行。 又菩薩晝夜六時, 常行三事, 一禮十方佛, 懺三世罪。 二隨喜十方三世諸佛所行功德。 三勸請諸佛初轉法輪, 及久住世間。 行此三事, 功德無量, 轉近得佛。 若作諸善, 悉皆回向, 成就菩提, 免墜生滅。 如微聲入角, 遂致遠聞。 似滴水投河, 卽同廣闊。 以少善而至極果, 運微意而成大心。 或發大願者, 萬行之因, 能長慈悲, 不斷佛種, 大事成辦, 所作剋終。 成道利生, 皆因弘誓。 是以有行無願, 其行必孤。 有願無行, 其願必虛。 行願相從, 自他兼利。

講

이 『지도론』 문장은 네 구절로 나눌 수 있다. 첫째 구절은, 다른 사람이 선행 행하는 것을 보고 제 일처럼 기뻐하는 공덕을 밝혔으니, 비록 자기는 선행을 짓지 않았지만 다만 입으로 '훌륭하구나!' 하고 찬탄하기만 해도 곧 복보를 얻는다. 그러므로 보현보살 십대원왕 중에 '따라서 기뻐하는 공덕'의 행원이 있다. 왜냐하면, 이 예토('무상한 세상')에서 수많은 중생이 질투심이 있어서 다른 사람의 영광을 차마 보지 못하고 자신은 찬탄하고 남은 비방하는데, 지금은 '따라 기뻐하는 법문'으로 이를 대치하여 대비 보리심을 성취한다. 그러므로 '능히 대심을 내니, 이승인의 위를 지나간다' 하였으니, 더욱이 스스로 실행하면 그 복덕 이익은 더 말해 무엇하겠는가!

두 번째 구절은, 보살이 일상에 응당 행해야 할 세 가지 일을 밝혔다. 첫째는 부처님께 예배하고 죄업을 참회한다. 예전에 지은 여러 가지 죄업을 모두 내가 지금 참회하고, 재빨리 오탁을 버리고 정토에 태어나고 사바에 돌아와 중생을 제도할 것을 발원하는 것이다. 둘째는 항상 부처님을 따라 배우는 것이니, 제불이 닦은 공덕을 기뻐하며 부처님 마음으로 자기의 마음을 삼고 부처님 행으로 자기가 반드시 행할 것으로 삼는 것이다. 셋째는 법륜을 굴러주시기를 권하고 부처님이 세상에 오래 머물러 주시기를 청하는 것이니, 완전히 일체중생을 이롭게 하고 즐겁게 하기 위해서이다. 이 세 가지 일은 보현보살의 열 가지 행원을 포함하였다. 첫째 일은 제1원부터 제4원까지 포함하고, 둘째 일은 제5원과 제8, 제9 두 원을 포함하였다. 셋째 일은 제6, 제7 두 원을 포함하였다. 이 세 가지 일을 행하는 것으로 곧 보현행을 닦아 능히 여래 공덕을 성취할 수 있다. 그러므로 '공덕이 무량하여 점점 부처를 얻는 데 가까워진다' 하였다.

세 번째 구절은, '만약 여러 가지 선근을 짓되, 보리를 성취하는 데 모두 회향하면' 한 아래 네 구절이니, 곧 '널리 모두 회향하는 원'이다. 자세한 것은 「행원품」에서 설한 대로다. 因을 돌이켜 果를 향하기 때문에 '보리를 성취한다'고 하고, 事를 돌이켜 理로 향하기 때문에 '생멸에 떨어짐을 면한다' 하였다. '마치 조그만 소리가 뿔에 들어가면' 한 것은, 매우 작은 음성이 貝角에 들어가면 능히 멀리까지 들릴 수 있음에 비유하고, '물방울이 강에 떨어지면' 한 것은 한 방울 물이 강이나 바다에 들어가면 깊고 넓어 끝이 없음을 비유하였다. 만약 여러 가지 선행을 지어 이를 모두 회향하면 매우 미미하고 작은 선근 공덕으로도 능히 부처님 극과에 이를 수 있으니, 상구보리 하화중생의 원을 발하기만 하면 곧 대보리심을 이루는 것과 그 이치는 서로 같다. 이를 보면, 비록 여러 가지 선행을 닦더라도 만약 보리에 회향하지 않으면 겨우 인천의 유루 과보를 얻을 뿐 여전히 윤회에 들어가니, 이 복이 삼세에 원수가 된다(전세에는 복을 짓느라, 금생에는 복을 누리느라, 내생에는 그 과보를 갚느라 삼생 원수인 것이다)는 것을 알 수 있다.

네 번째 구절은, 행과 원이 서로 좇아야 자타가 겸리함을 밝혔다. 즉, '혹은 대원을 발한 자는' 한 아래 문장이 모두 이것이다. 문장은 쉽게 이해할 수 있다.

集

『화엄경』에 "큰 원을 발하지 않으면 마구니에게 제압당하고, 적멸에 처하여 번뇌 끊기만을 좋아하면 마구니에 제압당하며, 생사만을 영원히 끊으려 하면 마구니에 제압당하고, 보살행을 버리면 마구니에 제압당하며, 중생을 교화하지 않으면 마구니에 제압당한다." 하고,

『대지도론』에 "복을 짓더라도 원이 없으면 내세울 것이 없으니, 원은 인도자가 되어 능히 이룰 것이 있게 한다. 비유하면 금을 녹여 (그릇을 만들 적에) 스승이 만드는 것을 따라 하면 금이 일정한 것이 없는 (여러 가지 금 그릇을 만들 수 있는) 것처럼, 보살도 또한 그러하여 정토의 원을 닦고 그런 후에 이를 성취한다. 그러므로 원으로 인하여 과덕을 얻는다는 것을 알 수 있다." 하고, 또 "만약 한번 발심하여 '바라건대 내가 부처가 되어 일체중생의 고통을 없애지이다' 하고 말하면, 비록 번뇌를 끊지 못하고 어려운 일을 행하지 못하더라도, 마음과 입으로 한 것이 소중하기 때문에 일체중생을 담당[勝]할 수 (일체 중생의 고통을 없앨 수) 있는 것이다." 하고,

『대장엄론』에는 "불국토를 청정히 하는 일이 크다고 하여 유독 공덕만을 행하면 능히 성취하지 못하니, 반드시 원력을 빌려야 한다. 마치 소가 비록 힘

으로 수레를 끌더라도 반드시 거마꾼에 의지해야 능히 이르는 곳이 있는 것과 같다. 불국토를 청정히 하는 것은 원력이 인도함으로써 이루어진다. 원력으로 인하여 복덕이 증장하여 잃지 않고 파괴되지 않으니, 항상 부처님을 뵙기 때문이다. 혹은 새로 조성하거나 헌 것을 수리하며, 형상을 세우고 진영을 그리며, 가람을 세우고 福地(절)를 장엄하는 일도 (반드시 원력과 함께해야 한다.)" 하였다.

華嚴經云, 不發大願, 魔所攝持。樂處寂滅, 斷除煩惱, 魔所攝持。永斷生死, 魔所攝持。捨菩薩行, 魔所攝持。不化衆生, 魔所攝持。

智論云, 作福無願, 無所樹立。願爲導師, 能有所成。譬如銷金, 隨師所作, 金無定也。菩薩亦爾, 修淨土願, 然後得之。以是故知, 因願獲果。又云, 若能一發心言, 願我當作佛, 滅一切衆生苦。雖未斷煩惱, 未行難事, 以心口重故, 勝一切衆生。

大莊嚴論云, (淨)佛國(土)事大, 獨行功德, 不能成就, 要須願力。如牛雖力挽車, 要須御者, 能有所至。淨佛國土, 由願引成。以願力故, 福德增長, 不失不壞, 常見佛故。或造新修故, 立像圖眞, 興建伽藍, 莊嚴福地。

講

『대장엄론경』은 모두 15권이니 구마라집이 번역하였다. 대정장경 제4권에 편재하였다. 『화엄경』에서 설한 '대원을 발하지 않으면 마구니에 제압당하고' 한 것부터, '중생을 교화하지 않으면 마구니에 제압당한다' 한 데까지는, 定性二乘人이 비록 여러 가지 선행을 닦으나 성불하지 못한다는 것을 가리키니, 보살이 대보리심을 발하지 않으면 이도 마찬가지다. '금을 녹인다'는 것은 금을 녹여 그릇을 만드는 것이다. '새것을 만들고 헌것을 수리한다'는 것은, 탑이나 절이나 경전을 새로 만들거나, 혹은 오래되고 낡은 것을 고치고 보수하는 공덕이다. '성상을 세우고 진영을 그린다'는 것은, 깎고 빚거나 혹은 불상을 그리는 공덕이다. '가람'은 범어 승가람마 saṃghārāma의 간칭이다. 衆園이라 번역하니,

여러 대중 스님들이 거주하는 숲속의 방사다. '福地'는 사원이니, 복덕을 내는 곳이다. 종합적으로 말하면, 복을 닦으면서 중요한 것은 자비·공경·은혜 세 가지 복전 가운데서 닦고, 또한 반드시 위로 보리를 구하고 아래로 중생을 교화하여, 보리와 중생에게 회향하는 데 있다. 이 菩提願과 回向心이 인도하여 복 위에 복을 더하고 바로 성불에 이르되 잃지도 않고 파괴되지도 않으니, 뜻이 있으면 마침내 이루어진다.

集

『법화경』에 "만약 부처님을 위하여 여러 가지 형상을 세우고 조각하여 여러 가지 모양을 완성하면 모두 이미 불도를 이루었다. 혹은 칠보로 만들기도 하고, 놋쇠나 붉고 흰 구리나 백납이나 주석이나 쇠나 나무나 진흙으로 만들기도 하고, 혹은 아교나 옻칠로 도포하고 장엄하여 불상을 만들면, 이런 사람들은 모두 이미 불도를 이루었다. 채색으로 그려 불상을 만들고 온갖 복으로 장엄한 형상을 자신이 만들거나 남을 시켜 만들게 하면 모두 이미 불도를 이루었다." 하며,

『작불형상경』에 "우전왕이 부처님 처소에 와서 부처님께 아뢰기를 '세존이시여, 부처님이 돌아가신 후에 어떤 중생이 부처님 형상을 조성하면 반드시 어떤 복덕을 얻겠나이까?' 하니, 부처님이 왕에게 고하시되, '만약 어떤 사람이 불상을 만들면 공덕이 무량하여 헤아릴 수 없느니라. 천상 사람 가운데서는 여러 가지 쾌락을 받아 신체가 항상 자마금색이요, 만약 사람 가운데 태어나면 항상 제왕이나 대신이나 장자나 덕행이 뛰어난 가문의 자식으로 태어나느니라. 더 나아가 제왕이 되면 왕 중에서 특히 높고, 혹은 전륜성왕이 되면 사천하에 왕이 되어 칠보가 자연스럽고 천 명의 아들이 구족하느니라. 더 나아가

서 천상에 태어나면 六欲天의 주인이 되고, 범천에 태어나면 대범왕이 되었다가, 나중에 모두 무량수국에 태어나 대보살이 되고, 마침내 성불하여 열반도에 들어가느니라. 만약 어떤 사람이 부처님 형상을 만들면 이와 같은 복을 얻느니라" 하고,

法華經云, 若人爲佛故, 建立諸形像, 刻雕成衆相, 皆已成佛道。或以七寶成, 鍮鉐赤白銅, 白鑞及鉛錫, 鐵木及與泥。或以膠漆布, 嚴飾作佛像, 如是諸人等, 皆已成佛道。彩畫作佛像, 百福莊嚴相, 自作若使人, 皆已成佛道。

作佛形像經云, 優塡王來至佛所, 白佛言, 世尊, 若佛滅後, 其有衆生作佛形像, 當得何福。佛告王曰, 若當有人作佛形像, 功德無量, 不可稱計。天上人中受諸快樂, 身體常作紫磨金色。若生人中, 常生帝王大臣長子賢善家子。乃至若作帝王, 王中特尊。或作轉輪聖王, 王四天下, 七寶自然, 千子具足。乃至若生天上, 作六欲天主。若生梵天, 作大梵王。後皆得生無量壽國, 作大菩薩。畢竟成佛, 入泥洹道。若當有人作佛形像, 獲福如是。

講

『작불형상경』 1권은 대정장경 제16권 788페이지에 있다. 여기서 인용한 경문은 경의 뜻을 발췌한 것이다.

集

『화수경』에 "부처님이 사리불에게 고하시되 '보살에게 네 가지 법이 있으면 결코 무상보리에 퇴전하지 않느니라. 어떤 것이 네 가지인가? 첫째는 만약 탑묘가 훼손되고 부서진 것을 보거든 반드시 진흙이나 심지어 한 장의 벽돌 같은 것으로 손질하고 수리하라. 둘째는 만약 네거리면 많은 사람이 보는 곳에 탑을 세우고 불상을 조성하여 염불 善福의 인연을 짓게 하라. 셋째는 만약 비구승 二

部(상좌부와 대중부)가 다투는 것을 보거든, 부지런히 방편을 찾아 그들이 화합하게 하라. 넷째는 만약 불법이 망하려는 것을 보거든, 한 가지 게송이라도 능히 읽고 외우고 설하여 끊어지지 않게 하라. 법을 보호하기 위한 까닭에 법사를 공경하고 봉양하며, 전념으로 법을 보호하여 몸과 목숨을 아끼지 마라. 보살이 만약 이 네 가지 법을 성취하면 세세생생 반드시 전륜성왕이 되어 나라연과 같은 大力身을 얻을 것이요, 사천하를 버리고 출가하여 능히 뜻에 따라 네 가지 범행을 닦을 수 있으면, 목숨이 다하고는 하늘에 태어나 대범왕이 되고, 더 나아가서 결국에는 무상도를 성취할 것이니라" 하였으니,

華首經云, 佛告舍利佛, 菩薩有四法, 終不退轉無上菩提。何等爲四。 一者見塔廟毀壞, 當加修治, 若泥乃至一磚。二者若於四衢道中, 多人觀處, 起塔造像, 爲作念佛善福之緣。三者若見比丘僧, 二部諍訟, 勤求方便, 令其和合。四者若見佛法欲壞, 能讀誦說, 乃至一偈, 令使不絶。爲護法故, 敬養法師, 專心護法, 不惜身命。菩薩若成就是四法者, 世世當作轉輪聖王。得大力身, 如那羅延。捨四天下, 而行出家。能得隨意, 修四梵行。命終生天, 作大梵王。乃至究竟成無上道。

|講|

『화수경』은 『불설화수경』이니 모두 10권이다. 구마라집이 번역하였다. 대정장경 제16권에 있다. 여기서 인용한 경문은 193페이지 중하 단에 있다. '네 가지 범행을 닦는다' 한 것은, 곧 자·비·희·사 사무량심을 닦는 것이다. '나라연'은 천상 力士의 이름이다. '사천하'는 수미산의 사방 四洲를 말한다.

|集|

그러므로 원숭이가 장난으로 석탑을 조성했다가 오히려 천상에 태어났고, 나무꾼이 자기도 모르게 '부처님 살려주십시오!' 하고 소리 지르고서 오히려 득

도했거든, 더욱이 지극한 정성으로 하고서 어찌 뛰어난 과보가 없겠는가? 혹은 칠보탑을 크게 세우거나 큰 종을 주조하며, 심지어 크기가 엄지손가락만 해도 천상의 복이 되고, 혹은 잠시 종을 한번 치고서 저승의 고통을 쉬기도 하였다.

是故獼猴戲造石塔, 尙乃生天。樵人誤唱佛聲, 猶云得度。何況志誠, 寧無勝報。或興崇寶塔, 鑄瀉洪鐘。乃至大如拇指, 天界福生, 或復暫擊一聲, 幽途苦息。

講

이 글은 스님이 위와 같이 인용하여 증명한 후에, 다시 두 가지 인연 사실을 들어 듣는 자가 의심을 끊고 믿음을 내어 부지런히 복업을 닦게 한 것이다. 첫 번째 인연은 원숭이가 탑을 짓고 천상에 태어난 과보를 들었고, 두 번째 인연은 부처님 당시에 한 노인이 부처님을 뵙고 출가하기를 청하니, 부처님이 그가 과거생에 나무꾼이었는데, 호랑이를 만나 나무 끝에 올라가 오직 '南無 佛陀(부처님 살려주십시오!)'라고만 하고 환란에서 벗어날 수 있었다. 이 선근으로 지금 부처님이 세상에 출현하신 것을 만나고, 부처님이 그를 출가하게 한 은혜를 입어 또한 도과를 증득하였던 것이다. '**더욱이 지성으로**' 한 아래는, 이로 인하여 유추해보면 삼보 가운데는 크거나 작은 선행을 막론하고 반드시 수승한 과보가 있다는 것이다. '**보탑을 세운다**'는 것은 탑이나 절을 세우는 것을 말한다. '**큰 종을 주조한다**'는 것은 절의 큰 종이나 큰 북을 주조하는 것을 말하니, 능히 천상에 태어나 즐거움을 누리는 복에 이를 수 있다. 그러므로 '**천상의 복이 된다**' 하였다. 만약 종이나 북을 주조하거나 조성할 능력이 없거든 발심하여 종을 한번 치기만 하여도, 한 번 종을 칠 때마다 수많은 저승 중생이 이 종소리를 듣고 이고득락하니, 그러므로 '**저승의 고통이 쉬었다**' 하였다.

集

『無上依經』에서 부처님이 아난에게 말하되, "제석 천궁의 주처에 큰 飛閣이 있으니, 이름을 '常勝殿'이라 부르느니라. 갖가지 보배로 장엄하였으니 각기 팔만사천 개나 되느니라. 어떤 청신남 청신녀가 이와 같은 상승보전 백천구지(한량없는) 개를 만들어 사방 여러 스님께 보시하고, 어떤 사람은 여래가 열반에 든 후에 겨자 크기만 한 사리를 가지고 하마라[86] 열매 크기만 한 탑을 지으니, 戴刹은 바늘 크기만 하고, 露盤은 대추 이파리만 하며, 보리쌀만 한 부처님 형상을 조성하였느니라. 이 공덕은 앞에서 설한 것보다 나아서 백분에 일에도 미치지 못하고, 천만억 분과 내지 아승지수 분에 일에도 미치지 못하느니라. 왜냐하면, 여래의 한없는 공덕 때문이니라." 하고,

無上依經云, 佛告阿難, 如帝釋天宮住處, 有大飛閣, 名常勝殿。種種寶莊(嚴), 各八萬四千。若有淸信男子女人, 造作如是常勝寶殿, 百千拘胝, 施與四方衆僧。若復有人, 如來般涅槃後, 取舍利如芥子大, 造塔如訶摩羅子大, 戴刹如針大, 露盤如棗葉大。造佛形像如麥子大。此功德勝前所說, 百分不及一, 千萬億分, 乃至阿僧祇數分, 所不及一。何以故, 如來無量功德故。

講

『불설무상의경』2권은 眞諦 삼장이 번역하였다. 대정장경 제16권에 편재하였다. 여기서 인용한 경문은 「較量功德品」469페이지 상단에 있다. '큰 飛閣'은 매우 높고 커서 飛檐(비첨; 처마 서까래 끝에 부연을 달아 기와집의 네 귀가 높이 들린 처

---

86 또한 阿末羅, 阿摩羅, 菴摩羅, 菴摩洛迦라 한다. 콩과 과수에 속한다. 가지나 잎은 합환목과 비슷하다. 인도, 말레이시아, 필리핀 등에서 나는 열대식물이다. 열매는 콩꼬투리 같은데 길이는 약 한 치이다. 신맛이 나는 것은 阿摩勒果라 하여 식용으로도 하고 약용으로도 쓴다. 일반적으로 阿摩勒樹와 菴沒羅樹āmra와 혼동한다.

마)이 있는 누각이다. '구지'는 '구리'라고도 한다. 범어인데 숫자 이름이다. 백만이라 번역한다. '하마라āmala'는 하리륵, 하리, 하라륵이라고도 한다. 범어인데 과실 이름이다. '천주가 가져오다'라고 번역한다. 이 과실은 대추 크기만 한데 맛이 쓰고 약용으로 쓰인다.

'戴利'은 탑 꼭대기 뽀족한 부분이다. '露盤'은 탑 위의 몇 겹의 圓壇(만다라의 音譯. 구역에서는 '壇'이라 하고, 신역에서는 '輪圓具足' 혹은 '圓滿具足'이라 한다. 세존을 안치한 壇場이기 때문에 圓壇이라 함)이다.

『십이인연경』에 "팔 층의 탑에 노반이 있는데 부처님 탑은 8층이요, 보살은 7층이며 … 初果는 2층이다" 한 것이다. 이것은 부처님 당시 인도에서 탑을 세우는 조형이니, 나중에 중국에서 조성한 탑 모양과는 다르다.

集

『열반경』에 "부처님과 스님의 물건을 잘 지키고, 부처님과 스님의 땅을 흙으로 바르고 쓸며, 엄지손가락만한 탑을 조성하더라도 (살아서는) 항상 환희심이 나고, (죽어서는) 또한 부동국에 태어난다. 이곳은 정토로 항상 장엄하여 三災로도 움직여지지 않는다." 하였다.

涅槃經云, 善守佛僧物, 塗掃佛僧地, 造塔如拇指, 常生歡喜心, 亦生不動國。此卽淨土常嚴, 不爲三災所動也。

講

『열반경』 말씀에 '항상 환희심이 난다' 한 것은, 현재 과보로 얻은 복과 수명을 누리는 안락이니, 그러므로 마음이 항상 환희하다. '또한 부동국에 태어난다' 한 것은, 태어나는 과보와 죽은 후의 과보니, 능히 제불 정토에 태어나 다시 생사윤회를 받지 않기 때문에 '또한 부동국에 태어난다' 하였다. 마지막 두 구절은 부동국의 뜻을 해석하였다. 제불 정토에는 寂光정토, 實報정토, 方便정토, 同居정토 네 가지가 있는데, 모두 물이나 불이나 바람, 삼재의 훼손이나 파괴를 당하지 않는다. 그러므로 '삼재로 움직여지지 않는다' 하였다. 사바세계는 同居穢土니, 여전히 삼재의 파괴를 입는다.

集

혹은 대장경을 쓰거나 베끼거나, 참된 말씀을 일깨워 발전시키며, 혹은 돌에 새기고 금속에 새기며, 가죽을 벗기고 피를 뽑아 (경을 써서), 보고 듣는 자가 제일처럼 기뻐하며 열 가지로 선양 유통케 하고 네 가지 은혜 갚기를 서원하며, 부처님 가르침을 분명히 따랐다. 그러므로 부처님 지혜로 찬탄하였으나 미치지 못하고, 천상의 복으로 갚았으나 다함이 없으니, (이렇게 법보를 유통하는 것이야말로) 선서의 공덕과 같고 여래의 사자이다.

『법화경』에 "만약 어떤 사람이 이 『법화경』을 들었으면 자신이 쓰거나 남을 시켜 쓰게 할지니, (그렇게 하여) 얻은 공덕은 부처님 지혜로 그 공덕을 헤아려도 끝을 알지 못하느니라.(대장장경 9권 54페이지 중)" 하였다.

或書寫大藏, 啓發眞詮。或刻石銷金, 剝皮刺血。令見聞隨喜, 十種傳通。誓報四恩, 明遵慈敕。是以佛智讚而不及, 天福報而無窮。齊善逝之功, 作如來之使。法華經云, 若人得聞此法華經, 若自書, 若使人書, 所得功德, 以佛智慧, 籌量多少, 不得其邊。

講

스님은 자비하시어 경전을 인용하여 초심 보살은 반드시 正·助를 겸수해야 한다는 것을 가르쳤다. 만약 삼보문 가운데서 복을 닦으면 과보가 불가사의하니, 어떻게 불·법·승 가운데서 복을 심고 선을 닦아야 하는가를 알게 하였다.

또한, 아래와 같은 여섯 단락의 사례를 들고 아울러 낱낱이 경전을 인용하여 인과가 헛되지 않음을 증명하여, 이 책을 보고 듣는 자가 이를 의지하여 행할 바가 있게 하였다.

첫 번째 단락은 법보를 유통하는 것이다. '대장경을 쓰고 베낀다'는 것은, 경전을 쓰고 인쇄하여 법보가 널리 세상에 유통하게 하는 것이다. '眞詮을 계발한다' 한 것은, 불경을 주석하여 경에서 말씀한 진실한 도리나 뜻을 드러내 밝히고 발전시켜, 읽은 자가 경전의 뜻을 알고 법과 같이 수행하게 하는 것을 말한다. '돌에 새기고 금속에 새긴다'는 것은, 불보살의 형상이나 불보살의 명호나 불경이나 조사의 말씀을 돌이나 금속판을 사용하여 그 위에 주조하고 새겨 영원토록 보존하게 하는 것이다. 돈황석굴에 소장한 경전이나 형상이 바로 이런 것이다.

'피부를 벗기고 피를 뽑는다'는 것은, 보살이 가죽을 벗겨 종이를 삼고 피를 뽑아 먹으로 삼아 경·율·론 삼장을 쓰거나 베끼는 것이다.『범망경』보살계 제44 輕戒에 이 계문이 있다. '열 가지로 선양하고 유통케 한다'는 것은 경전의 열 가지 수행법을 말하니, 쓰거나 베끼고[書寫], 공양하고[供養], 남에게 보시하고[施他], 자세히 듣고[諦聽], 경을 펼쳐 읽고[披讀], 수지하고[受持], 연설하고[開演], 암송하고[諷誦], 사유하고[思惟], 닦고 익히는[修習] 등이니, 모두 불법을 선양하고 유통하는 수행문에 속한다. '네 가지 은혜 갚기를 서원하고 慈勅을 밝히고 준수한다'는 것에서 '네 가지 은혜'는, 부모, 중생(시주), 국왕, 삼보(師長)의 은혜요, '慈勅(자측)'은 부처님의 가르침을 말한다. '선서'는 부처님의 열 가지 명호 가운데 하나다. 이와 같이 법보를 유통하는 것이 곧 제불의 행위이며 여래의 사자니, 그 공덕의 수승함을 찬탄하였다. 인용한『법화경』문장은 이 경「약왕보살본사품」에 있는 내용이다.

集

혹은 삼보를 일으키고 숭상하여 자비의 바람을 널리 드날리고, 혹은 釋門의 성벽과 해자가 되어 그 위력으로 外護하여, 마침내 정법이 오래 주하고 불도가 길이 융성케 하면, 밖으로 느끼기에는 비가 순조롭고 바람이 순조로우며 집안이 편안하고 나라가 태평하며, 안으로 보답하기로는 도가 나고 더러운 것이 없어지며 과보가 충만하고 인연이 원만하여, 능히 부촉의 은혜를 준수하고 보리의 수기를 잃지 않을 수 있다.

或興崇三寶, 廣扇慈風。 或牆塹釋門, 威力外護。 遂令正法久住, 佛道長隆。 外感則雨順風調, 家寧國泰。 內報則道生垢滅, 果滿因圓。 能遵付囑之恩, 不失菩提之記。

講

두 번째 단락은 삼보를 호지하는 것이다. '삼보를 일으키고 숭상하여 자비의 바람을 드날린다'는 것은, 절을 세우고 스님을 득도케 하며 계율을 전하고 법을 설하여 능히 불·법·승 삼보를 일으키고 융성하게 하고, 또한 세계가 화평하고 인민이 안락하게 하는 것이다. 그러므로 자비의 바람이 부는 것에 비유하였으니, 이것은 출가인의 內護에 속한다. '석문의 牆塹(장참)이 되어 위력으로 외호한다'는 것의 '석문'은 불교요, '牆'은 성벽을 말하고 '塹'은 성벽 밖에 빙 두른 성을 보호하는 내(해자)다. 이것은 국왕 대신과 재가 거사가 불교의 外護가 되는 것에 비유하였다. 그러므로 '위력으로 외호한다' 하였다. 만약 이와 같이 안팎으로 삼보를 호지하면 마침내 정법이 오래 머물고 불도가 오랫동안 융성하게 된다. '밖으로 느끼기에는 우순풍조하고' 한 아래 여섯 구절은 삼보를 호지하는 공덕의 수승함을 찬탄하였다.

> 集

혹은 구금을 풀어주고 사람을 석방하여 출가하게 하거나, 혹은 승니를 널리 제도하여 불종을 잇게 하여, 해탈의 도를 열어 인도하고 맞이하는 문을 베푸니, 그 수승한 공덕을 비교하고 헤아린 것은 여러 경전에서 모두 찬탄하였다.『출가공덕경』에 "만약 남녀 노비나 인민을 놓아 출가하게 하면 공덕이 무량하다." 하고,『본연경』에 "하루 낮 하룻밤 동안 출가함으로써 이십 겁에 삼악도에 떨어지지 않는다." 하며,『승지율』에는 "하루 낮 하룻밤 동안 출가하여 범행을 닦는 자는 육백, 육천, 육만 세에 삼악도의 고통을 여읜다." 하였다. 심지어 취중에 머리를 깎거나 장난으로 가사를 수하더라도 잠깐 만에 반드시 道果를 기약할 수 있거든, 더구나 부모의 은혜를 끊고 애정을 버리고 正因을 구족하여 菩薩僧(보살과 같은 스님)을 성취한다면 복이 어찌 끝이 있으랴.

或釋其拘繫, 放人出家。或廣度僧尼, 紹隆佛種。開出離之道, 施引接之門。格量勝因, 群經具讚。出家功德經云, 若放男女奴婢人民出家, 功德無量。本緣經云, 以一日一夜出家故, 二十劫不墮三惡道。僧祇律云, 以一日一夜, 出家修梵行者, 離六百六千六萬歲三途苦。乃至醉中剃髮, 戲理披衣, 一霎時間, 當期道果。何況割慈捨愛, 具足正因, 成菩薩僧, 福何邊際。

> 講

세 번째 단락은 출가를 찬탄하고 도와주는 것이다. 중생은 육친의 은애에 얽매이지 않는 이가 없으니, 만약 사람의 출가를 도와준다면 이는 마치 옥에 갇힌 자를 석방하는 것과 같으니, 만약 수많은 사람을 출가시킨다면 부처님 종성을 이을 수 있는 것이다. 왜냐하면, 출가는 해탈도에 들어가는 문호여서 생사를 벗어나기 때문이다. 그러므로 '出離의 도를 열어 引接의 문을 베푼다' 하였다. '格量'은 비교하여 헤아리는 것이요, '勝因'은 수승한 공덕이다. 모든 경·율·론에 출가 공덕을 비교하고 헤아려 출가를 찬탄한 문장이 있으니, 그러므로 '여러 경전이 모두 **찬탄하였다**' 하였다. (여기서 인용한 『출가공덕경』 문장은 『현우경』 제4권 「출가공덕품」에 있으니 대정장경 4권 376페이지 중단 참조. 『본연경』 문장은 바로 『출가공덕경』 문장이며 대정장경 16권 814페이지 중단 참조.)

'**심지어 취중에 삭발하고 장난으로 가사를 수하였다**' 한 것은, 부처님 당시 두 가지 출가 인연을 들었다. 어떤 사람이 술을 마시고 취하여 부처님께 출가할 것을 요구하니, 부처님이 아라한 제자를 시켜 그의 머리를 깎아주게 하였더니, 술에서 깬 후에는 후회하여 출가하지 않고 곧 속가로 돌아가더니, 며칠 후에 다시 부처님에 의해 출가하여 곧 도과를 증득하였다. 또한, 어떤 사람은 장난으로 스님의 승복 가사를 입어보고 선근을 심어 나중에 정식으로 출가하여 도과를 증득하였다. 이처럼 출가할 마음이 없었음에도 오히려 이익이 있는데, 더욱이 진짜로 생사를 요달하여 중생('正因')을 제도하기 위해 출가하여 보살승을 이룬다면, 그 복을 어찌 헤아릴 수 있겠는가? '一彈時間(일탄시간)'은 짧은 시간을 말한다. '**割慈捨愛**'는 眞心을 내어 출가한 자를 말한다. 육친의 은애를 끊고 오욕의 즐거움을 버리고 계·정·혜를 부지런히 닦는 사문이 되어, 탐·진·치를 쉬고 버린 진실한 사문을 말한다.

集

혹은 몸을 잊고 법을 위하고, 삿된 스승을 멀리하여 끊으며, 정법의 깃발을 세우고, 마구니의 올가미를 끊어, 지혜의 태양이 무명의 어두운 방을 비추고 자비의 구름이 번뇌의 숲을 덮어, 믿음이 삿된 자에게는 三解脫의 문에 나아가게 하고, 사견에 집착하는 자에게는 八顚倒의 그물을 찢게 하였고, 혹은 다른 사람의 대업을 이루고 보리를 발하는 것을 도와, 증상의 인연이 되고 청하지 않는 벗이 되었다. 『열반경』에 "사람을 도와 보리심을 발하게 하는 자는 五戒 파하는 것을 허락하노라." 하였으니, 그러므로 자신이 손해 보면서 남을 위하는 것이 보살행임을 알 수 있다.

或忘身爲法, 禁絶邪師, 建正法幢, 斷魔罥索. 朗慧日於無明暗室, 廕慈雲於煩惱稠林. 使信邪者, 趣三脫之門. 俾執見者, 裂八倒之網. 或成他大業, 助發菩提, 作增上之緣, 爲不請之友. 涅槃經云, 助人發菩提心者, 許破五戒. 故知損己爲他, 是大士之行.

[講]

네 번째 단락은 정법의 깃발을 세우는 것이다. 어떤 것이 정법인가? 넓은 의미로는 모든 불법이 모두 정법이요, 좁은 의미로는 대승의 원교 법문만을 정법이라 부르니, 본집이 바로 정법이다. 오탁 악세에 정법을 건립하는 것은 널리 중생을 제도하여 모두 부처가 되게 하기 위한 것이니, 이것은 반드시 난행을 능히 행할 수 있는 큰 무외정신의 소유자만이 가능한 일이다.

『법화경』「권지품」에 여러 보살이 동시에 서원을 발하기를 "저희는 신명을 아까워하지 않고 다만 무상도를 아낄 뿐입니다. 저희들은 내세에 부처님이 부촉하신 것을 호지할 것입니다." 한 것이다. '정법의 깃발'을 어떻게 세울 것인가? 첫째로 자신을 잊고 법을 위하며, 삿된 것을 파하고 바른 것을 드러내어 사마외도와 일체 삿된 스승의 삿된 견해가 중생을 그릇 해치지 않게 하며, 대승 불법을 보호하고 순정하게 하여 혼잡하지 않고 편벽되고 삿되지 않게 하며, 非法은 설하지 않고 설법하는 것은 비법이 아니며, 옳은 것 같으나 그러지 않아야 한다. 둘째는 중생의 집착하는 견해를 끊어 제거해야 하니, 有에 집착하고 空에 집착하는 것은 모두 중도 정견이 아니다. 셋째는 중생을 도와 대보리심을 발하여 대승 보살행을 닦게 해야 하니, 자신을 위해 안락을 구하지 않고 오직 중생이 성불하기만을 원하는 것이다.

'마의 올가미를 끊는다' 한 것은, 중생이 삼계 윤회를 벗어나게 하는 것을 말한다. '삼해탈의 문에 나아간다'는 것은, 空과 無常과 無願의 세 가지 해탈을 깨달아 들어가는 것이다. '팔전도의 그물을 찢는다'는 것에서 '팔전도'는 범부가 無常을 常이라고 집착하는 등 네 가지 전도와, 이승이 法性이 無常이라고 집착하는 등 네 가지 전도니, 모두 대승 정견이 아니다. '大士'는 보살이다. 보살행은 자신은 손해를 보면서 남을 이롭게 하는 데 있으니, 그러므로 모름지기 큰 지혜가 있어 능히 지혜의 해가 중생의 무명 암실을 밝혀야 하고, 큰 자비가 있어 능히 중생의 번뇌 숲을 덮어야 하며, 큰 원행이 있어 중생의 청하지 않는 벗이 되고 중생이 성불하는 증상연이 되어, 자비와 지혜와 원을 합하여 중생에게 범부를 돌려 성인을 이루게 할 수 있으니, 그러므로 정법의 깃발이라 부른다.

集

혹은 스님에게 밥을 주고 공양을 베풀며, 수행에 필요한 자금과 장비를 내어 큰 보시의 문을 열고 무차의 큰 집회를 세우기도 하였다. 그러므로 한 숟가락의 밥을 덜어 일곱 번 하늘에 태어났고, 한 덩이 미숫가루를 베풀어 현재 왕위에 올랐다. 혹은 經房과 禪室을 짓고 꽃과 과실이 달리는 원림을 보시하기도 하고, 필요한 것을 공급하여 도업 이루기를 도왔다. 예전에 安禪 道侶에게 생활 도구를 공급하여 하늘 음악이 자연스러움을 이루었고, 경전을 외우는 사미에게 날마다 공급하여 총지 제일을 얻기도 하였다. 『대보은경』에 "만약 음식과 영락을 보시하는 사람이 瞋心을 제거하면 이 인연으로 두 가지 모양을 얻으니, 하나는 金色이요 하나는 常光이다." 하였다.(대정장경 3권 165페이지 상)

或飯僧設供, 資備修行, 開大施之門, 建無遮之會。是以減一匙之飯, 七返生天。施一團之麨。現登王位。或造經房禪室, 或施花果園林, 供給所需, 助成道業。昔支辨安禪道侶, 致天樂自然。日給誦經沙彌, 獲總持第一。大報恩經云, 若以飯食瓔珞施人, 除去瞋心, 以是因緣, 獲得二相。一者金色, 二者常光。

講

다섯 번째 단락은 스님들에게 밥을 드리고 대중에게 공양하는 것이다. '**수행에 자금과 장비를 댄다**'는 것은, 돈을 들여 스님들이 수행할 도량을 도와주는 것이다. '**무차회를 세운다**'는 것은, 성인이나 범부, 도인이나 속인, 귀한 이나 천한 이, 높은 사람이나 낮은 사람에게 모두 막거나 금함이 없이 평등하게 財·法 두 가지 보시를 행하는 법회이다. 이 법회는 인도에서는 항상 국왕이 거행하였고, 중국에서는 양무제가 일찍이 同泰寺에서 한 번 거행하였다. '**한 숟가락 밥을 덜었다**' 한 것과, '**한 덩이 미숫가루를 보시하였다**' 한 것은, 음식을 보시하고 복덕을 얻은 사례를 들어 중생에게 복을 닦아 항상 사사공양을 베풀 것을 권하였다. '**경방과 선실을 짓고, 혹은 화과의 원림을 보시하였다**'는 것은, 주처와 도량을 보시 공양한 것이다. '**필요한 것을 공급하였다**'는 것은 생활에 필요한 일체 도구를 포함한 것이다. 다만 주의할 점은, 스님들이 쓰기에 적합한 것이라야 복전을 심을 수 있다. 만약 스님들이 공을 들여 도를 이루기에 도움을 준다면 반드시 현세에 인천의 복락을 받고, 내세에는 과덕을 얻고 성불한다.『대보은경』은 곧『大方便佛報恩經』이다. 여기서 인용한 경문은 음식과 장엄구를 보시하면 장래에 성불하는 자금색의 몸과 항상 광명이 나는 몸을 얻을 것임을 밝혔다.

集

더 나아가서 탑을 소제하고 땅에 흙을 펴 스님들을 받들어 모시며 공경심을 일으켜 간절한 업을 이루면, 조그만 선행을 내어도 끝없이 청정한 인연을 이룬다. 『보살본행경』에 "예전에 부처님 재세 시에 婆多竭利라는 아라한이 있었는데, 因地에 정광불의 고탑을 쓸고 씻고 풀이나 나무를 베어 깨끗이 한 것을 관하고서, 뛸 듯이 기뻐하며 이를 여덟 바퀴 돌고 예를 올리고 갔다. 죽은 후에 광음천에 태어나, 하늘 수명을 다하고서 백 번이나 전륜성왕이 되어 안색과 용모가 단정하여 보는 자는 누구나 기뻐하였다. 길을 가려면 도로가 저절로 깨끗해지고, 구십 겁 동안 천상과 인간에서 부귀영화를 누렸으며 쾌락이 무궁하였다. 지금 최후의 몸은 석가불을 만나 집을 버리고 출가하여 아라한이 되었다. 만약 어떤 사람이 능히 불·법·승에 잠깐 동안이라도 털끝만큼 작은 선행을 지으면 태어나는 곳마다 넓고 큰 과보를 받아 다함이 없으리라.(대정장경 3권 112페이지 중하)" 하고, 『정법념경』에 "만약 어떤 중생이 청정한 마음으로 여러 스님께 공양하고 여래의 탑을 소제하면 죽은 후에 意樂天에 태어나 몸에 骨肉이 없고, 또한 때나 더러움이 없어 향기가 백 유순이나 풍기며, 그 몸이 청정하여 마치 밝은 거울 같다." 하며, 『傳法傳』에 "한 비구가 있었으니 鞠多라는 이였다. 자신은 복이 없어 능히 도를 얻어 스님들을 교화하고 공양하여 나한과를 증득하게 하지 못할 것임을 관찰하였다. 또한, 한 나한이 있으니 이름은 祇夜多였다. 그는 삼명육통을 갖추었는데, 전생에 일찍이 개가 되어 잠깐 밥 한 덩이도 얻지 못해 항상 목마르고 배고픔을 참아야 했던 것을 관찰하고, 마침내 매일 몸소 스스로 밥을 지어 여러 스님께 공급하였다." 하였다.

乃至掃塔塗地, 給侍衆僧, 起恭敬心, 成殷重業。發一念之微善, 成無邊之淨緣。菩薩本行經云, 昔佛在世時, 有阿羅漢婆多竭梨, 觀因地曾掃灑淨光佛古塔, 誅伐草木, 嚴淨已訖, 踊躍歡喜, 繞之八匝, 作禮而去. 命終之後, 生光音天, 盡其天壽. 乃至百返作轉輪聖王, 顏容端正, 見者歡喜. 欲行之時, 道路自淨. 九十劫中, 天上人間, 富貴尊榮, 快樂無極. 今最後身, 值釋迦佛, 捨家出家, 得阿羅漢. 若有人能於佛法僧, 少作微善, 如毫髮許, 所生之處, 受報弘大, 無有窮盡. 正法念經云, 若有衆生, 淨心供養衆僧, 掃如來塔. 命終生意樂天, 身無骨肉, 亦無汚垢, 香氣能熏一百由旬. 其身淨潔, 猶如明鏡. 傳法傳云, 有一比丘, 鞠多. 觀其無福, 不能得道, 令教化供僧, 便證阿羅漢. 又有羅漢, 名祇夜多. 具三明六通, 觀見前生, 曾作狗身, 未曾暫得一飽, 常忍飢渴. 遂每躬自執爨, 供給衆僧.

講

여섯 번째 단락은 탑이나 절을 씻고 소제하는 것이다. '여러 스님을 받들어 모신다'는 것은 스님들의 淨人(절에서 잡일을 돕는 속인)도 포함되니, 이들을 僧伽藍民이라 한다. 스님들을 모실 때는 반드시 공경심을 가지고 일을 신중히 해야 하고, 대충대충 대강대강 하여 조금이라도 게으른 마음이 있어서는 안 된다. 비록 조그만 善因이라도 능히 끝없는 정업의 인연을 이룰 수 있다. 또한『보살본행경』을 인용하여 증명하였다. 이 경은 모두 3권인데 대정장경 제3권에 편재하니, 본연부에 속한다. '만약 어떤 사람이 능히 불·법·승에 …' 한 아래 여섯 구절은, 만약 삼보의 처소에서 털끝만큼의 작은 복을 닦으면 공덕이 다함없다는 것을 설하였다. 다시『정법염처경』을 인용하여 증명하였는데 이 경은 대정장경 제17권에 편재하였다. '의락천'은 곧 욕계천이다. '몸소 밥을 지었다' 한 것은, 직접 스님들을 위해 밥을 하고 반찬을 만드는 것이다. 전체적으로 스님들께 공양 올리는 내용으로 이루어져 있다.

集

『대보은경』에 "제법의 깊고 깊은 뜻을 사유하고, 선법 닦기를 좋아하며, 부모와 화상과 스승과 덕 있는 분에게 공양하며, 만약 길을 가다가 불탑이나 승방의 벽돌에 깨끗하지 못한 가시를 보고 이를 제거하면, 이 인연으로 삼십이상 가운데 '낱낱 털이 오른쪽으로 선회하는 상'을 얻는다."(대정장경 제3권 165페이지 상) 하였으니,

결론적으로 말하면, 병든 이를 보살피고 스님들을 목욕시키며, 우물을 설치하고 화장실을 만들며, 위험한 이를 부축하고 급한 이를 구조하며, 빈곤하고 어려운 이를 구제하기 위한 용품을 때에 맞게 비치하면, 이것들은 모두 대보살의 마음이라 부사의행을 성취한다. 남을 이롭게 하는 것이 이미 소중하니 과보를 얻는 것도 훨씬 깊어서, 어떤 때는 견고하여 파괴되지 않는 몸을 영원히 받고, 혹은 청정 상호의 몸을 항상 얻으며, 혹은 불국 감로의 세계에 왕생하고, 혹은 편안하고 자유로운 몸을 몰록 얻으니, 모두 삼십이상의 수승한 因이요 팔십종호의 미묘한 果다.

또한 "삼업이 청정하여 병든 이를 보살피고 약을 보시하되, 교만한 마음을 버리고 음식이 만족한 줄 알면, 이 인연으로 삼십이상의 '똑바로 서서 (손으로 무릎을 만지는) 상'을 얻는다." 하였다.

大報恩經云, 思惟諸法甚深之義, 樂修善法. 供養父母, 和尙師長, 有德之人. 若行道路, 佛塔僧房, 除去磚石, 荊棘不淨, 以是因緣, 得三十二相中 一一毛右旋相. 乃至看病浴僧, 義井圊厠, 扶危拯急, 濟用備時. 皆大菩薩之心, 成不思議之行. 利他旣重, 得果偏深. 或永受堅固不壞之形. 或常得淸淨相好之體. 或往生佛國甘露之界. 或頓獲輕安自在之身. 皆三十二相之殊因, 八十種好之妙果.

又云, 三業淸淨, 瞻病施藥, 破除憍慢, 飮食知足. 以是因緣, 得三十二相平立(手摩

膝)相

講

또한 『대보은경』 문장 두 단락을 인용하여 부처님의 삼십이상 팔십종호가 모두 因地에 여러 가지 선행을 닦음으로써 있으니, 因이 없으면 果가 없다는 것을 증명하였다. '심지어 병든 이를 보살피고, 스님들을 목욕시키며' 한 데서부터, '팔십종호의 묘다' 한 데까지는 스님이 설명한 문장이다. '내지'란 '결론적으로 말하면 …' 하는 말이다. 남을 이롭게 하는 좋은 일이 있으면 어떤 일이든 응당 힘써 하여야 한다. 예를 들면 병든 사람을 간호하거나, 향탕의 목욕물로 스님들께 공급하여 목욕시키거나, 길가에 우물을 설치하여 모든 길가는 사람이 마실 수 있게 하거나, 여러 사람이 모인 곳에 공동 화장실을 설치한다든가, 천재를 당한 위험한 사람을 보고 힘써 구제하여 안전하게 한다든가, 가난한 사람에게 일상생활에 필요한 물품을 보시하는 등, 이런 일들은 모두 보살심이라, 조그만 행으로도 반드시 금강불괴의 청정 상호의 몸을 얻고, 불국 감로(不死)의 세계에 왕생하여 자재한 원에 따라 意生身[87]을 얻어 삼십이상 등의 수승한 과보를 성취한다.

集

『복전경』에 "부처님이 天帝에게 고하시되, '내가 예전에 파라나국에서 화장실을 설치한 적이 있는데, 이 공덕으로 세세생생 청정하여 무수겁에 도를 행하되 더러움에 물들지 않고, 금색이 휘황하여 먼지나 때가 묻지 않았으며, 음식

---

87 부모에게서 태어난 몸이 아니고, 初地 이상 보살로 중생을 제도하는 몸이다. '意'에 의해 化生하는 몸.

이 저절로 소화되어 똥이나 오줌의 근심이 없었다'" 하고

『백연경』에 "손타리 비구가 과거에 장자였을 때, 향수를 갖추어 스님들께 목욕시키고 또한 진기한 보물을 물속에 넣음으로써, 금생에 집안에 자연히 샘솟는 샘이 있어서 향기로운 물이 차고 아름답고, 여러 가지 진보가 그 가운데 충만하고 단정하고 미묘하더니, 나중에 출가하여 도를 얻었다."(대정장경 제4권 256페이지 중하) 하며,

『현우경』에 "예전에 오백 명의 장사치가 바다에 들어가 보물을 채취하느라, 한 五戒를 받은 우바새에게 인도자가 되어줄 것을 청하였다. 바다 신이 물을 두 손으로 한 움큼 떠서 물었다. '한 움큼 물이 많은가? 바닷물이 많은가?' 현자(오계 우바새)가 대답하였다. '한 움큼 물이 많습니다. 바닷물이 비록 많으나 겁이 다하려 할 때면 반드시 고갈할 때가 있습니다. 만약 어떤 사람이 한 움큼의 물로 삼보에 공양하거나 혹은 부모에게 봉양하거나 혹은 가난한 이에게 나누어주거나 금수에게 공급하면, 이 공덕은 역겁에도 다하지 않습니다. 이렇게 보면 바닷물은 적고 한 움큼 물은 많은 줄 알 수 있습니다' 하니, 해신이 기뻐하며 곧 진보를 현자에게 주었다."(대정장경 제4권 354페이지 하와 355페이지 상) 하였으니, 일체 만물은 응당 위급한 이를 구제하고 제 때에 이롭게 써야 하니, 만약 쓰지 않는다면 비록 많으나 아무 소용이 없는 줄 알 수 있다.

경에 "만약 원림에 나무를 심고 우물이나 화장실이나 다리를 놓으면, 이 사람이 지은 복은 밤낮으로 항상 증장한다." 하고, 『고승전』에는 "道安법사[88]가 聖僧의 말씀에 '너의 行解는 다른 사람보다 뛰어나지만 다만 복이 적다. 여러

88　東晉佛敎(중국에 초기 불교가 발전하던 시대)의 중심 인물이다. 자세한 것은 『불광사전』p5625-下

스님을 목욕시키면 소원을 반드시 이룰 것이다' 한 것에 감동하였다." 하였다.

福田經云, 佛告天帝, 我昔於波羅奈國, 安設圊厠. 緣此功德, 世世淸淨, 累劫行道, 穢染不汚, 金色晃昱, 塵垢不着, 食自消化, 無便利之患.

百緣經云, 孫陀利比丘, 過去作長子, 因備辦香水澡浴衆僧, 復以珍寶投之水中, 今所生之時, 舍內自然有一湧泉, 香水冷美, 有諸珍寶, 充滿其中, 端正殊妙, 後出家得道.

賢愚經云, 昔有五百賈客, 入海採寶, 請一五戒優婆塞, 用作導師. 海神取水一掬, 而問之曰, 掬中水多, 海水多耶. 賢者答曰, 掬中水多. 海水雖多, 劫欲盡時, 必有枯渴. 若復有人, 能以一掬水, 供養三寶, 或奉父母, 或乞貧窮, 給與禽獸. 此之功德, 歷劫不盡. 以此言之, 知海水少, 掬水多. 海神歡喜, 卽以珍寶, 用贈賢者. 以知一切萬物, 惟應濟急利時, 如若不用, 雖多無益.

經云, 若種樹園林, 造井厠橋梁, 是人所爲福, 晝夜常增長. 高僧傳云, 道安法師, 感聖僧語曰, 汝行解過人, 祇緣少福. 能浴衆僧, 所願必果.

講

여기서 인용한 『복전경』의 완전한 이름은 『佛說諸德福田經』이다. 부처님이 이 경에서 天帝와 대중에게 말하였다. "여러 스님은 다섯 가지 깨끗한 공덕이 있어야 하니, 이를 복전이라 한다. 이를 공양하면 복을 얻고 더 나아가 부처를 이룰 수가 있다. 첫째는 발심하여 세속을 버리는 것이니, 마음속에 도를 품고 있기 때문이다. 둘째는 몸을 훼손하는 것이니, 응당 삭발하고 법복을 입기 때문이다. 셋째는 친밀하고 사랑하는 이를 영원히 끊는 것이니, 친밀하거나 소원한 이가 없기 때문이다. 넷째는 몸과 목숨을 버리는 것이니, 도를 따르고 숭상하기 때문이다. 다섯째는 마음속에 대승을 구하는 것이니, 다른 사람을 제도하려 하기 때문이다." 하고는, 게로 頌하기를,

"몸을 헐고,

뜻과 절개를 지키며,

사랑을 끊고 친한 이가 없으며,

출가하여 성도를 널리 전하며,

모든 사람을 제도하길 원하라.

이 다섯 가지 덕은 세상 임무를 초월하니 이를 '복전'이라 하고, 공양하면 영원한 안락을 얻으니 가장 거룩하다 하였다.

集

혹은 험한 길을 정비하고 도로를 개통하거나, 혹은 배나 뗏목을 만들거나 다리를 놓으며, 혹은 중요한 길목에 정자나 돈대를 세우거나, 혹은 길가에 꽃이나 과일나무를 심어 왕래하는 이의 피로하고 고달픈 마음을 구제하고, 사람이나 축생이 길 가는 것에 대비하는 것은, 육바라밀 문 가운데서 깊이 발휘하고 널리 선양하는 뜻이요, 여덟 가지 복전 가운데서 널리 운행하고 자비스럽게 중생을 제도하는 마음이다. 잠깐의 善因으로 능히 두 가지 과보를 초래하니, 첫째는 華報니 인천의 쾌락을 받고, 둘째는 果報니 조사나 부처님의 眞源을 깨달아 얻는다. 혹은 음식을 보시하거나 음료를 주고, 병든 이에게 탕약이나 주처나 의복 등, 모든 필요한 것으로 유정을 안락하게 하는 것이 제불의 가업이요, 육도에 윤회하는 중생을 어루만져 편안하게 하는 것이 보살의 일상의 일이다. 한 벌의 옷을 보시하고 구십 겁의 복락을 받았고, 한 입 음식을 나누어주고 천 배나 되는 재산을 얻게 되었다. 경에 "음식을 보시함으로써 다섯 가지 이익을 얻으니, 첫째는 목숨을 보시하고, 둘째는 색을 보시하며, 셋째는 힘을 보시하고, 넷째는 편안함을 보시하고, 다섯째는 변재를 보시하는 것이다." 하였다.

『지도론』에 "귀신이 사람의 한 입 음식을 얻으면 천만 배나 나온다." 하고,

『화엄경』에는 "또한 광명을 놓으니 이름을 '安穩(안온)'이라 하니, 이 광명이 능히 병든 환자를 비추어 많은 고통을 제거하여 모두 正定의 삼매락을 얻게 하네. 좋은 약을 보시하여 여러 환자를 구하고, 妙寶의 몸을 연명하는 향을 몸에 바르고, 蘇油와 乳蜜을 음식에 타니, 이로 인하여 이 광명을 이룰 수 있었네." 하였다.

或平治坑塹, 開通道路。 或造立船筏, 興置橋梁。 或於要道建造亭臺。 或在路傍栽植花果。 濟往來之疲乏, 備人畜之所行。 六度門中, 深發弘揚之志。 八福田內, 普運慈濟之心。 一念善因, 能招二報。 一者華報, 受人天之快樂。 二者果報, 證祖佛之眞源。 或施食給漿, 病緣湯藥, 住處衣服, 一切所須。 安樂有情, 是諸佛之家業。 撫綏沈溺, 乃大士之常儀。 遂使施一訶梨, 受九十劫之福樂。 分一口食, 得千倍之資財。 經云, 施食得五種利益。 一者施命, 二者施色, 三者施力, 四者施安, 五者施辯。 智度論云, 鬼神得人一口之食, 而千萬倍出。 華嚴經云, 又放光明名安穩, 此光能照疾病者, 令除一切諸苦痛, 悉得正定三昧樂。 施以良藥救衆患, 妙寶延命香塗體, 蘇油乳蜜充飲食, 以是得成此光明。

講

스님이 다시 세상에서 선행을 행하고 복을 지어 사람을 이롭게 하고 중생을 구제한 갖가지 사례를 들었으니, 모두 현생에 안락한 華報와 후생에 부처가 되는 果報를 얻을 수 있으니, 이것은 불보살의 사업이다. 음식을 보시한 다섯 가지 이익은 『佛說食獲五福報經』에서 나왔다. '색을 보시한다'는 것은, 사람이 음식을 얻지 못하면 안색이 초췌한데, 지혜 있는 자가 음식을 보시하면 강건한 색신이 있게 하니, 이것이 색을 보시하는 것이다.

集

혹은 무외시를 베풀어 송사로 다투는 것을 잘 화해하고, 孤露(외톨이여서 감싸주거나 도와줄 사람이 없음)한 이를 불쌍히 여기고 어렵고 위태로운 이를 구제하면, 범천에게서 복을 받고 行은 大覺과 같아서, 因이 강하고 果가 수승하여 덕이 두텁고 과보가 깊다.『화엄경』에 "또한 광명을 놓으니 이름을 '無畏'라 하네. 이 광명이 불안한 자에게 환하게 비추면 非人이 소지한 여러 가지 독해를 모두 빨리 없어지게 하네. 능히 중생에게 무외를 보시하여, 고통 주는 자를 만나 모두 그만두기를 권하고, 위험과 어려움, 고독하고 곤궁한 자를 건지고 구제하니, 이로 인하여 이 광명을 이룰 수 있었네." 하였다. 또한, 자·비·희·사의 갖가지 이익으로 가난한 이를 건지고 고통을 대신하며 염려하고 불쌍히 여기며, 축생에게 한 덩이 음식을 보시하는 것이 모두 佛業인 無緣慈의 因이다.

　『법구경』에 "자비를 행하면 열한 가지 이익이 있으니, 부처님이 게로 설하였다. '仁慈를 실천하고 博愛로 중생을 건지면 열한 가지 칭찬이 있네. 복이 항상 몸을 따르고, 누워있으면 편안하고, 잠을 깨면 편안하며, 악몽을 꾸지 않고, 하늘이 보호하고, 사람이 사랑하며, 독해를 맞지 않고, 전쟁에 휩쓸리지 않으며, 물이나 불에 상하지 않고, 있는 곳에서 이익을 얻으며, 사후에 범천에 태어나니 이것이 열한 가지네'" 하였다.

　그러므로 경에 "모든 성문·연각·보살·제불이 가진 선근은 자비가 근본이 된다." 하고,『비바사론』에 "자비를 닦는 자는 불이 능히 태우지 못하고, 칼이 능히 상하게 하지 못하며, 독약이 해치지 못하고, 물이 빠뜨리지 못하며, 다른 이가 능히 죽이지 못한다." 하였다. 왜 그런가 하면, 慈心은 참으로 남을 해치는 법이 아니기 때문이니, 큰 威勢가 있더라도 제천이 옹호하여 災害가 능히 해치지 못한다.

　『상법결의경』에 부처님이 말씀하시되 "어떤 사람이 아승지 겁에 몸소 시방 제불과 여러 보살과 성문 대중에게 공양하더라도, 축생에게 한 입 먹이를 보시하는 것만 못하니, 그 복은 저보다 백천만 배나 뛰어나 헤아릴 수 없고 끝이 없느니라."(대정장경 85권 1336페이지 상) 하고,

『대장부론』에 "불쌍하게 여기는 마음으로 한 사람에게 베풀면 그 공덕은 대지와 같고, 자기를 위해 모든 사람에게 베풀면 그 과보는 겨자보다 못하다. 한 사람의 재앙 받는 사람을 구하는 것이 다른 모든 사람에게 베푸는 것보다 나으니, 여러 별이 비록 광명이 있으나 하나의 밝은 달빛만 못한 것처럼."(대정장경 30권 257페이지 중) 하며,

『화엄경』에 "보살은 하다못해 축생에게 한 덩이 밥이나 한 낱의 먹이를 주더라도 모두 이렇게 발원해야 하나니, '반드시 이런 여러 가지 축생도를 버리고 이익되고 안락하여 구경에 해탈하라. 영원히 고해를 건너고 영원히 고통받음을 멸하며 영원히 괴로움의 무더기를 제거하고 영원히 괴로움의 느낌을 끊어라. 바라건대 저들 중생이 苦趣와 苦行과 苦因과 苦本과 여러 가지 苦處를 모두 버리고, 바라건대 저 중생들이 모두 捨離(혹·업·고를 버리고 삼계를 벗어남)를 얻어지이다' 하라. 보살이 이와 같이 일심으로 모든 중생을 생각한 저 선근으로 우두머리가 되어 그들을 위해 일체종지에 회향할지니라." 하고,

『대반열반경』에 "부처님이 과거에 오직 하나의 자비만을 닦아, 이 무량한 세상을 거쳐 일곱 번 성·괴를 반복하도록 여기에 태어나지 않았으니, 세계가 무너질 때 광음천에 태어나고, 세계가 이루어질 때 범천에 태어나 대범왕이 되었다가, 서른여섯 번 반복하여 천제석이 되고, 한없는 백천 세에 전륜성왕이 되고, 더 나아가서 성불하였느니라." 하였다.

或施無畏, 善和諍訟, 哀愍孤露, 救拔艱危. 福受梵天, 行齊大覺. 因强果勝, 德厚報深. 華嚴經云, 又放光明名無畏, 此光照觸恐怖者, 非人所持諸毒害, 一切皆令疾除滅. 能於衆生施無畏, 遇有惱害皆勸止, 拯濟危亂孤窮者, 以是得成此光明.

又慈悲喜捨, 種種利益。度貧代苦, 軫念垂哀。及施畜生一搏之食, 皆是佛業無緣慈因。法句經云, 行慈有十一種利益。佛說偈言, 履行仁慈, 博愛濟衆, 有十一譽。福常隨身, 臥安覺安, 不見惡夢, 天護仁愛, 不毒不兵, 水火不喪, 在所得利, 死昇梵天, 是爲十一。故經云, 一切聲聞緣覺菩薩諸佛, 所有善根, 慈爲根本。毗婆沙論云, 若修慈者, 火不能燒, 刀不能傷, 毒不能害, 水不能漂, 他不能殺。所以然者, 慈心定是不害法故。有大威勢, 諸天擁護, 害不能害。

像法決疑經云, 佛言, 若人於阿僧祇劫, 以身供養十方諸佛, 竝諸菩薩, 及聲聞衆。不如有人施與畜生一口之食, 其福勝彼百千萬倍, 無量無邊。

大丈夫論云, 悲心施一人, 功德如大地。爲己施一切, 得報如芥子。救一厄難人, 勝餘一切施, 衆星雖有光, 不如一月明。

華嚴經云, 菩薩乃至施與畜生之食, 一搏一粒, 咸作是願。當令此等捨畜生道, 利益安樂, 究竟解脫。永度苦海, 永滅苦受, 永除苦蘊, 永斷苦覺。苦趣苦行, 苦因苦本, 及諸苦處, 願彼衆生, 皆得捨離。菩薩如是, 專心繫念一切衆生, 以彼善根而爲上首, 爲其廻向一切種智。

大般涅槃經云, 佛過去惟修一慈, 經此劫世七返成壞, 不來生此。世界壞時, 生光音天。世界成時, 生梵天中, 作大梵王。三十六返爲天帝釋。無量百千世 作轉輪聖王, 乃至成佛。

講

스님이 이미 앞에서 모든 사람이 三寶門에서 복을 닦을 것을 권하시고, 이 아래에서는 반드시 중생을 대하여 자비를 닦아 복을 지을 것을 권하였다. 어떻게 자비를 닦을 것인가? 무외시와 어렵고 위급한 자를 구원하는 등이니 이것은 因을 닦는 것이요, 복은 범천을 받고 행은 대각과 같은 것이니 이것은 果를 얻는 것이다. 그러므로 '因이 강하고 果가 수승하며 덕이 두텁고 과보가 깊다' 하였다.

'孤露'는 고독하여 의지할 것이 없는 사람이다. '大覺'은 부처님이다. '非人'은 모든 악귀신이나 독사나 맹수다. '소지한 여러 가지 독해'에는 사람의 해침도 포함된다. '왜냐하면' 한 아래는, 인용하여 증명한 후에 자비심의 역용을 설명하였다. '큰 위세가 있다'는 것은, 즐거움을 주고 고통을 제거하는 것과 재앙을 소멸하고 어려움을 면해주는 것이다. '제천이 옹호한다'는 것은, 좋은 이름이 널리 전하고, 복덕과 수명과 강녕이니, 이른바 三多(복이 많고, 오래 살고, 아들을 많이 두는 것)와 五福(장수, 부유, 건강, 도덕을 즐거워하는 것, 천명을 온전히 마치는 것)이다.

'재해가 능히 해치지 못한다'는 것은, 일체 天災나 人禍나 三災가 능히 해치지 못하는 것을 말한다. 또한, 만약 자·비·희·사 사무량심을 닦고, 다시 자신을 이익되게 하고 남을 이익되게 하여도 똑같이 보리를 증득할 수 있으니, 그러므로 '갖가지 이익'이라 하였다. 자무량심은 일체 중생에게 안락을 주고, 비무량심은 일체중생의 고난을 뽑아주며, 희무량심은 다른 사람이 고통을 여의고 즐거움을 얻는 것을 보고 마음에 기뻐하고, 사무량심은 위와 같은 세 가지 마음에 집착하지 않거나, 또는 원수와 친한 이에 평등하다. 네 가지 마음을 모두 '무량'이라 한 것은 무량 중생으로 所緣境을 삼기 때문이요, 능히 무량 복을 이끌어 무량 과보를 얻기 때문이다. 쾌락이 없는 가난한 사람에게 慈心으로 즐거움을 주니 이것이 가난을 건너는 것이요, 고난이 있는 중생에게 悲心으로 고통을 없애주니 이것이 고통을 대신하는 것이다.

'軫念'은 연민의 뜻이다. '搏'은 밥을 뭉쳐 덩어리를 만드는 것이니 '한 덩이 밥'이다. '不毒不兵'이란, 모든 독물이나 독약이 능히 해치지 못하고, 모든 무기나 전쟁이 모두 멀리하는 것이다. '水火不傷'이란, 큰물이나 큰불의 재앙을 만나 몸과 목숨을 상실하지 않는 것이다. '慈心은 정녕 해치지 않는 법이다' 한 것은, 자심은 일월에 광명이 있고 광명에는 결코 어둠이 없는 것과 같다. 그러므로 자비한 마음이 있고 자비한 일을 행하면 반드시 재해가 없다. '영원히 괴로움 받음을 멸한다' 한 것은, 자비심으로 사람을 대하면 스스로 三苦와 八苦 등을 받지 않는다. '영원히 고 무더기를 제거한다' 한 것은, 무연해진 동체대비가 있으면 반드시 無我여서 색·수·상·행·식 오온이 모두 공이다. '영원히 괴로운 느낌을 끊는다' 한 것은, 자비와 지혜가 구족하면 분단과 변역 두 가지 생사 과보를 영원히 끊는다.

'고취와 고행과 고인과 고본'이란, 중생의 번뇌와 더러워진 업을 가리키니, 이것이 있으므로 저것이 있으니 苦因이 있으면 苦果가 있다. '苦處'는 삼계와 육도니 중생이 고통을 받는 장소다. '저 중생들이 모두 버림 얻기를 발원하라' 한 것은, 닦는 바 사무량심 공덕으로 일체중생이 혹·업·고를 버리고 끊어 삼계를 벗어나 생사에서 해탈하기를 발원하는 것이다. '그들을 위해 일체종지에 회향한다'는 것은, 자타가 모두 성불함에 회향하는 것이다. 이것은 보살행의 근본 뜻이며, 세상의 일체 종교나 자선가의 똑같은 의무이다. 만약 정토 법문을 닦는 보살이면, 무릇 중생을 대하여 유익한 일을 하면 자타가 모두 부처님 접인을 입어 삼계를 초월하여 함께 극락에 왕생하여 똑같이 보리를 증득할 것에 회향한다.

集

또한 사자가 손가락에서 나타나니 취한 코끼리가 발에 예배하였고, 자모가 아들을 만나 먼눈이 밝아짐을 얻었다. 성이 금과 유리로 변하고 돌이 허공계에 솟아올랐으며, 석가족의 여자가 상처가 아물고 제바달다가 병이 나았으니, 모두 본사께서 누겁에 훈습하고 닦은 자비 선근력으로 고통 받는 자에게 이와 같은 일을 보게 한 것이다. 지금 이미 (법왕의 지위를) 계승하고 (불종을) 이었으면 반드시 (부처님의) 깊은 발자취를 실천해야 한다.

심지어 산목숨을 놓아주고 목숨을 면제받았고, 살생을 금지하고 쇠약한 것을 흥하게 하였으며, 태우고 삶는 재앙을 끊고, 새장이나 통발의 속박을 풀어주어, 壽量의 바다를 잇고 慧命의 因을 이루어, 마침내 물속에 사는 중생이나 육지의 중생이 완전한 몸을 얻어 그물에 걸리고 낚시를 삼키는 고통을 쉬었고, 나르는 중생이나 물에 사는 중생이 천성에 맡겨 숲을 태우고 못을 말리는 근심에서 벗어나, 굴속에는 새로 태로 태어나는 중생이 없고 새집에는 오래된 알로 태어나는 중생이 없으며, 솥에는 기름기가 사라지고 도마에는 고기가 없게 되었다.

又獅子現指, 醉象禮足. 慈母遇子, 盲則得明. 城變金璃. 石擧空界. 釋女瘡合. 調達病痊. 皆是本師, 積劫熏修, 慈善根力, 能令苦者, 見如是事. 今旣承紹, 合履玄蹤. 乃至放生贖命, 止殺興衰. 斷燒煮之殃, 釋籠罩之縶. 續壽量之海, 成慧命之因. 遂得水陸全形, 息陷網吞鉤之苦. 飛沉任性, 脫焚林竭澤之憂. 免使穴罷新胎, 巢無舊卵, 脂消鼎鑊, 肉碎刀砧.

講

스님은 부처님이 경전에서 설하신 慈心의 인연 고사를 열거하여 불자들이 응당 법을 본받아 자비심을 닦을 것을 권하였다.

　(1) '사자가 손가락에서 나타나니 취한 코끼리가 발에 예배하였다' 한 것은, 부처님이 오백 아라한과 함께 왕사성 황궁에 들어가 공양을 받을 때 일이다. 아사세왕이 제바달다의 사주를 받아 오백 마리의 취한 코끼리를 풀어놓으니, 크게 울부짖으며 부처님을 향해 달려들었다. 그때 오백 아라한은 모두 두려워 공중으로 뛰어올라 피했으나, 부처님께서는 자심삼매에 들어 자비력으로 오른손을 드시니, 다섯 손가락에서 다섯 마리 사자가 나와 입을 벌리고 한

번 울부짖으니, 오백 마리 술 취한 코끼리가 땅에 엎드려 부처님을 향해 예배하였다.(대정장경 3권 147페이지 중)

(2) '자모가 아들을 만나 먼눈이 밝아짐을 얻었다'는 것은, 과거 시바시불 때 국왕이 있었으니 이름은 摩訶羅라 하였다. 첫째 부인이 한 아들을 낳았으니 이름을 '善友'라 하고, 둘째 부인이 낳은 아들은 '惡友'라 불렸다. 형제가 함께 바다에 들어가 보배를 구하더니, 선우가 여의보주를 구하니 악우가 대나무로 형의 두 눈을 찔러 여의주를 빼앗아 고국으로 돌아왔다. 왕과 부인은 선우가 돌아오지 않자 밤낮으로 슬피 우니, 두 눈이 실명하고 말았다. 나중에 선우가 눈이 밝아져 고국으로 돌아와 악우가 땅에 묻은 여의주를 꺼내 구슬에게 소원을 빌기를 '부모님이 전과 같이 두 눈이 밝아지이다' 하였다. 그때 선우는 지금의 본사시고, 악우는 지금의 제바달다이다.

그밖에 '성이 금과 유리로 변하고, 석가족 여인의 상처가 아물었다' 한 것은, 유리왕이 석가족을 멸망시킨 고사다. '돌이 허공계에 솟아올랐다' 한 것은 『佛說力士移山經』(대정장경 2권 857~859페이지)에 나오는 이야기다. '제바달다가 병이 나았다'는 것은, 제바달다가 배가 부어오르는 병에 걸리자 부처님이 자비심으로 손으로 어루만지니 병이 금방 나았다.

'모두 본사가 …' 한 데서부터, '이와 같은 일을 보게 하였다' 한 데까지는, 본사께서 慈心을 닦은 인과가 본래 이와 같았다는 것을 결론지어 설명하였다. 무릇 보살이 지금 대보리심을 내어 부처가 되어 반드시 법왕의 지위를 계승하여 불종을 이을 원을 세웠으면, 당연히 부처님이 자비심으로 다른 사람을 이롭게 하신 일을 실천하여야 한다. 그러므로 '지금 이미 계승하고 이었으면 합당히 현묘한 자취를 실천해야 한다' 하였다.

'심지어 생명을 놓아주고 목숨을 면제받았다' 한 아래 열네 구절은, 자비심을 닦고 익힌 중요한 일을 열거하였다. 항상 방생을 실행하여 중생의 생명을 구해준다는 것은 보살이 응당 행해야 할 생명 보호 사업이다. 『범망경』 보살계 중 제20 輕戒[경구게]에 부처님이 '보살은 응당 자비한 마음으로 방생하는 업을 행해야 한다' 한 것을 제정하였으니, 만약 세상 사람이 중생을 죽이는 것을 보거든 응당 방편으로 구호하여 그들의 고난을 풀어주어야 한다. 만약 그렇게 하지 않으면 경구죄를 범하는 것이다.

　보살은 다시 자신이 행하든 다른 사람을 시켜서 하게 하든 '살생을 금지하고 쇠약한 것을 흥하게 하여야 한다'. 좁은 뜻으로는 '죽이는 것을 금지한다'는 것은 살생하지 않고 중생의 고기를 먹지 않는 것이요, '쇠약한 것을 흥하게 한다'는 것은 자선사업에 힘쓰는 것이다. 넓은 뜻으로는, '죽이는 것을 금지하고 쇠약한 것을 흥하게 한다'는 것은, 예를 들면 국왕이나 대통령이 아래로 전국에 명령을 내려 도살을 금지하고 형을 감하거나 크게 사면하고, 물고기를 잡거나 사냥하는 것을 금하고, 인공으로 유산시키거나 농약이나 살충제를 사용하는 것을 금하며, 공기 오염으로 마실 물이나 음식물에 중독되는 것을 방지하며, 원자탄이나 화학 무기를 폐기하는 것이다. 일반 국민은 三歸五戒를 수지하고 十善을 봉행하며 염불 등 계율을 지켜야 한다. 이렇게 한 사람으로 인하여 부연해 확대하면 한 집에 이르고, 더 나아가 한 국가나 전 세계가 죽이는 것을 금지하고 쇠약한 것을 흥하게 하며, 재난 가운데 있는 사람이나 축생에게 구호를 베풀어, 어떤 때는 자신이 대신해 받아 그들이 이고득락하게 하면, 이야말로 진실한 세계 평화이며 인간 정토이다. 그러므로 생명을 놓아주고 목숨을 구하는 것은 소극적이고 방편으로 산 생명을 보호하는 것일 뿐이요, 오직 죽이는 것을 금지하고 쇠약한 것을 흥하게 하는 것이야말로 적극적이고 근본적인 중생 보호이다. 보살도를 행하는 것은 반드시 적극적이고 소극적인 것을 병행해야 한다.

그래서 스님은 산 생명을 놓아주는 것과 중생을 보호하는 인·과의 사례를 거듭 들었다. '태우고 삶는 재앙을 끊는다' 한 것은, 산림을 불태우고 누에고치를 삶아 실을 얻는 것과, 중생의 고기를 굽고 삶아 식품으로 삼는 악업을 단절하는 것을 가리키니, 무량 중생이 재앙을 만나는 것을 면하게 한 것이다.『범망경』보살계 중 세 번째 輕戒인 '고기 먹는 것을 금한 계율'을 제정한 것과, 열네 번째 輕戒인 '불을 놓아 불태우는 것을 금한 계율'을 제정한 것이 모두 불태우고 삶는 재앙을 끊기 위한 것이다.

'새장이나 통발의 속박을 풀어준다'는 것은, 물고기나 새를 잡아 음식물로 삼는 것을 금지한 것이다. 그래서 조롱의 새나 통발의 물고기를 놓아주어 생명의 자유로움을 회복시켜 주는 것이다. 구미 국가나 홍콩 정부는 닭이나 오리를 거꾸로 매다는 것을 금지하고, 이를 위반하는 자는 처벌하는 것과 같은 것이다. 이 야생동물을 보호하여 함부로 잡지 못하게 하는 것은 모두 '살생을 금지하고 쇠약한 것을 흥하게' 하는 일에 속한다. 만약 이와 같이 살생을 금하고 산 것을 보호하면 능히 중생의 수명의 양을 이어 중생이 끝이 없게 되니, 그러므로 '바다'라 하고, 또한 자기의 법신 혜명을 증장하니 그러므로 '혜명을 이루는 근본이다' 하였다.

'마침내 수륙의 완전한 몸을 얻어' 한 데서부터, '도마에는 고기가 없다' 한 데까지 여덟 구절은, 산 생명을 보호해야 하는 필요성과 공효를 설명하였다. 왜냐하면, 사람마다 산 생명을 보호하면 결국에는 일체 물속의 물고기나 새우, 육지의 나는 짐승이나 달리는 짐승이 모두 몸과 목숨이 안전함을 얻을 수 있기 때문이다. 그리하여 나는 짐승이나 기는 짐승이 그물에 걸리고 물고기나 새우가 작살을 맞고 낚시질을 당하는 등의 고통스러운 일을 멈추고, 또한 숲속을 나는 새나 강이나 바다를 자유롭게 헤엄치는 물고기가 편안하게 살아가고 천명을 누리며 천성에 맡겨 자재하고, 불태워지고 연못의 물을 말리는 등의 슬픔과 고통이 없어진다. '穴'은 둥지(보금자리)니 나는 짐승이나 기는 짐승이 거처하고 쉬며 생장하는 장소다. 세상 사람들이 모두 살생을 금하면서도 둥지를 찾아 알을 깨뜨려, 태로 태어나고 알로 태어나는 축생의 생육을 손해 하는 줄은 모른다. 그러므로 '둥지에서 새로 태어나는 일이 그치고, 새집에선 묵은 알이 없다' 하였다.

'기름기가 솥에서 없어지고, 고기가 도마에서 사라진다' 한 것은, 만약 사람들이 육식을 끊고 채식을 할 수 있으면 집집마다 솥 안이나 도마 위에는 반드시 중생의 기름과 축생의 피와 살이 없을 것이다. 이로 말미암아 더 확대하면 사회는 시빗거리를 찾아 대립하거나 원수로 삼아 싸우고 죽이는 일이 없을 것이요, 세계는 당연히 전쟁이 없고 지구도 정돈되어 天災나 人禍가 닥치는 것을 면할 수 있다. 願雲 선사가 "세상의 刀兵劫[전쟁]을 알고자 하면 도살장에서 밤새 울부짖는 소리를 들어보라." 하는 게를 지었고, 『능엄경』에 "사람이 죽어 양이 되고, 양이 죽어 사람이 된다." 하였으니, 원한과 원한이 서로 갚아 다할 때가 없으니, 어떻게 죽이는 것을 삼가고 중생을 보호하지 않겠는가!

集

『범망경』에 "불자는 자비심으로 생명을 놓아주는 일을 해야 한다. 모든 남자는 나의 아버지요 모든 여인은 나의 어머니니, 나는 세세생생 이들로부터 태어나지 않음이 없었다. 그러므로 육도 중생이 모두 나의 부모니 죽여서 먹는 것은 곧 나의 부모를 죽이는 것이며, 또한 나의 예전 몸을 죽이는 것이다. 모든 땅과 물이 나의 예전 모습이며 모든 불과 바람이 나의 본체다. 그러므로 항상 산 생명을 놓아주어야 한다. 만약 그렇게 하지 않는 자는 경구죄를 범하는 것이다."(대정장경 24권 1006페이지 중) 하였다. 그러므로 유정이든 무정이든 상해해서는 안 되는 줄 알 수 있다.

梵網經云, 若佛者, 以慈心故, 行放生業。一切男子是我父, 一切女人是我母, 我生生無不從之受生。故六道衆,生 皆是我父母。而殺食者, 卽殺我父母, 亦殺我故身。一切地水, 是我先身。一切火風, 是我本體。故常行放生。乃至若不爾者, 犯輕垢罪。故知有情無情, 不可傷害。

> 講

여기서 인용한 『범망경』은 「보살계본」 제20 輕戒인 '방생과 구호를 행하지 않는 계'이다. 여기서는 현수국사가 지은 『범망계소』에 의해 다음과 같이 대략 해석한다.

  1. 제정한 뜻 : 보살은 응당 중생을 보호하고 구제하여야 한다. 만약 중생이 고통을 받고 피해 받는 것을 보고도 자비스러운 마음으로 구하고 보호하는 마음이 없으면 보리심과 보살행에 어긋나니, 그러므로 제정한 것이다.

  2. 이름을 해석함 : 보살이 안으로 자비한 마음이 없어서 고통을 보고도 구하지 않으니, 이러한 허물을 경계하고 방어하였기 때문에, '방생하고 구호함을 행하지 않는 戒'라는 이름을 세운 것이다.

  3. 인연을 갖추다 : (1) 안으로 자비심이 없고, (2) 살생하는 사람을 보았으며, (3) 나 몰라라 하고 구하지 않고, (4) 저들의 목숨이 끊어지게 하는, 이런 네 가지 인연으로 계를 범함이 이루어진다.

  4. 상황의 순조로움과 어그러짐 : 만약 자신이 중병에 걸렸거나 세력이 없으면 결국 이익을 줄 수 없으니, 이는 으레 범하는 것이 아니다. 이와 반대되면 범한 것이다.

  5. 문장을 해석함 : '자비심으로 생명을 놓아주는 일을 행해야 한다' 한 것

은, 계행을 명시한 것이다. '모든 남자가' 한 아래는 해석한 것이다. 어찌하여 반드시 산목숨을 구하고 죽여서는 안 되는가? 여기에 두 가지 뜻이 있다. (1) 보편적인 관점 - 모든 남녀가 모두 나의 부모니, 죽여서 음식으로 먹는 것은 곧 나의 부모를 죽이는 것이니, 이것은 대역불효한 일이다. (2) 평등한 관점 - 일체중생은 모두 사대로 몸이 되었으니 저와 나는 서로 같다. 그런 점에서 저를 일부러 죽이는 것은 곧 나의 몸을 일부러 죽이는 것이니, 이는 옳지 않다.

'그러므로 항상 산 생명을 놓아주어야 한다' 한 아래는 총 결론이다. '그러므로 유정이든 무정이든 상해해서는 안 되는 줄 알 수 있다' 한 두 구절은, 스님이 넓은 뜻으로 중생을 보호해야 하는 뜻을 설명하였다. '유정'은 동물을 말하고, '무정'은 식물을 말한다. 보살과 비구는 생명 있는 유정 중생을 상해해서는 안 될뿐더러, 또한 생존할 가망이 있는 초목은 베어서는 안 된다. 자비심을 잃어버리기 때문이다.

集

『화엄경』에 "불자여! 보살마하살은 대국왕이 되어 법에 자재하거든, 목숨 구제하는 일을 널리 행하여 살생 업을 제지하게 해야 한다. 염부제 내의 성읍이나 마을에서 모든 도살을 모두 하지 못하게 하여야 한다. 발이 없거나, 발이 두 개거나, 발이 많은 등, 갖가지 생명을 가진 모든 존재에게 무외를 널리 베풀되, 속이는 마음 없이 모든 선행을 널리 닦아 사랑과 자비가 중생에 임하여 침노하고 괴롭히는 일을 행하지 마라. (중생의 몸은) 미묘한 보배라는 마음을 내어 중생을 편안하게 하고, 모든 부처님 처소에 깊은 志樂(志願)을 세워 항상 세 가지 청정한 淨戒에 안주하며, 또한 중생도 모두 이와 같은 것에 머물게 하라. 보살마하살은 모든 중생이 五戒에 주하여 살생하는 업을 영원히 끊게 하고, 이 선근으로 이와 같이 회향할지니, 이른바 '원컨대 일체중생이 보살심을 내어 지혜가 구족하고, 수명을 영원히 보전하여 다할 때가 없기를!' 하라. 더 나아가서 중생이 잔인한 마음을 품어 사람이나 축생을 해치고, 남자 몸에 결함이 있어 여러 가지로 괴롭힘을 당하는 것을 보거든, 대자비를 일으켜 이들을 불쌍히 여겨 구하고, 사바세계 일체 인민이 모두 이 업을 버리게 하라.(대정정경 10권 149페이지 중)" 하고,

華嚴經云, 佛子, 菩薩摩訶薩, 作大國王, 於法自在, 普行救命, 令除殺業。閻浮提內城邑聚落, 一切屠殺, 皆令禁斷。無足, 二足, 多足, 種種生類, 普施無畏。無欺奪心, 廣修一切諸行, 仁慈莅物, 不行侵惱。發妙寶心, 安穩衆生。於諸佛所, 立深志樂。常自安住三種淨戒, 亦令衆生皆如是住。菩薩摩訶薩, 令諸衆生, 住於五戒, 永斷殺業, 以此善根, 如是回向。所謂, 願一切衆生, 發菩薩心, 具足智慧, 永保壽命, 無有終盡。乃至見衆生心懷殘忍, 損諸人畜, 所有男形, 令身缺減, 受諸楚毒。見是事已, 起大慈悲而哀救之。令閻浮提一切人民, 皆捨此業。

> 講

여기서 인용한 『화엄경』 문장은 「십회향품」에서 따온 것이다. '아름답고 값진 妙寶心을 내어 중생을 편안하게 하라' 한 것은, 아래로 중생을 교화하는 것을 말한다. 몸은 보살도를 수행하는 진기한 보물[妙寶]이니, 만약 몸이 없다면 어떻게 널리 군생을 이롭게 하겠는가? 그러므로 자신이나 타인의 몸이나 목숨을 침해하지 말고, 일체중생이 모두 편안하여 근심이 없게 해야 한다. 『지도론』에 "설령 염부제에 가득한 무가진보라도 생명보다 값진 것은 없다. 그러므로 살생은 또한 보배를 도둑질하는 죄를 짓는 것이다." 한 것이다. '제불 처소에서 깊은 志樂을 세운다' 한 것의 '志樂'은 志願(희망)이니, 이것은 위로 불도를 구하는 것이다. '깊은 志願을 세운다'는 것은, 인천의 복락이나 더 나아가서 성문·연각을 구하지 않고, 오직 제불의 무상보리만을 구하는 것이다.

'세 가지 정계'는 또한 三聚淨戒라고도 하니, 곧 섭율의계·섭선법계·섭요익유정계이다. '오계'는 불살생·불투도·불사음·불망어·불음주니, 유가의 五常인 인·의·예·지·신과 비슷하다. '살업을 영원히 끊는다'는 것은, 자기가 중생을 죽이지 않고, 그밖의 방편으로도 죽이지 않으며, 또한 타인을 시켜 죽이게 하지 않고, 살생하는 업이 있는 것을 보고 수희찬탄하지 않는 것이다. 그 밖에 살생하는 因, 살생하는 緣, 살생하는 법, 살생하는 업[89]을 모두 단절하게 해야 한다. 그러므로 『범망경』 보살계 첫 번째 重戒에 "보살은 자비심과 효순심에 항상 주하여 방편으로 일체중생을 구호하는 마음을 일으켜야 한다. 반대로 거리낌 없는 마음으로 산목숨을 죽이면 이는 보살의 바라이죄다." 하였다.

어찌하여 살생하는 업을 영원히 끊어야 하는가? 이 性罪[90]를 범하는 무거운 업으로 능히 도에 들어가지 못하기 때문이요, 대비심에 어긋나기 때문이요, 자신을 제도하고 다른 이를 제도하는 수승한 인연을 잃기 때문이다. 『지도론』에 "어쩌면 이 개미가 지금 당장 성불하여 그의 제도를 입을 수도 있으니, 이 일은 알 수 없는 일이다." 한 것처럼, 만약 저의 목숨을 해치면 저와의 인연이 없어져 저의 구원을 입지 못하기 때문이요, 중생을 버리면 교화할 대상이 없기 때문이다. 일체중생이 모두 불성이 있어서 미래에 부처가 될 수 있다는 뜻에서 보면 어찌 해칠 수가 있겠는가? 중생을 죽이면 보살의 無畏施에 어긋나기 때문이

---

89 殺因은 죽이는 원인, 殺緣은 죽이는 환경, 殺法은 죽이는 방법, 殺業은 실제로 행동에 옮기는 것이라 해석한다.

90 두 가지 罪 가운데 하나. '遮罪'의 반대. 殺生, 偸盜, 邪淫, 妄語 등 죄는 부처님이 제정하든 제정하지 않았든 본질적(性)으로 죄악 행위에 속하니, 이를 性罪라 한다. 遮罪는 酒戒를 말한다. 부처님이 이 주계를 제정한 뜻은 遮止하여 범하지 않게 하여 여타의 계를 보호하여 일부러 범하지 않게 한 것이다. 만약 범하면 遮罪의 죄를 짓는 것이다.

다. 중생은 네 가지 무거운 은혜(삼보, 국왕, 부모, 중생) 가운데 하나니, 은혜를 갚기 위해서라도 해쳐서는 안 되는 것이다. 또한, 無記心으로 중생을 죽여도 또한 업이 있어서 도리어 살생하는 과보가 있다. 『율장』에 설하기를 "산중에 사는 한 비구가 돌을 옮기다 개미를 죽였는데, 개미가 생을 바꾸어 멧돼지 몸을 받아 또한 돌을 치우다 이 비구를 해쳤으니, 각기 무기심으로 자신도 모르는 사이에 과보를 받으니, 이것이 비록 무기지만 살업은 없어지지 않는다." 하였다.

살생의 과보로 죽어 삼도에 떨어지니, 만약 사람 가운데 태어나더라도 병이 많고 단명하다. 『優婆塞戒經』에 "살생으로 인하여 현생에는 추악한 몸을 얻고, 힘이 나약하며, 나쁜 이름을 얻고, 단명하고, 재물이 부족하고, 권속과 헤어지고, 성현에게 꾸지람을 입으며, 사람들이 신용하지 않고, 다른 사람이 죄를 지었는데도 엉뚱하게 그의 재앙을 당하며, 몸을 버리고는 반드시 지옥에 떨어진다." 하였다.

『지도론』에 이르기를, "살생하면 열 가지 죄가 있다. 첫째는 마음이 항상 악독한 심보를 가져 세세생생 끊어지지 않고, 둘째는 중생이 증오하고 미워하여 눈으로 보기를 좋아하지 않고, 셋째는 항상 악독한 생각을 품어 악독한 일을 생각하며, 넷째는 중생이 이를 두려워하여 독사나 범을 보듯이 하고, 다섯 번째는 잠잘 때는 마음이 두렵고 깨어서도 불안하며, 여섯 번째는 항상 악몽을 꾸고, 일곱 번째는 목숨을 다했을 때 나쁜 죽음으로 미치광이가 되거나 두려워하며, 여덟 번째는 단명한 업과 인연을 심고, 아홉 번째는 몸이 파괴되고 목숨을 마치면 지옥에 떨어지고, 열 번째는 만약 이를 벗어나서 사람이 되더라도 항상 단명하다." 하였다. 이와 같은 살생 죄보가 있기 때문에, 모든 사람에게 산목숨을 죽이는 업을 버리게 한 것이다.

集

『열반경』에 "누구나 몸과 목숨을 아껴 칼이나 몽둥이를 두려워하지 않는 이가 없으니, 자기를 용서하듯이 죽이지 말고 몽둥이질을 하지 마라.(대정장경 12권 668페이지 상)" 하였다.

예전에 鄧隱峰[91]이라는 선승의 출가 전 이야기다. 활을 쏘아 원숭이 새끼 한 마리를 맞혔더니 땅에 떨어져 죽었다. 얼마 후에 어미도 땅에 떨어져 죽었는데, 배를 갈라 열어보니 창자가 마디마디 끊어져 있는 것을 보고, 마침내 사냥업을 버리고 이로 인해 출가하였다.[92]

이를 보면 사람이나 짐승이 과보를 받는 것은 천차만별이지만, 탐애의 번뇌와 애정의 뿌리는 그 종류가 똑같음을 알 수 있다. 그러므로 숲을 잃고 궁지에 몰린 호랑이는 오두막에 목숨을 위탁하고, 날개를 상해 놀란 새는 마침내 책상 곁에 몸을 던진다. 심지어 楊生이 참새를 기른 것은 어찌 玉環에 뜻이 있었겠으며, 공 씨가 거북을 놓아준 것은 본래 金印에 생각이 없었다. 목숨은 크고 작은 것으로 나누어지지 않거든 죄가 어찌 어질고 어리석은 것으로 나누어지겠는가? 삼업으로 짓는 행위는 반드시 두려워하고 신중히 해야 한다. 실수로 상하게 하거나 실수로 죽이더라도 오히려 충분한 재앙으로 응답하거든, 일부러 하고 일부러 행하여 어찌 업의 그물을 벗어나겠는가? 하루 동안의 계를

---

91 당나라 때 스님. 생졸연대 미상. 처음에는 馬祖道一을 참예하였으나 깨닫지 못하고 다시 石頭希遷에게서 배우고, 나중에 마조도일에게서 언하에 개오하고 그의 법을 이었다. 자세한 것은 『불광사전』 p6534-中.
92 『삼국유사』에도 비슷한 이야기가 있다. "혜통스님이 白衣로 있을 때 그의 집은 남산 기슭 은천동 어귀(지금의 남간사 東里)에 있었다. 어느 날 집 동쪽 시내에서 놀다가 수달 한 마리를 잡아 죽이고 그 뼈를 동산 안에 버렸다. 이튿날 새벽에 그 뼈가 없어져 핏자국을 따라 찾아가니 뼈가 전에 살던 굴로 되돌아가 새끼 다섯 마리를 끌어안고 있었다. 혜통이 바라보며 한참 동안 놀라고 이상히 여겨 감탄하고 망설이다가, 마침내 세속을 버리고 중이 되어 이름을 혜통이라 하였다. 운운" 하였다.

받고, 혹은 팔관재를 지키며, 혹은 중생의 살을 씹지 않고, 혹은 냄새나는 것과 비린내 나는 것을 영원히 끊으면, 삼재의 땅을 만나지 않고 능히 六欲天에 올라갈 수 있거든, 이미 長壽와 인연을 맺었고 또한 大慈의 종자를 쌓았음이랴!

涅槃經云, 一切惜身命, 無不畏刀杖, 恕己以爲喩, 勿殺勿行杖。

昔有禪僧鄧隱峰, 未出家時, 曾射一猿子, 墮地而殂。須臾猿母亦墮地而死, 因剖腹開, 見肝腸寸寸而斷, 遂捨其射業, 因此出家。

是知人形獸質, 受報千差, 愛結情根, 其類一等。所以失林窮虎, 乃委命於廬中。鍛羽驚禽, 遂投身於案側。至於楊生養雀, 寧有意於玉環。孔氏放龜, 本無情於金印。命既無分大小, 罪豈隔於賢愚。三業施爲, 切宜兢愼。誤傷誤殺, 尙答餘殃, 故作故爲, 寧逃業網。或受一日戒, 或持八關齋, 或不噉有情, 或永斷葷血。不值三災之地, 能昇六欲之天, 既爲長壽之緣, 又積大慈之種。

講

여기서 인용한 『열반경』 원문은 "모든 것이 칼이나 몽둥이를 두려워하고 오래 살기를 좋아하지 않는 이가 없으니, 자기를 용서하는 것처럼 죽이지 말고 몽둥이질을 하지 마라." 하였으니, 南本 『대반열반경』 제10 「일체대중소문품」에 있다. 인용한, 원숭이 어미 창자가 마디마디 끊어졌다는 공안은, 연지대사(1532~1612)[93]가 지은 『계살방생문』에도 새끼를 불쌍히 여긴 사슴이 상처를 혀로 핥으니 창자가 토막토막 잘렸다는 이야기가 있다.[94]

---

93 명나라 때 스님. 자는 佛慧 호가 蓮池이다. 세칭 雲棲和尙, 蓮池大師라 한다. 紫柏, 憨山, 漢益과 함께 명대 사대고승이라 한다. 자세한 것은 『불광사전』 p4789-中 참조.
94 "새끼를 불쌍히 여긴 사슴이 상처를 혀로 핥으니 창자가 토막토막 잘렸고, 죽음을 두려워한 원숭이는 활 그림자만 보고도 두 눈에서 슬픈 눈물을 흘렸다." 하였다.

『安士全書』[95]에 자비스러운 새가 사람을 감동케 한 이야기가 있는데 그 고사는 다음과 같다. 鄧芝라는 이가 涪陵을 정벌하러 갔다가 새 한 마리가 새끼에게 먹이를 주는 것을 보고 활을 쏘았으나 맞히지 못했다. 어미 새가 여러 새끼 때문에 차마 멀리 날아가지 못하자 거듭 활을 쏘아 이를 맞혔다. 그러나 어미 새는 오히려 화살을 등지고 새끼에게 먹이를 먹이며 남은 먹이를 다 먹을 때까지 곁에서 소리 내어 울며 새끼들에게 먹이를 주다가 마침내 슬피 울며 죽으니, 새끼들도 슬피 울기를 마지않았다. 이를 보고 芝가 크게 후회하며, "나는 사물의 본성을 어겼으니 장차 죽을 것이다." 하더니, 얼마 후에 정말 鐘會에게 죽임을 당했다.(『後漢書』)

'이를 보면 사람의 몸이나 짐승의 형상이' 한 데서부터, '본래 金印에 마음이 없었다' 한 데까지 모두 열두 구절은, 사람이나 축생을 막론하고 자기 몸을 아끼고 권속을 생각하지 않는 이가 없어서 모두 사는 것을 탐하고 죽음을 두려워한다는 것을 설명하였다. 그의 몸을 죽이는 자에게는 반드시 보복할 것을 생각하며 원한을 품고, 그의 목숨을 구해주는 자에게는 반드시 덕으로 갚으며 은혜에 감사한다. 그러므로 천지는 살리기를 좋아하는 덕이 있고, 성현은 죽이는 것을 경계한 글이 있으니, 인과가 분명한 것은 역사상 그 예증이 매우 많다.

스님은 다음과 같이 특별히 두 가지 사례를 들었다.

(1) '양생이 참새를 기른 것이 어찌 옥가락지에 뜻이 있었겠는가?' 한 것은, 楊寶가 어렸을 때, 참새가 올빼미에게 잡혀 땅에 떨어졌다가, 또 개미 떼에게 괴롭힘을 당하는 것을 보고, 참새를 구해 대 상자에 넣어 먹이를 주어 기르다

---

95 청나라 周夢顔 거사의 저서. 호는 思仁, 자가 安士이다. 711페이지 참조

가 기력을 되찾자 날려 보냈다. 꿈에 누런 옷을 입은 동자가 절하고 사례하며 옥가락지 네 개를 주며 "저의 王母使者(서왕모의 약 상자를 지킨다는 神鳥)가 그대의 구명을 입었으니, 바라건대 그대의 자손이 결백하여 三公의 지위에 올라 이 옥가락지와 같아지기 바라나이다." 하는 꿈을 꾸었다. 나중에 양보의 자손이 4대에 걸쳐 지위가 높고 귀하게 되었다.

　(2) '공 씨가 거북을 놓아준 것은 본래 金印에 마음이 없었다' 한 것은, 孔愉는 본래 미천한 벼슬아치였다. 일찍이 거북을 방생한 적이 있는데 거북이가 물에 떠서 자주 머리를 돌려 유를 바라보다가 영원히 사라져 갔다. 나중에 유가 공이 있다 하여 제후에 봉해졌는데, 도장을 주조할 때 도장 위의 거북 꼭지가 머리를 돌려 바라보았다. 부수고 다시 주조했으나 머리를 돌려 바라보는 것이 전과 같으니 주조하는 자가 매우 놀라 이를 유에게 알렸다. 유가 거북을 방생할 때 거북이가 머리를 돌려 바라보던 것을 생각하고, 능히 제후에 봉해질 수 있었던 것은 거북을 방생한 과보임을 깨달았다.

　『安士全書』「萬善先資篇」에 인과를 권하며, "사람마다 수명을 소중히 여기고, 모든 사물이 목숨이 완전한 것을 좋아하여, 닭은 요리사가 잡으러 오는 것을 보면 놀라서 날아 책상 앞에 모이고, 돼지는 백정이 값을 치르는 소리를 들으면 샘솟듯이 눈물을 흘린다. 마음속은 분명한데 다만 입으로 말을 하지 못할 뿐이다. … 고래로 살려주고 죽이는 과보는 가고 오는 것이 도르래가 오르내리는 것과 같다." 하였다. 이것과 스님이 설한 '숲을 잃은 궁한 호랑이는 오두막에 목숨을 위탁하고, 날개를 상해 놀란 새는 마침내 책상 옆에 몸을 던진다' 한 것은, 모두 어려움을 당해서 구해주기를 바라는 것은 만물이 똑같다는 것을 설하신 것이다. 고인이 "한 사람의 목숨을 구해주는 것은 칠 층의 탑을 쌓는 것보다 낫다." 하였으니, 축생의 한목숨을 구해주는 것은 제불께서도 모두 기뻐하신다.

'목숨은 이미 크고 작은 것으로 구분할 수 없는데' 한 데서부터, '어찌 업의 그물을 도망하겠는가?' 한 데까지 모두 여덟 구절은, 불자는 힘써 三業을 근신하여 일부러 죽이거나 실수로 죽여서도 안 된다는 것을 경계하였다. 사람과 축생이 비록 다르나 모두 중생인 점은 아무 차별이 없다. 그러므로 사람을 죽이든 축생을 죽이든 죽이는 것은 모두 죄가 된다. 어찌 사람을 죽이면 죄가 되고 축생을 죽이면 죄가 되지 않겠는가! 그러므로 '죄에 어찌 어진이나 어리석은 이가 따로 있겠는가?' 한 것이다.

'三業으로 하는 일은 모름지기 두려워하고 신중히 해야 한다' 한 것은, 신·구·의 가운데 한 가지든 두 가지든 모두 응당 두려워하고 신중히 하여 살생하는 업을 멀리 여의어야 한다는 것을 말하였다.

첫째 身業은, 칼이나 몽둥이나 돌이나 불이나 창이나 포나 구리나 쇠 등으로, 높은 데서 떨어뜨려 죽이기도 하고, 혹은 모양을 보이고 다른 사람을 시켜 살업을 이루게도 하며, 글을 써서 죽이게 하고, 구덩이를 만들어 사로잡거나, 활을 쏘거나, 식품에 독약을 넣거나, 혹은 살인 도구를 주어 저에게 자살하게 하는, 무릇 물에 살거나 육지에 살거나 날아다니는 중생을 죽게 하는 것이 모두 이것에 해당한다. 둘째 口業은, 말로 다른 사람에게 권하여 몸을 싫어해 자살케 한다든지, 혹은 말로 다른 사람을 시켜 죽이게 한다든지, 주문으로 죽이는 것이 모두 이것에 해당한다. 셋째 意業은, 『이십유식론』에서 설한 것과 같이, 仙人이 진노하여 三國의 중생을 한꺼번에 죽게 한 것이 이런 경우다. 요즘으로 치면 원자폭탄이나 화학무기 같은 것으로 최고 권력자가 한 번 나쁜 마음을 내어 이를 쏘아 즉각 수많은 중생을 죽게 하는 것 등이다. 이로 인하여 알 수 있는 것은, 의업으로 하는 살생이 가장 영향력이 크다는 점이다. 넷째 몸과 입으로 죽이는 것은, 몸으로 말을 덧붙이고 주문을 설하여 죽이는 것이다.

'兢'은 공포를 말하니, 두려움을 경계한 것이다.『시경』「소아」에 "전전긍긍하기를 깊은 연못에 다다른 듯이 하고, 얇은 얼음을 밟는 듯이 하라." 한 것이다. '혹은 하루 동안 계를 받거나' 한 아래 네 구절은, 불살생계를 지키는 것을 밝혔다. '팔관재계'는 '一日戒'라고 한다. 하루 동안 살생하지 않고 중생의 살을 먹지 않으며, 혹은 영원히 중생을 죽여 살을 먹는 것(葷血)을 단절하는 것이니, 이것은 원인에 속한다.

'삼재의 땅을 만나지 않는다' 한 아래 네 구절은 불살생계를 지키고 얻는 과득을 밝혔다. '삼재'는 크고 작은 두 가지가 있다. 작은 삼재는 하나의 住劫 가운데 二十 增減劫이 있는데 감겁을 일으키는 마지막 작은 삼재라 한다. 첫째는 刀兵災니, 이때 사람이 非法을 행하여 성내는 독이 치성하여 서로 보면 해치는 마음이 맹렬하게 일어나 손에 잡히는 대로 모두 날카로운 칼이 되어 서로서로 살해한다. 둘째는 疾疫災니, 역병이 유행하여 걸리기만 하면 금방 죽는다. 셋째는 饑饉災니, 세상에 기근이 들어 굶어 죽는 자가 많다. 도병재가 일어나는 것은 오직 이레뿐이요, 질역재가 일어나는 것은 일곱 달 이레며, 기근재가 일어나는 것은 칠 년 일곱 달 이레다. 이것을 지나면 곧 그친다.

큰 삼재는 住劫이 이미 지나가면 壞劫에 들어가 또한 이십 증감겁이 있다. 앞의 열아홉 증감겁은 유정 세간을 파괴하고, 최후 하나의 증감겁은 기세간을 파괴하니, 불과 물과 바람 세 가지 큰 재앙이 차례대로 일어난다. 첫째 火災는, 일곱 개 해가 동시에 나타나 이 세계를 불태우니, 아래로 무간지옥부터 위로 색계 초선천에 이르기까지 모두 파괴된다. 둘째 水災는, 무간지옥부터 二禪天에 이르기까지 물에 침몰 당한다. 셋째 風災는, 무간지옥부터 三禪天에 이르기까지 모든 물질이 바람에 날려 흩어진다. 먼저 화재가 일곱 번 있고 나중에는 수재가 한 번 있다가, 이렇게 일곱 번을 지나고 다시 화재가 있고 난 후에 한번 풍재가 있어 모두 일흔네 차례의 큰 삼재(火災 쉰여섯 번, 水災 일곱 번, 風災 한 번)가 있다.

'육욕천'은 곧 욕계 六重天이다. 첫째는 사왕천이니, 지국·광목·증장·다문 등 사대 천왕이 있으니, 그러므로 사왕천이라 부른다. 둘째 도리천은, 三十三天이라 번역한다. 제석천은 이것의 중앙이고 사방에 각기 八天이 있으므로 하늘 숫자로 인하여 삼십삼천이라 한다. 셋째 야마천은 時分天이라 번역한다. 넷째 도솔천은 喜足天이라 번역한다. 오욕의 즐거움에 喜足하는 마음을 내기 때문에 이렇게 부른다. 다섯째 樂變化天은 오욕의 경계에 스스로 변화를 즐거워하기 때문에 이렇게 부른다. 여섯째 타화자재천은 오욕 경계에 다른 것을 자재하게 변하게 하기 때문이다.

'이미 장수의 인연을 맺었다'는 것은, 부처님 당시 박구라존자는 전세에 불살생계를 지킴으로 인하여 금생에 다섯 가지에 죽지 않는 과보[96]를 얻어 160세까지 산 것이 이런 경우다. '또한, 대자의 종자를 쌓았다'는 것은, 미륵보살은 다생에 자비를 행하고 살생하지 않았기 때문에 '慈氏佛'이라는 존칭을 얻었

---

96 『잡아함경』 등 여러 경소에 "非空非海中, 非入山石間, 無有地方所, 脫之不受死 (허공이나 바다, 山石間, 어느 곳에서나 이를 벗어나 죽음을 면할 수 없다)" 하였으나, 연담유일 스님 『금강경사기』에 "'山石間'의 '石'은 '市'의 오자다. 예전에 형제 네 사람이 仙術을 배워 스스로 목숨이 다했음을 알고 각기 신통으로 여기에서 피했는데, 한 사람은 허공에 숨었고, 한 사람은 바다에 들어갔으며, 한 사람은 산으로 들어갔고, 한 사람은 시중에 숨었으나 결국 면할 수 없었으니, 허공에 숨은 자는 땅에 떨어졌고, 바다에 들어간 자는 고기에게 먹혔고 산에 들어간 자는 짐승에게 잡아먹혔고, 시중에 숨은 자는 대중 속에서 죽었다. 圓濬의 法數를 보라." 하였다. 여기서 '다섯 가지에 죽지 않는 과보'는, 허공에서도 바다에서도 산에서도 시중에서도 어느 곳에서도 죽지 않는 과덕을 말한 것인가 보다.

다. 죽이는 것을 경계하고 생명을 보호하는 것은 대자비의 종자이고, 자비심은 또 삼세 제불의 불종이기 때문에 '대자의 종자를 쌓았다' 하였다.

集

경에 "예전에 어떤 거사가 큰 단을 설치하고 부처님과 스님들을 청하였다. 그때 우유를 파는 한 사람이 있었는데, 주인은 (우유 파는 사람에게) 음식물을 먹지 말고 오후 불식하며 경전 설하는 것을 듣고 날이 저물면 돌아가도록 권하였다. (그가 돌아오니) 부인이 '나는 아침부터 아무것도 먹지 못하고 지금까지 기다렸습니다' 하고 말하여, 마침내 남편의 오후 불식을 파기하였다. (이렇게) 하루 중에 반나절만 오후 불식한 복으로도 오히려 천상에 태어나고, 일곱 번 인간에 태어나 항상 옷과 음식이 저절로 얻어졌다." 하였다.

하루 동안 오후 불식을 하더라도 육십만 세에 양식이 저절로 얻어지고, 또한 다섯 가지 복이 있으니, 첫째는 병이 없고, 둘째는 몸과 마음이 편안하며, 셋째는 음심이 적고, 넷째는 수면이 적으며, 다섯째는 목숨이 다한 후에 정신이 천상에 태어나 항상 숙명을 안다.

혹은 부끄러운 마음을 가지고 있고, 항상 다행이라는 마음을 내어, 분수를 알고 은혜를 알아 항상 보답하려는 생각을 내기도 한다.

『잡아함경』에 "그때 세존이 여러 비구에게 말하였다. '두 가지 청정한 법이 있어서 능히 세상을 보호할 수 있다. 어떤 것이 두 가지인가? 이른바 참·괴이다. 만약 세상에 이 두 가지 청정한 법이 없다면 세상에는 또한 부모, 형제, 자매, 처자, 종친, 사장, 존비의 질서를 알지 못하여, 전도되고 혼란하여 축생취와 같다' 하시고는, 곧 게를 설하였다. '세상에 만약 참·괴 두 가지 법이 없다면 청정도를 어기고 생·노·병·사를 향하리. 세상에 만약 참·괴 두 법을 성취한다면 청정도를 증장하여 영원히 생사의 문이 닫히리'"(대정장경 2권 340페이지 하 ~341페이지 상) 하셨다.

　혹은 죽임을 대신하고 죄를 속바치고, 목숨을 버리고 사람을 구하기도 하며, 혹은 감옥에 갇힌 자를 풀어주고 형벌 받는 자를 사면하며, 혹은 귀양살이 하는 자를 돌려보내고 도망 다니는 죄인을 사면하기도 하며, 혹은 關防(변경을 방어하는 관문)을 폐지하고 상인의 세금을 깎아주며, 혹은 가난하고 병든 자를 구제하고 고독한 사람을 불쌍히 여기며, 항상 어질고 용서하는 마음을 가지고 은혜와 사랑을 마음속에 생각하며, 잠이 깨거나 꿈에서도 자비한 마음을 잊지 않으며, 더 나아가서 고물거리거나 날아다니는 미물도 널리 모두 덮어주고 보호하였다.

經云, 昔有迦羅越, 興設大檀, 請佛及僧。時有一人賣酪, 主人駐食, 勸令持齋聽經, 至冥乃歸。婦語之言, 我朝來不食, 相待至今, 遂破夫齋。半齋之福, 猶生天上, 七世人間, 常得自然衣食。

一日持齋, 得六十萬歲自然之糧。又有五福, 一者少病。二者身意安穩。三者少淫。四者少睡臥。五者命終之後, 神得生天, 常識宿命。

或懷慚抱愧, 常生慶幸之心。識分知恩, 恒起報酬之想。

雜阿含經云, 爾時世尊告諸比丘, 有二淨法, 能護世間。何等爲二, 所謂慚愧。假使世間無此二淨法者, 世間亦不知有父母兄弟姐妹妻子宗親師長尊卑之緖, 顚倒混亂, 如畜生趣。卽說偈言, 世間若無有, 慚愧二法者, 違越淸淨道, 向生老病死。世間若成就, 慚愧二法者, 增長淸淨道, 永關生死門。

或代誅贖罪, 沒命救人。或釋放狴牢, 赦宥刑罰。或歸復遷客, 招召逋民。或停置關防, 放諸商稅。或給濟貧病, 撫恤孤惸。常以仁恕居懷, 恒將惠愛爲念。若覺若夢不忘慈心, 乃至蠕動蜎飛, 普皆覆護。

講

'가라월gṛha-pat'은 범어인데 '거사'라 번역한다. '큰 단'은 큰 보시를 하는 장소다. '駐食'은 마시고 먹는 것을 멈추는 것이다. 살생계를 지키며 持齋(오후 불식)하는 사람은 항상 부끄럽게 여기고 다행이라는 마음을 가지고 있고, 또한 분수에 만족하고 자신을 지키며 은혜를 알고 은혜를 갚으니, 그러므로 '분수를 알고 은혜를 안다' 하였다. 인용한『잡아함경』경문은 자비스러운 마음과 오후 불식의 중요성을 증명하였다. '참괴'는 소승 75법 가운데 심소법의 열 가지 大善地法에 속하고, 대승 100법 가운데 열한 가지 善心所法의 두 가지 종류에 속한다. 참·괴는 자기 반성이니, 자신의 잘못을 부끄럽게 여기는 정신 작용이다. 그러므로 '청정법'이라 하였다. '혹은 죽임을 대신하고 죄를 속바치고' 한 아래는 설명이다. '代誅'는 다른 사람을 대신하여 죽는 것이다. '贖罪'는 돈을 내고 중생의 목숨을 속죄함을 말한다. 기독교에서 십자가에 못 박혀 죽은 것도 세상 사람들을 대신하여 '속죄'하였다고 한다.

'釋放狴牢'의 '狴牢'는 감옥이다. 감옥에서 수형하는 사람을 석방하는 것을 말한다. '赦宥刑罰'은 그의 허물을 용서하고 사람의 죄를 면해주는 것이다. '歸復遷客'의 '遷客'은 자리에서 쫓겨나 귀양살이하는 죄인을 말하니, 그의 죄를 사면하여 고향으로 귀환하게 하는 것을 말한다.

'招召逋民'의 '逋民'은 도망한 죄인을 말하기도 하고, 또는 납세에서 도피하는 국민을 말하기도 한다. 도망하는 죄인을 사면하거나, 혹은 납부해야 하는 세금을 감면해 주고 고향으로 돌아가게 하는 것을 말한다. 형제가 없는 것을 '惸'이라 하고, 자손이 없는 것을 '獨'이라 하는데, '撫恤孤惸'은 고독한 사람을 안위하고 구제하는 것이다. 벌레가 기어다는 것을 '蠕動'이라 하고, 벌레가 날아가고 움직이는 것을 '蜎飛'라 한다. 아주 작은 벌레를 가리키는 말이다. '널리 모두 덮어주고 보호한다'는 것은, 사랑과 용서의 자비심으로 두루 즐거움을 주고 고통을 없애주는 주는 것이다.

集

『화엄경』에 "불자여! 보살마하살이 죄수가 다섯 곳이 묶여 여러 가지 고통을 당하고, 방위가 (삼엄하고) 괴롭힘을 당하여 장차 사형장에 가서 그의 목숨이 끊기려 하거나, 심지어 스스로 목숨을 버리며 여러 가지 고통을 당하는 것을 보거든, 보살이 그때 형을 집행하는 자에게 '내가 몸을 버려 저의 목숨을 대신하겠나이다. 이런 고통을 나에게 주면 저 사람은 마음대로 무엇이든 할 수 있을 것입니다. 설사 저 고통이 아승지의 배를 지나가더라도 나는 또한 반드시 이를 받아 그가 해탈케 하리라. 내가 만약 저가 살해당하려는 것을 보고도 목숨을 버려 그의 고통을 구해 주지 않으면 보살심에 주한다 하지 못하나이다. 왜냐하면, 나는 일체중생을 구호하기 위해 일체지보리심을 발하였기 때문입니다' 하고 말하여야 한다." 하고,

『正法念經』에 "하나의 절을 짓더라도 한 사람의 목숨을 구해주는 것만 못하다." 하며,

『墮藍本經』에 여러 가지 복을 비교하면서, "전체적으로는 자비스러운 마음으로 모든 준동함식의 무리가 상하는 것을 불쌍히 여기는 것보다 못하니, 그 복이 가장 뛰어나니라." 하였다.

혹은 충성을 다하고 효를 확고히 하며, 나라를 건지고 집안을 다스리며, 겸손하고 사양하는 풍격을 행하고 온화하고 공손한 도를 실천하며, 부모를 공경히 봉양하는 것이 제일 복전을 이루고, 존귀하고 어진 이를 받들어 섬기는 것이 천상에 태어나는 깨끗한 길을 연다.

『현우경』에 부처님이 아난에게 말씀하시되, "출가인 이든 재가인 이든 자비한 마음과 효도와 순종으로 부모에게 공양할지니, 그 공덕을 헤아리면 가장 뛰어나서 헤아리기 어려우니라. 왜냐하면, 내가 과거세를 생각해보니, 자비한 마음과 효도와 순종으로 부모에게 공양하였으며, 심지어 살을 베어 부모님의 위급한 액난을 구제하여 살렸으니, 이와 같은 공덕으로 위로 천제가 되고 아래로 성왕이 되었으며, 더 나아가서 성불하였던 것이니, 삼계의 매우 존귀한 이가 모두 이 복으로 인하여 성취한 것이니라." 하였다.

華嚴經云, 佛子, 菩薩摩訶薩, 見有獄囚, 五處被縛, 受諸苦毒. 防衛驅迫, 將之死地, 欲斷其命. 乃至自捨身命, 受諸苦毒. 菩薩爾時語主者言, 我願捨身以代彼命. 如此等苦, 可以與我, 如彼人, 隨意皆作. 設過彼苦阿僧祇倍, 我亦當受, 令其解脫. 我若見彼將被殺害, 不捨身命救贖其苦, 則不名爲住菩薩心. 何以故, 我爲救護一切衆生, 發一切智菩提心故.

正法念經云, 造一所寺, 不如救一人命.

墮藍本經, 校量衆福, 總不如慈心愍傷一切蠢動含識之類, 其福最勝.

或盡忠立孝, 濟國治家, 行謙讓之風, 履溫恭之道. 敬養父母, 成第一之福田. 承事尊賢, 開生天之淨路.

賢愚經云, 佛於阿難, 出家在家, 慈心孝順, 供養父母, 計其功德, 殊勝難量. 所以者何, 我自憶念過去世時, 慈心孝順, 供養父母, 乃至身肉濟活父母危急之厄. 以是功德, 上爲天帝, 下爲聖王, 乃至成佛, 三界特尊, 皆由斯福.

講

스님은 『화엄경』과 『정법염처경』 등을 거듭 인용하여, 자비한 마음으로 중생을 구호하는 것과 부모에게 효도하고 공경하는 공덕이 가장 뛰어남을 증명하였다. 이 책 앞에서 서술한 삼보에 공경 공양하는 것은 공경의 밭[敬田]에 속하고, 자비한 마음으로 중생을 구호하는 것은 자비의 밭[悲田]에 속하며, 이 아래서는 응당 부모에게 효도하고 공경해야 함을 밝혔으니 곧 은혜의 밭[恩田]에 속한다. 보살은 모름지기 세 가지 복전에서 복을 닦아야 하니, 이것을 '제일 복전'이라 한다. 이것으로 인하여 능히 佛果의 三身·四智와, 五眼·六通과, 十力·十八不共·三護念·四無畏 등의 공덕을 성취할 수 있으니, 그러므로 '그 공덕을 헤아려보면 가장 뛰어나서 헤아리기 어렵다' 하였다.

'다섯 군데를 묶인다' 한 것은, 두 손, 두 발, 목을 말한다. '防衛驅迫'이란, 감옥에는 방위가 삼엄하고 죄인을 구박하여 각종 고통스러운 형벌을 당하거나, 혹은 장차 죽음에 처하는 것을 말한다. '심지어 스스로 신명을 버린다'는 것은, 죄인이 고통을 감당하지 못하고 자살하는 자가 있는 것을 말하니, 보살이 이와 같은 일을 보고 몸을 버려 저를 대신해 고통 받기를 원하는 것이다. 『보현행원품』에 "중생이 여러 가지 악업을 쌓아 얻는 일체 극중한 고통의 과보를 내가 대신 받아 저 중생이 모두 해탈을 얻어 결국에는 무상보리를 성취하게 하리라." 한 것과 같으니, 이것을 '보리심'이라 한다. 보살은 인공, 법공의 지혜를 갖추니 이것을 '일체지'라 부르고, 아상이 없고 인상이 없어서 큰 자비로 중생을 구호하면 이것이 '일체지보리심'이다.

'충성을 다하고 효성을 세운다' 한 것의 '충성을 다한다'는 것은 국가에 대하여 말하였고, '효성을 세운다'는 것은 가정에 대하여 말하였다. 사람이 세상을 살면서 국가나 사회나 가정을 떠날 수는 없다. 그러므로 반드시 윤리를 돈독히 하고 분수를 다하며 충성을 다하고 효도를 다 해야 한다. 이것이 불교를 배우고 수행하는 기초이다. 만약 불충불효하면 이는 의관을 걸친 짐승이라 사람이기를 포기한 것이다. 고인이 "모든 선행은 효도가 최우선이다." 하고, 또 "충신은 효자의 집에서 나온다." 하였다. 부처님이 보살계문을 제정하시고 "효를 戒라고 한다." 하였다. 그러므로 무릇 불자는 응당 충성을 다하고 효도를 다해야 한다.

'나라를 건지고 집안을 다스린다'는 것은 유교에서 설한 것이다. 格物, 致知, 誠意, 正心, 修身, 齊家, 治國, 平天下라 한 것을 말하니, 이것을 '八達道'라 한다. 이것은 세상의 정인군자가 반드시 거쳐야 하는 인간의 올바른 도리다. '격물'이란, 탐진·질투 등 일체 옳지 않은 욕망을 바로잡고[格] 제거하는 것이다. '치지'는 사람마다 본래부터 가지고 있는 良知·良能을 개발하고 회복하는 것이다. 이를 유교에서는 '道心'이라 하고 불교에서는 '正遍智'라 한다. '성의'와 '정심'은 곧 팔정도의 정견과 정사유와 정념이니, 세상의 예의염치이다. '수신'은 곧 팔정도의 정어와 정명과 정정과 정정진이며, 더 나아가 계·정·혜 삼무루학이니, 세상의 충효와 인애와 신의와 화평이다. '제가'는 불교의 삼천 위의와 팔만 세행이니, 세상의 윤리 규범이다. '치국'과 '평천하'는 불교의 사홍서원이니, 세상의 과학과 법률이다.

'겸양과 온공'은 수신, 제가, 치국의 정당한 행위를 말한다. '부모를 공경하고 봉양한다'는 것은 곧 효도를 다 하는 것이요, '존귀하고 어진 이를 받들어 섬긴다'는 것은 충성을 다하는 것이다. 그 과보로 천상에 태어나는 복락을 얻기 때문에 '천상에 태어나는 바른길을 연다' 하고, 그 과보로 성불하는 장엄을 얻기 때문에 '제일 복전을 이룬다' 하였다.

기 9. 총 결론짓고 설명함

集

혹은 덕을 찬양하여 선행을 천거하는 문을 열었고, 혹은 그의 이름을 찬탄하며 어진 이를 천거하는 길을 발양하였다. 남의 장점은 도와서 이루게 하고, 용맹한 마음을 내도록 도와주며, 다른 사람의 영화를 기뻐하고, 함께 좋은 일에 분발하여 질투의 전갈 가시를 뽑고, 화를 내며 증오하는 독의 바람을 쉬었다. (그리고는) 四無量心을 일으켜 자기와 같이 중생을 섭수하고, 四安樂行을 이루어 유정을 유익하게 하였다.

그러므로 대보살은 모두 과거 세상에 물결이 높이 치솟는 고통의 바다에서 여러 가지 불이익한 일을 하여 공덕을 덜고 힘을 상하며 오직 업장의 싹을 기를 뿐이었음을 생각하고, 지금 예전의 잘못을 반성하고 불도를 모두 행하여, 정진의 갑옷을 입고 금강의 마음을 내어 여러 가지 선행을 널리 행하고 법의 이익을 널리 일으켜, 세간 삼매에 들어가 교묘한 신통을 나타내고, 빛을 드러내지 않고 세상과 함께하며 몰래 행하고 비밀리 작용하며, 무명의 불을 끄고 교만의 깃발을 꺾으며, 근기에 맞게 화평한 얼굴로 권하고 가르치며, 친밀한 말로 섭수하고 자비로운 눈빛으로 돌아보며, 어리석고 눈먼 이를 깨우치고 놀라고 두려워하는 이를 안위하여, 세상을 비추는 해를 매달고 어둠을 파하는 등불을 비추어, 지옥의 겹겹으로 된 관문을 뒤엎고 화택의 거센 불길을 잠재우며, 구하는 자의 원을 채워 여의주와 같이 하고, 병자의 뿌리를 뽑아 善見藥(설산에 있는 약 이름)과 같이 한다. 욕망의 바다를 말려 자비의 바다가 되게 하고, 고통의 바퀴를 부수어 지혜의 바퀴가 되며, 빈궁의 나루가 변하여 복덕의 나루가 되며, 생사의 광야를 돌려 보리의 도에 합하게 하니 제불의 법을 행하지 않는 것이 없고, 중생계를 제도하지 않는 것이 없다.

땅이 싣는 것과 같고 다리가 건너 주는 것과 같으며, 바람이 장악한 것과 같고 물이 윤택한 것과 같으며, 불이 뜨거운 것과 같고 봄이 생장하는 것과 같으며, 허공이 용납하는 것과 같고 구름이 덮는 것과 같아서, 마침내 이름을 듣는 자는 고통에서 벗어나고, 그림자 속에 뛰어들어 편안함을 얻게 하고, 광명이 닿으면 몸의 때가 가볍고 깨끗해지고, 기억하고 생각하면 마음의 원숭이가 조복하여, 모두 미미한 것에서 뚜렷한 것에 이르러 점차 선근을 쌓아 행이 가득하고 공덕이 원만하여 큰일을 이루니, 어찌 善業의 도를 훼손하고 惡趣의 문을 열어 마군의 인연을 성취하고 佛種을 끊어 없애겠는가!

或稱揚彼德, 開擧善之門。或讚歎其名, 發薦賢之路。成人之美, 助發勇心。喜他之榮, 同興好事。削嫉妒之蠆刺, 息忿恨之毒風。起四無量之心, 攝物同己。成四安樂之行, 利益有情。是以諸大菩薩, 皆思往世, 波騰苦海 作諸不利益事, 損功喪力, 惟長業芽。今省前非, 頓行佛道。攢精進甲, 發金剛心, 衆善普行, 廣興法利。入世間三昧, 現功巧神通。和光同塵, 潛行密用。滅無明火, 摧憍慢幢。曲順機宜, 和顏誘誨。愛語攝受, 慈顏顧瞻。開諭愚盲, 安慰驚恐。懸照世之日, 耀破暗之燈。揭地獄之重關, 沃火宅之熾焰。滿求者之願, 若如意之珠。拔病者之根, 猶善見之藥。乾欲海而成悲海, 碎苦輪而成智輪。變貧窮濟作福德之津, 轉生死野合菩提之道。諸佛法內, 靡所不爲。衆生界中, 無所不濟。如地所載, 如橋所昇, 如風所持, 如水所潤, 如火所熟, 如春所生, 如空所容, 如雲所覆。遂令聞名脫苦, 蹈影獲安。觸光而身垢輕淸, 憶念而心猿調伏。皆是從微至著, 漸積善根。行滿功圓, 成其大事。何乃毁善業道, 開惡趣門, 成就魔緣, 斷滅佛種。

講

스님이 경전을 널리 인용하여 증명한 후에, 보살은 어떻게 正·助를 겸수해야 하는가를 총결론 지으며 설명하였다. 앞에서 설한 '충성을 다하고 효성을 다하며 나라를 건지고 집안을 다스린다' 한 것과 팔정도(유교의 八達道)는 전체적인 요점이요, '혹은 저의 덕을 칭송하여' 한 데서부터, '제도하지 않는 것이 없다' 한 데까지는 자세히 설명한 대목이다. 대략 해석하면 다음과 같다.

'저의 덕을 칭송하여 선행을 천거하는 문을 열고, 그의 이름을 찬탄하며 어진 이를 추천하는 길을 발양하였다' 한 것은, 『보현행원품』 중 '칭찬여래원'이니 "각기 일체 音聲海로써 다함없는 미묘한 言辭를 널리 내어 미래 일체 겁이 다하도록 부처님의 깊고 깊은 공덕해를 찬탄한다." 한 것이다. 또한 『왕생론』 찬탄문에 "어떻게 찬탄할 것인가? 구업으로 찬탄하여 저 여래의 이름을 부르되, 저 여래의 광명 智相과 같이 하고 저 名義와 같이 하여 여실수행과 상응하고자 하는 것이다." 한 것이다.

　『범망경』 보살계 十重戒 중 여섯 번째 '四衆의 허물을 설한 계'에 "만약 불자가 자신이 출가나 재가 보살이나 비구나 비구니의 허물을 말하거나, 남을 시켜 죄과나 죄과의 원인이나 죄과의 인연이나 죄과의 법이나 죄과의 업을 말하게 하거나, 보살이 외도 악인이나 이승 악인이 불법이 非法이라 하거나 非律이라고 말하는 것을 들으면, 항상 자비심을 내어 이 악인 무리를 교화하여 대승 선심을 내게 하여야 한다. 그런데 보살이 도리어 스스로 불법의 죄과를 말하는 자는 보살의 바라이죄다." 하고, 일곱 번째 '자신을 찬탄하고 남을 허물하는 계'에 "만약 불자가 자신을 찬탄하고 남을 비방하거나, 또한 남을 시켜 자신은 칭찬하고 남을 비방하게 하거나, 다른 사람의 因을 비방하거나 … 다른 사람의 業을 비방하게 해서는 안 된다. 보살은 일체중생이 헐뜯고 욕보임 당하는 것을 대신하여 나쁜 일은 자기에게 향하고 좋은 일은 다른 사람에게 돌려주어야 한다. 만약 자기 덕은 스스로 드러내고 다른 사람의 좋은 일은 숨겨, 다른 사람이 비방을 받게 하는 것은 보살의 바라이죄다." 하였으니, 이것은 모두 보살이 다른 사람의 덕을 칭송하게 하기 위해 제정한 것이다.

　보살은 으레 널리 삼보를 보호하고 악은 숨기고 선은 드날려, 중생이 보고 듣고 공경하고 믿어 선행을 천거하는 문을 열게 하여야 한다. 어찌 다른 사람의 죄과나 혹은 다른 사람을 훼방하는 말을 하고 남의 信心을 헐어 이타행을 위배하는 것을 용납하겠는가? 그러므로 모름지기 금하고 경계해야 한다. 또한, 사람이 성현이 아니므로 누군들 허물이 없을 수 있으며, 초심 보살이야 어찌 조그만 실수를 면하겠는가? 그러니 응당 다른 사람의 선을 보고 악은 보지 말아야 한다. 만약 남의 단점만을 보고 남의 허물만을 들추어낸다면 이것은 보살이 할 일이 아니다. 다만 계율에서 설한 대로 죄를 들어 꾸짖거나, 저의 스승에게 설하여 저가 지난날의 잘못을 깨우치고 자비심을 내게 하면 범하는 것이 아니다.

보살이나 승니의 죄과를 말한다면 業道가 극히 무거우니, 경에서는 "반드시 발설지옥에 떨어질 것이다." 하였다. 예전에 饒財보살이라는 이가 賢天보살의 허물을 말하고 91겁 동안 항상 음녀의 뱃속에 떨어져, 태어나기만 하면 버려져 호랑이의 먹이가 되었던 일은 참으로 본보기로 삼을 만하다. 그러므로 보살은 항상 일체중생과 삼보의 공덕을 환희 찬탄하여야 하고, 자신은 찬탄하고 남은 비방해서는 안 된다.

『대열반경』에 "만약 저 중생에게 아무것도 찬탄할 만한 선행이 없으면, 반드시 불성의 선이 있다는 것을 생각하여 그를 찬탄하고, 그의 허물을 말하여 스스로 마음을 더럽히지 마라." 하고, 『화엄경』에서 魔業에 대해 설하기를 "성품이 총명하지 않아 외우고 배운 것이 차례가 없으면서, 명리를 위해 마음을 내어 갑자기 강설에 참여하여 자기 소견의 臆斷에만 의거하여 고금을 비난하고 훼방하거나, 오직 명리만을 구하고 원래 세상에서 벗어날 생각이 없고, 자신의 덕이 없음을 인정하면서도 또한 계와 정을 경멸한다면, 이런 것들은 불법을 팔아먹는 도적이라 반드시 큰 고통을 초래할 것이니, 그러므로 마업이라 하는 것이다." 하며, 또한 『佛藏十輪經』에 "성품이 분명하게 사리를 분별하지 못하고 경론에 통하지 못하여 부처님의 뜻을 얻지 못했으면서, 법사가 되어 오직 제 명리만을 찬탄하여 후학에게 권하고, 고금을 비난하고 훼방하며, 자신의 뛰어난 점만 부각하고 아만을 내어 남을 우습게 보며, 약방문만을 외우고 병은 없애지 못해 마치 물속에서 불을 내듯이 아무것도 구해 줄 방법이 없으면, 이것은 불법을 해치는 도둑이다." 하였다.

이상과 같이 설한 것은 모두 불법 가운데 도둑이요 보살 가운데 망나니니, 반드시 멀리 여의어야 한다. 그러나 오직 자신이 행하는 법만을 찬탄하며 다른 사람이 닦고 배우게 하거나, 혹은 아직 믿지 않는 중생에게 믿게 하거나, 이미 믿는 자에게는 더욱더 자라게 한다면, 탐욕과 오만은 아니더라도 자신을 찬탄하는 것은 범해서는 안 된다. 만약 삿된 도를 비방하여 정견으로 돌아가게 하고, 집착하는 견해를 비방하여 집착을 여의게 하며, 악행을 비방하여 이를 버리게 한다면, 화내고 오만한 것은 아니지만 남을 비방하는 것은 또한 범해서는 안 된다. 어질고 선한 이를 천거하고 저의 덕을 칭양한다면, 이는 좋은 일을 다른 사람에게 주는 것이며 또한 無緣慈이고 同體悲이니, 이런 모습이어야만 비로소 보살이라 할 수 있다.

유가에서는 "고요히 앉아 항상 자신의 허물을 생각하고, 한담으로라도 남의 잘못을 말하지 마라." 하였으니, 몸을 상하고 덕을 허는 것이 남의 허물을 널리 알리는 것보다 더한 것이 없다. 남의 잘못을 말하지 않으면 이러한 허물을 면할 수 있다. 그러므로 보살계에 "보살은 하나의 나쁜 말로 부처님 계(法)를 헐뜯고 비방하는 말을 들으면, 마치 3백 대의 창으로 심장을 찌르고 천 개의 칼과 만 개의 몽둥이로 몸을 때리는 것이나 다름없이 여겨야 하고, 반대로 보살은 한마디 말로 삼보의 공덕을 칭양하는 말을 들으면 크게 기뻐해야 한다." 하였다.

'남의 장점을 이루게 하고, 용맹한 마음을 내도록 도와주며, 다른 사람의 영화를 기뻐하고, 함께 좋은 일에 분발한다' 한 것은 보살행의 四攝法이다. 유가에서 설한 "군자는 남의 장점을 길러 준다." 하고, 「청년수칙」에 "남을 도와주는 것은 즐거움의 근본이다." 한 것이다. '남의 장점을 도와 이루게 한다'는 것은 布施攝에 속하니, 만약 재물을 좋아하는 중생이 있으면 재물을 보시하고, 법을 좋아하면 법을 보시하여 중생이 좋아하는 것을 만족시켜주는 것이 남의 장점을 길러주는 것이다. '용맹한 마음을 내도록 도와준다'는 것은 愛語攝에 속하니, 중생의 근성에 따라 좋은 말로 깨우쳐 주어, 중생이 좋아하는 마음을 내게 하고 수행하게 하여 도심을 내도록 도와주는 것이다. '남의 영화를 기뻐하고, 함께 좋은 일에 분발한다'는 것은 利行攝과 同事攝에 속한다. 보살은 법안으로 중생의 근성을 보고, 그와 걸맞은 일에 따라 몸과 입과 뜻의 선행으로 중생을 이롭게 하며, 그가 하는 일과 같이하여 이익을 얻게 하여, 중생이 이로 인하여 불교를 배우고 수행하게 하는 것이다.

또한 '남의 장점을 이루게 한다'는 것과, '남의 영화를 기뻐한다'는 것은, 보현보살 십대원왕 가운데 '남의 공덕을 제 것처럼 기뻐하는 원[隨喜功德]'과, '널리 모두 회향하는 원[普皆回向願]'이다. '용맹스러운 마음을 내도록 도와준다'는 것은 '법륜 굴러주시기를 청하는 원[請轉法輪願]'과, '부처님이 오래 세상에 머무시기를 청하는 원[請佛住世願]'이다. '함께 좋은 일에 분발한다'는 것은 '항상 중생에 수순하는 원[恒順衆生願]'이다. 또한 '남의 장점을 이루게 한다'는 것은 간탐과 진애를 대치하는 것이요, '용맹한 마음을 내도록 도와준다'는 것은 해태와 방일을 대치하는 것이며, '남의 영화를 기뻐한다'는 것은 질투와 분한을 대치하고, '함께 좋은 일에 분발한다'는 것은 아만과 自私(자기의 이익만을 꾀함)를 대치한다. 그러므로 '질투의 가시를 뽑고 분한의 독 바람을 쉰다' 하였다.

'사무량심을 일으켜 자기와 같이 중생을 섭수한다'는 것은, 자·비·희·사사무량심을 일으켜 중생을 섭수하고 교화하여, 무상 보리도에 돌아가 보살과 똑같이 닦고 똑같이 증득하여 모두 성불하게 하는 것이다.

'네 가지 안락행을 이루어 유정을 유익하게 한다'는 것은, 『법화경』「안락행품」에 "무릇 보살은 심진여문에 수순하여 위없는 안락행을 성취하여야 한다." 한 것에 따랐으니, 경에 "보살마하살은 일체법이 공하여 여실한 모양이며, 전도되지 않으며, 동하지 않고[不動], 물러서지 않으며[不退], 옮기지 않고[不轉], 허공과 같아 所有性이 없으며, 일체 언어도가 끊어졌으며, 나지 않고[不生] 나오지 않고[不出] 일어나지 않으며[不起], 이름이 없고, 모양이 없으며, 실로 있는 것이 없으며, 무량무변하고, 무애무장하니, 다만 인연으로 해서 있고, 전도망상으로부터 났음을 관찰할지니라."(대정장경 9권 37페이지) 한 것이다.

또한 심생멸문에 수순하여 身·口·意·誓願 등 네 가지 有相安樂行을 성취해야 하니, 경의 송에 "내가 멸도한 후 불도를 구하는 자가 (安穩을 얻어 이 경을 연설하고자 하면) 응당 이와 같은 네 가지 법을 가까이하라. (이 경을 읽는 자는) 항상 근심이 없고 또한 병통이 없어 얼굴빛이 선명하고 희며, 빈궁하고 비천하며 누추한 집에 태어나지 않으며, 중생이 보기를 좋아하여 마치 현성을 사모하듯 하며, (하늘의 동자들로 급사를 삼으며), 칼이나 몽둥이로 능욕하지 못하고, 독으로도 능히 해치지 못하나니, 사람이 심하게 꾸지람하려 하여도 입이 오그라들고 막히며, 나다닐 때 두려움이 없는 것이 마치 사자왕 같으며, 지혜 광명은 마치 해가 비치는 것과 같으니라. 만약 꿈속에서라면 좋은 일만 볼 것이니 (여래가 사자좌에 앉아 여러 비구중에게 에워싸여 법을 설함을 보며, …) 무릇 묘법을 설하여 무량 중생을 제도하다가 (나중에 열반에 들어 연기가 다하듯이 등불이 꺼지듯이 하리라.) …." 한 것이다.

'그러므로 여러 대보살은' 한 것으로부터, '불도를 모두 行하여' 한 데까지 여덟 구절은, 모든 보살은 반드시 부끄러워하는 마음과 참회하는 마음을 갖추어 이것으로 보살도를 닦는 원동력으로 삼아야 한다는 것을 설하였다. 『보현행원품』에 "보살은 스스로 이렇게 생각하여야 한다. '나는 과거 무시겁에 탐·진·치로 인하여 신·구·의를 내어 무량무변한 악업을 지었다. 만약 이 악업이 형상과 모양이 있다면 허공계에 가득하여 능히 수용하지 못하리라. (파도가 고해에 물결쳐 여러 가지 이익 없는 일을 지었고, 공덕을 덜고 힘을 상실하여 오직 업의 싹을 기를 뿐이다) 내가 지금 청정 삼업으로 두루 일체 불보살 대중 앞에 성실한 마음으로 참회하고, 이후에는 다시 짓지 않으며 항상 淨戒의 일체 공덕에 주하리라' (지금 전의 잘못을 반성하고 불도를 돈독하게 行하라)" 한 것이다.

'정진의 갑옷을 입고' 한 데서부터, '널리 法利를 일으켜' 한 데까지 모두 네 구절은, 보살은 응당 육바라밀과 더 나아가서 만행을 정진수행해야 한다는 것을 설했으니, 그러므로 '여러 가지 선행을 널리 행하고 법리를 널리 일으켜야 한다' 하였다. 본집에서 말한 "萬善을 널리 닦아 똑같이 일승으로 돌아간다." 하고, 또한 스님이 "만선으로 정토를 장엄하여 자신을 제도하고 남을 제도하여 똑같이 극락에 왕생하여 지이다." 한 것이다.

'세간 삼매에 들어' 한 데서부터, '가만히 行하고 비밀리 작용하며' 한 네 구절은, 보살은 반드시 세간을 벗어난 정신으로 세간의 일에 들어가야 하니, 비록 세상에 들어가나 세간에 탐하거나 연연하지 말고 세간법에 물들지 않아야 한다는 것을 말하였다. 『행원품』에 "여러 가지 惑業과 魔境과 世間道 가운데서 해탈을 얻으니, 마치 연꽃이 물에 묻지 않고 또한 해와 달이 허공에 주하지 않는 것과 같이, (세간 삼매에 들어가) … 빠르고 두루한 신통력과, 普門에 두루 들어간 대승력과, 위신력으로 널리 덮는 대자력과, 집착이 없고 의지함이 없는 지혜력으로 (공교한 신통을 나타내어) 일체 마구니의 힘을 항복 받으라." 한 것과 같고, 또한 『보문품』에 "관음의 妙智力으로 능히 세간의 고통을 구제하며, 신통력을 구족하여 널리 智方便을 닦아 시방 여러 국토에 몸을 나타내지 않는 곳이 없네." 한 것과 같으니, 보살이 갖가지 세간의 몸으로 중생을 제도하는 사업을 분명히 행하면 이를 '빛을 드러내지 않고 塵世에 어울린다[和光同塵]'라고 한다. 『화엄경』「입법계품」과, 『법화경』「묘음보살품」과 「관세음보살보문품」과 「묘장엄왕본사품」에서 설한 것이 모두 '가만히 행하고 비밀리 작용한다' 한 것에 속한다.

'무명의 불을 끄고 아만의 깃발을 꺾는다' 한 것은, 『보문품』에 "관세음보살의 위신력은 높고 크기가 이와 같으니, 만약 음욕과 진애와 우치가 많은 중생이 항상 관세음보살을 생각하고 공경하면, 곧 탐(욕)·진·치를 여읠 수 있느니라. 관세음보살에게 이 같은 큰 위신력이 있어서 이익을 얻는 것이 많으니라." 한 것이다. 소승 75법 중 무명은 大煩惱地法에 속하고, 교만은 小煩惱地法에 속한다. 무명은 어리석음으로 바탕이 되기 때문에 '불'에 비유하고, 교만은 잘난 체하는 것으로 바탕이 되기 때문에 '깃발'에 비유하였다. 무명은 見道位에서 끊어지고, 교만은 修道位에서 끊어진다. 대승 100법 중에 癡와 慢은 모두 여섯 가지 큰 번뇌법[97] 가운데 하나니 五鈍使[98]에 속한다. 별교 初地와 원교 初住는 百法明門[99]을 얻었을 때 끊어지니, 이것은 보살 스스로의 수행에 입각하여 설

---

97 또는 六隨眠이라고도 한다. 곧 貪·瞋·癡·慢·疑·惡見 등 여섯 가지 근본번뇌.
98 五利使의 대칭. 두 가지를 합하여 十使라 한다. 十隨眠 중에 추구하는 성이 鈍拙한 것이 다섯이 있으니, 곧 貪·瞋·癡·慢·疑 등 다섯 가지다. 이 다섯 가지가 수행하는 자의 心神을 驅使하여 삼계에 유전하게 하므로 使라 한다.
99 보살이 처음 歡喜地에서 얻는 지혜법문. '百法'은 숫자가 많다는 것을 말하고, '明'은 通達이라는 뜻이

한 것이다. 만약 보살이 남을 교화하는 입장에서 본다면 발심에서 중생의 일체 번뇌를 꺾어 멸하려 하니, 그러므로 '무명의 불을 끄고 교만의 깃발을 꺾는다' 하였다.

'중생의 근기에 수순하고' 한 데서부터, '놀라고 두려워하는 이를 안위한다' 한 데까지 여섯 구절은, 보살은 응당 계·정·혜로 중생을 섭수교화해야 함을 말하였다. '중생의 근기에 수순한다'는 것은 四衆의 律儀戒를 말하니, 재가 二衆은 五戒와 八戒를 지키게 하고, 출가 二衆은 십계와 구족계를 지키게 하여 중생의 근기에 맞게 훼손하고 범함이 없게 하여야 한다. '평화로운 얼굴로 권하고 가르치며, 친밀한 말로 섭수한다'고 한 이 두 구절은, 보살의 三聚淨戒를 지키게 한 것이다. 무릇 보살은 반드시 누구나 가까이하고픈 평화로운 태도로 중생의 근기에 따라 좋은 말로 인도하여 가르치되, 먼저 무상 보리심을 낸 후에 보살의 청정한 계를 수지케 해야 한다. 『화엄경』에서 "계는 무상보리의 근본이니, 그러므로 반드시 일심으로 정계를 지켜야 한다." 한 것이다.

'자비한 마음으로 돌아본다' 한 것은 定學을 가리킨다. 보살은 선정 가운데서 마음과 부처와 중생 세 가지 차별이 없음을 깨달아, 자비의 눈으로 일체중

며, '門'은 法門의 뜻이니 入과 差別의 뜻을 함유하였다. 곧, 百法의 智慧門을 명료하게 통달하였다는 뜻. 제가에서 百法明門의 '百法'에 대해 여러 가지 해석이 있다. (1)『十地經論』에서는 갖가지 법문이란 뜻으로 보았고, (2)『華嚴經』「探玄記」에서는 蘊·界·處 등 갖가지 法門을 뜻하고 一百이라는 실수를 가리킨 것이 아니라 하였다. (3)『菩薩瓔珞本業經』「賢聖名字品」에서는 十信心인 信心·念心·精進心·慧心·定心·不退心·迴向心·護心·戒心·願心 등에 각기 十心이 있어 百法이 되니, 이 十信·十心을 원만성취한 후에 初住에 들어갈 수 있다고 보았다. (4) 法聰의『釋觀無量壽佛經記』와 四明知禮의『觀無量壽佛經疏』와『妙宗鈔』등에 '百法'은 법상종에서 설하는 五位百法이라 하였다. (5)『釋觀無量壽佛經記』에는 열 가지 心數法인 受·想·思·觸·欲·慧·念·解脫·憶·定 등이 一數가 일어날 때 그밖에 九數가 서로 도와 일어나 더디어 百法이 된다고 하였다.

생을 모두 부처로 보아야 한다. 『보문품』에 "일체 공덕을 갖추어 자비의 눈으로 중생의 福聚海가 무량함을 보나니, 그러므로 응당 頂禮하여야 한다." 한 것이다. '어리석고 눈먼 이를 깨우치고 놀라고 두려워하는 이를 안위한다' 한 두 구절은 慧學을 말한다. 중생의 무명이 우치하고 전도하여, 깨끗하지 못한 것을 깨끗하다고 집착하고, 無常한 것을 常하다고 집착하며, 無我인 것을 有我라고 집착하여 惑을 일으키고 業을 지어 생사에 윤회하여 오직 고통뿐이고 즐거움이 없건만, 중생이 이를 알지 못하고 이해하지 못하므로 보살이 일부러 깨우침을 베풀어야 한다.

『법화경』「비유품」에 "여러 아들이 불난 집에 집착하여 즐거워하고 장난하며 깨닫지 못하고 알지 못하며 놀라지 않고 두려워하지 않으며, 불이 다가와 몸을 덮쳐 고통이 이루 말할 수 없건만 마음에 근심하지 않고 벗어나기를 구하려는 뜻이 없다. … 아버지가 측은히 여겨 좋은 말로 이끌어 가르쳤으나 여러 아들이 기꺼이 믿지 않고 무엇이 불인지 무엇이 집인지 어떻게 해서 불이 났는지도 알지 못하고 다만 이리저리 장난치며 아버지를 쳐다볼 뿐이다. … 그래서 방편을 시설하여 여러 아들에게 이러한 피해를 면하게 하고자 이들에게 '문 밖에 세 가지 수레가 있으니 이것으로 장난치며 놀만 하니, 너희들이 가지고 싶은 대로 나누어 주마' 하고, 여러 아들이 무사히 벗어난 것을 보고서 각기 하나의 큰 수레[大車]를 주었다." 하니, 이것이 바로 보살이 지혜로 어리석고 눈먼 자를 깨우치고, 놀라고 두려워하는 자를 안위하여 중생이 똑같이 성불함을 얻게 한 가장 좋은 비유이다.

'세상을 비추는 해를 매달아' 한 것부터, '제도하지 않는 것이 없다' 한 데까지 모두 열여섯 구절은, 보살의 自行과 化他는 모름지기 三法에 의지해야 함을 설명했으니, 첫째는 보리원이요, 둘째는 대비심이요, 셋째는 무아의 지혜다. '세상을 비추는 해를 매달고 어둠을 파하는 등을 비춘다' 한 두 구절은, 무아의 지혜다. 세상이 캄캄하여 어둡고 중생이 우치하여 고통을 받는 것은 모두 '나'에 집착하기 때문이다. 그러므로 人·我 두 가지가 空한 지혜로 만이 비로소 어둠을 파제할 수 있으니, 『심경』에서 "오온이 모두 공함을 照見하고 일체 고액에서 벗어났다." 한 것이다. 紫柏대사(1543~1603)[100]가 『심경』을 해석하되 "『심경』이란 책은 세간이나 출세간의 성현 호걸의 신비한 계략이니, 그 관건은 '오온이 모두 공함을 조건하였다' 한 것에 있다. 이를 말하였으나 분명히 알지 못하고 세상을 치료하지 못하는 것은 모두 '我'에 집착하여 뿌리박고 있기 때문이다. … 대저 物·我가 이미 없어지면 본심이 저절로 드러나니, 그러므로 '신령스러운 광명이 육근 육진을 벗어났다' 한 것이다. 이 광명(무아의 지혜)이 출세간을 비추면 깨달음의 길에 오를 수가 있고, 이 광명이 세간을 비추면 옛길을 회복할 수 있다." 하였다.

'지옥의 중관을 높이 들고 화택의 불꽃을 물에 잠근다' 한 이 두 구절은, 보살이 대자비심이 있어서 능히 육도 중생의 고통을 뽑을 수 있음을 말하였다. 지옥에서 받는 고통이 가장 깊고 무거우며, 고통 받는 시간도 가장 멀고 길기 때문에 '중관'이라 하였다. 대자비심으로 지옥의 고통을 높이 들어 보여[揭示], 중생이 부처님 계율을 받아 삼악도에 떨어짐을 면하고 이고득락할 수 있게 하였다. 『법화경』「비유품」에 "삼계가 편안하지 않아 마치 불난 집과 같네. 여러 가지 고통이 충만하니 마땅히 두려워해야 하네." 한 것이니, 대비의 물을 대어 (대비심으로 이익되게 함) 여러 가지 고통의 불꽃을 끄는 것이다.

100　　眞可 선사를 말한다. 명나라 때 스님으로 자는 達觀이요, 호는 紫柏老人이다. 명나라 때 4대도인 중 한 분이다. 『불광사전』p4194-下 참조.

'구하는 자의 원을 가득 채워준다' 한 것부터, '선견약과 같다' 한 데까지 모두 네 구절은, 자비심으로 중생에게 일체 즐거움을 주어 일체 고통을 뽑는다는 것을 설명하였다.『왕생론주』에 "제불이 열반에 들어갈 때 방편력으로 몸의 사리를 잘게 부수어 중생을 복되게 하고, 중생의 복이 다하면 이 사리가 변하여 마니 여의주가 되니, 이 구슬이 바다 가운데 많이 있어 대용왕이 머리를 장식하는 장식품으로 삼다가, 전륜왕이 세상에 나오면 자비 방편으로 이 구슬을 얻어 염부제에서 큰 이익을 이루도록, … 허공 가운데서 갖가지 물건을 비 내려 천하 모든 사람의 원을 만족하게 한다."(대정장경 40권 836페이지 중) 한 것과 같다. '선견약과 같다'고 한 '선견'은 곧 善現이니,『육십화엄』제36권에 "비유하면 설산에 대약왕이 있는데 이름을 선현이라 한다. 이를 보는 자는 눈이 청정해지고 접촉하는 자는 몸이 청정해지며, … 만약 저 땅의 흙을 얻으면 모두 여러 가지 병을 낫게 하여 편안하고 쾌락하게 할 수 있다."(대정장경 9권 629페이지 중하) 한 것이다.

'구하는 자의 원을 만족하게 한다' 한 것은 대자비로 즐거움을 주는 것이니, 여의주가 여러 가지 보물을 비 내리는 것으로 비유할 수 있다. '병자의 뿌리를 뽑는다' 한 것은 대비로 고통을 뽑는 것이니, 선현약으로 여러 가지 병을 낫게 하는 것이다. '욕망의 바다를 말리고 자비의 바다를 이룬다' 한 아래 네 구절은, 보살이 중생을 제도하려면 반드시 大智와 大悲와 大願이 있어서, 중생에게 범부를 돌려 성인을 이루어 생사를 요달하고 보리를 깨달아 얻게 해야 한다. 중생은 오욕의 바다에 빠져 상·락·아·정이라는 전도망상을 일으켜 생사업을 지어 생사고를 받는다. 그래서 불보살이 四念處觀으로 중생에게 열어 보여 그들이 미혹을 돌려 깨달음을 얻고 고통을 여의고 즐거움을 얻게 한다. 그러므로 '욕망의 바다(迷)를 말려 자비의 바다(覺)을 이루고, 고통의 바퀴를 부수어 지혜의 바퀴(사념처)를 이룬다' 하였다.

'빈궁의 나루[濟]가 변하여 복덕의 나루[津]가 되며, 생사의 길[野]을 돌려 보리의 道에 합한다' 한 것의 '濟'와 '津'은 물길로 통행하는 곳이요, '野'와 '道'는 육로로 통행하는 곳이다. 이것은 보살이 중생을 교화하여 그들이 빈궁과 생사의 삿된 길을 막고 복덕과 보리의 정도로 통과하게 하는 것에 비유하였다. 또한 '濟'와 '津'은 강이나 하천을 건너는 곳이요, '野'는 넓고 먼 광야를 말한다. 『전국책』에 "沃野(기름진 들)가 천 리네." 하였다. 생사가 길고 멀기 때문에 광야에 비유하였다. '道'는 보리니, 성문·연각·불보리 세 가지는 모두 생사를 벗어나는 正道이다. 이 두 구절은 또한 보살의 사홍서원의 '번뇌무진서원단'과 '불도무상서원성'이기도 하다.

'제불 법 가운데' 한 아래 네 구절은, 사홍서원 가운데 '법문무량서원학'과 '중생무변서원도'이다. 무릇 보살은 반드시 사홍서원을 세워야 하니, 위로 보리를 구하고 아래로 중생을 제도하며, 자신을 제도하고 다른 이를 제도하는 것이다. 그러므로 '제불의 법 가운데 행하지 않는 것이 없고, 중생계 가운데 제도하지 않을 것이 없다' 하였다.

'땅이 싣는 것과 같다' 한 아래 여덟 구절은, 보살이 중생을 이롭게 하는 일 가운데 여덟 가지 비유를 설명하여 보살이 중생을 제도하는 정신과 공용을 표현하였다. 『사십화엄경』 35와 36권에서 설한 보리심을 발하는 여러 가지 비유가 모두 보살이 응당 가져야 할 정신과 전형이다. 또한 『무량수경』 하권에 설한 정토보살의 공덕에 "지혜는 대해와 같고 삼매는 산왕과 같으며, … 텅 비기는 허공과 같고 …" 한, 이 한 단락의 글은 사바 중생의 모범이라 할 만하다.

'결국 이름을 듣는 자가 고통에서 벗어나고' 한 아래 네 구절은 네 가지 예증을 열거하였다.

(1) 이름을 듣고 고통에서 벗어남 – 『보문품』에 "만약 무량 중생이 여러 가지 고뇌를 받고서 관세음보살 이름을 듣고 일심으로 명호를 부르면 관세음보살이 즉시 그의 음성을 관찰하고 모두 해탈을 얻게 한다." 하고, 『관경』에서 "부처님 명호(미타의 명호)와 두 보살의 명호(관음·세지)를 듣기만 해도 무량겁의 생사 중죄를 제거할 수 있다." 한 것이다.

또한 『悲華經』에 "모든 중생이 나의 이름(미타의 이름)을 듣고 발원하여 나의 세계에 태어나고자 하는 자는, 이 여러 중생이 목숨이 다할 때 나와 여러 대중이 앞뒤로 에워싸고 내(미타)가 그때 無翳三昧에 들어 삼매력으로 그들 앞에서 그들을 위해 법을 설하면, 중생들이 법을 듣고 금방 일체 고뇌를 끊고 목숨이 다한 후에 반드시 나의 세계에 태어남을 보리라." 한 것이다.

(2) 그림자 속으로 뛰어들어 편안함을 얻다 – 하루는 부처님이 제자들에게 법을 설하고 있노라니, 비둘기 한 마리가 매에 쫓겨 사리불 어깨 위로 날아들었다. 매가 공중에 선회하니 비둘기가 두려움을 이기지 못해 나중에는 부처님 몸 그림자 속에 깃들어 쉬니, 곧 두렵지 않고 편안하여 근심이 없었다. 그러자 부처님이 제자들에게 말씀하였다. "아라한은 비록 見思惑을 끊었으나 자비가 부족하므로 비둘기가 여전히 놀라고 두려워했던 것이다. 불보살은 대자비가 있어 몸의 그림자에서도 중생을 덮어 보호하여 안락을 얻게 할 수 있는 것이다. 그러므로 너희들 이승인은 응당 대비심을 발하여 유정을 이익되게 하라." 하였다.

(3) 광명을 접촉하여 몸의 때가 가볍고 깨끗해지다 – 『무량수경』에 "신력으로 큰 광명을 멀리 날려 가없는 국토를 널리 비추니, 三垢(三毒)의 어둠이 소멸하고 여러 가지 액난이 분명히 구제되며, 여러 가지 악도가 막히며 선취문이

환하게 열렸다." 하고, 또한 "무량수불의 위신 광명은 존귀하기 제일이시니, 그러므로 '무량광불'이라 하고, … '초일월광불'(일월의 광명을 초월한 부처님)이라 한다. 이 광명을 접촉하는 중생은 三垢가 소멸하고 몸과 뜻이 유연하며 뛸 듯이 환희하여 善心이 샘솟는다. 삼도의 지극한 고통의 처소에서 이 광명을 보면 모두 휴식을 얻어 다시는 고뇌가 없고, 목숨이 다한 후에는 모두 해탈을 얻는다." 한 것이다.

(4) 기억하고 생각하여 마음의 원숭이를 조복하다 – 제불보살의 상호와 명호와 공덕 등을 기억하고 생각하는 것을 말한다. 『관경』에 "염불하는 자는 사람 가운데 분다리화(白蓮)니, 관음세지가 그의 좋은 벗이 되어 도량에 앉아 제불의 집안에 태어나리라." 하고, 『무량수경』에 설한 三輩往生이 모두 오로지 무량수불만을 생각하여 곧 왕생을 얻었던 것과 같다. 또한 『관불삼매해경』에 "내가 멸도한 후 여러 불제자가 악을 버리고 시끄러움을 버리며, 말을 적게 하고 일을 덜고서, 하루 온종일이나 내지 잠깐이라도 부처님 백호상을 생각하되, 분명하여 어지럽지 않고 생각을 기울여 쉬지 말고, 백호상을 보되 보지 않는 것같이 하는 자는 구십육억 나유타 항하사겁수의 생사 죄를 제거할 것이니라." 한 것이다.

『대지도론』에는 "보살이 항상 염불하기를 좋아하기 때문에 몸을 버리거나 몸을 받더라도 항상 부처님을 만난다." 하고, 『증일아함경』에 "중생이 삼업으로 악을 지었더라도 임종에 여래의 공덕을 생각하는 자는 반드시 악취를 여의고 천상에 태어날 것이니, 설사 극악한 사람일지라도 염불함으로 인하여 또한 천상에 태어날 수 있다." 하였다.

'모두 적은 것에서부터 드러난 것에 이르고' 한 데서부터, '불종을 단멸한다' 한 데까지 여덟 구절은 결론지어 권한 것이다. 앞의 네 구절은 佛因과 佛果

를 닦을 것을 권하였고, 뒤의 네 구절은 惡因과 惡果를 끊을 것을 권하였다. '적은 것에서 드러난 것에 이르러 점차 선근을 쌓는다' 한 것은, 萬善의 佛因을 닦는 것을 설하였다. 이른바 '물방울은 비록 적으나 점점 큰 그릇에 넘치니, 작은 선행이라고 해서 하지 않아서는 안 된다' 한 것이다. '행이 충만하면 공이 원만하여 큰일을 이룬다' 한 것은 一乘의 佛果 이룸을 설하였으니, 이른바 '너희들이 행하는 것은 보살도니, 여러 가지 선행으로 모두 성불을 얻는다' 한 것이다. 그러므로 '큰일을 이룬다' 하였다. '어찌 선업도를 훼손하고 악취문을 열랴' 한 것은, 자신이 지은 것으로 남을 가르쳐 선을 훼손하고 악을 행하지 말 것을 권했으니, 이것은 惡因에 속한다. '마의 인연을 성취하고 부처의 씨앗을 단멸한다' 한 것은, 마의 무리가 되어 法·人을 멸하지 말 것을 권했으니, 이것은 惡果에 속한다. 이와 같은 惡因과 惡果로 반드시 무간지옥의 악보에 들어간다.

스님께서는 자비심이 간절하시어 말씀이 신중하고 마음이 지극하시니, 그러므로 개탄하고 결론지어 권하시기를, "너희들은 이미 부처님 제자이고 또한 보리심을 발한 보살인데, 어찌 성인의 뜻을 잘못 알아 선행 닦는 것을 훼방하고 단멸견을 일으켜 보리 종자를 멸하는가? 이것은 절대 해서는 안 될 일이다!" 한 것이다.

(중권 끝)

萬善同歸集 講義 -中

1판 1쇄 인쇄 / 2023년 9월 01일
1판 1쇄 발행 / 2023년 9월 18일

북송 영명연수 지
대만 석성범 강
연관 역

펴낸이 / 이미현
펴낸곳 / 사유수출판사
만든이 / 이미현, 권영화, 유진희

서울시 마포구 동교로 19길 86 제네시스 503
대표전화 / 02-336-8910

등록/ 2007년 3월 4일

법공양 발원문

이 법공양의 수승한 인연공덕으로 불국정토를 장엄하고
네 가지 큰 은혜 보답하며 삼악도 중생들을 구제하게 하소서.
이 법문을 보고 듣는 사람들마다 한결같이 보리심을 일으켜서
온갖 죄업 다 참회하고 모든 마군의 장애 사라지며
복덕과 지혜 부지런히 갈고 닦아
선근공덕 원만히 성취하여지이다.
금생 인연이 다하여 이 몸을 버릴 때
다 함께 극락정토에 왕생하여 아미타불 친견하옵고
무생법인을 완전히 깨달은 뒤 무량한 중생들을 널리 제도하여
모두 함께 불도를 이루게 하소서.
나무마하반야바라밀

법공양 발원제자

부산광역시 동래구 온천천로 431번길 18-3

건명 경자생   선   겸   진복현
곤명 경자생   공덕생   김부경
장녀 병인생   보경화   진우혜
장남 기사생   혜   경   진민균

불기 2567(2023)년 9월 18일

늘기쁜마을 관음사
부산시 사하구 제석로 79-33